多情仏心

わが日本社会党興亡史

曽我祐次

佐々木更三氏の出版
記念で挨拶する著者

社会評論社

多情仏心（たじょうぶっしん）　人や物事に対して情の多いことが、仏の慈悲の心であるという意。または、情が多く移り気だが、無慈悲になれない。

「結局薄情なまねは出来ないで、ずるずるッと深はまりをするようなところは、どうも多情仏心の星ですよ」（里見弴・多情仏心）

はしがき

曽我　祐次

この聞き書きは、日本社会党の記録を残しておきたいという、都本部で一緒にめしをくった仲間達が私に問いかけて重い口を開かせしゃべらせたものだ。二〇一二年八月から一年間毎月一回、一二回にわたって行ったものの記録である。

当初私にはこの聞き書きは、自らに非常に重い感じであって、ましてやそれを出版するなんてことは、どうかなという思いが、今でも気持ちの端の方には残っている。しかし考えてみれば、政権をかすめること三回、そのつど選挙に敗れながら、ともかく野党第一党で戦後ずっときた社会党が、それこそ訳の分からないうちに終わってしまった。率直にいえばそうなのである。

社会党には一応、四〇年史、五〇年史といった記録があることはある。それには事実だけはちゃんと書いてあるが、四〇年史の方は、その事実を、また厚みを左派のほうにうんとかけてある代物だという人もいる。五〇年史のほうは、私の見たところではだいたい事実は公正に扱っているが、あくまでもいわゆる年史であって、その中の過程におけるいろんな問題や、その時々の総括なり、教訓なり、そういうものについてはまったくのところ触れていない。

社会党の歴史は記録史としてはあるけれども、いったい革新の社会党というのは保守の自民党に対置しながらどんなことをやり、どんな格好で消えていったのか、そういうことについて、聞き書きの方式で、私の歩んできた道を、多少面白く記録にとどめておくことで、これからあと来る若い人達に少しは役に立つことができれば、それは私の望外の幸せであると思うようになった。

私は思い込みと実行肌の人間だから、党の指導者に対しては、どなたにもみんな厳しい。いいなんてほめている人は誰もいない。よければ今ごろは社会党が自民党にかわって政権を取っているはずだから。五〇年も六〇年もやって、なおかつどうにもならなかったという次第なのだ。

一つお断りしておきたいのは、結局この物語は内閣総理大臣になった村山富市のところで終わっているということである。これは私の考えでそうさせてもらっている。つまり社民党になってからはほとんど触れていない。民主党もない。それから新社会党というのもない。党から追われたか自分から出たかは別にして、無党派でウロウロやっているそういう人もない。つまりその四つに社会党は分かれたのである。この四つに分かれた段階で日本社会党というのは終わりだと考えたい。

形式的には社民党が本流だということで、いまはなくなってしまった三宅坂の本部建物などを引き継ぎ、土井たか子がもう一回これにかかわることになるが、その社民党もいまや風前の灯という状況にある。

民主党も政権には達したが、内部分裂で事実上崩壊しているといってもいいと思う。いま残っている民主党がどうなるか、それはこれからの問題である。新社会党は、政党としての存在、力というものがなくなっている。唯一残っている社民党は、かつての社会党の正統派だろうと見ている人が多いが、これを正統派とだけ見てしまうと、もう今後のことは全然出てこない。安倍自民党に対峙するいわゆる新旧革新勢力の再生という道は出てこない。

だから私は日本社会党は四分解してそこで終わり、としたいのである。分解していくにはそれぞれ理由があるわけで、そこからもう一度再出発しないと、本当のものは生まれてこないという考え方に私は立っている。それに反対の人ももちろんあろうが、そういう格好で締めくくることにした。かくいう私は社民党員である。

これは私の社会党観でもある。読めばこんなのが社会党だったのか、と思うくらい民主的で開かれた面白い党だったかもしれない。えらい人はみんな私を含め批判の対象になっている。こういうことで、これまでいろんな人たちが社会党を語ったものとは、かなり違ったものになっていると思う。

二三歳から八八歳まで、一政党人として生きてきた私のいまの思いは「樹静カナラント欲スレド風ヤマズ」の心境だが、同時に「年々歳々花ハ咲ケド人同ジカラズ」の思いの昨今です。あの世で片山、鈴木、河上、浅沼、佐々木、江田、成田、飛鳥田等多くの先輩達にどんな報告ができるか……それこそ「多情仏心」の心境です。

記載中、愛称を除いては、すべて敬称略の失礼をお許し下さい。

目次

第一章

生い立ち1

――江戸っ子だそうですね。

男親を入れると違うんだね。親父は会津っぽです。私は東京生まれだ。お袋は大森っ子です。生まれは大正一四（一九二五）年一二月一六日。横浜の飛鳥田さんの側近で党役員をやっていた船橋成幸と全く同じ日なんだ。

親父は米の仲買でした。じいさんが米の仲買をやっていて、新潟の新発田から会津若松に来たんです。系統的に調べたわけではないが、どうも先祖は『曽我物語』の曽我十郎、五郎兄弟に遡る。曽我兄弟のお母さんにもう一人子どもがいたんです。あのお母さんは伊豆半島の豪族の娘だね。

源頼朝が曽我十郎、五郎を殺そうとしたことがあったんだが、畠山重忠が中にはいって、半分監視状態で育つんですね。そのときに、お母さんのお腹の中にもう一人子どもがいたんだって。

それを知って近くのお寺のお坊さんが、縁をたどって新潟の寺に逃がした。そこで一人子どもを産んでるんですよ。そこで新潟の曽我が生まれた、と新潟のお寺の人はいうんだ。新潟には曽我姓が多いでしょう。私の末弟で曽我克巳というのがいて、そのお寺まで行って聞いてきたら、大体その通りだと。

私のじいさんは、新発田から会津へ移って、米の仲買を会津若松の針屋名古屋町というところでやっていた。親父はその長男に生まれたが、どうもじいさんと気が合わなくて、けんかばかりしていたようで、結果的には東京に出てくるわけだ。

親父は頭はそう悪くなかったらしく、会中（かいちゅう＝現会津高校）といって会津ではいまでも受験校だが、その会津中学にはいれた。じいさんは商人は学校へなど行く必要はない、といったらしいが、おばあさんが、まあ難しい会中に受かったんだから、というので会津中学校へ行った。

親父は旧制二高（現東北大）を受けたかったらしいが、じいさんもそこまでは面倒みきれないというんで、中学でやめてじいさんの手伝いをやっていた。二〇歳で徴兵検査を受け、会津の連隊に入った。そこの会津若松の連隊に、石原莞爾が小隊長かなんかで来ていたらしい。うちの親父がその組に配属になったんだな。親父は石原莞爾の大の崇拝者だったから、そこで影響を受けたんでしょう。

お勤めが終わって上等兵かなんかになって除隊になったが、じいさんとの折り合いが悪く、東京に出てきたんだね。いまから思うと、親父は入隊前にもう子どもがいたんじゃないか。東京へ来てから分かるんだけど、私の兄弟姉妹が急に二人増えちゃうんだ。

明治の終わりごろでしょうね。職探しをしたら、たまたま神田の青物市場で人を募集していた。読み書きそろばんはできたし、気が利いているんで採用になり、田中という野菜問屋に雇われることになった。

水売りで財をなした母方の家系

この田中家というのは、じいさんの代で、水売りで一代をなしちゃった。大森海岸というのは、水道がなくて水がないんで、飲み水を買うんです。同じ大森でも山の方、いまでも大森駅を出て右側が山、左側がずっと海岸でしょう、その右側の山の手の方にきれいな水が出るんです。

その水を汲んで、水売りという商売をやった。水はただだから、体力さえもてばお金になる。田中政次郎と称して、大森の海岸の一帯で水屋といわれて、やがて相当幅広く高利貸しをやって、だんだん財を成した。

昔の大森は三業地がありましたからな。みず転芸者もいた。昭和になってからは、熱海みたいなところへ行くようになったが、明治の終わりから大正ごろは、ちょっとまあ東京の郊外へ行って、酒でも飲みながら話をするかというのを大森でやった。大森へ行ってうまい魚を食って、ちょっとしたきれいどころを揚げて飲むというのが東京のお大尽さま社長さま。政治家の方もそこを利用した。

こっちのじいさまは、もう水屋で身代を残しちゃったから、そこへ遊びに行った。最後はその芸者の、なかなかいいのを家に入れちゃうんだよ。私からいえば母方のおばあさんは、そのためずいぶん苦労したんだね。

それで私が生まれたころは、おばあさんが二人いるんだ。片っぽは締まってるし、片っぽはバカに景気がいいんだ。気前よく小遣いをくれる。景気がいい方が、三業地からきたおばあさん。その本妻の方の子どもが、男が一番上と下で、後は女が三人、合計五人。

大正の初めごろから海岸地帯で天理教がはやりましてな、じいさんが道楽しちゃったもんだから、おばあさんは天理教に入っちゃった。天理教に入って神様の救いでも求めなきゃ。母の姉達も天理教にはいっちゃった。そういうところで育った一番下の娘、それが私のお袋だ。曽我とみという。

突然子どもが二人増える

神田の青物市場の田中政一郎というのが長男で、それがうちの親父を見て、お前なかなか気が利いている、一番下の妹をもらわんかと勧めてきた。「いちばん可愛い子がいる。何も知らないけれども、お前と一緒になれば安心だからどうだ」と。うちの親父さまは、なにくわぬ顔をして一緒になって。昔の結婚といっても戸籍を調べりゃ分かっちゃうんだけど、そういうことはしないで、すっと一緒にしちゃったんだね。

私の兄弟がまた多いんだ。女四人と男四人いたから八人だ。それがある日突然、二人増えるんだよ。私がまだ四つ、疫痢をやって荏原病院に入院していたときのことだ。親父はまだ店は持てないから、天秤棒を担いでアサリとシジミなんかを売っていた。親父が商売に回っている留守に、二人の子どもを連れたまだ若い女性が、曽我石次郎さんいませんか、と訪ねてきたというんだ。

いま商売に出てるから、ちょっとお待ちください、と縁側に待たせたんだって。お茶を差し上げようと思って裏の台所に行ってる間に、子どもだけ二人置いてそのお母さんがいなくなっちゃった。急に子どもが二人増えちゃった。そこで初めて分かったんだね。

二人来た子どものことで、田中家は親族会議を開いた。一番上のお兄さんが「なんだ、これは」と問い詰めた。曽我石次郎は働き者で頭はいいし、商売もまずくない。だから、とみという一番末の妹をくっつけた。けど、子どもも出来ちゃったんだからまあしょうがない。私と姉が二人いて、そのうえ母親は私の下を妊娠していたんだな。

そのとき連れてこられた一番上の姉は、だいぶ年が離れていた。静江という名前で、六年前に死んだが、手のかからないこの子は曽我へ残した。本当の名前はトミって、うちのお袋と同じなんだ。トミって呼ぶわけにはいかないから、勝手に静江と名をつけて、私らには、〝しず、しず〟といって一緒にずっと育った。

次女は多少手がかかるというんで、田中家の親戚一同で相談した結果、八百屋をやっていて、子どもがいないうちがあって、そこへ養子みたいな格好で行った。静江は私らが小さいときから一緒に育ったから、まあ実の姉みたいにみんな思ってた。下の方とは、戦後になってから三七、八歳ごろ、大森の伯母さん立会いのもと、義理の姉という名乗りを上げた。

長男なのに名前が祐次の由来

――長男なのになぜ、祐次という名前なんですか。

これもまた、ひと話がある。「祐」は要するに曽我十郎祐成の「祐」をとった。調べてみりゃやっぱり曽我の血が流れているというんで親父がつけた。「次」は手前が石次郎ってんだ。その「次」をとった。大伯母さん方は、この子は政治家になるんだから、祐次なんてのにしないで祐次郎とか、祐一郎か、そういうのにしたらいい、今から改名したらどうかとか、勝手なことを盛んにいっていた。

一時は一〇人兄弟がいるわけだから、赤貧洗うがごとしだな。飯食うんでもなんでも戦争だよ。マゴマゴしていたら、おかずなんてなくなっちゃう。その中の長男ということで、人をまとめるというか、なんとなくそういう人格が生まれたね。兄弟が多い、腹が違うのもいる、そいつを何とかうまくやっていかねばならん。それが私の幼年期から少年期への人格形成に相当影響した。

生まれは品川区戸越

結局うちの親父は魚売りをやり、私が生まれるころはそれがやや安定して、小銭を足して、戸越に居を定めた。当時の東京府下荏原郡字戸越に引越しをして、そこで私は生まれた。当時、品川区は荏原郡といったんです。いまは戸越商店街といって、ちょっと有名な商店街として残ってるんですよ。

戸越商店街といっても、ずっと端の方だ。隣に国鉄大井工場の被服所というのがあって、すぐそこへぶつかるところだった。そこで魚屋をやっていた。それからまた大森に移った。だから子どものころは随分転居した。商売が行き詰って、山手線の日暮里で天婦羅屋なんかやったこともある。

戦後、すぐ鮨屋がやれたわけではなく、親父が浅草の六区で屋台をひいて、そこで焼き鳥を焼いて売ったことがある。ちょうど六区の映画館に入るところ。私はそれを時々手伝いに行った。夜遅くの浅草は、けんかなんかがいつも一、二件あった。だから自分の背負った定めではあるけれども、親父としてはだいぶ苦労した。

お袋というのは末っ子で、田中家がやや裕福になって生まれた子だからね。これはまた貧乏のくせに浪費家なんだ。鮨屋もそうお金が儲かるわけではないのに、切り盛りがうまくないんだな。お金がありゃ使っちゃう。気前がいいんだよ。あと先のことを考えない。親父はやっぱりみんなに食わせにゃならん、という気があるからね、これはなかなか締まり屋だ。そういうんで、年中夫婦喧嘩が絶えなかった。母親や姉達がみんな天理教だから、お袋もやっぱり天理教に入っちゃうんだ。

夫婦喧嘩はよくやった。夫婦喧嘩をやるたびに、親父が家の中の天理教の祭壇を壊すんだ。こういうのは無駄遣いと親父がいえば、なにいってんだよ、とお袋がいう。あんたはこの水屋を含めて天理教を、あたしの姉様にどれだけ世話になったかと……。昔に帰ってそうなるわけだよ。会津でつくった子どもを隠していたんだから、そうなるとうちの親父は駄目なんだ。それで天理教をぶっ壊すんだ。そうすると、また教会から人が来て天理教を直していく。そのたびにお金がかかる。子ども心ながら貧乏で金がないというのに、何をやってんだと思ったね。

あのころはいまの創価学会以上に天理教がはやったからね。東京の下町から大森海岸とか海側にかなりはやった。山手にはあまり発展しなかった。一時は国会議員を出したことがあるが、いまの学会と違って党派まではつくらなかった。

私はそういうことで巡り巡って品川で生まれて、また大田、いまの大田区大森へ行って、最後は品川区西品川三丁目というところへようやく落ち着いて、そこからはずっと引越しはしなかった。私が小学校へ入るときだから、一九三〇年ごろだと思う。

三木小学校に入学

それから三木（みつぎ）小学校に入学した。そこの同窓会の世話役をやったこともある。いまでも同期会はやっているが、満八八のやつが一〇人足らず集まる。これは私が党に関係してから分かるんだが、高田なほ子が私の一年生の担任なんだよ。高田なほ子というのは旧姓渡辺なほ子といい、日教組出身で参議院議員になって、なかなか男まさりの演説をして勇名をはせた人だ。

小学校へ入ったころから半分軍国教育が始まった。今から思うと小学校三年くらいまで、私が一二、三歳のころまでは多少リベラルな空気と風潮が残ってた感じ……。しかし一方で昭和維新といわれた五・一五、二・二六事件。

二・二六事件というのはよく覚えている。ちょうど小学校三年か四年だ。雪がたくさん降って、学校が戒厳令で休みになった。学校が休みでよかったな！とみんなでいって、学校の隣に貴船って神社があるんだが、そこで雪合戦をして遊んだ。そしたら親父が深刻な顔をして、「おい祐次、大変なことになるぞ」と。うちの親父は石原莞爾を崇拝していたから、世の中が厳しく激しくなっていくことは、それなりに分かっていたんだね。石原莞爾から手紙の返事が来たことがあるんだ。

その頃あまりいじめなんてのはなかったんだよ。あったのかもしれないけど、いまみたいに話題にならんな。私の頃の小学校も、相当子どもが多かった。一学年の一組編成がだいたい四五人から五〇人くらい。それが五組まであった。一組、二組は男、三組は男女組なんだ。四組、五組は女。三組というのが最後まで男女組で残っていた。私は二組。生年月日の順にクラス編成する。私は一二月生まれだから、一組に入れずに二組なんです。一組の奴らは私より先に生まれた奴で。二組の中ではなんたって大正生まれだからな。〝私は三代の天皇陛下を経験した〟と、いうんだよ。大正天皇からすぐ昭和になっちゃうんだけど、生まれは一応大正一四年だからね。

その最初に入学した時の担任が渡辺なほ子。もうお腹が大きかったですよ。三ヶ月か四ヶ月したら産み月になって、代わって別の先生が来た。その渡辺なほ子が高田になるわけだ。前の旦那が亡くなって、次の旦那が高田というんだよ。大きな声ではいえないが、あの人と一緒になると、大体男は死んじゃう、といわれているくらいの女傑なんだ。教組の女ボスですよ。社会党が講和条約をめぐって左右に分裂し、左派社会党の品川支部をつくるために、私が高田に支部長を頼みに行ったら、なんとそれが一年生の時の渡辺先生だった。

国定忠治組と清水次郎長組の対立

私は小学校三年くらいまでは目立った存在でなかった。四年から六年にかけて、とくに五年になってなんとなくクラスの中で、差が出てくる。つまり当時の中産階級以上の子どもは受験で家庭教師や塾通い。あの頃は受験組なんて分けないが、やはりそっちのほうへ向かうんだね。あとは二年制の高等小学校へ行く。ほかは六年で終わりというふうに。それはいじめではないんだが。うちの二組というのは、一組よりまとまりのいいクラスだったが、それでもなんとなくそういうものが出来てきて、私が国定忠治になるんだ。あのころ国定忠治がはやったんだ。

そのころ、うちの親父の鮨屋のすぐそばに、歌手の東海林太郎が住んでいた。東海林のずっと下の弟が私らといっしょなんだ。新田原という原っぱがあって、その角のところに、ちょっとした門構えの家があった。新田原はわれわれの野球場で、学校が終わるとそこへ行って野球をやる。その角だった。まだ東海林太郎の名前が売れ出す寸前だからね、よく新田原で赤城の子守唄を練習してるんだ。それで近所ではその歌がはやった。

それでもう一つのグループが、清水の次郎長になった。そのボスが清水の次郎長。貧乏人の方を私が仕切るようになって、つまり赤城の子守唄の方なんだ。なんとなく二つに割れて、野球もやるのも、あのころは棒を持って戦争ごっこというのがはやったが、それもなんとなく二つに割れちゃうわけね。そういうわけでいじめなんてものは存在できないんだよ。

五〇人のクラスで国定組と次郎長組とが半々、二五対二五くらい。ほとんどがどっちかに入って。どっちかに入るから守られてくるわけだね。なんかあれば、あの野郎だというから、「分かった」といって私の出番だ。この野郎とボカッとやって終わりだから。それで結局は向こうのボスが出てきて話し合いだ。野球で決しようとか、騎馬戦みたいな〝戦争ごっこ〟てのがはやったから、それにしようかと。野球は向こうが強かった。われわれは道具も悪いし。しかしその後は必ず喧嘩になるんで、戦争ごっこ。戦争ごっこはこっちが強いんだ。

それは面白かった。そういうことの中で人を集めて、なんとなく、君らの言葉でいえばオルグをするということが、だんだん分かってきた。先生は楽だね。ボスにいっておけばもう終わりだもん。だからいじめなんてのは、まったく考えられなかったね。人々の能力、性格、みんな違うから差はあるんだけど、なんか自主的にそういうものが出来上がると、自分の弱さ、不満というものがそこに向けられるでしょ。そこに向けた限りにおいては、おいお前がんばれと、なんとなく激励が出来ちゃうわけ。

なんでそういうことが出来たかっていうのは、金持ちの息子の存在だな。当時、悪いことをすると「残れ」といって居残りさせられるんだ。勉強するわけじゃない。先生が罰として立たせておくんだ。悪い奴は、「こんなので立っていても仕方ないから帰っちゃえ」と、みんな一緒に帰っちゃう。そしたらまた先生が怒って残す。

要するに清水の次郎長の方は、親に学校の先生のいうことよく聞きなさい、といわれているから、先生に対してはおとなしい。先生は親が来ると帰すんだよ。それで私らが怒った。生徒から見れば同じ悪いことをしたのに、親が来たら帰すというそんな馬鹿な話があるか、帰ろう、帰ろうと。それからは先生も、親が来たら帰すのを止めたよ。そんな具合でね。

清水の次郎長をやったやつは、伊藤鴻太郎といってなかなかいい男だったが、数年前に死んじゃった。あの頃コーヒー店のはしりでミルクホールというのが出来た。それが私らのところでいうと、品川の百反通（ひゃくたんどおり）にできた。そこの息子だ。

品川は東海道のある旧品川と、われわれのような山の手の品川とに分かれていて、山手の方は旧品川まで相当距離がある。そこにミルクホール屋が出来た。こっちはそこからさらに中に入ったところにあった。金がなくて本通りに出られないもんだから、通りを一本中に入ったところで鮨屋を始めた。どちらも商店の息子だが、おなじ中小企業でも格差があった。

うちの鮨屋は喜久寿司という。親父が握りを習ったところの本店が、目黒で喜久寿司というんで、それをもらってきたというんだ。正式にもらったのかどうかわからない。おそらく勝手に喜久寿司で始まったんだ。

だから貧乏人の方が国定忠治。ところで清水の次郎長というのは、なかなか立派なうちの生まれで、由緒正しいんだよ。あれは最後には官軍の味方をする。非常に利口なんだ。国定忠治といったら脇差一本だ。それで少し脅かして地主とかそういうやつから金をとって、それを撒いたというんだよな。なんとなく貧乏人の好きな方ね。

私ら貧乏組だから名前も何となくそうなっちゃったんだ。喧嘩は強い、野球は弱い。うちから新田原に近いから、バットとかグローブとかはみんなうちの鮨屋の冷蔵庫の脇のところに置いてあった。学校が終わるとそこへ来て自分のを取って、新田原へ行って野球をやる。そういうことを含めて、私には何となくボス的要素というのが備わっちゃったね。

兄弟がほんとうに多かったので、その一つのどっちかといえば貧乏の方のリーダーみたいになっちゃったから。それが私の人格形成を非常に左右した。貧乏人地区と零細企業の息子に対し、ちょっとましな中小企業と高級サラリーマンの息子、これが要するに清水次郎長組の方だね。だけどサラリーマンの息子はちょっとひ弱いから、ボスはどちらも中小・零細企業の息子だ。そのミルクホールの親父とうちの親父が酒飲み友達で、仲が良かった。きっと半分以上向こうがおごったんだろうが。

高峰秀子は小学校の同窓生

そういえば、女優の高峰秀子が私たちより二つ上で三木小学校なんだ。私が三木小学校一五期の卒業生。彼女は一三期。一回同窓会に呼んだことがある。なかなかさばけていて、じゃあちょっと顔だけ出しますわ、といって来たよ。なかなかいい人だけど、学校で見かけたことがない。あれは本当は卒業できてねえな。

彼女はその頃、松竹の蒲田撮影所専門の子役で活躍していた。私の鮨屋には、昔たまに寄った。どういう関係だか知らないが、田中絹代が東海林太郎のところに遊びにきて、帰りに彼女を連れて鮨屋に寄るんだ。同じ三木なもんだから連れてくるんだ。だから私は二年上だけど彼女を子どものころから知っていた。うちの親父の自慢もそうだ。喜久寿司は東海林太郎と高峰秀子が来るところだ。田中絹代も来たと。

明電舎という大きな工場がうちの近くにあるんだね。それがやっぱり鮨屋のお客さんの一つだ。うちの親父は戦争中は、徴用その他を免れることを含め、明電舎の食堂の調理人に入った。それで戦後までずいぶん助かった。調理人だからそこで作って余ったものは持ってきちゃう。だからあまりひもじい思いをしなかった。

鮨屋というのは太平洋戦争に入る頃から成り立たなくなっていた。統制が厳しくなって、米はもう完全な配給制になっている。仕方なく、お客さんのつてもあり、近所だというんで、明電舎の食堂に入ったんだ。

空襲で品川区の大部分は全部焼けちゃったから、私のところの鮨屋はなかなか復活できなくて。そのころ明電舎の裏側のちょこっとした場所を借りて、そこでのれんを掛けて、生きのいい立ち食い鮨が〝三つ一〇銭〟。それをやりましたね。

そのころうちにあった本は、ヒトラーのマイン・カンプ（わが闘争）と、石原のあれですよ。そんな本くらいしかなくて、ソウシャリズム、コミュニズムの本とか一切ない。親父は石原莞爾の崇拝者だったから。新聞、雑誌、そういうものも好きでしたから見てましたが、とにかく私の周辺に左翼的な、あるいはリベラル的なものは全くなかった。

うちが貧乏でしょ、今から思えば国家社会主義ですな。私が物心ついてから、これは非常に不平等だと一番先に思ったのは一等車、二等車、三等車。はっきり色分けされちゃって、貧乏人は年中三等車。何でだろう、弱い人を二等車に乗せればいいのに。普通の人はみな同じクラスに乗ったらどうか、と子ども心に思ったね。金があったら二等車に乗って暴れまくって、なんでお前らは二等車に乗ってんだ、あるいは一等車に、そういいたいような衝動を子ども心に、小学校のときからそう思った。非常に不平等。そういうことを鮮明に覚えている。小学校のときからそうだ。これが国定忠治に通じたんだね。

正則学園中学へ入学

うちの親父は自分も旧制高校に行きたかったんだが、行けずに東京に来た。私は長男だし、なんとか学校にやる、そのためには自分も相当犠牲を払ってもいい、ということは決意してたんでしょう。だけどまだ子どもがうんといるし、うちの家計からいうとちょっと難しかった。そこで私を陸軍士官学校に入れようとした。幼年学校なら中学三年から行けるんだ。幸か不幸か私は目が悪かった。旧制中学二年ごろから近眼になった。三年になってもう眼鏡がないと見えなくなって。そのために軍の学校はだめなんだ。

幼年学校も、もちろんだめだ。社会党の高沢寅男も陸士、伊藤茂もあんなにちっちゃいけど士官学校なんだよ。聞いてみると彼は山形の山奥出身で、あまり実家に金がなかったから、士官学校へ入れちゃえというので入れられた。私らのように社会を知らないで、幼年学校、士官学校へ行って将校さんになっちゃうからね、ああいうのは危ないよ。彼は私より二つか三つ下だから、任官しないで少尉になることなく士官学校で終わって、戦後東大に行ってよかった。

だから私も幼年学校でもよかったんだ。だが目が。そうしたら今度は陸軍経理学校というのがある。目は多少悪くてもいいっていってんだよ。だからそこへ行けという。これは難しいんだ。私は数学は苦手だし、大体試験を受けても受かんねえ。それはだめと。勉強すりゃいいじゃないかというが、勉強するったって、どうせ軍人になるなら私は本職をやりたい。帳面つけるような軍人はいやだというと、さすがに親父はそれ以上いわなかった。

中学は正則学園です。正則学園というのは、明治時代に東大の受験校としてできた。吉田茂が出てるんです。今は落ちぶれた学校になってるが、昔は東京の私立学校の中では麻布、正則、芝とあと開成。大学に行く受験校としてあったんです。私が行った頃は相当優秀な奴が来ていて、陸士や海兵へも行くし、一高にも入るし、四高とか五高とか、結構そんなところに行きましたよ。

小山に府立八中（現都立小山台高校）というのがあるんです。ここから割合、大岡山の東工大へ行くんだね。菅直人もそうだ。ここは数学が出来ないとなかなか難しい。でも金がないんだからなんでも受けろというんで、受けたが落ちた。その次はこれという公立がなくて、その正則学園中学というところへ行った。

まあ結果的にそこへ行ってよかったと自分では思うね。親父はなんとか工面しながら、中学の学費はずっと出してました。中学三年、四年になると、もう軍事訓練が中学生でも必需科目になったり、麻布三連隊から生き残り将校みたいなのが配属されてきた。麻布も芝中もみんなそうだ。そこへきて軍事教練だ。勉強も一通りしましたよ。まだ英語の科目もありました。だけどかなり軍国色が強くなったね。

私は品川に住んでいたから、浜松町駅で降りて歩けば学校へはわりと近いんです。芝大門の裏側だから。環境はよかった。四年から五年になると勉強そっちのけで訓練。鉄砲かついで教練をやるか、あとは軍需工場のお手伝い。勉強どころじゃなくなって。学校も従ってあまり面白くなくなった。大学へはとてもうちの家計では行けない。じゃあ夜間大学へでもいくか。夜間もいいけど行ったって、いまはもう勉強できる時期でない。それじゃあ石原莞爾の所へ玄関番で行け、とこういうことになった。

あそこの玄関番だけは勘弁してくれ。だいたい目が悪くて、陸軍士官学校の受験も受けられないんだから。私は親父と違って、軍国主義というのはちょっとまあ、疑問があると。天皇制については、これは日本独特のものだから否定はしないが、今でいえば国家社会主義なんだな、そういう考えを持っていた。

青年学校の補助要員に

じゃあどうするかということになった。そうしたらたまたま、日本製鉄富士製鋼所というところが青年学校の補助要員を募集していた。帯鉄といって、船の鉄板を帯の鉄でぱっとくっつける。その帯鉄の技術をドイツから輸入して帯鉄を専門につくる、日鉄富士製鋼所というのが川崎にあった。どうせ何もしなくても、徴用に持っていかれちゃうし、そこへ用務員として入れてもらった。だから私は一応、日鉄の社員みたいなことになった。

あのころは青年学校というものを軍需工場が持つようになっていた。軍から補助も出て、地方の尋常小学校を出た優秀な奴を集めて、熟練工にする。私より年上のもいた。宿舎がちゃんとあって、その宿舎の取り締まり、管理と軍事訓練のお手伝いが仕事だ。校長先生というのがいて、これはだいぶお年だった。あと軍事訓練を教える先生、退役した下士官かなんかだったと思うな。それと私が三人で、二〇〇名ぐらいいた生徒の寝起きから面倒を見た。飯はちゃんと炊くところがあって食わせる。後は維持管理だ。

ところが、青年学校の先生がみんな召集されていないもんだから、代用でなんでもやれということになっちゃうんだ。こっちは中学のとき鉄砲担ぐくらいは教わったけども、軍事訓練なんてやったことがないんだがね。本物の鉄砲があって、軍事訓練と称するものも多摩川の河原でやらせた。修身も私が教えた。何でも屋だった。「八紘一宇」を一生懸命教えたよ。生徒を集めてもっともらしいことをなんかいわなきゃしょうがない。それで人前で演説するとかいうことも、何となく覚えた。

もう太平洋戦争に入りまして、予科練があのころの若い人の憧れだから、青年学校に来た中でも、予科練を受けたいというのが随分いた。それには青年学校の推薦がいる。教員がだれもいないから、私が推薦を書く運命になっちゃった。これにはちょっと抵抗があった。見ていて優秀と思うやつが、みんな応募して来る。結局は一五、六人書いたが、今から思うと私の最大の失敗だな、悔いた。特攻隊に使う予定だったんだろうが、幸いなことに、もう飛行機がない。訓練を受けただけで、みんな死なずに帰ってきた。

右翼団体の尊攘同志会に出入り

——戦争に対して、そのころから疑念を持ってらしたんですか？

いやそこまでは徹底しなかった。ただ小学校の二年か三年後輩に横山貞夫というのがいて、これが右翼なんだ。尊攘同志会という、昭和維新を本気でやるという三上卓の系統、右翼のなかでも相当激しい方だ。そこにそいつが出入りしていた。曽我さん、尊攘同志会に行ってみないか、と誘いにきた。どこでやるんだと聞いたら、東大の赤門の前を入った右側に志軒寮という寮がある。そこへ三上卓が来て講演するという。

天照皇太神宮の掛け軸が一つあって、それに柏手を打って、頭を下げて、それから昭和維新のお話がありまして、この世は今大変だ、これをこうしなければいかん、軍の幹部だけが悪いんじゃない、財閥の方が悪いんだと。軍と財閥を対象に維新を起こさねばいけない。「汨羅（べきら）の渕に波騒ぎ」、あの有名な昭和維新の歌をみんなで歌って、ご講義は終わりだ。その中のアクティブが、実力行動を考えていたようですが、その一部が終戦のときに愛宕山へ集まって腹切って死んでいる。

だから私も兵隊にとられなかったら、そこで腹切って死んでたかもしれない。私はインチキ右翼だから逃げちゃったと思うけどさ。幸い四日間の兵隊に行っちゃったからね。

志軒寮は三、四回行った。私は客分みたいな扱いで。天照皇太神のこう柏手を打ってやるのには、少し抵抗があった。勘弁してくれとやらなかった。本物の右翼になったわけではないし、血判を押して誓いを立てたわけでもない。

いまから考えると、要するに私には青年学校の二〇〇名くらいの部下がいる。そこに鉄砲、実砲があるからそいつが欲しかった。私が必要なのではなくて、何かのときにあいつをこっち側に入れとけば、実力行使に役に立つ。それを私の友達の横山というのが売り込んだんだな。青年学校の実砲と、若い生徒のエネルギー、パワーが欲しかったんでしょう。

その横山というのは腹を切らずに生き延びて、戦後がらっと変わって平和主義者になった。なかなか文才もあって、ペンネーム横山三平と称して、将来こっちの方で飯も食えるんじゃないかと思ったくらいだった。私が社会党のときに「曽我さんどこかいいところないか」というので、有田八郎が憲法擁護国民連合の代表委員になっていたから、その事務局に紹介した。ところが伊東の友達のところへ遊びにいって、夜中に酒を飲んで、伊東駅そばの温泉プールに飛び込んで、そのまま心臓麻痺。

――志軒寮には青年学校から通われた？

たまには家に帰りましたけど、青年学校にはずっと泊まりきりでした。空襲は何度もあったけど、軍需工場なのに焼けずに残った。多摩川の土手の川崎側の一番奥だったから、アメリカのB二九も攻め残したのかもしれない。志軒寮へ行くときは、大体向こうも夜からだから、青年学校の仕事を終わって空襲でやられたような電車で行って、帰りは歩いたこともあった。青年学校の生徒を預かっているから、朝までに帰らないといけない。それで足も鍛えられた。

私の品川の家は終戦の年の六月二四日、空襲を受けて焼けました。丸焼け。ちょうど私はその空襲のときに、休みの日だったかな、なんかの都合で家にいた。近所のおばあさんを背負って、戸越公園へ逃げることになった。

焼夷弾がバカバカ落ちて、危うく直撃。死にたかねえ。戸越公園までおばあさんを運んで朝帰ってきてみたら、全部焼け野が原。あとはずっと防空壕生活でした。

第二章　生い立ち2

恋女房、両親ぐるみ結婚

私の生い立ちを話したついでに、既に亡くなって一〇年たつ女房の話も、しておきたいと思います。彼女は旧姓三澤で、父親は孝雄といい京都の生まれ、母親はゆきで富山の生まれ、昭和三五年、同四一年に七七才、七一才でこの世を去る。父親は国分寺で、母親は鎌倉で亡くなったが、いずれもわれわれ二人でささやかな葬儀を行い、墓地も曽我の多磨霊園に埋葬する。

こういえば、私の女房である三澤キミ子は、この両親の一人っ子で、親戚、縁者がほとんどなく、貧しい暮しの中で成人したことがわかるでしょう。品川と目黒の境に不動尊があり、その一隅に掘立小屋という表現がぴったりする家が、戦後三共製薬品川工場の女工で、労働組合の婦人部長（後に副委員長）になった彼女の住居でした。幼い頃二人いた姉妹を亡くし、余り勤労意欲のない父にかわって、母のゆきがキミ子の手を引いて行商をやりながら生活を維持してきたと聞く。だから私と結婚するためには、私が両親を共にもらわなければ成り立たないことになっていた。

当時西品川のわが家は防空壕生活を脱して、何とか二階建て、私の「始原林」という貸本屋兼左派社会党品川支部の事務所つきの鮨店と住居を持つことが出来ていた。私の近所に安藤利信という建築屋さん（奥さんが肉屋）がいたが、その安藤が入党して、無給でよいから党支部のオルグとして働きたいという申し出があり、左右に分裂し小さくなった品川の左派社会党再建のために、当時品川支部の書記長になった私と一緒に奮闘してくれた。

そしてその彼が、わが家の建て直しをしてくれたのです。そこで私は、そんなことは出来ないと断る三澤親子の三人、つまり持参金ならぬ持参者つきの彼女を「拉致」するようにもらったのでした。彼は五年後に品川区議となり、三期やったが、都議に挑戦して落選し、その後は事業にかえったが病死した。

妻キミ子と河口湖で（1966年）

著者の兄弟姉妹の記念写真

私を助けてくれた陰のシンパ

この際議員をやらぬ私を色々な面で援助してくれた方々を、簡単に記しておきたい。安藤の他にもう一人渋谷に住んでいた西村良雄（仮名）という某大会社の重役で、私より一回り上の丑年の人です。彼は、若い頃自分がやりたい、やらねばならぬということをおまえがやってくれている……と、それだけで私の活動から生活のことまであれこれと心配してくれた。私のペンネーム西村真次は、この人からの贈り物。

さらに私の中学時代から「始原林」という貸本屋を営む頃まで、何かと相談にのってくれて私の青春時代の人格形成を助けてくれた真宗本願寺派西教寺住職上島顕道、そして私たち夫婦の仲人をかって出て、三人の子供（うち二人は選挙戦の最中）を取りあげてくれた地元品川の産婦人科医師佐々木正平（以上すべて故人）の方々の名をあげておきたい。

あと二人は私の末弟曽我克己（総合物産社長）とその友人である元丸辰道路工業社長の小林俊雄です。私を会社の役に立たない顧問として長く遇してくれたし、その他に「曽我祐次杯」というゴルフ・コンペを二五年間にわたって組織してくれたことも忘れることは出来ない。またよく新聞やテレビの記者が訪ねてきた銀座の事務所なるものは、弟の会社の応接室を小生が占拠していたところです。

二男一女、一〇〇万円で鎌倉へ

私が港区左派社会党本部に入局して約一年たち、一九五三年に二人は結婚。とりあえず女房と始原林文庫のある板の間で新婚生活。そして徒歩で品川目黒川沿いにある三共製薬K・Kに通った。二人は相談の結果、なるべく早く子供をつくり、女房の両親、とくにおばあさんに育児の手助けをしてもらう方針を立て、男・女・男と年子で出産した。

しかしよく考えてみると、戦後安藤に建ててもらった総二階の鮨店も、私の両親、兄弟姉妹で六人（その時、姉二人はすでに結婚）、私たち夫婦と両親、子供二人で六人、計一二人の大世帯であった。みな我慢してよく耐えてくれたものと思う。そこで長男大平、長女葉子が生まれ、次男伸平を女房がみごもったとき、引っ越しを考えざるを得なかった。しかし金はない。あったのは、戦災で焼け、引っ越して戻ってこなかった隣の本屋と印鑑屋さんの地所を、焼け跡に残ったわが家が、大蔵省物納、払い下げで全く安く買い取った約六〇坪の土地だけで、それも幸いに私の名義にしてあった。

城南信用金庫に相談したところ、当時私の左派本部の安月給では、貸付額は一〇〇万円が限度だという。女房の両親も入れて六名では、アパート暮らし（当時は大きなマンション等少なく、そんな金もない）は無理。困っているうちに、私の早稲田時代の友人が外国勤務となり、二年間くらいなら国分寺市にある家を安く提供してもよい、との吉報が届き、とりあえずそこに移る。

無理な引っ越しで、次男誕生の予定日が早まり、引っ越しと同時に出産となる。二年ほどはは過ぎ、そこで女房の親父さまの葬儀を営み、また家探しが始まる。手っ取り早いのが新聞広告で、女房は横浜市金沢区と鎌倉市に手ごろな売家があるというので、一〇〇万円を限度に現地視察。金沢区の方は陽当たりは良いが、少し狭いし、一二〇万円、鎌倉の方は、県営住宅のあとで、しかも急坂の崖っぷちの家で、陽当たりは悪いが丁度一〇〇万円。さあどちらにということになり、女房は金沢の方に未練はあったらしいが、何としても手元には一〇〇万円しかない。それで鎌倉に決めた。

私の気持ちのどこかに、身から出た錆とはいえ一〇人にも及ぶ子供を育てて、好きな趣向もままならぬ親父が、〝鎌倉に住んでみたいな〟とつぶやいていたことが、あったのかもしれない。鮨屋を次男の啓司に任せた父が、晩年女房の案内で鎌倉の寺社をめぐり、好きな俳句などをよんで、生涯の最後をこの地の病院で終った事はよかったと思う。

だが音楽が好きだった次男が、商売にはおよそ不向きな私＝愚兄のために、品川の喜久寿司店を継いで、私のお袋や肺結核の大手術で婚期を失い、結果として朝鮮問題に取り組んだ妹の昭子のために貧乏クジを引くことになった。

鎌倉に移った後、私は品川と鎌倉の暮らしがほぼ半々で、党籍は品川、社会党都本部、中央本部の役員を続け、女房は鎌倉支部の党員として活動することになる。

i女性会議で模範党員

女房は、家に人を寄せることを苦にせず、従って、都本部のオルグや書記、後にくれない会等党本部の仲間も休日を利用して急坂を登り遊びに来た。仕事上、新聞記者、雑誌記者もよく鎌倉に来てくれ、中には、一二月三一日、薪火をしているところに不意に押しかけ、明年度党運動方針の一片だけでもよいから…とせがまれたこともある。

わが妻キミ子は、品川支部に入党し、三児を出産、育てながら活動するが、鎌倉に移ってからは、神奈川県鎌倉支部の会計、書記長をやり、また日本婦人会議（のちi女性会議＝党の婦人組織）の役員となり、誰でもいやがる会計などを担当して努力した。また水道労組との関係で環境問題の草分け時代から「合成洗剤追放婦人会議」を立ち上げ、その事務局長、会長として熱心に取り組んだ。

子育ては、母ゆきに手伝わせ、解散・総選挙・参院選・県議、市議などの選挙になると連日ビラ、ポスター貼付・宣伝カーの呼び込み等活動の中心的役割を果たした（私は東京都品川の党員、従って住所は品川在籍、そのため鎌倉は女房のキミ子が戸主)。

子育て、家事、女性運動で早死に

こういう多忙ななかでも、子供が高学年になってからは、毎年夏、親子で三泊四日位の登山をするのが唯一つのコミュニケーションづくりであった。外国へは、i女性会議や党の関係で中国へ三回位、ゴルフ・コンペで三回位行っている。

キミ子がガンにおかされたのは、今から一〇年前ぐらい。顔色がよくないし、疲れやすいというので病院に行けとすすめたが「大事ない」としてなかなか行かなかった。そして私が舌ガン、彼女が子宮ガンということで入院したのが一一年前の二〇〇三年の暮れの頃であった。彼女はガンの進行が早く、手術不可能ということで放射線治療に専念するが回復せず、約一年半の闘病生活のうえ、あの世に旅立った。時に曽我キミ子七七才、二〇〇四年三月二三日。

鎌倉で質素な葬儀を行ったが、通夜を入れてi女性会議代表藤原律子はじめ二〇〇余名にわたる人々が弔問におとずれてくれた。その時の喪主曽我祐次の挨拶の一部を記しておく。

私の妻曽我キミ子は、人として、女として、母として、そして妻として、とりわけ昔流に言えば活動家(アクティブ)今流で言えばボランティアとして、三人の子育て、家事はまかせっきりでなにもしない私の世話をしながら……i女性会議を中心とする婦人運動、各種選挙運動、水を守る環境運動、いのちと暮らしを守る運動等々、精一杯働き、生き抜いてきたと思います。

戦中派の妻としては、現状の世界や日本、とくに社会党・社民党の現状をみるとき、そして家族のこと等まだまだやらねばならぬことが多々あり、心残りはあったと思います。

しかし一年六ケ月に及ぶ闘病生活の最後、三月二三日正午、三時間余にわたる吐血と人工呼吸を操り返したあと、静かに息を引きとり、安らかな顔に、仏の顔に変りました。

私は妻の手を握り、長い間ご苦労さまでした。「ありがとう」「ありがとう」そして「ありがとう」と永遠の別れを告げました。

直情で正直すぎた彼女は、ときに皆様のお気にさわる言動をしたことも多々あったかと思いますが、許してあげて下さい（以下略）、と挨拶しました。

彼女（妻）が逝って一一年目、いまだに家に残るものは各種封筒、各種切手、便箋、切手は五〇円、八〇円は私が使ってなくなりましたが、二七〇円切手は、まだまだ残っています。水問題で色々な資料や会報を各方面に送っていたものだと思います。私はこの一〇年間、切手や封筒を買ったことはありません。

またハイムの頭髪洗い等も裏の物置にまだまだ残っています。私はそれをよいことに洗髪剤を買ったことはありません。

年二回・五〇回続いた曽我杯ゴルフ・コンペ

曽我杯は二〇〇八年一〇月、五〇回の北京ゴルフ・コンペをもって終了したが、その時述べた、「曽我杯」終幕にあたっての感謝の辞を再録しておく。

思えば「曽我杯」は二五年前、小生が柄にもなくゴルフを始めるということで、それでは気の変わらないうちに〝盃〟をつくり、年二回春秋のよき日を選んでコンペをやろうということになり、有無を言わせず仲間達が始めたのがきっかけでした。

当時の小生の職務柄（社会党本部役員）直ぐやめてしまうのではないかと思ったのでしょう。だから小生のゴ

王家瑞中連部長と会談する著者（2013年）本文271頁参照

50回で終了したゴルフ曽我祐次杯の記念パーティーで。北京・釣魚台迎賓館
（2008年10月18日）

ルフ人生は「曽我杯」とともに始まり、歩んだことになります。

腕前はいっこう上がりませんでしたが、お陰様で爽やかなグリーンに白球を追う醍醐味を味わうことが出来、自然との格闘と共生の有難さを体験出来ました。そのうえ皆様のカンパを戴いて、八年前から中国黄土高原（陝西省彬県）に植樹活動を始めたのも、その貴重な体験からでした。

然しゴルフをやってなによりも得難きものは、それを通じて知り合えた数多くの友人達でした。ゴルフについては、全く未熟な小生が「曽我杯」に引っ張られて、五〇回の歴史を刻むことが出来たのです。有難いことです。特に幹事の皆様やもろもろの仕事を担当してくれた仲間の方々には言葉に表せられぬほど感謝の気持ちで一杯です。

小生も八十路の坂にさしかかり、舌癌と腰痛という持病に悩まされながら、皆さんの励ましで、今日五〇回のゴルフを迎えることが出来ました。

しかし、エージ・シュートは夢のまた夢。今や「百獣の王」（城山三郎の言葉）を数えることになりました。まだやれる、という有難い励ましもありますが、物事には潮時ということがあります。仲間の皆さんの最後のご協力により、海外コンペとしては、思い出深い中国北京で共通の国際的友人達を含めて、五〇回目のコンペをやりとげ、「曽我杯」の幕を閉じたいと思います。

また同時にご参加の家族、友人、知人の方々とご一緒に新旧北京の見学、散策を楽しみたいと思います。そして現在、国際的にも名高い釣魚台迎賓館で五〇回コンペの締めくくりをしたいと思います。

これまでの皆様のご厚情に感謝しながら五〇回コンペが成功したことを喜び感謝の言葉といたします。有難うございました。

第三章　入隊から入党まで

四日間の兵隊生活

私には赤紙（軍隊への召集令状）はちょっと来ないだろう思っていた。昔は目が悪い奴はとらなかった。徴兵検査には当時甲種、乙種、丙種とあり、私は第一乙種だった。丙種というのは兵役免除。私は丙種にはならないで第一乙。戦局が悪化すると、乙種も召集するようになり、最後は多少片腕がない第二乙種くらいまではとった。

赤紙は青年学校の先生をやってるときに来た。一九四五年七月末、終戦の直前だ。若い奴はぜんぶ把握されてるから、遊んでいられないんだよ。遊んでるとみんな徴用が来ちゃう。そういうことは徹底していた。とにかく八月一二日に我孫子東部六四部隊に入れという赤紙が来た。入営まで五日か六日、余裕があった。

一二日には、親父と私の下の次の妹の靖子、その二人がついて来た。なんとか我孫子まで行って、さよならして兵舎らしきもののところまで行った。そのとき普通は軍服に着替え、家族が私服を持って帰るわけだが、私服をそのままにしておけという。持って帰らなくていい、私服も持って入れという。それで家族は帰ってよろしい、ということになった。いまから考えると東部軍は指揮命令系統が二つに割れていたようだ。幸か不幸か、東部第六四部隊というのは、戦争が終わっても断固戦う方に入っちゃったわけだ。

大隊編制で二〇〇人くらいいたかな。それが新兵だけじゃなくて、予備役という、いったん軍隊に入って、帰ってから再召集された人との混成部隊。だから結構いいおっさんも一緒で。女学校の校長先生上がりの、一年志願の大尉かなんかになった人が、私らの部隊の大隊長だった。部隊は一応、戦車砲部隊。

そこでもらったのは竹ジョッキ、孟宗竹の食器をくれたんだ。これどうするんだ。この中に爆薬でも詰めて、戦車にぶつけろというのか。それから私服はご持参だ。当時は軍服を節約してか、昔の海軍兵学校の生徒のように、ここらへん（腰のところ）まで切れた格好いいやつ。陸軍も生地を節約したんだね。

それも、しっかりした生地じゃないでしょう。現役で入ったわれわれは体がちゃんとしてるからまだいいけど、予備役で来た人はなんだかみっともなくて、ケツが丸出しみたいな、そういう軍服が支給になった。持ってきた私服は雑嚢というこのくらいのカーキ色の袋を一つくれて、そこに入れろって。これじゃ便衣隊（ゲリラ）だ。最後はそれに使うのかなと思った。

ともかくそこで三種混合の注射を射たれて、これから汽車に乗って現地へ行くという。どこへ行くかいわない。客車なんてないから、石炭を積む屋根のない無蓋車。それに詰めるだけ詰められて、さあどこへもっていかれるのか全然、誰もいわない。これは沖縄へでも行くのかな。無蓋車で沖縄までは大変だな、どうなるかと思っていたら、田端のあたりでガチャガチャと切り替えて、今度は千葉、銚子の方へ向かった。私は東京生まれで、なんとなく関東を知ってるから分かるんだ。これは沖縄じゃない、九十九里だな、と思ったら案の定九十九里。夜中の一〇時ごろ九十九里の長者町（現いすみ市）、二十世紀梨の産地です。そこへ着いた。

そこからずっと歩いて宿舎へ行った。その宿舎というのが小学校。八月は夏休みだから、全部空いている。だけどこれは大事な小学校だから、土足で入っちゃいけない。靴もちゃんと脱いで寝るだけ。毛布は二枚。まあ夏だからいいんだけど、すし詰め、缶詰みたいに詰められて、とにかく屋根の下に入った。飯はといったら愛国婦人会の人たちが出て来て、お握りを一つくれた。戦車にぶつけるのかと思った竹ジョッキに、実も入ってない味噌汁を入れる。飯盒（はんごう）のかわりなんだな。それがその日の初めてのメシ。

鉄砲も戦車砲もない戦車砲部隊

飯盒もないが、武器もない。わが戦車砲だなんていっているが、戦車砲なんてどこにもありはしない。身につける陸軍の短い帯剣があるでしょう。それもない。なんだこれではもう駄目だと思ったね。

あくる一三日、みんなを集めて、「わが戦車砲部隊、これは一つの大隊だ。班長さんを兄貴と思い、大隊長、一番偉い人を親父と思って、これから一心同体である」という演説があった。宿敵アメリカ軍上陸の可能性もある、従って断固ここを守る、敵戦車を戦車砲で撃つんだという。その戦車砲はどこをみてもねえんだ。まあ一通り訓話があって、小隊、分隊に分けられて、お前ら泊まりはここ。でも小学校をあまり汚しちゃいけないから、昼間は外にいろというんだ。小学校の周りにみんな座らされて。

それで一四日でしょ。訓練は何をやるのかと思ったら、お百姓さんのところからリアカーを徴発してきて、酒樽みたいなのを載っけてこれが戦車だというんだ。リアカー引っ張るわけ。地雷は円盤型で木で出来ている。このような丸い筒に尾をつけて棹で押す。海岸だから穴はいくらでも掘れる。掘った蛸壺のようなところに入っていて、通るリアカーの下にこう棹で入れるわけよ。うまくリアカーがその上を通ってくれたら、成功というんだね。

それがうまく通らないとおおごとだ。リアカーを引っ張るのは若い新兵だ。だいたい予備役組は運動神経がちょっと鈍いというんで、予備で召集されたおじさんが、こう円盤地雷を入れる。若いのが引っ張る。リアカーの下に入れれば成功、ダメなら繰り返す。それを二日間やった。

――襟章もないんですか。

襟章だけはあった。一つ星もらったもの。私は裁縫が苦手で、そういうもの（針）を使えないんだ。面倒くさい。結果的に私は着けなかったよ。それでまた私については、ちょっとした事件が起きちゃったんだ。

それは一五日になって例の放送があるというんだ。それはわれわれにもいった。だけど学校にはテレビはもちろんまだないが、ラジオもない。夜電気がつかないんだから。それで村役場に行って放送を聞く。だから入ったばかりの新兵様は、そこ（学校）で待機して待っていろということになった。

それで大隊長様はじめ、なにしろ陸軍士官学校出というのがどうも一人だけなんだよ、週番士官で中尉。見ていて軍人らしかったよ。大隊長は女学校の元校長だからね。その人は一年志願で大尉になった人なんだ。あのころは一年志願というのがあって、高額納税者の場合はある程度お金を納めて軍事訓練を受けると上級に進級して、一番位の高い人は大尉になっていた。腰が半分曲がりそうなんだから。本物（大隊長付き）が一人で、あとはみんな召集された軍曹とか曹長、伍長で下士官。残りが上等兵、一等兵。われわれは二等兵だから星一つ。そういう部隊だ。

将校でも判断がつかなかった玉音放送

ここはラジオもないから、将校と分隊長までが行って聞いてくる。しばらくそこで待機しろ、ということになった。大隊編制で二〇〇人くらいのうち、エライさんが村役場まで行って聞いてきた。ところがあの難しい内容だもんだから、分からないんだよ。断固やれというのと、もう終わりだというのと……。あのホンモノの中尉も、どっちか分からなかったらしい。帰ってきたら将校とか下士官だけが部屋に入って、校長室かなんかで議論してるんだ。兵隊は外に置きっぱなしだ。

訓練はその日は、やれとも何とも指示がないんだ。そのうち部隊の偉い人の会議が終わった。どうなったんだ、じゃあ聞いてみるか、と私が一番先に通りかかった週番士官に聞いた。そしたらいきなり「お前は何分隊か、誰で何か」と、こういわれちゃった。入営するときに「聞きたいことがあれば、まず分隊長に、それからこういう順にといったじゃないか。それが軍の掟だ、この野郎」と、ボカッと一発ビンタ。そしたら今度は分隊長が来てまた、「この野郎」とぶん殴った上で、「いったじゃないか。いきなりあんな偉い人に聞いちゃいけない」というわけだ。偉い人から「お前は分隊の教育が出来ていない」と、分隊長がやられちゃうんだ。

でもお陰さまで「あいつはあんなところに入れておくと、何をやらかすかわかんねえ」というので、私はその日から新兵の部屋をはずされて、下士官の部屋に入れられた。みんなを扇動するかもしれないと……。やっぱり青年学校にいて、尊攘同志会はわかったのかどうかしらないが、ともかくちょっとあれは普通とは違うから危ない、というんで下士官の部屋に入れられた。

一週間経つと、毛布とか荷物をたくさん積んだ他の部隊が、小学校の前をどんどん帰っていく。相当訓練した歴戦の勇士みたいなのがいた。満州から来た関東軍ですよ。あっちに置いてもしょうがないというんで、本土決戦用に移したんだね。そいつらがもう〝終わったよ〟とこういうんだ。「お前らはそんなところにぐずぐずしていねえで、帰れ帰れ」というんだ。

あっちの部隊はもう解散命令が出た。わが方は忘れられていたんだか、そこが最後までわからないんだ。解散命令がないから、最後までぐずぐずしていたのか、それとも断固戦う方に入っていたのかな。

いつまでたっても出ない解散命令

私の記憶では八月の一五日があって、まあ一週間くらい、二〇日から二二日頃まで訓練をやらされた。勝ったか負けたかはわからないまま、断固戦うと。わが東部軍は命令、断固本土決戦に備えて戦う、というのを黒板に書くんだ。みだりに流言蜚語や何とかいうやつ、逃亡する奴は銃殺だ。鉄砲もないのに銃殺だ。なんでも銃殺だ。こういうのを黒板に書いて。

――二二日くらいまではずっとその連続？

そう、リアカー引っ張ってるの。漫画チックで。そのうちに新兵の間にさすがに不満が出てきた。だって若い人が三種混合のお握りひとつだよ。それに実があるかないかわからない、竹ジョッキにいれる味噌汁。ずっとそれだけなんだ。三食は食わせたが、みんな痩せちゃった。小学校だから鏡はないから自分が痩せたかどうかもわからない。だからみんな、おい、お前痩せたじゃないか。たしかに一週間もそれだけじゃね。それで変な話、出るものも出ないんだ。それだもんだから、最後は新兵だって立ち上がっちゃうよね、そう思った。

しかしもう、その近所の農家からの補給はなくなった。飯がなくなった。なくなると困るから、今度は新規に農家に使役に行けという。糞汲みとか、そういう使役。あとは木こりになって木材を切る。夏でしょう、もらった服一枚でしょう。下士官の馬鹿なやつが、〝服を大事にしろ、裸でやれ〟ってね。裸で生木を担げば、みんな肩をやられちゃうじゃない。帰ってきて、痛え、痛えて泣いてるんだよ……。

軍服取り替えられて下士官に昇格

こういう馬鹿な話もあるんだ。戦争に負けたから肩章はとっちゃった。入ったばかりの軍隊だよ。誰が偉いかわからない。将校は軍服が違うから分かるが、下士官以下はだ、色で分けた。浅黄色の服を着ているのは下士官、カーキ色が新兵、二等兵だ。だから階級証をとった段階では、色で見分けた。

私は下士官の部屋にいただろう。下士官が来て、おいちょっとお前の上着と俺のを取り替えようというんだ。彼らは帰ることが分かったから、私の新しいのと代えろというんだ。着る物がないわけじゃないから、そういわれればしょうがない。それで私は上着の色で下士官になっちゃった。

あんまりしゃくにさわるから、入ったばかりの兵隊のところに行って、「俺はこの上着取り替えたんだから、下士官さまだ。カシラ右とか何とかいってうまく歩いていけば、外に出られる」。一般の兵隊は外出は一切駄目なんだ。しかし、腹が減ってしょうがないじゃないか。それで腹を決めて、「ここは梨畑があるようだから、梨でも食いにいくか。志願者は来い。俺は下士官になって、お前らはちゃんと引率していく」。八名か来たよ。学校の正門を、カシラ右ーとかいって出て、後はいっせいに梨畑に行って、食った食った。長者町なんで梨畑があるんだ。

百姓の方も賢い。「兵隊さん、お金持ってるの」ときた。普通、現役の兵隊はお金をみんな召し上げちゃって、家族に預けちゃう。ところがわれわれは私服と一緒にお金も持っていったから、多少あるんだ。「戦争負けちゃったからもう兵隊さん、お金ないなら駄目よ」というから、「この通り金はある」。「お金あるんならどうぞ」。中に入って、みんな食った。

いくら食ったといっても梨ばかりでは。それでみんないきなり下痢だ。ああ、糞が出たってみんないうんだ。お前のおかげで食った。もったいないから、雑嚢にいれて梨をだいぶ持って帰った。私も雑嚢に入れて持って帰った。

そうしたら下士官の野郎が、「おい、どうしたんだ」と聞く。あまり腹が減るから仲間を連れて、こうやって出て梨を食ってきた。金はちゃんと払ってある、というと、「そうか、そんなことすればお前、重営倉だ」。ところがここは重営倉がない。もう下士官も半分やけになっているんだね、梨を寄越せと。しょうがないから梨をみんな下士官に配った。それから私はすっかり特別扱いになって、復員事務と称するものをやれということになった。来た奴を名前を合わせて、住所をちゃんとして記録するとか。

――いつ本格的な復員命令が出たんですか。

部隊として帰ったのは九月三日。正式な命令が一応来たんだろうかね、忘れられたんだと思うよ。まだけしからんことがあったな。天ぷらのにおいがすると、新兵がいってくるんだ。下士官以上は魚があって、天ぷらで銀シャリだっていうんだ。食事は二二日以後は、兵隊の中から選んで、食事係というのをつくって兵隊がやるようになった。それで分かっちゃったんだよ。下士官以上が銀シャリだ。時々天ぷらだ。臭いがする。腹が減ってんだから頭に来るよ。九十九里のうまい魚を取って天ぷらにする。そして銀シャリで食ってんだから。兵隊は、三種混合のお握りひとつだよ。三種混合というのは、麦と粟とヒエ。だから水で濡らさないとお握りにならないんだ。それも負けるまでは近所の百姓や女性が来て、兵隊さん大変だって作ってくれていたんだが、負けてからは自分たちでやれと。

大荒れだった除隊前夜

いちばんいけないのは、例の士官学校を出た大隊長の補佐官だ。中尉だな。こいつが本職なんだから、もうちょっとしっかりすりゃいいんだ。いよいよ除隊命令になった最後の晩はぶん殴りあいよ。それはすごかった。こっちは数が多いし、元気がいいんだから。鉄砲もなにも持っちゃいないんだから。

――解散命令はどう説明したんですか？

みんなを集めて大隊長がいいました。やはり残念だが日本は負けた。でもちゃんと二等兵でも三か月分の給料と、毛布を二枚くらい寄越したね。これを旅費にして帰れと。

――兵隊が鬱憤を晴らしたのはその晩のこと？

そうそう。要するに除隊命令が出たその晩ね。九月二日の晩。相当やったね。もうお金をもらってから。

――支給はすぐにあったんですか？

二日は朝から。あしたからお前さん方は家に帰って、日本再建のためにがんばれというくらいの訓示はあった。それでいよいよ負けたということがみんなにわかった。それにしては、銀シャリを片っぽで食いやがってなんだと、こうなってきたね。とくにタチの悪い奴は一ヶ月くらいいたからわかるよ。この野郎というやつと、まああのやつとは。

——陸士出身の士官は？

こいつは要領がいいから、姿がどうも見えなかった。大隊長のそばにいて逃げちゃったのか。大隊長はちょっと、もう殴るに殴れないような歳だからね。やっぱり殴られたのは下士官だね。直接命令したし、裸で生木を担げといったやつとか。

そういうことで、結局四日間の兵隊。いろいろ体験をして私なりに得るところも結構ありましたが、ようやく九月の初めに自宅に帰ってきた。自宅はもちろん六月の南部大空襲で焼けて、そのままになっていましたが、防空壕の上に掘立小屋を建てていた。

早稲田第二高等学院に入学

自分の将来をどうしようかと考えて、このままではしょうがないから、ちょっと学校に行こうと思い、結果として早稲田大学の第二高等学院に行った。翌年（一九四六年）の四月に試験を受けて、学院ですけど、もう入るときに志望が決まっていて、政経学部への入学ということで入りました。

第二高等学院というのは、二年制なんです。第一高等学院が三年制。従って早稲田の第一高等学院は、中学四年から受験できるんですね。第二高等学院の場合は、中学五年でないと受験ができない。そういう第一、第二という予科制度がありました。

私はもちろん早い方がいいから、第二高等学院の政経学部を受け、幸か不幸か入って、ＩＪクラスというクラスに属しました。ＡＢＣＤからずっとあった。いまでも年に一回くらい集まってます。最近は五、六人になっちゃったかな。

一クラス四五名か五〇名でした。私は左翼だったから、第二外国語はロシア語なんですよ。ところが全然ロシア語はやらないで、何も覚えないで終わっちゃったんですけど。

当時は地方の大学へ行きたくても、地方は飯が食えなくてだめでしょう。自分の家から通えるところが一番いい。一高、東大があったけど私の頭ではとても東大はダメ。せいぜい早稲田ならなんとか入れそうだという感じで、入ったということで。

——政経学部志望の理由は？

それはやっぱり政治志向ですからね。戦前、国家社会主義の影響を受けてるし、私はやっぱり政治以外ないと思っていた。ロシア語を第二外国語にしたのは、当時まだソヴィエトで共産主義のメッカですから、そういう意味のほうが多かったです。ロシア語をやってロシア文学をやるという、そんなのんびりした考えはなかった。共産党へは行かないという判断をしたんだけど、頭の中はやっぱり左翼志向だったことは間違いない。

——敗戦直後ですが、当時から共産党には違和感とかあったんですか。

私の場合はありましたね。それは戦前、国家社会主義という方向で、なんとなく頭の構造ができていたから、裏返しが共産主義みたいに見えて。

青年同志会を組織

軍隊から帰ってきて受験まで約半年ちょっとあった。私のことだから帰ってきて何もしなかったわけじゃないんで、二つの型で青年運動をやった。

一つは私の母校の三木小学校の同窓会の再建。小学校の仲間たちを集めて、読書会をやったり。兵隊に行ったのもいるし、まだ兵隊が途中のもいるし、戦死して復員してこないのもいるし、無茶苦茶なんだな。それをともかく集めて、そのなかで少しアクティブな諸君と青年同志会というのをつくった。

三木小学校の焼け残った少しの教室と、講堂の端っこみたいなところを開放してもらって、なんとか集まって。夜の方が多かった。日曜とか祭日は午後からのこともあった。

そこではまず回覧雑誌を出した。原稿に書いたやつを綴じて、みんなで持ち回るというやつ。なにせ焼けちゃって本がないんだから、やはり活字に飢えていたというのがよく分かりますね。紙もなんとか工面して。原稿用紙でもなんでもないんだ。ともかく紙に書いて輪読する。その中に三木小学校の同窓生が多かったから、じゃあ同窓会でも開くかというんで、戦争中ずっとやめていた同窓会を戦後すぐ開いた。

青年同志会と同窓会のメンバーは重なっていました。しかし必ずしも同窓生イコール青年同志会じゃなくて、三木小学校以外の人も多少それに加わってくれました。

青年同志会の方は要するに、これからは青年が日本を再建せねばいかんという気持ちと、いままでの軍部その他の醜いところがパッとあらわれましたから、なんとなくそういう戦前型の社会はいけない、一言でいえば平和、平等、一つこういう社会をつくるのがわれわれ青年だ、というような自覚の中でやったわけです。

――女組の人もいた？

若干加わったが女性は少なかったですね。当時の背景としては、女がそういう形で関わるというのはよくないとか、そんな空気がまだあった。二、三年やっているうちに、なんとなくその話を聞いた、同じ品川区だけど地元の人じゃなくて、他地区からわざわざ来て参加する人もいました。そういうのは学校の先生とか代用教員とかなんとかで。若い先生で生き残ったのが結構いた。茂清メイ子さんなんていう人は小学校の先生ですが、絵を描く人でなかなか芸術性があって、ちょっとした文才もあって、仲間の中ではもてましたね。

回覧雑誌は最初は「文化研究」というんです。そのうちどうも「文化研究」というのは方々にあるから、何かいい名前はないかということで、「始原林」にした。うしろに「始原林」というのをくっつけて、「文化研究始原林」にした。持ち回り雑誌なんかも途中から「始原林」に変わってこれはずっとやりました。

内容は制限するわけじゃないから、多岐にわたっていた。終戦の年ですから、漠然たるもんですが、自分の戦争中の体験、あるいは自分は今後どういう道を進みたいか、日本をどんな社会にしようか、といったものでした。だれか特定のイデオロギーを持った指導者がいて、そちらへ引っ張ったというんではないんだね。戦後の地域青年運動というのは大体そうですよ。

それからもう一つちょっと面白いのは、私はうちの隅っこに貸本屋を開くんです。親父の鮨屋の常連のお客で上島顕道という、なかなか面白い坊さんがいました。私が小学生のころから、いろいろ話を私に聞かせてくれた。うちの親父より年下だったから、当時でいうと四五、六かな。

その上島顕道は坊さんだが結構読書家で、自分の本を出してやる、ただしこれは売り物ではないが、貸すのはいいというんだ。飾りだけでもない本も出してくれた。それでみんなが焼け残りの中であるものを持ってきた。それにも始原林文庫と、始原林という名前をくっつけて、うちの鮨屋の店の隣にやがてつくるんです。

まあノンセクト、ノンポリの青年運動を私がやったことが、政治志向はもちろん間違いないんだけど、結果的に社会党を選んだということでしょうな。


――青年同志会はそれ以後何年くらい続いたんですか。


三年くらい続いたかな。私の日本社会党へ入党が一九四七年一一月でしょう。とにかく私のつくった青年団体と運動には、どこからも、全国の青年団組織のようなところからのつながりはまったくなかった。

青年運動は、その後の全国青年団連合の中に入ったのもあるし、農村部なんかは入りやすいと思うんだが、都会の青年運動とか、私のやったこういうものは、そういうものとまったくつながりがなかったし、誘いもなかった。私のところの中心の三木というところから、戦前から出た区会議員がいるんですけど、みんな保守系だもんだから、われわれからみれば、あれはだめだ……となる。

豊島安左衛門というのが、戦前も戦後もずっとひき続いてうちの町内会長で、その人となんかはむしろ対立関係。われわれは相手にしない。向こうも、あの鮨屋の息子はどうも真ん中より左に向いているからちょっとダメだな。あんなところにいっても自分の一票にならんということでしょうね。

当時、大学は色に染まっていて、入学したやつはさっと共産党なり左翼に行くんだが、そうでない町の青年はそう簡単には、左翼がいいのか右翼がいいのか判断がつきかねた。右翼が悪いのは分かっているが、どんな社会、どんな国家にすればいいのか。最初は新憲法があるわけでも何があるわけでもない。アメリカに占領されちゃったが、人間が生きていることは間違いない。住んでるところは日本だ、自分の郷土だ。だからここからなんとか立ちあがる以外ないというところが、青年も含めてだいたい普通の人の感じですよ。頭からイデオロギーで左翼にボコッと行った、というそんなものではないですね。

その後総理大臣をやった竹下登と、青年運動の話をする機会があったんです。年は彼が私より一つか二つ上だ。そのときに竹下がいっていたのは、やっぱり戦争直後だから保守も革新もあったもんじゃない。みんな集まってこの日本をどうしようかと、これじゃしょうがないというところから始まったと。彼は保守に行くんだが、青年運動出身なんです。だから、青年団運動には理解がありましたね。

そういうことをやりながらともかく私は、学校に行きましょうというので早稲田を受けた。受験する人も随分いたからね。私や私の下というのはこれから受験生でしょう。当時は塾もなにもないんだから、これは勉強会にもなった。何もないけれども、大学はちゃんと試験をするように決まってるんだから、みんな独学で、自力で勉強するしかなかった。

それから、めしが食えないからアルバイトをやった。一番短時間でゼニになるのは何かと探してみたら、パイスケなんですね。多摩川沿いの浄水場の掃除人夫。水道局へ行って、プールみたいなところにたまった水苔をパイスケに入れて、梯子、板梯子で担いで上がって。これが一番ギャラが高いんだ。私のところは多摩川に近いんで、じゃあ一夏行ってみようと、そこに行きました。ところがそこの中間搾取の親方とけんかして、一月半くらいでやめちゃったかな。だって聞いてみると賃料の半分ぐらい取ってるから、ひどいんだもんね。これは相当体力がないとできなかった。仲間が三人行ったが、一夏つとまったのは私だけだ。

同盟通信社勤務

肉体労働じゃちょっと青年運動の方もできないしと思っていたら、同盟通信が事務員を募集するという広告が出た。じゃあそこへ行ってみるか、というんで、そこへ行きました。一九四六年の終わりから、一年半くらいいた。大学に在籍中だと採用されないから、履歴書をごまかして早稲田中退ということにしていった。

その「同盟通信」なるものがインチキなんだ。共同通信は昔、同盟通信といった。これが戦後、「同盟」の名称は使えなくなった。それで韓国の、朝鮮、第三国が「同盟通信」という名前を使っていた。韓国の朴なんとかというのが社長で、銀座の数寄屋橋交番の角のビルの三階と四階を占領して、社をかまえているんです。行ってみたら場所はそこにあるし、ちゃんと通信も出している。

そのころ当時の日比谷には、新聞労連の事務所、赤い読売新聞社などがぞろっとあったわけよ。全部あそこに集まっていた。その中に堂々と同盟通信と名乗ってやってるんだ。韓国人だから、韓国に同盟通信という名前で入って、広告やそういう収入をだいぶいただいていたわけです。日本の方では、うるさいから付き合いは一応やるけど、なるべく触らない。そういう通信社でした。

社員は三〇人くらい。韓国人が要職にはついていたな。部長クラスはみな日本人。事務員で入社だと思っていたら記者なんだよ。早稲田大学中退というのが、ある意味では利いたんじゃないかな。

そこは国会に入る新聞記者バッチから全部あって大したもんなんだ。国会の中はクラブが二つに分けてある。さすがに第一クラブには入れず、ローカル紙のクラブだが、そこでは何も仕事はやってない。年中麻雀と花札だ。

よかったのは、そこで新聞社というのはこういうもんだということを学んだことと、日本人で二人いい先輩がいた。元読売ともう一人は元共同といったかな、戦後、就職がなくてそういうところに行って、記者をやっていた。私よりもっとえらい部長みたいなことをやってました。政治部長もそうだった。読売の方は青山というんだが。そういう人からプレスというものはどういうものか教えてもらい、半端だけど新聞記者バッチつけて国会にも行った。

毎日昼間出勤だから、大学の授業なんか行きやしないよ。行ったってちょっと顔を出すだけで。それでなきゃめしが食えないし。私らが入ったときは大山郁夫がまだ政治学の講師でいたので、彼の講義だけは行った。彼は教壇の右から左へと歩きながら講義をするので有名だった。それには学生はみんなばっと集まった。

だけど同盟通信もまた待遇があまり良くないということと、ようやくこのころから労働運動が盛んになってきて、労働組合をつくろうという話になってきて、私もその中に加わった。

ところが、組合届を出しても労働省が受け取らない。すぐ隣に読売新聞社があって、そこに新聞労連の本部があった。新聞労連は当時は共産党寄りだから、そこに乗り込んで事情を説明して、「同盟通信は第三国には違いないが労働者はみんな日本人だ、応援してくれ」というと、「いやそれは。第三国はなんともできない」と、産別会議が逃げちゃうんだ。そういう時代だった。だから組合を作っても誰も応援してくれないし、全然ダメよ。私を始め五、六人の首謀者はクビだ。

それでまた大学へ戻って。学生運動じゃないんだ、アルバイトだ。これはいいという講義だけは、なんとかやりくりしてなに食わぬ顔して行った。一方学生運動が、わさわさ起きるんです。うちのクラスから全学連の役員が出たんだから。あのころは早稲田大学が中心になって、もちろん共産党ですよ。

私は一九四七年一一月に社会党に入るでしょう。だから社会党ということは仲間には分かっていて、なんで社会党か、なぜ共産党に行かないのか、というやつもいた。あんたら学生運動は大いにやりなさい、俺はもう青年時代に地域運動をやって、それらのほとんどの経験は積んできた。私からみると学生運動は子どもじみて見えた。アルバイトやらないでも飯が食えるやつが、一生懸命やっている。そうじゃない奴らは、飯食うことも含めて勉強もしなきゃいかん。こちらは尊攘同志会にいて激しいのは見ていたから。本当に人を殺すくらいの右翼だから、そういう緊迫感というのは経験したからね。

二年様子を見て社会党に入党

――社会党の結党大会には行かれたんですか？

結党から二年間は見ていて、どこへも入らなかった。戦前の経験がなければ、やっぱり共産党に行ったかもしれない。青年学校の先生をしたり、軍隊にも行って、日本陸軍の腐敗をいやというところまで見た。親父の思想が石原莞爾だから、どこへ行っていいのかわからなかった。地域の若いのを集めて青年運動をやって、読書会をしたりした。それで二年間、自分なりに考えた。全体を見ながら自分で社会党の左派を選んだ。入党したのは片山内閣が出来たときだから一九四七年の末だ。本部入りは、ずっと後だ。

当時、社会党本部書記局の左派の諸君というのは、半長靴を履いて軍隊から帰ってきて、平和を求めて、共産党はノーという若者がみんな、なんらかのコネで新橋の社会党の焼けビルに向ったんだ。典型的なのは満州の軍官学校出身の森永栄悦で私より一つ上。軍隊から戻ると、直接新橋へなだれ込んだ。四谷信子なんてのは、北海道から出てきていて、終戦になって北海道に帰っても仕方ないというんで、新橋焼けビルに来た。高沢寅男は少し遅れて陸軍士官学校、都学連、西久保櫻川町の左派社会党に。

それから山本政弘。これは軍の学校ではないが、九大を出て海軍の経理将校になった。最後は海軍大尉かでフィリピン戦線で戦って、戦争の悲惨さを知ったんだな。それで結果的に社会党鈴木茂三郎の秘書に。九大出だから向坂の影響もあった。

当初から左派の強化めざす

――地域の党に入って、社会党に入っていくという過程はどうだったんですか。

まあ共産党でなければ、社会党を選ぶ以外はないんだよ。たまたま片山内閣ができるんだ。現在の民主党と同じだ。中途半端に政権を取ると無茶苦茶になっちゃうと思っていたが、取っちゃったんだから仕方がない。じゃあそれを契機に私も社会党に入って、この社会党がおかしくならないように力を尽くそうと思った。

当時もう私は左派だとはっきりしていたからね。社会党に左派で入って、左派の力を少しでも強めていく以外にないな、というふうにそこで判断した。講和安保の「青青」か「青白」かという問題が、そろそろ一九四七年終わり、四八年ごろから始まるんですよ。

「青白」は国会の投票から来てるんです。国会で青は反対票、白は賛成票でしょ。講和条約と安保条約と二本あったわけだが、右派は講和条約は独立の契機だから、まあ全世界に祝福されないけども賛成。安保には反対だ。だから「青白」。左派はどちらも反対だから「青青」だ。

入党は自分で支部へ。友達と相談したということはない。私の住んでいる西品川に、高橋という全大蔵の組合の役員をしていた党員が一人いた。その家を訪ねて行って、紹介者になってもらって入党した。高橋の家に行って、入党したいがあんた社会党でしょ、といったら、そうだと。「どうもありがとう、でもこの支部もなかなか、松岡駒吉、加藤勘十といるけど、思ったような活動をしてない。あなたみたいな人が来てくれて大いに歓迎。歓迎だけどまあ長い目で見てくれ」というようなことを私にいった。

品川は昔の中選挙区では東京二区。品川と大田で一つの選挙区で定員三名。当時は西尾派の松岡駒吉という、戦前の労働運動家で衆議院議長になった人がいて、そこへ加藤勘十がはいってくる。加藤勘十は地盤は愛知なんです。それが、片山内閣のとき労働大臣になる。左派の五月会を飛び出てしまったもんで、愛知の選挙区で赤松勇、民主党代表選に立候補した赤松（広隆）の親父だ。これに議席を奪われて落っこっちゃう。赤松は当時若かったが、戦前派でなかなか演説がうまい。これが五月会で左派なんです。

加藤勘十が落選しちゃったもんだから、二区で立候補して当選していた加藤シヅエが我が愛する夫のために、自分は参議院の全国区に回って、その後に勘十が立つ。松岡、加藤でしょう。上を見ればみんな右派じゃない。大物二人が右派だからね。

青年同志会の仲間には話しましたよ。その中から入党したのもいる。豆腐屋のあんちゃん、床屋の跡継ぎとか。うちは親父が鮨屋だから、そういう中小企業の息子さんが青年同志会に入ってきたから、その中で少し政治指向の分かる人に無理をしないで入ってもらった。

二人の両親は反対だったが、お前さんの勝手で自由だということだった。それでさっきもいったが、私の町内会の親方が、豊島安左衛門という自由党の区会議員志望で、町会長なんで、町内会の中ではちょっと白い目で見られたね。鮨屋の息子が社会党というのは、当時ではちょっと珍しいんだ。

――品川支部の具体的な活動は

入党したら一応みんなに紹介された。早稲田の学生なのに立派なもんだと。しかし後から聞いたら、当時の社会党の右派の議員には、あいつ共産党の回し者で入ったんじゃないかと思われていたらしい。ちょっとおかしい目で注意して見ていたらしい。

入党したばかりのがいきなり、支部の機関紙も出してない、学習会もないじゃないか、こんなんじゃダメだと、これは共産党に負けていると、こっちは真剣にいってるのにだね、おやじさま方はそうは受け取らないんだ。どうもあいつ、秘密党員の回し者じゃないか、だれの紹介だ。そしたら高橋だ。高橋というと、全大蔵で執行委員かなんかの役員だから、そんなことないなあ、おかしいなあって。

青年部をつくり青年部長に

そういう雰囲気だから仕方なく、青年部を集めて私がすぐ青年部長になっちゃう。青年部というのがないんだもん。社会党の支部は大井町にあった。石塚幸次郎というのが支部長。これは松岡直系で、なかなかの人格者だった。彼の家が支部の事務所だ。実態はやっぱりこんなもんだなあと思った。私は新聞記者もやったし、いろいろやって多少世間を知ったから、社会党の実態というものは見た目よりお粗末だ、ということは覚悟して入ったから。

青年部というのは、部として当時から一応つくれるわけだ。ところがそれがちゃんと機能していない。青年部に入れる資格は三〇歳までというから、その年齢までの党員は何人いるんだと聞いたら、党員名簿はちゃんとある、そこで青年だけで青年部というのつくれるんだから、ひとつやろうじゃないかと働きかけて、豆腐屋とか床屋のあんちゃんとか、そういうのを二〇人くらい入れてつくった。

品川区に当時社会党員は一〇〇人くらいいたかな。だけど、若いのがやっぱりいなかったね。社会新聞というのがたまにきましたよ。浅沼系がやっていたのが日本社会新聞。社会新報というのは、後からできた。私がその命名者だ。その前に左派が社会タイムスというのをやった。江田三郎がこれを日刊にしようとしてたんだが、失敗した。

――党員一〇〇人というのは議員の知り合いとか。

その中のアクティブだね。中心部分が。区議は当時なんだかんだといって、七、八人いたからね。左派の元都会議員は一人だ。田中定吉といって、これは戦前からの加藤勘十の子分で左派。松岡は最初から品川に居を構えて。だから当時の支部長の石塚幸次郎は、当然松岡系。社会党の中でも一番右派だよ。それはやがて民主社会党をつくる人だからね。

実際に党員として動いたのは、まあ五〇～六〇人だろうな。ただそれは後援会中心で、その中の何人かを党に入れる。それだけだからね。だいいち青年部というのがつくれるのにないんだから。それで青年部を私がつくったわけだが、青年部長になると執行委員会というのに出られるわけ。区議会議員も集まってくる大人の会議に。執行委員会というか役員会にも出るし、社会党に入ってみたが大変だなと思ったし、向こうは最初は共産党の回し者じゃないかと思っていたが、どうもそうでもない。ああいうのがやっぱりどんどん入ってもらわなければ困る、とそうなって今度は派閥の方の取り合いだ。

そういう具合で左派が全然ダメ。田中定吉が加藤勘十の子分でこれが左派なんだ。高井秀雄というのがまあ中間派、右派が石塚幸次郎で私が入った時の支部長をやっていた。

加藤勘十の息子の加藤宣幸とも仲が良かった。私より一つ上だが、いまでも元気だ。シヅエの子はタレントのタキ。四八歳のときの子。産児制限のシヅエで売ったでしょう。彼女が子供を産んだというんで、当時は大変だった。宣幸は世田谷に住んでいたから、世田谷支部よ。あれは親父の関係もあって、戦後すぐ社会党に入ったんじゃないか。

大柴滋夫は大井町で、品川支部にいた。仕事が電気関係なんだ。それをやりながら、加藤宣幸と知り合いになって、じゃあ社会党に入れ、てなことで社会党に入ったんだと思う。だから私より古い。江田三郎と一緒に党を出て、社民連の方へ行って、そのあと選挙に落ちて、以後はあまり政治活動はしなかった。

私が来ていちばん喜んだのは田中定吉だよ。左派で孤立しちゃっているところに、いきなり変わったのが来て、青年部をつくって、執行委員会にも出たからね、だから自分の子分が来たと思うわ。

——そのころ全国でも青年部はそんなになかった？

青年部というのは規約にちゃんとあるんだからつくれましたよ。ただ地域によって、あるところとないところがあった。だから全国青年部長会議というのは、やってみても半分くらい事実上はなかった。四六都道府県のうち二〇県なり二五県は青年部長があった。

——青年部長になったとき学校は

もちろん行ってましたよ。学生兼務ですからね。学部へ行って、二年で中退です。学費を納めなかった。第二高等学院は二年で進級だから自動的に学部へ進む。確か二年分か三年分か授業料を払わないと、卒業できないということになっちゃったんだ。籍はありましたし、顔も出してましたよ。だから結構せわしかったんだ。アルバイトもやり党もやり、学校へも顔を出すし。ここらへんは同盟通信勤務と重なってるんじゃないか、と思うな。

第四章　青青で社会党分裂前後

東交の制服で埋まった社会党東京代議員大会

なぜ私が東京へ力を注ぐようになったかというと、一九五一年に初めて東京都連合会（後に社会党東京都本部）の大会に品川から代議員で出たときからだ。私が都本部へいくのは大変だったんだ。品川は当時河野平次といって東交のボスだが右派。東交の右派の総大将が支部長になっていた。私が都本部に出るというのを、押さえに押さえて、こんなやつ都本部にもっていくとろくなことがないってんで、随分抵抗した。だけどとうとう私のほうが突破して、河野がお前の粘りには参ったと、それで私は初めて都本部の大会に参加した。

行ってまず驚いたのは代議員の三分の一近くが東交（東京交通労働組合）なんだ。東交の職場支部がつくってあって、そこからわーっと行くわけ。そのころの大会は、支部から代議員を出すわけですから全部で一五〇人足らず。制服を着て来るからわかっちゃうんだ。残りが地域の党員だ。その話は聞いてはいたけどね。つまり東京の左派は、鈴木茂三郎のもとにある東交党なんだ。極端にいえば地域の党に左派がいないんだよ。地域は圧倒的に右派が多いんだ。

これが東京の実態。これじゃあどうにもならんと思った。左派が辛うじて右派に対抗するために、東交側のボス組織を、親方をみんないれて、数だけ揃えたのが東京の左派よ。左右が対立しているときに、党の東交の党員を、職場支部という制度をつくって入れないと、東京で左右のバランスがとれない。

――東交から誰が入れたんですか。

それは島上善五郎、北田一郎から、戦前派の闘士がまだたくさんいたんだ。左派が強かったのは、東交の都会議員と、東交出身の島上善五郎だよ。最初の総評の事務局長だ。能力のほどは知らなかったけど。

これじゃあ、天下の社会党なんていっても政権とれっこない。知事選なんていくらやってもだめ。東交の制服着たやつが三分の一くらい代議員に座って、みんな「異議なし」だ。社会党の実態を見たね。それで私は、断固東京の党を造り直さなけりゃ全国の党も直らんと。

――分裂した都連大会に出たということですね。

分裂して出て、また統一して出て、ずっとね。もう統一するころは私は都連の役員になってるんだ。一九五二年に左派社会党本部の書記局に初めて入るんだから、この間だよ。正確にいえば五一年一〇月の前ですよ。まだ分裂する前の都連大会ですね。

――都連大会に出たのは分裂する直前といってもいいね。支部といっても、地域支部があるのと職場支部があるのと、これは別だったんですね。

そうです。あと支持団体制度というのをつくったからね。支持団体代議員というのでばっといる。支持団体というのは、社会党を一本支持します、支持費を納めますと。そうすると地域支部と関係なしに、その労働組合内の党組織から代議員何名か出られるわけ。資格はちゃんと地域党員の権利と同じですから、一応、一票は一票。

――東交から出るのはたとえば東交目黒支部というのがありますね、地域の目黒支部とは別にね、そこから出る代議員と、もう一つ、いまいった支持党員ですか、その枠で出た。

二重に出てくる。

――労組の支部長クラスが来るんでしょう。党の大会にも出て、討論には余り加わらないけど、採決だけは左派のほうにわーと手を挙げて。

その前に左派が苦し紛れに何とか東京の指導権を取ろうという、その過程で職場支部というのをつくった。そうしたら東交がわっと集団入党した。当時東交は職制より労働組合のボスがはるかに強いんだから。すごい組合組織だった。

全国最年少で区議に立候補

私は区議に一度立候補しているんです。第一回の地方選挙が一九四七年にあったんだ。第二回地方選挙が一九五一年四月、社会党が左右に分かれる直前にあり、このとき品川区の区会議員選挙に青年部長で立候補しているんだ。そのいきさつは、私は入党していろいろうるさいことをいったんだね。なんだこの支部は機関紙も出してないのか、これじゃ共産党に負けますよとか、青年部といったってぜんぜん活動してないじゃないか、なんて。

五〇年一二月初めの執行委員会で、迫ってきた選挙の公認問題を論議し、最終的に候補を決めたときだ。私は青年部長になっていたが、右派の石塚幸次郎支部長が、「お前ら青年部は生意気なことというけど、区会議員ひとり立てられないじゃないか」とこうきた。品川の区会議員をそのとき一〇人立てるとか、もう七、八名いたんだからね。それで私が「待てよ、それなら青年部で相談してみよう。決めたらまさか公認しないというような馬鹿なことはないだろうな」といって、売り言葉に買い言葉だ、断固青年部で立てる、とこういっちゃったわけだ。急な話だから当選するかしないかは別だ。

それで帰ってきて青年部一五、六人を集めて、どうするといったら、そこまでいってるんなら断固やろうじゃないか、ということになった。やろうといったって立つやつがいるのか。労働組合のやつなら金が出るだろうが、そういうのはいないかというんだ。いないからそれじゃあしょうがねえ、私が青年部長だから責任上やるか。金は一銭もない。およそ選挙というものはやったことがない。それでもしょうがない。

支部長は青年部がでけえことばかりいうのを、この際いじめてやれと思って、冷やかしでいったんだよね。そうしたら青年部長の私に決まっちゃった。ところがよくよく考えてみたら、候補者は二五歳以上という制限があるが、そのとき私はまだ二五歳になっていなかった。年齢が足りない。しかし、よく考えたら選挙は翌年の四月だ。私の誕生日は一二月一六日だから、そのころには晴れて二五歳になっているから大丈夫だというんで、ぎりぎりいっぱいで立候補しちゃった。

全国最年少というので当時新聞に出た。新聞に出たから落っこちないようにやりゃいいと思うんだが、ダメだ。区会議員というやつは全国紙に出たって関係ないんだ。それで演説は講和条約に反対、「青青」と「青白」だ。他のことは分からないよ。区政なんてわからない。戸別訪問は一軒もやらない。悪いことは一切しない。

だいたい自動車がないんだから。自転車でやったがね。友人に炭屋の郷専之助というのがいて、昼間はダメだけど、夕方になればオートバイがあく。それでオートバイを持ってきて、夕方になると急に威勢よくオートバイ。ところが看板なんか立たないもんだから、こういうプラカードみたいなのをみんな持って、それでオートバイに乗っかって。

そしたら今度はマイクがないという。じゃあマイクをというんで、手製のマイクをつくってくれて、それでにわか選挙をやりました。それでも五七〇票くらいか。それはやっぱり青年同志会をやっていたお蔭ですよ。それらの諸君が同窓生を集めてやってくれた。

うちの親父も、困ったことを決めてくれたなと思っただろう。そのころ鮨屋はようやく始まったばかり。掘立小屋みたいな鮨屋の看板のこっちに、区会議員候補曽我祐次という看板が。これじゃあお客が来ねえはずだね。うちの町内会長の豊島安左衛門というのが区議に立ってるんだから、もろに競合。豊島の娘が私の同期生で、どっちに入れたらいいんだか娘は困っちゃうよ。結局、豊島も私もこの選挙では二人とも落っこちちゃったよ。

――そのころ大学は？

五〇年はもう大学に行ってないな。まだ籍はあったかもしれない。角帽かぶってやったからね。帽子なんか被らないといったら、角帽の方が、学生を売り物にした方がいいんだという。いままでのやつはみんな古くてダメだ、学生が敢えて立候補したというわけでね。

その頃ほかにも東大から学生で、社会党から立候補しているのが一人いた。依田圭五といって在学中の一九四七年の第一回選挙に文京区から二七歳で立候補して当選した。彼も戦争に行ったもんだから、大学に行ったが、年齢は私より高かった。家がいいところでね、お坊ちゃんだよ。後に都会議員になる。私が都本部書記長のときに党の政審会長をやった。都知事選で阪本勝をかついだときには、公明党をなんとかこっちにひきつけようと、ずいぶん奮闘努力してくれた。加藤宣幸も親の七光りかな、区議に当選したんですよ。

――品川の区議って何票くらいで当選したんですか。

一〇〇〇票は要らなかった。八五〇票前後で入ったと思った。共産党は品川では結構当選し、三名か四名。社会党の方が多かった。多いときは七、八名から一〇名くらい。

講和四原則とは

――社会党が最初に左右に割れたのは「青青」、「青白」問題ということでした。当時出た「平和四原則」というのは?

最初は中立堅持。軍事基地反対。やがて自衛隊をつくろうとしたから再軍備反対。それが平和三原則、やがて平和四原則となる。全面講和というのがポイントなんだ。平和四原則というのは、全面講和、中立堅持、軍事基地反対、最後に再軍備反対がついたんで、最初は三原則といった。すぐ一年足らずで四原則になった。

安保反対はその後だ。あれは安保改定反対なんだから。そのころは公式には、安保条約を結ぶと吉田はいってない。あれは吉田が一人で別室に行って、米国務長官のダレスと二人だけでハンコを押したんだから。講和は連合国全体の中でやったが、安保だけは対アメリカとだから、密室でハンコを押して帰ってきた。

――当時の社会的雰囲気、党内の雰囲気、青年部の論議もあったと思うんですけど、やっぱり講和が中心ということですか。

それはやっぱり。なんだかんだといっても、ともかく割れるのは講和条約だから。左派は「青青」、全面講和、安保条約両方とも反対。「青」「白」は国会で投票するときの札の色からきているんです。講和、安保という動きが出てきて、党内議論では両方反対が「青青」、講和賛成は「白」、安保反対は「青」。だから当時、「青青」と「青白」といった。「白白」はさすがにいない。最後は西尾派も含めて「白青」なんだ。われわれは左派だから当然「青青」。

右派は独立の契機として講和条約を認める。そのかわり安保は要りません、いけませんといった。西尾は安保も、といったんだが、河上派を含めた右派全体としては、それじゃあ「青白」でいこうと。講和条約は、共産圏の国とはなかなか全面的に講和は結べないから、ともあれ早く独立したほうがいい、ということで講和は賛成、安保は反対。

左派は吉田は安保のために講和を結ぼうとしている。日本を軍事基地にし、ソ連・中国の反共の砦にしようとしている。そういうことだからダメだ。もっと全世界から祝福されるように努力をして全面講和にもっていけと。

そのころインドのネールから、白い象が平和の象徴というので送られて来て、全面講和をアピールした。ネールもアピールしたわけね。当時もちろん国交はない。中国共産党の方も、周恩来がそっちの方がいい、アメリカを中心にした資本主義国が対象の片面講和というものは、日本が全世界に祝福されないということになりますよ、というんで、アジア・アフリカのいわゆる第三勢力の方から、全面講和の運動が相当盛り上がっていた。

それで社会党はいろいろ検討した結果、共産圏にもつかない、アメリカを中心とする資本主義圏にもつかない。どっちかといえば第三勢力だな。中国とかインドが提起した、あのころはインドネシアも提起していたはずだが、そういうアジア・アフリカ連帯の上に乗っかっていった方がいい、というのが左派の戦略だった。

大会を開かないまま左右分裂

浅沼書記長が一生懸命なんとか「白青」でまとめてくれというんで、執行委員会はいったんは「白青」で決まった。「白」の方が数が多いんだから。ところが左派が全国代表者会議というのをやった。青年部がダメだ「青青」だというんで、そうなってくると執行委員会はぐらついてきて、「青青」と「青白」と両方どうも意見があると言い出した。

いまから考えると執行委員会が早く押し切ればと思われたが、右派も相当動揺して、浅沼がそれじゃあ要するに大会にかけて決めようか、とやったわけだ。当時、職場支部というのが出来、左派が総評系の労働者同志会を使って入党活動をやっていて、大会にかけるとしたら、これには相当自信があったわけね。執行委員会は数が少ないからダメなんだ。それで浅沼が、じゃあ大会にかけようというから、いいじゃないかとこうなったわけだ。だから大会代議員の奪い合いになる。結果的に左派の方が多いんだ。執行部、執行委員会決定は「青白」。大会を開いちゃうと「青青」になる。だから大会を開かせるなというのが右派の作戦。大会開け、といって攻めるのが左派の作戦。結局、大会の議長選挙でもめちゃって大会は開かれないまま別れちゃうわけだ。

第三世界と積極中立

――戦争が終わってからまだ五、六年ですね。そうすると当時は、戦争反対という意識は強かったんでしょうね。

強いよ。現実に朝鮮戦争が始まったからね。そこでアメリカが占領政策を変えて。最初は確かに平和憲法の通りだ。アメリカの占領軍並びに施政官が、日本をアジアのスイスにしようとした。日本を統治するために民間の行政官も随分日本にやってきたんだ。それは理想主義だったんだ。

だから保守側が提起した憲法草案は、明治憲法の延長だからダメだといって、マッカーサー憲法というのを持ってきたわけ。もちろん日本の中の憲法だけでいえば、当時、進歩的な学者が新憲法草案をつくりましたよ。そういう憲法草案もあったけど、戦前の保守を追従した連中が、あまりにもまだ国体にこだわったからね、それはなぜかというと、そいつを参考にしながら、一週間で今の憲法をつくった、というんだ。それはなぜかというと、戦前の保守を追従した連中が、あまりにもまだ国体にこだわったからね、天皇制明治憲法にこだわっており、それはとてもアメリカはじめ連合国がのめない。

建前では連合国すべてで日本の戦後処理をやったわけだから、アメリカだってソ連とか、中国は当時はまだ共産中国じゃなくて蒋介石ではあるが、そういうところにも配慮しなけりゃいけないでしょう。そういうことでマッカーサー憲法といわれる、いまの平和憲法を、ほぼそのままいただいちゃったわけだ。

――戦後間もない、そういう中での平和四原則か。大変だったんでしょうね。

連合国対枢軸国の対決がなくなって、ようやく世界大戦が終わったんだから、共産ソ連も資本主義アメリカもなんとか仲良くやっていきましょうという期間は四七年ごろまでの二、三年しかなかった。片山内閣以後は要するに、世界の情勢が段々きな臭くなってきて、象徴的にはアジアで朝鮮戦争が始まった。これが決定的なんだね。だから社会党としては中立、後からは積極中立というように「積極」をつけて。要するに米ソの真ん中に、何もしないでこう立っているんじゃなくて、間に立つなら日本は平和国家で積極的に第三世界の中心になっていこう、という意味で積極中立方針を出した。

右派はこれが面白くなかったんだ。とくに西尾は親米なんだ。そこが違うから、その違いが安保で出ちゃうわけ。それで分裂して、民社党というのがやがて生まれるわけだ。生まれたら最後、民社党というのは、またぞろ社会党と一緒になる、ということはなかったわけです。

小学校の恩師をかついで左派社会党支部設立

——平和四原則を巡っては、地域では青年部で議論するとか

それはありましたよ。私は平和四原則が出る段階では、まだ品川で青年部長。二五歳と満三カ月で区議選挙をやったでしょう。それで落っこちてそのままやって、左右分裂になった。

品川の場合は加藤勘十、松岡駒吉というエラい人がみんな右派だ。だから区会議員も何もずっと向こう（右派）へ行っちゃうんだ。左派というのは青年部しかいない。それで仕方なく、私が書記長になる。しかし、支部長がいなくて困った。よくよく名簿を探してみたら、高田なほ子が品川にいた。高田なほ子は戦後、立会小学校の先生で終戦を迎えて、小学校の先生のまま区会議員に立候補して、子供を背負って演説をやって、最高点で当選した。それが渡辺先生といって、私の小学校の一年のときの先生だったんだ。

それまではよく分からなかったんだけど、高田なほ子のところへ行ってみたら、「なんだあの渡辺なほ子じゃないか」。「なんだお前は曽我祐次か」、ということになって、高田なほ子を支部長にし、私が書記長になって、品川で分裂して二、三ケ月たってからかなあ、左派社会党品川支部創立大会というのをやった。

品川のゼェームス坂のところに聾唖学校というのがある。その講堂がわりと人が集まりやすいので、戦前から左翼が演説をやっていたところだというんで、そこを借りて、鈴木茂三郎を呼んで左派の品川支部をつくった。

それで高田なほ子を参議院の全国区へ。あのころは便利なもんで、日教組の婦人部長のまま参議院に立候補できた。それで全国区で立候補して当選した。区議はあの人は四年のうち三年くらいしかやらないんだ。

——品川が左右に分かれた時、右派へはどのくらい行ったんですか。

当時は三対一くらいで右派が多かった。代議士二人とも右派だから。左派は青年部と国鉄労働組合から出た権正博という区会議員とそれからもう一人、中大路満喜子。のちに都会議員になる。区会議員はそれでも二人なんとかがんばって左派に入ってくれた。

二重底の靴でオルグ

あとはみんなダメよ。石塚幸次郎支部長始めみんな右派へ行っちゃった。しょうがない、それでなんとか左派を盛りたてるためにだ、二重底の靴を履いて、品川中を毎日毎日駆け巡って、労働組合の事務所に行っては、お前左派に入れ、お前入れ、なんで入らないんだといって、わんわん騒いだ。

あのころは金もないし、高田なほ子の家に行ったら、もう私のズボンが見るに耐えないといってズボンをくれた。くれたのはいいが、前の旦那のモーニングのズボンだ。生地はいいけど、ちょっと。だけどこっちはズボンさえボロボロなんだから、そのモーニングのズボンをはいてそこらへんを歩いたよ。

みんながじろじろ見て、おい曽我、お前そのズボンどうしたんだというから、これは高田なほ子にもらった大切なズボンだ。高田なほ子が渡辺なほ子といっているころ、旦那が死んじゃって、旦那のズボンを私にくれたから、これをはいて一生懸命オルグしている。

――右派の党員はみんな後援会の地域党員ですね。

まあそれはね。青年部の方は私が青年部長にいたから、そういう関係でおおむね左派へきた。あとは仕方ないから、品川には国労大井工場とか全国金属とかいろいろあるから、毎日そこにいる役員に入党申込書を持って行って、入れ入れとやった。

当時は地区労というのがあった。総評があり、東京地評があり、その下に各地区労。その地区労というのが社会党の左派を作り上げるのに非常にいい役割を果たした。地域の中小零細の企業での争議やその他全部をその地区労が面倒みるんだ。そこへ社会党もいっしょに乗って、争議の応援をしたり、勉強会をしてみたりしてやりながら、その中の活動家を党員化していった。また、この地区労は緊張感もあったたし、左派社会党を地域につくるには非常にいい舞台だった。それで左派の党員も右派に比べ、だんだん数が多くなっていった。

朝鮮戦争の捉え方

――朝鮮戦争がおきたとき、どういう捉え方だったんですか。日本の転機だったと思うんですけど。

いろいろあった。第一にどっちが最初に仕掛けたのか、という話があって、左翼は共産党はもちろん、アメリカが仕掛けたといった。われわれはそのことについては分からん、と触れない。そこでどうしても積極中立堅持、という方針というものが生まれてきたわけね。

いまになって考えれば、そりゃ北朝鮮がやった。この歴史的事実は間違いない。しかしその時、情報を一方的に流しているのは、アメリカの方だからな。アメリカ占領下だから、ソ連が悪い、ソ連が悪いという。しかし、ソ連が悪い、アメリカが悪いにかかわらず、日本のすぐ隣の、しかも日本がいままで植民地統治していたそういうところでだ、戦争を起こして、場合によっては核まで持って来い、とマッカーサーが要請したんだから。

最初は北朝鮮軍の方が勢いがよかった。またたく間にソウルを攻略し、釜山にまで迫る。おされていた国連軍は仁川上陸作戦で北朝鮮を挟み撃ちにし、逆にいまの三八度線、軍事境界線というのを乗り越えて、鴨緑江の縁までいった。そしたら今度は中国義勇軍というのが入ってきて、ソウルまで押してきた。それでアメリカが本気になって、また部隊を送って押し返して、結局はまた元の三八度線で終わった。丸二年だがものすごい死傷者を出して、ものすごい消耗戦をあそこでやった。それで境界線が固定化した。朝鮮民族にとっては、まったく不幸だった。

社会党が掲げた中立路線というものに対して国民のかなりの支持があり、特にこれを強調した左派社会党というものが右派に比べて伸びていく一つの背景、要因になっていると思います。いわゆる左派の鈴木茂三郎の「青年よ銃をとるな」という、あの名スローガンが当時の国民には大きな訴えとなったということは、それを裏付けていると思います。

勝利した砂川闘争

――ユーゴスラビアの積極中立というのに影響は受けたんですか。

あれはヨーロッパ的な意味での積極中立方針を出したけどね、直接影響はない。むしろやっぱり当時のバンドン会議。アジア・アフリカ連帯、第三世界。そこの一員になろう、その立場から新しい第二次世界大戦後の世界秩序をつくりましょう、ということになっていった。とくに社会党左派は……。

われわれの立場は、どちらが仕掛けたかには触れずに、ともかく早くやめてくれと。それであのとき象徴的なのが一九五五年から五七年にかけての砂川闘争だ。なぜ砂川闘争が起こったかというと、当時、グローブマスターという米国の輸送機があった。いまの軍事戦略からいうとオスプレイみたいなものだ。

それで軍事物質を立川基地から送るわけだ。ところが立川基地の滑走路が短いんでこいつを長くしないと、一〇〇％荷が積めない。八〇％しか積めないという。あと二〇％積むにはどうしても基地を拡張しなければいけない。それがたまたま砂川町にぶつかっちゃうわけだ。それでこの砂川の住民が、断固反対と立ち上がった。それに社会党、共産党ももちろん入った。それから、労働組合、全学連、いまからいえば安保の前段みたいなもんだ。それが毎日、毎日押し掛けて、泊り込んで戦って、とうとう拡張を許さなかった。

それはかなり厳しい戦いだった。私らがああいうデモとかスクラムを組んで警官隊相手にぶつかるとかいう経験は、そこが初めてよ。

——左派社会党が中心で？

それはまあ左派の諸君が。まだ分裂直前まで一緒にやったんだから、右派も来ましたよ。わが代議士も一生懸命。私なんかは全学連の委員長と相撲をとってる写真が、いまでも残っている。阿豆佐味天神社という神社があって、基地拡張を阻止したときに勝利集会というのをやった。そのときのデモの先頭に、私はちゃんと颯爽と写っているよ。私はその時、都連の組織部長かな。品川の書記長も兼ねていて、東京都連の役員で確か機関紙部長から、組織部長になったときのころだったかなあ。

——砂川、内灘闘争とずっとあったですね。

内灘の方が早いんだよ。

——闘争の主流は社会党左派と全学連？

砂川町からの要請で全学連が加わった。ブントのまあ創成期みたいなところだ。その象徴的な人物が後に政治評論家になった森田実だ。森田は私より二つか三つ下だから。そのころから森田は知っている。付き合いは古いんだ。

——共産党の学生を除いて、党員というのは少しは来たんですか。

それは全国から来ましたよ。だけど、やはりなんだかんだいっても、社会党、総評ですよ。とくに三労といって、三多摩地区労はものすごく強かった。当時砂川の公会堂が一番から七番か八番まであって、私は五番公会堂というところに泊り込んでやりました。

砂川町というのは割と裕福な町なんですね。桑を特別に栽培して全国に出している。だから農家としての収入は多くて、まあ中農なんですね。貧農のなかにはちょっと裏からお金かなんかいくと動揺する者もいるが、自分

砂川闘争の現場で全学連幹部と角力を取る著者

砂川闘争の勝利集会でデモを指揮する著者（1956年10月15日）
写真は上下共、砂川を記録する会提供

で繭をつくって食っていて、それで結構戦後でも高い値段で買っていく、そういうところだったから、これを潰されちゃあどうにもならない。そういうこともあった。

だから同じ農民でもあまり貧農のところはそれなりにむずかしいんだよ。富農になるとこれは地主になるから別なんだが。中農というのは、自分で栽培し、つくっていて、そういうもので自分自身が生活できたわけだ。そこへアメリカが滑走路が足りないから土地を寄こせ、というところにぶつかっちゃったから、アメリカも悲劇なんだよ。青木市五郎って行動隊長がね、なかなか、体躯もいいし立派なもんだった。

――副隊長が宮岡政雄ですか。

そう。砂川闘争は懐かしいし、そこで鍛えられたね。左派ばかりではなく、右派もがんばった。あそこの地元は山花秀雄が左派で、右派には中村高一という河上グループで、ずっと一貫して右派で選挙に強いのがいた。当時二人は多摩で絶対強かったんだよ。山花の方は戦前は、尼崎かなんかで労働運動やってたんだから。それがどういうわけかしらないがスポーンと三多摩に来て。あのじいさん、天皇陛下（昭和天皇）によく似てるんだ。中村高一は自分の地元でもあったけど、毎日積極的に来て、体張ってやっていた。だから少なくとも東京の場合は砂川では右派も左派もなかったよ。

――やっぱり最後は機動隊が警棒振ってきたんですか。

それはそうだ。あそこは七機、警視庁の管轄でいくと第七機動隊だ。東京に機動隊は第一から第七まであって一番最後の。これが地元だから弱いんだ。地元の労働組合が行くじゃないか、顔を知ってるんだ。「おい、○○君、なんだ君は」。なんてやって。

「七機は使い物にならない」と、警視庁がこぼしてるんだ。だからそれは交通整理なんだ。あそこには青梅街道というのがあって、こっちには甲州街道がある。砂川というところは青梅街道のところですから、ともかく自動車を通さないといけないでしょ。だから、その交通整理に使う。地元の七機はダメ。一番強い三機とか四機とか五機という、都心で訓練したやつを持ってきてやった。そうでないと出来なかった。

やっぱり地元というのは、誰が考えたって自分の土地じゃないですか。「たとえ土地に杭を打たれても、心に杭は打たれない」、という有名なあれを残したのが砂川闘争だからね。これは、私がつけたんじゃないんだよ、地元の人がそういうスローガンを持って戦ったわけだから、本当に強い。応援団の方もみんな結構強かったからね。だから結局、滑走路の拡張を阻止できたわけだ。当時の全学連が初々しく闘ったよ。

――最後の実力行使するという時に、真っ赤な太陽を後ろにして、機動隊がこう警棒を抜いたら、デモ隊がスクラムを組んで、夕焼け小焼けの赤とんぼを歌いだした。そしたら、機動隊がおとなしくなっちゃった。自殺したのも出たという話ですね。

中にはそういう気の弱い人がね。同じ日本人だから……

背負われて海に落ちた新島闘争

――それで新島闘争で、民青が真似して夕焼け小焼けというのがあって、蹴散らされてお帰りになった?

新島闘争はその後だね。あれには私なりの思い出があるんだ。ようやく現地で停戦協定が結ばれ、停戦しようということになって、そいつを確認するというんで、東京地評と総評、それから社会党本部と東京都本部から責任者が来てくれ。それも急ぐからというんで、横浜まで行って海上保安庁の巡視船の速いやつに乗って、うわーと行った。速いよ、新島まで一時間ちょっとで行っちゃう。ところが新島に船が着く港がないんだよ。

大関幸蔵という北区の区会議員で、うちのオルグ上がりのやつが、書記長が来たというんで、喜んで迎えにきたんだ。それで船が着けないものだから、ボートを下ろした。

ボートを下ろすなんて面倒だから、いいよ、泳がないけど飛びこんで、浜まで行っちゃうから。そういったら大関が、私を濡らしちゃいけないから、おんぶするというんだ。私は相当に重いぞといったら、いや大丈夫、大丈夫ですというから肩にぱかっと乗ったの。

そうしたら二、三歩歩いたところでよろけて、じゃぼーんと海に転落。まるっきり全部つかっちゃったの。ずぶ濡れで浜へ上がったよ。そしたら、おんばら会とかいう島のおばさんの組織があってね、東京からきたお客さんを濡らして大変だというんで、農家に連れて行かれて、おばあちゃんのパンツかなんかをもらってさ、急いで服を乾かして。そういうことがあったよ。あれは忘れられないなあ。

それが新島闘争の一番の思い出だな。あのころは私はもう忙しくなって、新島のときも現地には二、三回行ったけど、あまり現地にはいないんだ。都職労の斉藤一雄が都職の副委員長だったかな、その後議員になった、それが当時新島の部隊の責任者を大関と一緒にやった。それらの人が現地の責任者で。それから当時立川の若い島田清作が現地の専従ではりついていたね。

――右派だといっても結構暴れたんですね。

それはそうだよ。やっぱりそういう段階（基地反対）になると、それは右派左派を越えてやりましたよ。

第五章

左派本部書記局に入局

分裂後の本部書記局に入局

私が本部の書記局に入ったのは一九五一年一〇月、党分裂にともない左派社会党の品川支部の青年部長、書記長をやる。そして五二年一〇月に左派社会党本部の書記局に入局して、労働と機関紙担当をやる。それからさらにずっといて五五年、統一した日本社会党に入って、党内機関紙『社会新報』の担当をやる。同時に五五年には社会党東京党本部の役員で、機関紙部長をやる。それから続いて一九五七年に東京都本部の組織部長を兼務する。身分は本部の書記局に置いておいて、都本部の役員も兼務してやってたんですね。

本部を引き払うのが一九六〇年の七月。安保が一段落したところで本部退職。東京都本部の役員に専念。このとき組織局長になってるんです。

都本部の書記長は六一年から六七年までね。六七年に都本部の委員長になって、委員長は一年半しかやらないんで、六九年に都本部の委員長をやめる、とこういう歩みです。

――左派社会党本部の書記局に入局して労働担当と機関紙担当ということですが、社会タイムスは出来たのが五二年三月ですか。出来た直後くらいに入ったというふうに思うんですけど。

私は社会タイムスの担当じゃない。総評も社会党も金を出して、社会タイムス社というのを別個につくったんだ。そのとき私がやったのは「党活動」という党内報だ。党内機関紙を私が担当した。

――左派社会党書記局に入った契機というのは何なんですか。

大柴らよ。大柴滋夫が分裂した当時の、左派社会党本部の総務部長だった。機関紙の活字を担当していた奴が辞めるんだ。これには書記局裁判という、ちょっと面白い話があるんだ。九州出身の古い書記局員で只松祐治というのがいて、その後、埼玉の衆議院になるけど、こいつが新しく入ってきたやつをいじめるんだな。

そのころ左派は分裂してから、港区の愛宕山のそばの西久保櫻川町に左派の本部をつくった。その西久保櫻川町時代に、久保田忠夫という男がいて、それが党内報、機関紙を担当していた。只松がなんの根拠もないのに、その久保田が警察に情報を売っている、共産党の回し者だ、というんだ。久保田は只松とけんかになっちゃって、党本部を飛びだしたわけ。可哀そうに久保田は辞める。当時の左派社会党書記局では活字を拾うやつがいなくなった。つまりよめるやつは社会タイムスに。他のやつはみんな活字の号数が読めないんだよ。

それで曽我なら早稲田大学で新聞をやっていたから号数を読める、というんで、お前ちょっときてくれということになった。機関紙だから休むわけにはいかないじゃないか。ちゃんと定期で、党内報でも出してるんだからしょうがない、久保田が辞めて、私がそこへ入る。そういうわけ。

書記局構成員と担当者

——当時の左派社会党の書記局の構成というものはどんなだったんですか。

社会タイムスを別にして二五、六人かな。社会タイムスは独立してやっているんだから。もちろん古い書記局員が社会タイムスに行ってるんだけど。古くて行ったのは五、六人ですな。だから合わせても三〇人前後だね。その後、選挙をやるたびに勝つから、そのたびに書記局も増えた。それでどんどん増えて、左右が一緒になるころはやっぱり前よりもそれは多かった。その時は七〇名くらい。右派が約五〇名だった。計一二〇くらい。

——当時主だったメンバーはどういう人ですか。

議員になったのは多いけど、そこからあまり有名なのは生まれてないけどね。大柴滋夫、森永栄悦、只松祐治、竹内猛、鈴木茂三郎の関係で左派に来た広沢賢一、町田市長になる大下勝正、高沢寅男、笠原昭男、四谷信子等々。

——船橋成幸は？

彼は労農党だから後から。

江田機構改革小委員会

江田が組織局長になって、この段階では組織委員長という名前だな。一九五八年二月に開かれた社会党の第一四回の全国大会で、機構改革小委員会というものを設置しようという提案があった。これは江田自身の提案もありましたけど、統一後の地方代議員の中からも、主として左派系だけど、強い要望が出ていたことは間違いありません。

どうも統一直後の社会党の組織のあり方では、統一社会党を発展させ、うまく運営することが出来ないじゃないか。そういう声は地方からもあった。だから江田の提案はほとんど抵抗なく一応決定されたわけです。

中間答申を経て一九五九年九月、最終答申が大会になされた。この頃はもう安保闘争への下準備がぼつぼつ始まっている時期で、答申が安保と重なる、ということにもなったわけです。

党だけの問題でいうと、実はあまり安保と関わらない方がよかったんですが、状況がそういう状況になったわけですから、安保への対応と同時に、機構改革の答申ならびにその実施ということが始まったわけです。それは中央だけの責任というよりも、機構改革委員会の中には、都道府県からの代表も入れていた。私も身分は本部の書記ではあったけど、東京の組織局長だったから、東京都連から機構改革委員会に入っていました。

こういうことが曲がりなりにも統一社会党の中で行われるのは、これが初めてだし、もっと考えてみると、四五年の社会党結党以来、あまり組織問題を中心に、党の機構を含め本格的な議論をやったことがなかったんです。だからこれが初めてといっていいと思います。

その中身は単なる地域だけの闘いではなくて、当時の労働組合の関係も含め職場の闘い、あるいはその他いろいろな大衆団体、原水禁なんかもその一つだし、そういう中にも党というものの組織をつくっていこう、ということも含まれているわけで、地域と労働組合というだけのものに絞ったわけではありません。

政権を目指していく党として当然、党の基本組織以外のいろんな大衆組織あるいは研究組織、あるいは文化組織、そういうもの全体に対してもこの方針を適用していこう。結局、議論をやっていく過程の中で、どうしても社会主義実現という路線上の理論、こういうものが絡んでくるんです。

一つ目は、議員偏重です。議会偏重、議員偏重。これがのちの成田三原則につながるのですが、労組など大衆団体に対する党の指導性の不足と、党の日常活動不足。この三つがとくに強調されて、それを克服していくにはどうしたらいいのか、という議論になっていくわけで、必然的にそれは、党の性格論や、組織論とも関連をしてくるわけです。

しかし、そこまで議論を広げてしまうと、統一したばかりだし、また議論が統一時の左右の議論を含めた、そういう議論まで戻っちゃうんで、それはそれとして頭の中に入れておくが、とにかくそれをあくまで組織という問題に絞った形でやっていこうと。この時点では、その後出てくる構造改革論というような立場からの提起は全くなかったといってよい。

そういう問題意識を持ちながら、一つは党員として、あるいは党の組織としての日常活動とはどういうものか。また行動的な組織形態というのはどうあるべきか。それから内外に教育、あるいはそれに伴う訓練を行う機構を党の内と外にも持つべきかどうか。このときもう現存する社会主義協会とか、あるいは右派系がもっていた教育組織、右派にもそういった理論団体（民主社会主義協会、フェビアン協会）はあるわけですから、協会を含むそういう党の外にある団体、組織、そういうものとの関係はどうなのか。

それから大衆的な基盤を持ちながらも、階級的立場に立ってどういうふうに運動を進めるかという点。

もう一つは、大衆団体に対する政治指導性というものをどういうふうに創っていくのか。これも単に頭から社会党の方針、考えを入れるのではなくて、その大衆団体に向くような形をとりながら、しかし最終的には党の政治方針というものをその中に入れていくにはどうするか。

最後に近代的な党としての組織機構というものをどうするか、というような諸点が対象になりました。

それを要約していうと、党としては大衆的な性格を持ちつつも、階級的指導性をどう貫徹していくか、ということに最終的には集約される。回りくどいようないい方だが、そういう問題提起を全党に投げかけて討議を始めた。この答申を江田答申というわけです。これは結党ちょうど一五年目の総点検でもあるし、そういう状況のなかで評判が良かった。左右統一後あまり経っていないがタイミングがよくて、右派の側からもあまり反対は出なかった。

そこで変えた一つは、大会における代議員の位置づけ。いままでは国会議員は無条件でそのまま大会代議員にしていたものを、一定数の出身母体、組織の推薦決定、そういうものがないと代議員にはなれないように改めた。だから国会議員であっても代議員でないという人がだいぶ出るわけですが、そういうことについて、国会議員の方から、特に右派系は相当の反対があったけれども、これも決定された。

以後、社会党は七七年の、協会規制問題等があったあの組織改革まで、国会議員の自動代議員制はなかった。国会議員を自動代議員にするのじゃなくて、一定の組織の信認を受けて代議員になるということにしてずっときた。党外の学者専門家あるいは労働組合の代表、支持組織の代表、そういうものの協力を得ながらこれは進められ、地方の県連からもいろいろ提案があった。とくに東京都連から全面的、抜本的な改革要求というものが出て、それを受けて最終決定をした。

これは私が東京の組織局長だったので、当時は曽我私案なんていわれたんだが、とにかく本部の江田委員会もちょっと問題のあるようなところは、東京都連というものを使いながら、そこから補強するみたいな形でやった。だからこれは本部と都本部がかなりイニシアチブをとって作られたものだといえます。都連がそれに対してどういう介入をしたかというのは、「都本部四〇年史」の中にあるので、必要なときには見てもらうといい。

繰り返すと、最終版に出た答申の中での非常に具体的な変化というものは、国会議員の自動代議員がなくなって、新しい代議員制度が設けられたことだ。また職務機能別に役員を選出する。それまでは中央執行委員というのを選んで、その中から、三役が中心になって、お前は組織局長、お前は教宣という具合に割り振った。中央執行委員からの選出だったわけ。それをポスト別選挙ということにした。これは江田がこだわって実現した。

最初から役員のポストを決めておき、そのポストに対して選挙をやって決める。つまり役員を職務、機能別に選出をする。ポスト別選挙と別称いわれたんですが、これをやる段階で相当議論もあったし、主として右派からかなり抵抗がありましたね。

それから大きなのは中央オルグ、地方オルグ制度です。オルグ団をつくり、オルグ制度を重層的にやる。本部は中央オルグを持ち、県連は地方オルグを、支部は地区オルグを持つ。三段階のオルグ制度を作って、党の方針、政策の徹底、下部への浸透あるいは党外の大衆組織への党の方針の徹底、そういうものをオルグが行うということにした。

このオルグ制度には、結構抵抗があった。そんなものに反対する理由はないんだが、どうせ左派がそこをとっちゃうから、左派が下りてきて指導されたんじゃ、これはダメだ。そんなオルグ制度なんて要らない。もっと自主性を持たせろというんだが、そういう無茶なことはしない。要するにみなさんのところの本部で決めた組織方針に基づいて指導するんだから、そんなに頭からがんとやるわけではない、というんで、党本部が頑張って全国オルグ制度というのをつくって実践に入った。

もう一つは、やがて生まれる社青同、日本婦人会議ですな。つまり青年と婦人については、いままでは青年対策部、婦人対策部という党内の一つの部門として、それが青年党員の教育なり組織化なり拡大化なりをやる。婦人の場合も同じという位置づけだったが、それを改めた。

党は対策部を持つことは必要だが、青年と婦人の自主性を大いに尊重して、社青同並びに婦人会議、そういうものに組織していこう、というのもこのとき決まったわけですね。それまでは青年部がいろいろ暴れるとか、確かにその後の社青同とちょっと違うんだけど、しかしいい意味でいえば、党の活性化のために青年部として決議を上程したり、あるいは要求をもって中央執行委員会と対立するというようなことがありました。

しかし対策部を持ちながらも独自に党外に、党の基本組織と別に青年の別な組織として社青同、婦人の場合も同じような意味合いで婦人会議というものを持つことを決めたのもこの機構改革委員会だ。これで結党以来の社会党の左右が妥協し合いながらやってきた党の組織、運営というものがかなり大きく変わったことは間違いありません。

さらに専従中執もつくった。オルグ団とは別個に、議員でなくても全国大会の選挙で当選すれば、専従の役員として仕事をする。どこのポストは専従、どこのポストは専従にしないという議論もあったんだが、それは一つやめておこうということで、ポスト別に専従者を決めるということはしなかった。ポスト別の選挙にはする、それに立候補したいものは、議員であろうとなかろうと立候補し、当選すれば役員になる。しかし落ちればただの人。書記局にも留まれない。これは非常に厳しい。

書記局から立候補して、落ちれば書記局に戻るということをやっていれば、きりがない。こんなことじゃ権威もないしということで、結局書記局から立候補けっこう。落ちればあなたはあすからはおマンマが食えませんよ、という縛りをかける。当時の本部の書記局員もそれでいい、それだけの覚悟と決意がなければ役員なんかやるべきでないということになりまして、専従中執というのができた。多いときは中執の三分の一くらい出て、こいつが党を引っ張ったことは間違いない。専従中執制度というのがここで出来あがるわけです。

――なるほどねえ。随分、当時の社会党としては、大変な改革ですね。

東京で近代的な党づくりめざす

都連の問題ですが、私が初めて都連の大会に行ったとき、東交の制服を着た代議員で会場が埋まっていたという話は前に申し上げた。アッと驚くタメゴローじゃないが、ああこれが東京かと思った。つまり東京の組織をいいますと、戦前東京は右派の方が強かった。松岡がいた社民系から、浅沼のいた日労系。左派は鈴木茂三郎がもちろんいたんだけど、昔の労農派系は地域では非常に少なかった。

だから地域の支部では右派の方が非常に力があったし、国会議員の数も右派が多かった。左右分裂後、労働組合、労働者同志会とかその他の応援が左派に集中して、職場支部を作り、それから地域支部の中に入りながら、この段階でようやく左右がほぼトントンくらい。再統一の時点ではまだ、実力は右派の方があったと思いますね。

そこでしばしば左右の対立があるので、東交を主体に職場支部というのを認めさせて、職場支部でもって代議員を出して対抗する。地域支部ではなかなか対抗できない。地域支部を変えるというのは、どうがんばっても数年くらいはかかるわけなんで、そんなに簡単に出来ませんからね。従って左右のバランスというものは、ようやくこの江田答申が出た段階でトントンというくらいにみてもらった方がいいと思います。

当時の構成がそういう状況ですから、結構地域党員も多く、労働組合の職場支部からの党員も漸次多くなった。地方議員もいましたが、当初は右派の方の議員が多かった。左派はだいたい東交中心で、地域から出たのは右派の方が多かったわけで、決して左派優勢の都連ではなかった。だから私が本部の書記をやめて都本部へ行き、江田答申に基づいて、まず首都東京で答申に基づくような組織を作り上げなきゃ、とてもじゃないが東京で知事も取れないし、五五年体制以後、党の中央が政権を取るというようなことをいってきたけど、実体的に見てそれは難しい。なんとか首都東京で組織改革に基づいた近代的な党を作って全国をリードし、それで行きましょうということを考えたわけです。

前にもふれたが私が東京で書記長になるときに考えたことが三つか四つあって、組織の強化ということも第一にあるが、二番目には区長が公選でなかったんですね。戦後、ちょっと公選になったことがあったが、すぐ変えちゃって以後間接選挙です。区議会で区長を決める。これはどうもまずい。やっぱり区長公選というものを皮切りに、区の自治権というものを強くしなきゃいかんというんで、区長公選。当時、区政改革運動といういい方ですけど、東京では区長公選運動というのをやった。

それから四年に一度回ってくる知事選挙。これは勝てる候補を出して闘わなきゃダメ。戦後一、二回というものは候補者は立てたけど、これは候補者を立てましたという意味しかないような選挙だったんです。なんとか知事選挙を互角で戦って、首都の首長を取るということですね。

それから組織機構改革に基づいて党をつくるために、まず東京ではオルグをつくろうと考えた。それまで東京都本部にもオルグというものは全然なかったわけですから。書記はいましたが、左右合わせて五名くらい。私が行ったとき左派は佐々木幸一郎のみだ。あとはみんな右派・中間派。右派の方が非常に強かった。書記長だった渡辺年之助が西尾系で、最後は民社に行っちゃうんです。いい人でしたけどね。

党の組織機構改革委員会で一年ばかり検討してそういう方向がようやく出来るようになる。私はそれを見て、東京があまりにひどいし、これじゃあどうしようもないから、もう東京に行ってやる以外ないと。自分が所属する東京がもう東交の制服ばかりじゃどうにもならないと。

――書記局は、当時は書記局員がいて、その上に部長とかそういうのがいたんですか。

それは部長クラスはあった。中執ではない。

――部長クラスは書記局員でしょう。

議員と非議員で分け合っていた。最初は議員の方が多い。だけど要するに、江田のときから専従中執というものを設けましょうと。

――専従中執は六〇年になってからでしょう。

いえいえ。統一社会党のときから、そういう方向を出していた。それは全部のポストじゃないよ。最初はそれは限られている。その後はもう一切限られていないんだ。だから私が議員でなくても本部で組織局長、企画担当中執をやって、副書記長になってるんだから。規約上は議員でなくても書記長になれるんだよ。だから私については、無理な話（本部の専従書記長）をみんながわあわあやったんだ。片方では早く議員に出たらどうかと。

都連の財政基盤確立に奮闘

――社会主義協会は専従中執に対して何といったんですか。江田の改革に対しては。

そりゃ賛成よ。協会もこれには賛成よ。だいたい左派はみんな賛成で、右派はそれはやっぱり議員の権限を侵すということを含めて、どうせそういうことをやれば、左派の方が多くなるということが大体わかってるじゃない。書記局員のメンバーと質を見て。だから右派は賛成はしなかったが、まあしょうがない、党近代化のためにという大義名分で江田のその機構改革の案は大体のんだんだよ。

それをそのまま持ってきて東京でやろうと思って私は始めたわけだ。だからそれまでは専従制度なんて、なかったんだよ。佐々木幸一郎がともかく書記局員で給料をもらっていた、というだけなんだ。その給料は当時どういうふうに出したのか。都会議員なんか、党に対する負担金が全然ないんだから。それまでは都会議員は都連にお金出さないんだもの。こんなことやってたんじゃ、東京はどうにもならないよ。所属の支部は自分の選挙区だから出す。しかし、都連は中間機関だから、そんなところにお金なんか出さないというんだ。だから、専従なんて誰もおけるはずがない。

だから大変だよ。喧嘩腰だよ。私は都の議員総会に入っていくのが大変だったんだから。なんで議員でないやつが議員総会に来て、威張った顔しているんだというんだから。初めはそれから始まるんだよ。そのうち、だんだん変わってきちゃったけど。議員様なんて、大変なものだった。

それが都議会に行けば、都議会の控室に女の子がいたり、若い男の子もいたよ。よく見たらこれは全部、東京都の議会局からちゃんと各議員団に、数に応じて派遣しているやつなんだ。政策審議会といっても、議員が兼務しているだけなんだ。だからそこには全然党はないよ。大したもんだと思ったね。

──議員党費をどっかで、劇的に上げたんじゃなかったですか。

もちろん上げたよ。そうでなきゃ、書記局の費用は出なかった。結局オルグ団もつくって、都本部全体の人件費はオルグを含めて最高四〇名ちょっとに達した。

それをどこから出すかといえば、都会議員からまず取る。これは支部の方からも、議員数に応じて取る。それを東京で管理して、それだけの人間を各支部に配置するという格好にしたわけだな。

議員の抵抗は最初はすごいもんだよ。私が入っていってからそうなったんだ。そういう制度（専従）がなかったから私自身、それで初めて給料を貰ったんだから。

幸ちゃんは書記長の権限で雇われていた。そのお金はどうしたんだと聞いてみたら、本部へ上がってくる党費があるね、本部、都連に上がって来る党費がある。その都連に上がってくる党費の中から人件費として、事務局員として佐々木幸一郎が雇われていた。それは僅かなもんですよ。それだけじゃ専従者なんて置けないよ。

――左派社会党のころは、書記局員というのは国会議員から金を集めて書記局員に渡していたんですか。

党費、それはそうだよ。国会議員はもちろん負担をするよ。下からも上がるでしょ。党費は県と中央と、上げる党費は二つに別れるんだよ。その他レセプション、正当な政治献金等々……。

――中央本部はそれなりに書記局員五〇～六〇人抱える財政的裏付けがありますね。

それはまあ。

――総評からの献金は？

それは本部に行っちゃうもの。私らは東京地評だよ。この東京地評が貧乏なんだ。これは金集めが出来ないんだよ。これが知事選挙になると、とくにはっきりするんだ。

知事選挙は四年に一回来るでしょ。避けるわけにはいかないんだよ。また知事選挙だといって、頭が痛いのはまずお金。それは東京都本部と中央本部と総評と東京地評、都労連、五団体が平均割だ、とこういうんだ。平均割だといっても、ひでえじゃないか。やっぱり本部は東京の知事なんだから。結局、本部と総評はそれじゃあ倍出します、残りの三団体は平均。それでも当時の金で一回五〇〇万円はかかるんだから。

――都連の機関紙はどういうものだったんですか。

都連は都本部情報というのを、不定期に出しただけ。当時社会タイムスその他あったから、やっぱり機関紙は中央の機関紙を一本にしたほうがいい、都連でつくってみてもしょうがないから。都本部情報というのは出しましたよ。

――都連の組織担当というのはどういうこと？

オルグを使って各支部に、党の方針なりを徹底して、党員を増やせということだよ。

——そのとき都連の役員もやられたんでしょう。五七年くらいから。

やったよ。本部の書記の仕事と都の役員としての活動など……。

——組織担当執行委員も都本部でやったわけですね。

だから砂川闘争なんて、先頭になって行かなきゃいけない。

——柴田とか、阿藤とか、辻とか、あの三人はいつごろ入ったんでしょうかね。専従で行ったときにはもういたんですか。

いや、いない。いたのは幸ちゃんだけだった。私が行って、少したって入って来たもん。だからそんなに古くないよ。

都本部役員の系譜

戦後の都本部委員長、書記長というのを並べてみると、

党本部が一九四五年に出来ますね、その翌年の四六年一月二六日に東京都連というのが出来て、そのときの委員長は浅沼稲次郎なんですよ。書記長が熊本虎三、どちらも右派だ。

その次に浅沼が本部の役員になったから、熊本虎三が委員長、書記長は萱野信好、これも右派。だから東京の場合はずっと右派が強いんだ。要するに戦前の運動には、地域では左派系の運動が弱かったんだ。

ようやく第四回の一九四九年、浅草公会堂で、中間派といわれた原彪が委員長になり四期やるね。それで書記長もようやく左派の方からというので、東交の集団入党もあって島上善五郎が三回やった。島上が辞めてすぐ、都会議員の北田一郎にいくわけです。北田も一応東交で左派です。だからこの段階は中間派が委員長で、左派が書記長になったんですね。

一九五四年の九回大会からは、三多摩の山花秀雄。これが衆議院議員に当選してきたのでしょう。山花が四回ですね。書記長は北田一郎がずっとやっていて、五五年合同で左右が解党するまで、右社は中村高一委員長、渡辺年之助書記長だ。五六年三月の統一大会で山花委員長、渡辺書記長ね。

それから島上委員長で渡辺書記長。次に重盛寿治委員長で渡辺書記長。ずっと書記長は右派ですね。

しかし一九五九年、安保の前は加藤勘十が委員長、島上が書記長になってるね。加藤、島上が三期続くんだ。

それで一九六一年にまた重盛寿治が委員長になって、私が初めて書記長になるんですよ。

それまで私は機関紙部長、組織局長かな。都本部の役員としてそれなりの仕事はしてたんだが、書記長になるのはこれが初めて。

重盛委員長、曽我書記長が六年続く。この間は委員長も書記長も全部左派。統制委員長は大浜亮一で、統制委員長まで左派だよ。右派が怒るわけだ。

そのあと六七年に私が委員長になるんです。渋沢利久が副委員長。佐々木幸一郎が書記長。青山良道が統制委員長。渋沢利久が右派代表で来て、彼はこのとき国会議員になっていたかな。初めて渋沢が副委員長になって三回やって、社青同と一部オルグが大暴れをして六九年、私が辞めて占部秀男が委員長、山下勝が副委員長、佐々木幸一郎が書記長になった。

以後はまたバタバタ変わりますよ。長谷川正三がなったり、今正一、斎藤一雄が副委員長、成清泰道が書記長か。それからまた佐々木が書記長。大木正吾委員長。今正一と桜井政由が副委員長か。

ずっと下がって八〇年代になるとまた左派系が入ってきて、一九八二年に鈴木和美参議院議員が委員長で、安田龍、関口和が副委員長。沖田正人が書記長。安形惣司が統制委員長てなことになって、これが二期やって。

「都本部四〇年史」には、そこらまでしか書いてない。それ以後はガタガタしちゃって、都本部党史はつくっていない。参考までに申し上げましたが、要するに東京は、戦前から右派が非常に強かったということですね。そういうことをみんなあまり知らないんだな。皆さんもそうだろうが最初から左派が強いと思っていたものが多い。

都本部でまず機関紙部長

だから私が都本部に出ていくのがいかに大変だったかだよ。都本部（当時は都連）へは下部の組織から出ていかにゃいかんのだから。しかも当時は都議の河野平次というのが私の品川の支部長で、それが東交の中の数少ない大ボスで右派の大将、松岡駒吉の直系の子分だから。品川から私は出ていくわけでしょう。河野平次が「あんなやつを東京の本部へもって行ったら、何をやるかわからないから危ない」といって押さえに押さえられた。だけどそこは突破して、一番先に機関紙部長になった。だから有田八郎の最初の都知事選挙のときに、都本部の機関紙部長の名前でビラを作ったから、不法ビラということで捕まりまして三田署に二三日間留置された。

――都連の書記長に六一年二月就任するときには、鈴木派なりいろんなところの判断と体制もあったわけでしょう。

当時、そんな態勢はなかった。そうなったのは、その前に機関紙部長をやって、組織部長、組織局長もやって実績があるんだ。機関紙部長に出ていくときがいちばん大変だった。書記長になるころは、河野平次もしょうがないと思ったんだ。下手に抵抗したら自分も都会議員だし、逆にいじめられるから、そこは大人だよ。あいつならしょうがない、というふうな状況の中で。

だから経歴でいうと、もう一九五五年には都本部役員の機関紙部長になってるんだ。そのあと組織部長もやって、機構改革でそれが変わって組織局長になった。確か渡辺年之助が書記長で、私が組織局長というのを二年くらいやった。彼とも人間的には悪いことはなかったから、私が書記長になるとき右派が猛烈に反対した、ということはなかった。この機構改革がだいたい答申される時期で、もうしょうがない、むしろあいつにやらした方がいいんじゃないかという右派もたくさん出てきた。

――そのときにもう渡辺年さんは西尾派に行っちゃったんですか

だってそれは分裂するんだから、しょうがない。やはり左派の前進にとっては、分裂で西尾派が東京からいなくなったということは大きいよ。

――やりやすくなった？

それはそうだ。そんなことというとしかられるが、右派でも河上派というのは、根性がある奴があまりいないんだよ。なんだかんだといいながら、松岡駒吉系の方が筋金が入っていたね。民主社会主義だからな。こっちは当時「社会民主」もいいたくないが、あえていえば「社会民主」だろ。向こうは「民主社会」だ。そこらへんからもう河上派の諸君とは違っていた。

西尾が出て行って、結果的に民社党をつくるでしょう。それで東京の場合は左派の主導権になる。それまではむしろ右派のほうが強かった。また各地域の議員をみても、都議、区議、市町村議をみても、古い人はみんな右派だからね。結構右派が強かった。

それは地域の支部役員をずっとやって、私は最初の頃から見てきているから、地域には相当根を張ってましたよ。最初は東交の都会議員しかいないから、左派で地域で根を張ってるというのはあまりいないんだ。そのうちそうでないのもだんだん出てくるけど、やはり地域的には右派が強かったですよ。

都本部での機構改革の目標と達成の基準

都本部で改革をやったのは、六二年から六三年の間だね。都本部という名の発足は六三年六月だから、書記長になったときは、まだ都連だった。

――都議団の会議に出ること自体にものすごく抵抗があったんでしょう。

とにかく都議団というのは非常にモンロー主義で、党の国会議員といえども幹事長の許可なくては入れないというんだから。私が行ったときはまだ右派の方が多かったね。左派も東交以外もだいぶ出てきたけど、まだ右の方が多かった。

――東交出身の都議団は一〇人くらいいたような気がする。

だんだん少なくなった。

――それで書記局の強化というのがあって。

要するに西尾が離党して、民社グループが離脱するわけですよ。それが東京でも非常に大きく、結果的に左右のバランスでやや左派が強くなった。左派の方の指導性がだんだん通るようになってきた、とはいえますね。タラレバの話はどうかと思うけど、西尾が離脱しなかったら、なかなか私を書記長にするのは大変だったかもしれん。しかし渡辺年は私を書記長にしようと思ってたんだよ。入ってみれば実際に仕事をやる奴は誰で、本当に真面目に党のことを考えているのは、どうかというのが分かるから。

私と書記長の渡辺年之助というのは、非常にいい関係だった。要するに中央の西尾問題は、あれは中央の話だというんで、結果的には彼も出ていきましたが、そのときは御苦労でございましたというお別れで、決してけんか別れではない。

それに一九五九年九月の機構改革委員会の答申。そこで都連も、議員書記長ではもう党務が処理出来ない、まじめにやればとても議員と両立出来ないくらい党務がある、ということがわかってきたわけですな。

国会議員はさすがに全体のことを見ているから、仕事をしない奴はダメだ。やはり仕事をやるんだからしょうがない。こういうのが来てやらないと東京は回って行かないといっていたよ。だから右派の中村高一とか河野密が、面と向って私に文句をいったとか、それはあまりないんだよ。

次に機構改革の目標と達成の手順。

国会議員が自動代議員になっていくのを制限したでしょう。それについては東京ではあまり抵抗がなかった。しかし都議団への指導介入には強い抵抗があった。つまり東京の国会議員の場合、本部の役員をやっている人が多いんでね。それに比べて都会議員の中のボスがかなり抵抗したと、私はそう感じているな。

――それはだれ？

都会議員で大ボスは豊島から出ていた岸寛司だな。的場茂の前。的場は右派から左派に変わったんだ。それが組織局長だった。最後は平和的に「組織局長にはお前がなったほうがいい」と、私を組織局長にした人なんだが、最初は都議団の議員控室に入って行くと「おまえの来る場所じゃあねえ」とかいって大変だった。

――都議団の党費の改革、値上げをやったのはあれも六二、三年なんじゃないですか。

衆議員からもオルグ団の金をとったけどね、一番抵抗がなかったですよ。一番抵抗したのが、都会議員。これは抵抗した。

都連書記局の構成

――下山さんがいたときの書記局というのは、曽我さんがいて、佐々木幸一郎でしょ。

喜田康二もいた。あと阿藤俊一、柴田、藤田高氏、多鹿健一。そのあと来たのが、大竹、茂木朱美、吉野和子が早かったかな。

――オルグ団を作ったというのは、みんな江田の構想に従ってですね。

江田というが、党の決定になるんだから。都本部も、それを推進したわけだからね。だからそれを自分で実践した。取り組みはやっぱり早かったですよ。他の県はみんなモタモタしている間に、東京はオルグ団が出来ちゃったから。

――あとで構造改革のところに出てくるけど、江田と対立したというのは皮肉だね。

それはそうで皮肉といえば皮肉だね。

東交依存からの脱却

――東交依存からの脱却というのは、やっぱりいろいろ考えていたんでしょう。

要するに新しい機構改革に基づいて、支持団体制度というのをもっと拡大しようということになった。労働者同志会系の労組は、みんな支持団体になってきた。東交のみが支持団体という状況から変わったわけだ。その支持団体には右派系もあれば左派系もあるから、全部が東交と同じでないからね。

公労協、なかんづく電通、全逓というのが相当党員も入ったし、支持団体として力を持つようになった。従って東交の比重が相対的に低くなってきた。東交がいかに強い組合でも、組合員そのものが少ないんだから、漸次変わって行く。だから東交というものは、その後まあ、都電撤去反対闘争などでちょっと特出があったけど、それ以外はあまりなかった。むしろ都労連という形で、その後ずっと出てきたね。水道が結構強くなってきた。東交に比べれば弱いが、東水労というのは結構力を持ってきたね。だから、それをあわせた都職労を軸とした都労連というものが、東京の場合はかなりの力を持ってきた。

――東交はその中に含まれるという形ですね。

東京地評は芳賀民重が事務局長だった。芳賀というのは戦前から金属の労働運動をやっていた高野直系ですよ。だから高野的色彩が、東京地評というものにはやっぱりありましてね。それはある意味じゃ伝統のある労働運動の指導者なんだが、この機構改革に基づいて新たに労働団体を支持団体として引き入れる、というような状況のなかでは、東京地評というのはむしろブレーキでマイナス要因だった。

他の県評よりどうしてもダメなんだ。要するに社会党一本支持に行かないんだ。そう決められないんだ。高野系の芳賀が決めないんだ。じゃあ芳賀を代えるか、という話をときどきやったが、根強い支持があってとてもダメだった。そこまで無理して機構改革をやらなくていいと。そうすると電通とか全逓とか、国労もそうだったが、とくに公労協が「曽我さん、あれを置いておくとダメだから、対立候補を立てよう」としばしば協議をして、彼の対立候補というのを用意するんだが、いざ東京地評大会が開かれて、代議員の数を数えてみたらダメだというんだ。負ける戦いはやらない方がいい。別に芳賀が反社会党じゃないんだから。社会党の方を向いて一生懸命やってんだから、そこはしょうがないなというんで、ちょっと東京地評というのは特異な存在だった。

ただお金の集め方がまずいんで困った。普通は党本部だって金を集めて、都知事選のときの分担金を出すんだが、東京地評はお金が集まらないんだから。都労連というのが別にあったもんで、仕方ないから都労連が東京地評の足らないところも含めて出す。結局お金は作ったがね。東京地評はいつもお金が出せないんだ。政党支持自由の組合からそういうことで金を集めるのが、どうも私の方針にあいませんとかね、なんとかいっちゃってダメだった。

――やはり幹事会の中に共産党とか、高野系がいたんですね。

それはもちろんですよ。だけど候補は社共共闘なんだからね。社共共闘の候補者でやって出さないのはおかしいと。

社会党を強化する準備会

――協会の労農派の歴史の本を読んでいたら、太田薫や岩井章たちで、社会党を強化する準備会というのを五九年一月に作った、と協会がいってるんですね。

これは全然ここへ書くようなものじゃなかったね。協会の一人芝居じゃないの。少なくとも私の書記長時代は、協会がお金を出してくれたこともないし、協会系の学者を学習会に呼んでもお金をとらないとか、具体的、財政的あるいは組織的援助を得たことはない。

――江田の機構改革案に対して、要するに二重党員制がけしからんとか、そこだけ叩いてるんですね。お金さえはらえば党員でいいんだという、そういう。

それは極端にいえばそうだよ。

――江田はけしからんことをいっていて……。やる奴とやらない奴がいて、党が右傾化する。もっと学習して社会主義者の魂を叩き込まなければいけない……と。

ある種の前衛党論だろう。協会の理想は。

――当時の協会は大したことないなあと思ったんだけど……。また同時に実践感覚が全然ないですね。江田の機構改革論がなんだったのかという。曽我さんから機構改革は、実は党組織改革案なんだけど、抵抗の少ないように機構改革という具合に名前を出してやったと。ところが協会はその意味も理解してないんですね。

やはり独りよがりなんだよ。

くれない会発足のいきさつ

私が東京の組織局長から書記長になるときに、三つ自分でも誓ったし、みんなにもいった。一つは、東交党ではだめだ。地域から東京の党を作り直さなきゃ、絶対各級議会の過半数なんて保持できない。本当の社会党はできないし、政権も取れない。革命も出来ない。

それでオルグ団をつくる。東京に事務所をつくれと盛んに議論はあった。つくるのはいいけど、私は事務所をつくる金があるならば、一人でもオルグを多くして、多くの人が地域に根を張るそういう組織を作らなければ駄目。だから事務所は要らない。東京の都庁の都議団にただで貸してくれるんだから、それを使えばいい。事務所をあちこちにつくったって、現状では社会党に相談にくる支持者がないんだから。

全部オルグ団のためにお金をつぎ込んで、都会議員から、区会議員まで、他の県本部より余計に金をふっといておいて何やったか。それみんなオルグの給料になっている。そのオルグも地域でいい人はいいやな。悪い奴はこれみんな曽我がやった。そのうえ〝首切り曽我〟とかいわれた。各級議員の公認権を私は縦横に使ったから。

私は労働組合出身でもないでしょ、社会党結党二年後に入って、中古（ちゅうぶる）で。だから古い奴、終戦駆け込みを私は大古（おおぶる）だというんだ。私は中古だと。中古というのを計算したことがあるんだ。書記長になった和田博雄。和田に書記局会議であんたも中古だから、中古のいうことも聞いたほうがいいって。

それは、そのころ本部書記局では古い奴が威張っていてね。大学出の、それも先生から推薦された頭のまああいいという奴が、高沢寅男、笠原昭男以下入ってきたでしょ。

それで森永とか、只松、竹内とかがいじめるんだよ。頭が少し空っぽなやつが、後から来たインテリぶった奴を試せと。ビラ張り三年、ガリ切り二年とか、なんとかいうことがあったじゃない。お前らそういうことやってきたのか、といって非難する。ちょっと生意気な奴は、議員の部屋のところに回って、奴は生意気です、と告げ口をする。

くれない会の誕生というのは、それが発端なんだから。本部書記局の新旧対立で出来た。私は中古で真ん中にのっかってるでしょ、地域でそれなりに苦労してる。私は自分でお金ももらわない専従なんだから。それで上がってきたから、後から本部へ行っても、本部のやつも曽我には一目置くわけだ。てめえらたまたま食えなくて、社会党へ軍服着て入ってきた、そういうのが威張ってるんだよ。

それで野溝勝が書記長をやめて和田になるときに、「和田さんあんたも中古の、途中から官僚から入ってきた書記長だから。私も書記局には先輩もいる、後輩もいる、私は自分で地域で戦ってきたが、あえて自分を中古といっている。だから中古意識で和田さんやりましょう」という話を書記局でした。それはいまでも古い、生きてる人は知ってる。

それで若い奴が私を担いで、結果的にはくれない会をつくった。そのくれない会の結成を約束したのが愛宕山なんだ。「くれない」というのは二つ意味があって、左派の議員はお金がないもんだから、くれない。もうひとつはくれないは紅だろう。紅探偵団というのが当時はやった。われわれは少年探偵団のように勇気を持って進みましょう。社研ではない、要するに社研の議員集団に対して、独自性を持った社会主義の研究所だと

社会主義研究会というのが社研だ。われわれの書記局オルグ団は社会主義研究所。だから昔発行したパンフレットを見れば、社会主義研究所。議員に対して独自性を持つ、ということを非常に大事にした。佐々木更三にも誰に対しても、議員にまともにものがいえる党でないと駄目だ。議員様のところに行って、ちょっと小遣いもらったり、けちなことしたら駄目だと。

――メンバーは誰ですか?

広沢賢一、渡辺道子、大下勝正、笠原昭男、高沢寅男、小山哲男、押田三郎、後藤茂、中山晧司等々……。加藤宣幸、森永栄悦は入らない。そこで同じ左派の書記局のニュアンスが違ってきたんだな。

――貴島も？

貴島正道は衆議院の事務長という、これはいい加減大変なんだよ。国対に行ったようなもんだよ。それなりに力を持った。だけど党の運動というものをやったことのない人だから。みんな社会タイムスをつくるというんで、つまりジャーナリストとして入ってきたのも多いんだ。極端に言えばものを書くだけで、ストライキ応援も、警官とぶつかることも、デモの組み方も分からないんだ。古い人の中には確かにそういうのもいたんですよ。

――山本政弘もくれない会ですか。

あれは一緒になんて全然。入れないもん。当時、鈴木茂三郎の秘書といえども入れないもん。くれない会は明確に書記局員のみという独自性を保った。

くれない会のなかでも、社会主義協会の座長をやってる程度のと、入ってるのと、いろいろいましたよ。でも、くれない会というのを私がつくったのは、そもそも書記局民主化運動なんだ。

大学の先生の、社会党に関心のある学者は自分の教え子を推薦するわけだよ。海軍兵学校、陸軍士官学校へ行って、東大、九大なりへ行ったのが来たんだから。当時の社会党はそれだけの魅力と吸収力があったんだね。そういうのを左派社会党が伸びるたびに入れたわけだ。そうするとあまり学歴のない、頭の回りがあまりよくない、ただ先に入っているというやつが、てめえの立場が侵されると思うから、あいつらインテリぶってだめだというわけだ。

書記局の中が分かれるのは、本当はおかしいんだよ。若い奴からいわせたら戦後すぐ、イデオロギー的には左派でもないのに左派と称する奴が、社会党書記局になだれ込んで飯をくって、ろくなことをしていねえ。自分たちの城を大学出のインテリに奪われちゃいかんと、そういうのが威張っちゃって。高沢や笠原、伊藤とかが入ってくるとき、そういうのがもう先輩格なんだから。只松とか、森永とか。森永は比較的冷静だったかね。くれない会には入らなかったが……。

第六章　労働者同志会

労働者同志会事務お手伝いの経緯

――略歴には一九五〇年に労働者同志会事務とありますが。

労働者同志会というのは、総評が誕生すると同時に、総評の左派系の組合の中から、指導者が集まってこの際社会党左派と提携しながら、運動していきましょうということで出来たんです。私はしばらくその事務をやらされた。

最初のうちは高野実も勿論大ボスだから入ってたんだけど、そのうち高野は呼ばれたり、ときに呼ぶなといわれたり。当時、岩井章と宝樹文彦と日教組の平垣美代司、日教組の書記長だ、それが三羽ガラスといわれていて、官公労ですよ。太田薫はまだ下の方だったな。

最初の総評の事務局長の島上善五郎は、同志会には来なかった。「あんなのは曽我君いいんだ、上にあげときゃいいんだ」。島上は労働者同志会に直接の影響力はなかったね。東京の議員で労働者同志会に影響力があるというのはいなかった。彼らはみんな、自分たちをその一枚上だと思っていた。

それから鉄鋼では清水慎三もよく来たんだが……。

私のところに労働者同志会の事務をちょっと面倒みてくれないかという話がきたのは、大柴滋夫からだ。大柴は左右分裂した時、左派の党の書記局で総務部長かなんかやっていた。大柴のところへ労働者同志会の岩井章から、岩井は若いんだけど、当時から座長をやっていて、彼から依頼がきたんだ。

そこで大柴が、「曽我よ、ちょっと労働者同志会のところへ、会合のときだけでいいから行ってメモしてもらって、その必要な会報を出したいというんだ。会報も外に出していいものと、悪いものとがあるから、それは要するに同志会のボス、岩井が見ていいものを、その許可を得て出す。会合の記録をとってもらうだけでいいから、ちょっとなんとか助けてくれ」という。私はまだ党本部の書記局には入っていなくて品川の党員。大柴も品川の党員だった。

大柴流の言い方でいうと、口が固くて物が書けて、そういうのを一人寄こしてくれ、と岩井に頼まれた。いろいろ考えたが、お前が一番いいと思うからなんとか行ってくれないか。私は別に本部の書記でもないんだが頼まれて行ったわけよ。だから私は同志会の面々を古いときから知ってるよ。

労働者同志会そのものは一九四九年ごろから出来ていた。私がそこの事務を手伝ったのは、社会党が分裂する直前の一九五〇年になってからだ。事務局といったって総評内の左派フラクション、フラクだから場所をもっているわけじゃない。それで場所はいつも田町にある硫労連会館。硫労連は合化労連のもっと前の名だ。あれは当時としては豪華部屋なんだよ。そこで労働者同志会の会合をやった。そこへいって記録を取って、みんなに、同志会のメンバーに流す。

――「青青」・「青白」論争はいつごろから。

一九五〇年から五一年ですよ。五〇年は「青青」、「青白」が盛んなころでね、私が区会議員に立ったときは、その演説ばかりしていたんだから、議論は四九年ごろからあった。

――そういう中で労働者同志会が出来ていく。

そうです。

――それが反右派の労働戦線の中心になっていく。

左派の躍進というけれども、その基礎の一つはこの労働者同志会にあった。もう「青青」・「青白」で絶対分裂する。もう「青青」で妥協するな。平和三原則、平和四原則、有名なあのスローガンを出して左派社会党を押し上げたんだ。鈴木が「青年よ銃をとるな」と「婦人よ夫や子供を戦場に送るな」というやつをやったでしょ。あれも分裂前後から始まったんだ。

一九五一年一〇月に分裂してるんだから、五〇年から五一年の一〇月にかけてはもっぱらその議論だったんだ。

――労働者同志会があゝだ、こうだといっている議論を直接聞いているんですね。

もちろんだよ。

――その影響が一番大きかったんでしょう。社会党には。

強かったよ。議論がね。

――一九五〇年に書記局に入った。そのころ生活はどういう感じでしたか。

生活はどうしてたかなあ。食うや食わずでいましたけどね、やっぱり家が鮨屋だったから、なんとか飯は食ってたんだよね。二重底の靴を履いてたのは有名だから。靴がダメになっちゃうと、その上にもう一つカバーみたいなのを、どっかからもってきて、二重底の靴を履いて。

――労働者同志会の方から金は出なかったんですか。

出なかったね。あとで太田薫が小遣いをくれた。いまでも覚えてる。あの人はなかなかの人で、「おい、岩井君は、君に金を出しているのか」と。ここに来るのだってお金がかかるのに、どうしてんだって。「いえ、ぜんぜんありません」。「あの野郎ひどいやつだ、人を使っておいて」といって、私に小遣いをくれた。よく覚えてる。すぐそういうことが分かる人なんだ。それが席を見ると、最初は端っこの方にしかいないんだから。なんたって平垣、宝樹、岩井と三人が真ん中に座っちゃって。だから総評ての は公労協中心で最初から民間はダメだったね。あれがやっぱりいけない。民間がそこに座んなきゃ。

太田薫は職制から労働運動に入ったから、どうしてもあゝいうところへいくと肩身が狭いんだよ。しかし、だんだんやっていくうちに、上がってきた。最後は真ん中に座ったよ。総評の議長になるんだから。

あと、電産（日本電気産業労組）もきたな。電産はマーケットバスケット方式といって、バスケットの中に食い物を詰める、それがいくら、これによって賃金の基礎が決まるといって、「マーケットバスケット方式」というのを賃上げのためにいい出した。これは賃上げの最初の根拠だ。しかし、そのうち九電力に割られたんだね。

労働者同志会の発足

――労働者同志会というのは、社会主義協会の資料だと、「講和条約と日米安保条約」を機として、宝樹・太田・岩井等が画策したというのが、一九五一年九月になってますね。

一九五一年にね、社会党分裂大会の直前だった。

――解散したのは

解散？　まあ事実上の自然消滅的解散だ。

――一九五三年七月、労働者同志会解散となってるんですが。

二年で解散？　そんなことはないぞ。どこで解散というかだよ。質的に変わってきたんだよ。

――戦後の社会党史、総評史で労働者同志会というのは、あまり知ってるやつはいないんだね。いろんな文献にも出てこない。僕はこの前話した通り、広沢賢一から、曽我さんがドタ靴履いて、高野天皇のところへ行った、という話を聞いて、へえーと思ったわけだ。平和四原則をめぐって社会党が割れていくわけでしょう。当然、労働者同志会の影響というのはものすごく大きかったと思うんですね。それで労働者同志会にいたころの議論というのは、どんなだったんですか。

もちろん平和四原則支持。そして、その勢力を強めていこうという目標を持ったことは間違いない。

労働者同志会がどういう歩みをしたかというのは、人によっていろいろあるんだけど、私からいえば、まず第一に総評が出来上がった段階で、高野実と新産別の細谷松太の対立があった。これは労働組合というものを、どういう風につくっていくかということについて、基本的に違っていたわけだ。

つまり細谷松太の方は、共産党がやっていたあの産別会議を、形はそのまま受け継いで、産別会議でいくべきだと考えていた。それに対し高野の方は、いやそんなことといったって、日本の場合は事実上、産別会議ではいかないから、現実に合わせて企業別でしょうがないと。とくに高野は全国金属の出身でしょう。全金というのは細かいのがたくさんあって、そういうものを基礎にして労働運動を戦前からやった人だから。

従って両方とも社会党の左派支持なんだけど、方法論で高野・細谷の対立が生まれちゃったわけだ。共産党がパージも含めていなくなって、その主力は非合法闘争に入るでしょう。その契機になったのが二・一ゼネスト。その後を受け継いで、結局、戦前からの指導者として高野・細谷というのがいたわけで、あとはみんな岩井をはじめ、太田薫も戦後派だから。

親方が対立していたんじゃ困るので、なんとかこの二人を一緒にしようという動きがあり、細谷と高野を平和四原則のことをみんなでアピールする労働者の集会に、なんとなく自然に連れて来て、それを契機に二人を仲良くさせるという仕掛けをしたんだ。

高野実と細谷松太

——それは清水慎三?

つまり清水慎三は高野で労働運動というものを知ったんだけど、高野のいいところも、細谷松太のいいところも彼は知っていて、そして当時の社会党の労働対策は森永と広沢かな、広沢が政策審議会事務局長、森永が労働部長かなんかしていたんじゃない。それで清水慎三がその二人と謀ってご両人を集会に連れてきて、それをきっかけにして、新産別の方も代表を送りましょうということになった。

高野の方はもちろんよかったわけだから、こちらも送ろうということになって、これが一九五一年の社会党分裂大会の少し前だった。これが労働者同志会の事実上の発足なんだよ。平和四原則の集会を開いたときに、高野・細谷が同席した。これによって一つそれじゃ同志の会をつくろうということで、労働者同志会を結成する。

そしてまず総評内の三角同盟といって、国労、全逓、日教組。人でいうと岩井、宝樹、平垣。ところが平垣はこのときまだ東京に来ていない、ということが分かって、よく調べると来てないんだ。ちょっと後に来るんだ。しかしその時には、平垣の代理人みたいな形で教組から出ていたようだ。その次に今度は、民間部門をどうしようかということで、民間部門でまず広がって行ったのが、全国金属の佐竹五三九、合化労連の太田薫、鉄鋼の清水慎三、炭労の石黒清等。そういう人がまず民間で集まる。

まだ社会党左右分裂大会の前で、平和四原則をなんとか進めにゃいかん、それで「青青」ということを決めて労働者に徹底する、ということの中で労働者同志会というのが発足したわけ。高野は自分は入らない。細谷も労働者同志会には入らない。だけど配下の者は入れるということになって、全金の北川義行、柳本美雄はじめ、要するに高野系の金属の代表格を入れる。一方細谷の方も、新産別の代表を入れるということになって、高野・細谷を提携させるという目的は一応これで達成したんだ。

離れていった新産別

だけども社会党が分裂、それから左派社会党強化。もうひとつは新産別強化とはいかずに総評を強化すると。総評強化となると新産別は困っちゃうんだよ。労働組合のつくりかたが問題だからね。新産別はそこで、政治的には左派社会党支持であるけど、労働運動ではやっぱり一緒にできないというんで、また別れていく。

新産別というのは、その後も土建その他を中心に新産別でいく。渋谷の沖田正人なんていたでしょう、あれなんかは最初は新産別。そういうふうになって、目標としての細谷松太と高野実の提携はいったんはできたんだけど、結局は労働組合のつくりかた、基本が違うので続かなかった。

しかし労働者同志会の大部分は総評というものを強化し、総評、県評、地区労と組織し地域労働運動に根を張る。日本ではそういう形の労働組合しか出来ない。今から産別に切り替えろといったって、なかなか出来ないという現実があった。まあ後になって分かるんだが、企業組合の限界というのがどうしても出てきて、やがて全労との労戦統一になって、いまの労働運動みたいな、どうにもならんところになっちまうわけだ。

だから後からみると、当時は非常に困難であっても産別に切り替えていれば、総評もいまのようなことにはなっていないだろう、という議論もあるんだが、それはどうかな……。

総評というのは、あくまで日本型の労働運動だな。総評が果たした役割というのは、もちろん労働者の生活、権利、地位の向上――。政治的には社会党・総評。社会党だけではダメで、社会党・総評ブロックというんで政府も世の中も動くというふうに、結果的には思っちゃったんだね。だから左派社会党をつくるには非常に力になったし、左派が右派をその後の選挙で凌いでいくその原動力にはなったけど、今から考えてみると、左派労働運動の本筋としては新産別方式でいいんだ、という人もいる。実際は戦後、産別は共産党が握っていて、二・一ゼネストまでは完全に共産党配下で日本の労働運動は動かされていたんだから。総評ではなくて、産別方式がいいのか。そこのところは今でも問題として残るところだが……。

そして労働運動の流れとしては、そこに入らないと労働運動の親方みたいな顔が出来ないというんで、お客さんがうんと入ってきた。その典型なのが全自動車の益田哲夫、これは日産の委員長でストライキをだいぶやってね。それから野本正三。私鉄から長谷部儀助。内山光雄は私鉄で北陸鉄道なんんだ。なんで入ってきたかというと、こっちは大体単産の中心の役員が入ったんだ。内山は北陸鉄道の書記長か委員長で、軍事基地反対闘争としては一番手の内灘闘争に火をつけてやったのが彼。そんな順で入ってくる。

それから自治労が一番最後だったんだな。当時自治労は自治労連というのと自治労協と二つに分かれていた。やがてそれが一本になる。自治労が入ったのが労働者同志会が頂点のときだろうと思いますね。

よく御三家といって、岩井、宝樹、平垣というんだけど、まあ私からの感じで見ていると、中心は宝樹だったね。岩井というのはいつも上に乗っかっている人で、乗っかるのはなかなかうまいんだよ。だけど彼はなかなか賢こすぎて、やっぱり人間的にも宝樹だなと私は思う。死んだ笠原など、岩井がいいという人もいたがね。

ニワトリからアヒルに化けた総評

そして総評というのが一回、二回まではニワトリ、三回大会目からアヒルになった。ここが変わり目ですよ。最初のうちは反共労働組合だからな。それでニワトリだ、マッカーサーの育てた組合といわれていたが、三回目から変わってきた。マッカーサーの方から見ると、これはだめだ、とんでもないものをつくったと見たろうな。

その心棒になんといっても労働者同志会があったことは間違いない。しかし、その後まず高野が労働者同志会からはずれて、社共統一戦線の方へ移っていく。共産党が五一年綱領で、合法的な運動に復帰していく。それを契機にして、高野がどういうわけかそっちに傾くわけだ。それで結果的には、労働者同志会と対立するようになる。

その象徴として、そのころ太田薫が出てきて、高野と太田の事務局長争いがあった。この時みんなで総評大会の代議員の票読みをした結果、ちょっと高野が強い、太田じゃやっぱりダメだと官公労が割れちゃった。国鉄が一本にならなかった。国鉄の中には昔から革同というのがあって、共産党もあり、革同もあり、民同もあった。だからその民同が半分あっても、残りが高野に行くと票が足らない。じゃあ岩井に立て、ということになったんだが、岩井はずるいから、いやいや俺の出る幕じゃないというんで、結局太田薫で一回やるわけだよ。で、高野に負けるわけ。

五一年綱領にのめった高野実

それでもう高野と労働者同志会は縁が切れる、ということになるんだな。それから雌伏一年がんばって、今度はその段階は岩井が事務局長選に出て、高野を落した。しかし、太田薫は議長じゃない、副議長になるんだ。だいたいそこらへんまで労働者同志会が活躍したんで、あとはずっと流れで自然解消みたいなものだ。協会さんがいうほどスパッと、どこからどうなったというんじゃないんだよ。協会の方は、協会の影響力のある限り労働者同志会と思っているんで、ちょっとそこが違うんだよ。

労働運動の流れからいうと、高野は共産党の五一年綱領というのに同調するわけ。それはやめてくれと高野のところへ、当時の左派社会党の広沢とか森永とか古い奴が行って工作をした。こっちは平和四原則だ。五一年綱領は平和四原則ではないんだ。

それはやはりソ連がまだあったから。国際労働運動にも自由労連と世界労連とがあるわけね。世界労連は要するに共産圏が中心。総評はやはり自由労連指向だから。世界労連に入っている組合も、部分的に総評に入っていたよ。でも大勢は自由労連だったからね。自由主義諸国にある労働運動だから、世界労連に入ってもだめだ。ところがそうじゃないというやつもいるんだよ。高野なんかそうなんだ。それで五一年綱領で行く決心をしちゃったんだよ。高野のところへ行ったら、共産党の五一年綱領をもっていて、これだというんだ。へー、これでは高野実はだめだと思った。高野が二重党籍だという話は、そのあたりから始まるんだ。

それで今度は高野に対して、鈴木茂三郎とか協会の連中も含めて、なんとか五一年綱領じゃなくて左社綱領でお願いします、平和四原則でお願いしますと頼んだが、結果的には彼はいうことをきかなかった。山川均もその時は動いた。山川も必ずしも五一年綱領がいいとはいっていなかったが、最終的には、しょうがない、左派社会党の方針でいいだろうということになりましてね、これで労働者同志会は高野とは完全に縁が切れちゃうわけ。まあそれで以後は、ずっとあったよ。まあ六〇年安保闘争の後しばらくたってなくなった、といっていいだろう。

労働者同志会の社会党への影響

――左右に割れた時、品川でいろんな労働組合で運動していたという話を聞いたんですけど、当時、労働者同志会自身も相当左派社会党のバックボーンになって、全国的に労組の活動家を党員に入るよう動いたのですか。

それはやりました。そうでなきゃ左派社会党というのは、なかなか出来なかったんだね。やっぱり戦前から含めて地域に根を張ってたのは右派の皆さんだよ。地方議員が圧倒的に多いんだ。東京でさえそうなんだ。だから地域に根を張っているという意味においては、左派はあまりなかったんだよ。

この労働者同志会が出来て、これを契機に職場の活動家が左派に入ってくる、その中で地域活動をする人もやがて出た。だけどやはり職場党員が多いんだ。ある意味で社会党左派の限界というのがここで出たのかもしれない。

――労働者同志会が左派社会党のバックボーンだったんですね。

まあ、それは否定できないね。左派社会党があれだけ右派と分かれていながら、議員選挙でも右派を凌いでいって、結局左派主導の統一を成し遂げて、西尾は脱落するけど、安保闘争を闘う。こういうことになるんだな。

高野がそうなったというのは、やっぱりコミンテルンの関与の影響があるんじゃないかな。そのころ共産党の影響がどうもあるようで。高野はずいぶん中国へ行って高く評価されて、「東風は西風を圧する」とか、うまいセリフをどこから仕入れてくるのかと思ったら毛沢東だった。どうもやっぱり中国だよ。中国が相当下にも置かない待遇をしたね。

そのころ私が中国共産党対外連絡部（中連部）の連中と地方を回って歩くと、あちこちに共産党幹部が利用する立派な保養所とか、そういうのがあるんですね。大連で一番いい保養所に私の団が連れて行ってもらって泊ったんだけど、これが高野のお気に入りのところで、よく来ましたよ、というんだ。

そのころの中連部は共産党の受け入れの窓口だから、そういうところから推察すると、やっぱりかなり中国共産党の影響があるね。せっかく同志会の中でうまくやってたのが、五一年綱領を機に崩れていくわけだよ。

――僕も五一年綱領を読んだことがあるが、「真剣な戦い」といって、まだ武装闘争を示唆しているんだね。

それを武装闘争をやめて、合法闘争に変えるというんだよ。そのときの情勢分析なんだよ。

――でも、「真剣な闘争」と書いてありますよ。

そりゃそうですよ。半分、武装闘争的なものは残ってるよ。

高野はちょっと代々木よりも中国共産党の影響を受けたという気がした。それは私個人の感想だが、重光葵首班論というのに乗っかったんだから。

――第三勢力に対して平和勢力でしょう。僕は当時、日教組の大会の議事録を持っていたんだよ。日教組は当時、高野さんの方ですね。

そういう勢力も日教組の中にはあった。

――日教組大会で重光首班論か、そうではないのか、論争をやってるんだね。高野はとにかく天皇で威張っている、きざな人間で鈴木茂三郎に、さあこれからは平和勢力の重光首班論ですよ、というようなことをぶつけてきて、鈴木委員長が頭に来たという話でしたけど、そんな押しつけがましいところがあったんですか。

それはありました。本部の書記局で自分に合わない奴については、あれはクビにしろと本部に直接いいに来たことがあるっていうんだから。確かにものすごくそういうところは厳しい人だった。天皇といわれる人に、ろくな奴はいないんだ。しかしまた、ろくな奴というのは、一時はそれだけ力があったからだ。

――当時は民族独立か独占資本かということはなかったんだろうけど、アメリカが日本を支配しているのか従属国なのかの規定と、民族独立が先に来て社会主義なのか、社会主義への過程で民族独立が遂げられるのか、そういう議論というのはあったんですか。

それはあったよ。革命方式の定義で、一段革命か、二段革命かというんだ。分かりやすくいうと、社会党左派というのは一段革命なんだ。資本主義の権力を倒して社会主義へ行く。五一年綱領を分かりやすくいうと、まず民族独立を獲得して、その上で社会主義という。だから二段革命というのも、それは日本のおかれた当時の状況からいって、一定の理論的根拠と現実的根拠がないわけではなかった。

清水私案提出のいきさつ

――清水私案というのは折衷案ですか。

左派綱領には、民族独立闘争を強化しなければならない、という視点が弱いというのを清水慎三が指摘した。「戦後革新の半日蔭」という本を清水が残しているが、それによると、清水が私案を出したのは、高野が出させたからじゃないんだ。高野の方、あるいは松本治一郎の平和同志会の方から、二段革命の共産党の五一年綱領に近いものが出そうだという話が伝わった。そんなものが出たら大きく分裂しちゃうから、そこで清水慎三私案ということで、どうもこの左派綱領には、民族独立のための闘争というものが少し欠けているんじゃないか、そういうものを補っていかないといけないんじゃないのか、そういう程度のを出したんだよ。

だから清水慎三私案イコール高野案だというわけではないんだ。高野はもっとすごいんだよ、五一年綱領でいいっていうんだから。当時左派綱領を高野さんいかがですかと持っていったら、隣にあった五一年綱領をぽんと見せて、これで行け、というんだから、それはなかなかのめない。そこら辺のことは清水の本に書いてあるよ。

清水は要するに、そういうことで対立して左派が分裂したら困るから、自分がそこを薄めて、どうも左派綱領には、民族独立闘争の観点がちょっと弱いんじゃございませんか、というんで出した。だから私案というのにあまりこだわらなかったわけだ。清水の非常に行き届いた提起で、しかしそれは議論になりましたよ。それを機に清水も高野と悪くなるんだから。それ以後は高野とはもうダメ。

それで繰り返しになるが、結果的に総評大会でけんかになるわけでしょ。岩井はずるいから、票読みをやったら足らないのはわかったけど、もうしょうがないっていうんで太田薫をぶつけて一回目は負けた。次には勝たにゃいかんというので必死になってやって、このときは勝つと分かっているから、岩井は自分が事務局長になって太田は副議長。その後、総評は太田議長になり、太田・岩井ラインに、完全な民同ラインになるわけだ。左社綱領はその過程なんですよ。

――平垣というのはどういう人だったんですか。

平垣は独特の人で、どっちかというと高野に一番近かった。高野派には入らなかったが、ぎりぎりのところで泳いでいた人だが、私から見ても、あの三人の中ではいちばん高野に近かった。太田はやっぱり社会主義協会だよ。だって向坂派と分裂して太田派をつくるじゃない。それも社会主義協会太田派。

「ぐるみ闘争」の提起

労働者同志会は、総評が出来あがって、その核になるような部分がつくったものです。高野やあるいは新産別の細谷、そういう人たちではなくて、それよりもうちょっと下の、戦後労働運動に入って、それぞれの単産組合の中で力を持ってきた諸君がつくった。

前にもいった通り、どうも高野と細谷がうまくいかない。それはやっぱりその後に続く、民同の労働組合の幹部の諸君にとってはちょっと困るわけで、なんとか高野と細谷がうまくいくようにできないか、というんで、清水慎三を使ってですな。清水というのはかなりそういう役割をした人で、一回は成功するんだけど、結果的に労働者同志会の中に高野・細谷二人が入って、同志会をつくったというよりは、二人は除いて、それ以外の戦後派の組合幹部がつくったというふうにみた方がいいと思います。

その労働者同志会と高野、細谷、とくに高野との関係は最初のうちはよかったんだけど、途中からやっぱり多少路線が違ってくる。政党軽視ということはないと思うんだが、社会党だけが政党でない、共産党もいると。とくに共産党の綱領が、五一年綱領、六一年綱領と一〇年ごとに変わっていくので、六一年綱領以後は、高野はむしろ共産党に近い、社会党とは違う立場だったという風にみられたこともある。

現に私も両方を兼ね備えた人じゃないかというふうに思うんで、「ぐるみ闘争」という提起そのものは、労働運動や、あるいはそれをバックアップする地域闘争のなかで、かなりの力を持ったし、それなりの役割を果たしたが、総評労働運動の本筋からいうと、そんなに主流になったようには思えない。そういうことだけは申し上げておいたほうがいいと思う。

「ぐるみ闘争」という言い方は、高野が出したんで、やはり専従者を置いて、地区労、県評、これで闘え、職場における反合理化闘争の闘い、こういうものを結合するという意味において、総評の果たした役割は非常に大きいと思います。

社会党、とくに分裂後の左派社会党が、短期間の間に強くなったのは、一つは各単産が党員協をつくって党員を増やす、同時に地区労、県評と社会党の各県連が、とくに左派社会党の県連が結合して、そこの闘いの中から党員を増やすということがあったわけです。従って左右社会党が割れた時は、右派の方がかなり大きかったんですが、二回の選挙を通じて左派優位という具合になっていくのは、強いて言えば労働者同志会を軸とする当時の総評労働運動の闘いを政治的に集約していったのが、左派社会党というふうに思いますね。当時のスローガンとしては、平和、独立、民主、それから生活向上、四つの柱をこの当面の目標として、全体的に労働者をつかんでいくことが出来た。しかしやがてこの四つの目標も、安保を境にして風化していくということになるんだけど、この期間においてはそういうことはなくて、これがむしろ当時の労働者あるいは農民を含めて、非常に前向きな運動になった。

産業別共闘、社会党強化

それから太田・岩井の産業別共闘、社会党強化とここにちょっと書いてありますが、産業別共闘はもちろん、春闘という形を生み出して、一つの労働運動の型をつくったということですね。これもやはり非常に大きな影響があったという風に思います。しかしそういう中でも、だんだんと労働運動に二つの潮流が出来てきている。一つは総評、労働運動の頂点というのが私の見るところ、実はこの機会よりももうちょっと後の六四年くらいまで一つの大きなもり上りがあった。

それから後はいわゆる下り坂になるわけで、太田・岩井と池田首相のトップ会談というのがあるんですね。ここらへんがある意味で総評労働運動の華ではなかったのか。それ以後はマル生の運動やあるいは、ＪＣ、同盟型の運動というものが出てきて、そして労働運動がだんだん二つに分かれていく、ということになると思いますが、そのころはもう労働者同志会というのはありません。

労働者同志会というのはいつ解散したのか分からない。あえていえば六四年の一番その、総評労働運動の華を形成したその段階までぐらいまでだ、と思った方がいいと思います。

――高野というのは労働運動としてはかなり政治主義的という感じがするんですね。確かに反合理化闘争というのは、職場で闘う力がないから地域でやっちゃうというか、そういう五一年綱領の、民族民主解放革命みたいなそういう影響があったのかなあという、そんな気がして。

ありましたね。

――また当時の論争というのはやっぱり、僕らが六〇年安保を潜って入って行く中でもまだ、対米関係で従属か自立かという論争があったわけだけど、その六〇年安保前というのは、もっとその問題はあったんじゃないかと思うんですけど。

そう、だから高野というのは、最初、総評が出来た段階は、そんなに共産党寄りではなかった。やっぱり五一年綱領の影響が非常に強く出たと思いますよ。それ以後は二股かけたような形でしたね。とくに高野はしばしば訪中しまして、当時の中国共産党からの影響もかなりあったように思います。分かれてからの左派社会党の中で高野について、共産党と二重党籍ではないか、きっちり党籍を調査したらどうだということはありました。だけどまあ、結果は出しませんでした。ただ非常に色濃く二重党籍的感じはありましたね。

――高野さんが亡くなって、週刊新潮かなんかに遺稿を出しましたね。私は共産党に一九五八年入党とかさ、そんなことを書いていました。彼の意図は、共産党はこういう風に汚い党だ、ということを暴露するために書いたんだとか、そんなのが出ましたけど、あまり衝撃はなかったな。

これは日本の労働運動のなかでも謎になっていて、清水なんかに私達が聞いてみても、イエスともノーともいわなかった。

――清水さんはそういうことをご存知の立場だったんですか。

そうですよ。そのころ高野にうんと近かった。清水は、その「ぐるみ闘争」のところまでは、非常に近かった。六〇年安保を境に、三池闘争が負けるわけでしょう。それで石炭転換闘争がありますな。あそこらへんから、はっきり高野とは違ってくるわけだ。もっともそのころは高野は、力も影響力もなくなってきたこともあって……。清水慎三というのは非常に不思議な人で、高野の関係で総評に入り、労働運動に関係した。その関係で今度は労働者同志会というものをつくって、鉄鋼の副委員長でそこに入ってくる。一回参議院選挙をやって落っこちる。選挙向きじゃないいんだよね。

今度は高野の一つ身代りみたいな形で、よく社会党にきて、途中までは社会党に高野の意向を伝える。それがまあ五一～五二年まで。労働者同志会が出来てからは、清水も必ずしも高野のいうことを聞かなくなる。どっちかといえば太田・岩井、労働者同志会の中心の方に近くなってくる人だ。非常に珍しい人だね。彼のモチーフは、日本型社会民主主義の追求ということで終始一貫。だからその社会民主主義を追求しながら、労働運動側でも一定の役割を果たし、社会党の中でも一定の役割を果したという人だな。非常に珍しい。ああいう人はもう出ないでしょう。

「ぐるみ闘争」の評価

――労働組合は当時勢いがあったから、票にはつながるんだね。

その通り。ここにも書いてある「ぐるみ闘争」ね、こいつで地区労や県評は一般市民と提携しながら、あるいは農村では労農提携ということをやりながら、その力が左派社会党のほうに余計かかったというか、あったんだね。

――「ぐるみ闘争」はそういう意味でいったら、政党の役割を担うような意味もあったんじゃないですかね。

協会の資料をみると、軽視と書いてあったでしょう、高野は党を軽視して、とくに左右統一の中で、重光首班論なんて出てきますね。

重光首班論は高野の系統が出してきたし、うちの方にもいたんですよ。平和同志会。松本治一郎はそれに乗ろうとしたんです。だから平和同志会と高野というのは、裏腹の関係で。さらに平和同志会の中には、完全な社共統一派が非常に強く、執拗ですね。やっぱり当時のコミンテルン、とくに共産党の影響力はかなりあったと思うね。だから「ぐるみ闘争」というのもいいんだが、そういう方向に「ぐるみ闘争」を持っていかれると、社会党左派は困っちまうわけだよね。だから左派は「ぐるみ闘争」という言い方はほとんどしなかった。

言葉として「ぐるみ闘争」というのは、高野がよく使ったんで、実際のオルグは本当に地域に入ったわけではない。炭労なんかてのは、居住と働く場所が一緒だからね、これは最初から「ぐるみ」なんだよ。

そういう特殊な炭労、しかも当時は、炭労というのは労働運動の主力の一つだったからね、民間ではそれを称して「ぐるみ闘争」ということを言い出したんだが、じゃあ広くそれがあったかというとそうではないんだね。

――砂川とか三里塚闘争とか、そういうイメージのものはなかったんですか。

それは、基地闘争としてはあったなあ。

――地域ぐるみではなかった?

これは地域ぐるみですよ。これは完全にそうですよ。

――だから、政治闘争と労働運動がごちゃごちゃになっている感じだね。

まあこのころは、産業別の単産、官公労の方も。自治労というのは全然弱かった。自治労というのはむしろ、他の単産がダメになってきてから出てきたんで、それまでの自治労はあれは組合か、といわれるくらいでしかなかった。もちろん部分的に下の方で強い部分もあったかもしれないけど、全国的に見ると、このころの自治労というのは、同志会には来ていたよ。でも小さくなってるんだ。そのくらい弱い自治労。強かったのは、六〇年まではまず炭労ですよ。民間では特に。だから炭労の労働者同志会の中の位置というのは非常に強かったね。

——当時炭労はどなたが。

最初は石黒清といって、この人が労働者同志会によく出てきた。

——原茂なんてのは。

それはずっとあと。もう転換闘争のころだよ。北炭から始まるんだからね。要するに三池であれだけやってもダメだったということで、炭鉱労働者が上京して国会中心にデモをやるんだ。キャップランプをつけて。ものすごく迫力があった。そういう形をとりながら、要するに政策転換闘争に入るわけだ。そこへ構造改革、構改が結びつくんだよ。それが六〇年安保以後。それまでは炭労というのは民間の中で圧倒的に強かった。

労働者同志会のおわり

——労働者同志会のお手伝いから手をひかれたのはいつになるんですか。自然消滅までずっと?

六〇年安保のときには私は都本部。都本部に行ったときは、同志会とはもう縁が切れていた。同志会そのものは六〇年安保以後もあることはあった。それで三池闘争が始まるわけでしょう。これで完全に労働者同志会というものは炭労を中心に割れちゃった。つまり労働者同志会の中でも民間は要するに、いままでの左派路線ではやっていけないと。三池その他で負けて炭労も転換闘争があったでしょう。あの形の時にはもう同志会はバラけたですよ。自然消滅だ。私はだからここ(「進歩と改革二〇一〇年一月号　社会党・社民党の軌跡に見る苦節六五年その一」)には自然消滅と書いているんです。

第七章　左右両社統一のころ

左右両社統一に向かわせた力

――話は戻りますが、一九五二年一〇月の総選挙で、左派社会党も右派社会党も躍進しますね。分裂前は両社会党で四六議席だったのが左社五四と右社五七、合計一一一ですか、二倍以上になっちゃうんですね。労農党が六〇万票から二六万票に減り、共産党に至っては議席ゼロで、二九八万票から八九万票に激減した。当時いわゆる左翼といわれた共産党は、火炎瓶闘争なんかの影響だろうけど、壊滅しちゃって、それで左右両社が共に前進ということを受けて、左右の統一ということが出てくるわけですね。

まあ、そういうことでしょうな。

――そこで一つお聞きしたいのは、五三年四月のバカヤロー解散選挙です。これで左社が五六議席から七二議席へ。右社が六〇から六六とまた伸びるわけですね。そういう中で、左右を統一しようという力というのが湧いてくるわけですか。二回の選挙で躍進していきますね。

やっぱりこれは一言でいって左派社会党の前進ですよ。左派が右派を上回ったから、左派としては統一しても結構。つまりこっちの主導権で。それまでの社会党は右派が多数派なんだからね。割れた時も議席では右派が多数派なんだから。それが参議院選挙一回を含め二回の総選挙で左派が前進し、右派も伸びなかったわけではないが、右派の伸びは非常に鈍かった。左右合わせて元の勢力よりもさらに大きくなった。そういう状況がずっと出てきたんで、この際一緒になりましょうということだな。

――その伸びた背景というのはどこにあるんですか。

まあ、総評、労働者同志会ということになるでしょうね、ほかに左派の拠って立つ基盤というのがなかったですからね。もちろん農民組合その他ありましたよ。その中で左派の人、佐々木更三とか八百板正というのが、ずっと左派できたから、農民運動にももちろん影響力をもってきたんだけど、やっぱりなんといっても総評なり労働者同志会でしょうね。

――右派も含めて伸びたというのは、やはり日共の武装闘争の方針に対するアンチみたいなものも？

それはあります。当時の自由党が特段の失政をしたとか、なんかしたという状況では必ずしもないんです。当時、鈴木茂三郎が、「青年よ銃をとるな」という有名なスローガンをタイムリーに打ち出し、当時の状況を先取りしながら、やったということも非常に大きいですね。それからまた朝鮮戦争ですな。これが日本の平和という問題にとっては一番重要な時期だったわけで、そこをやっぱり先頭に立って闘った再軍備反対闘争、そして軍事基地反対闘争。これが労働者以外の一般市民層にもいい影響を与えた、ということはいえますね。

――右派がそれなりに前進したというのはどういうことですか。

それはやはり地域大衆の中に選挙基盤をもっていたね。いまの選挙組織でいえば後援会ですよ。後援会というのはあまり左派の中にはなかった。これは右派が戦後すぐから持っていました。なぜなら戦前から議員をやっている人も、ずっと引き継ぎがあったから。大政翼賛議員でもパージが解けて、象徴的なのが河上丈太郎だけど。戦前、そういう人たちはみんな自分の選挙基盤というのを持って代議士になっていたんだよ。

左派は大体豚箱に放り込まれていて、とても立候補する余地がなかったから、左派には地域に選挙基盤がないんです。だからどうしても労働組合というものに頼っちゃう。後にこれがやっぱり社会党の組織形成でも、問題になってくるところなんだけどね。だから議員の後援団体といわれても、右派は後援会、左派はあえていえば労働者同志会、総評・県評ですよ。

――総評、県評とか地区労とか、そういうのに地区の議員の後援会みたいなのをつくろうという流れはなかったんですか。

だんだんつくってはいった。後援会プラス組合員であって、そのうちの半分くらいは地域、半分以上は組合員だね。だからやっぱり地域に根がないのが左派の欠点だったね。

統一に和田派と社会主義協会が抵抗

——今度は、左派の方が躍進が強いけれど、右派もそれなりに前進していって、左右統一に向かっていくわけです。左派の方から積極的に呼びかけていったということですか。

大体こういうことは、大きい方から小さい方へというもので、小さい方から一緒になりましょうということは、言いたくてもなかなか言えない。しかし左派の中でも、一緒になった時の党の次の指導体制、人事体制を考えると、どうもいま一緒になっちゃうまくないというところが、内部で反対の意向というかな、足を引っ張るわけだ。

それは一つは和田博雄。左派社会党の中で、最初に野溝勝が書記長。鈴木が一貫して象徴的な左派のトップできた。あのころは鈴木を下ろせとか、そういったのはまったくないから、ずっときたでしょう。書記長は、党も少し大きくなったから、農民出の野溝もいいけど、年齢も高いから交代してもらって、ちょっと都市インテリ向きの和田を書記長にしようということになって鈴木・和田になったんだね。

和田もその気になって、書記長を一生懸命つとめた。そしたら統一の話が出てきちゃったわけだ。統一しちゃうと向こうには浅沼というのがいる。これは誰が考えても、左派が優勢だからトップは鈴木、書記長は右派となれば浅沼。これは看板でもあるし、実力も持っていたから鈴木・浅沼になる。するとそれ以外のやつが、俺はどうやって生きていこうか、ということにどうしてもなるわな。

そこにはまた一つになった左派内部も、左派で矛盾はないといいながら、やっぱり人的系統も出来るわけだな。和田派というのがそれだ。それから小さいけど農民を中心の野溝系とかあったわけで、とくにその和田派が統一にあまり賛成でない。

もう一つは社会主義協会だ。そこらへんから社会主義協会というのが、相当党に介入してくるわけだ。ちょうど六〇年ごろ、三池闘争を通じて向坂が協会の中で指導権を取るんだ。確かに三池の闘争は向坂闘争といってもいいくらい、向坂色が出たわけですよ。しかし、結局それが負けるわけだ。

しかし左派としては、左派綱領というものを持てといって一生懸命左派綱領を、稲村順三が中心で、向坂の指導によって作る。この綱領で一緒に行けるならいいけれど、統一するなら統一綱領といって、右派の言い分も聞かにゃいかん。それは当たり前だよね。だからせっかく作った左派綱領を守れということになって、結果的には和田派と向坂協会が変な関係でくっつくわけだよ。

本来、鈴木派というのが五月会以来の左派の主流で、それに社会主義協会というのが別にあって、そのころは要するに研究学究団体だった。党にあまり介入してくることはなかったんだよ。だけど大きくなって左右に分かれた。特に左右に分かれてからは向坂としては、自分たちの党にしよう、向坂イズムで行こうと、こういうふうに思ってやってきたんだ。そしてようやく左社綱領というのをわざわざ作ったのだから。

要するに、これで社会党を強くしていこうと左社綱領をつくったから、いま一緒になっちゃうと、またあの結党時の、片山内閣を含めた、そういう時代の党になっちゃう。本当の社会主義政党が出来ないから、というんで反対するようになるわけね。

しかし大勢としては、まずは基盤である総評、とくに労働者同志会を含めて統一の方向だし、鈴木・佐々木もがっちり左派内で多数を握っていたから、要するに統一の方向に向かうわけ。右派の方は分かれたとはいえ、まあ同じ社会党と名乗ってるんだから。左派社会党、右派社会党なんだから。選挙に行った人は、なんで右派、左派なんて、一緒になったらいいじゃないか、と普通の有権者は思うよ。同じ社会党という名前で、右派と左派が頭にくっついてるんだから。これは講和・安保で「青青」、「青白」という重要な問題で割れたんだが、社会党には違いないんだから、やがて一緒になるだろうという期待はあったんだよ。

——選挙のとき、日本社会党でどちらも立つんですよね。

いえいえ、それはちゃんと左派社会党、右派社会党と名乗ってやった。

——左派、右派の意向というよりは、自由党、民主党の合体と、そういう対抗勢力との関係で、合流しようという流れではないんですか。

保守との対抗？　そうですよ。自由、民主の統一前に、それに対抗して先ず社会党が一緒になって政権をとろうと……。

——二番目としては総評はじめ支援組織の意向があると。

ええ。

和田派と鈴木派の体質的違い

——和田派と鈴木派の体質的違い、というのはどうなんですか。

まあ、鈴木派というのはそれはやっぱり左派主流で、戦前から労農派の伝統を守ってきた。和田派というのは戦後の官僚グループだからね。戦前多少運動に関係してパクられたとか、そういう前歴者もいますよ。いるにしても、要するに大部分は革新官僚ですね。官僚の中の革新派で出来上がっている派閥。その長が経済安定本部長官だった和田博雄という人でね。ただ、個々にはいい人が随分いましたよ。和田だって、今から思えばいい人ですよ。

——和田、勝間田清一、佐多忠隆、そういう人たちですか。

それに学者が相当加わってね。

――鈴木派と和田派はかなり肌合いが違いますね。

そりゃあ違うわね。官僚派といわゆる党人派は。戦前派を含む党人派だから、ちょっと違いますよ。鈴木と和田は、とくに悪いということはなかったと思うな。統一する時は、保・革を問わず宿命なんだよね。片っぽは弱い方。左派は和田が書記長になって、選挙するたびにどんどん増えていくでしょう。和田ももう少し書記長役をやっていたいからね。委員長が鈴木だと、書記長に河上を持ってくるわけにはいかないからね。そうするとやっぱり浅沼書記長となる。国民も鈴木・浅沼を望んだよ。これで政権取りの勝負をしようと、こういう風になるでしょう。

だから流れとして抵抗はあったけれど、あの段階の統一というのは、特別に向坂みたいな自分のイデオロギーで社会党をつくろうと思っていた人にとっては、これは余計なこと、困ったことと思ったかもしれない。しかし世の中の大方の人々は、やっぱり統一した方がいいと。それで統一した。そうしたら保守もあわててだ、自由党、民主党も統一した。つまりこれは社会党側のイニシアチブで、五五年体制というものが出来たんだ。

いま五五年体制というと、全く悪い体制みたいなことをいい、今、このごろの体制をなに体制というのか知らんが、（一部に「一強多弱」）振り返って見ると五五年の方がいいところもあったな、ということも回顧されているわけでしょう。私はあのときの統一は、一つの歴史の流れだったと思うね。

――右派の方は、賛成、反対はどうだったんですか。

右派は西尾派が一緒になると、またあの左派とやらなきゃいかんのかということで、西尾グループはあまり賛成ではなかったが、中間派の河上派の方は一緒になるべきだと。

――西尾としてはそこで独自の党というわけにはいかないから結局……。

そうそう、そして一緒になった。

両社統一促進委員会

——一九五四年九月に、左右両社統一促進委員会というのが出来るんですが、これは両方から？

統一には準備がいるから、両方からそれぞれ代表が出てやったわけで。まあ、左派のそのときの代表は佐々木更三です。つまり鈴木の後は佐々木になる、ということは、そのころからだんだん固まってきたんだね。派閥としての鈴木派から佐々木派になるのは、その統一のあとからだがね。

——右派の支配はだれですか。

浅沼は書記長だから、象徴的人物だから。河野密と三輪寿壮。三輪寿壮はおそらく河上がいなかったら、右派の委員長になった人だね。統一綱領をつくった。そのために右派は急いで、綱領をつくったんだ。これは河上の息子、河上民雄が中心になって、藤牧新平だとか、そういう右派の古い書記局が集まって、一応、右派綱領というのをつくった。統一綱領の責任者が右派は三輪寿壮、左派は伊藤好道。この二人は立派だったね。この二人が長生きしてれば、ちょっと統一社会党は変わったかもしれない。今から思うと天下が取れたかもしれないなあ。

——それで促進委員会が出来て、五五年一月の左派社会党一三回臨時大会で、統一実現決議というのが出るわけですね。これはほとんど満場一致ですか。

うん。そこらへんになると、もう大勢はそっちに傾いたから、もう反対してもしょうがないという勢いで進んでいったからな。

——社会主義協会の文献を見ると、かなり反対したとか。

それはまあ、内部的にはそういうことはあったが、政治の流れとしてはとても止まるような流れではなかった。

右社第10回臨時大会で河上丈太郎が委員長就任
（1952年8月）

左社第９回大会で挨拶する鈴木茂三郎委委員長
（1952年1月）

左社解党大会（豊島公会堂、1955年10月12日）

――一月の統一実現の採択があって、二月に総選挙があって、左派が七四から八九に躍進です。右社が六一から六七で、完全に左派が一段上になっちゃった。こういう状況ですね。労農党がこのとき四取ったという話だけど。

労農党は左右統一してその後、統一した社会党に合流するという格好ですね。

――そうすると、五五年二月選挙というのは、もう左派社会党が大躍進ですね。それで七月に朝鮮戦争が終わるわけです。それから日共の六全協も七月なんですね。岩井が高野を破ったのも七月なんですね。なんかこの時は、歴史の大きな節目だったなという気がする。当時の六全協はどこでやったか未だわかってないらしいんだけど、六全協をやってすぐ発表したわけじゃなくて、七月に六全協やったというのがあとで分かったと思うんだけど。

たぶんそうだね。

――六全協をやってというのは、後に出てくるわけですよね。共産党が路線転換したというのは。一〇月が最後の統一大会ですか。

うん。

――左右統一大会は鈴木委員長と浅沼書記長ということなんだけど、あと和田派とか、河野密とかは。

中央執行委員に入りました。ポイントは鈴木と浅沼。

――佐々木更三も入ったんですか。

もちろん。総務局長から選対委員長だよ。

――やっぱり浅沼の書記長というのは動かせないんですね。

それはやっぱり、なんだかんだかではなく名実ともにね、浅沼というのは鈴木と共に社会党の看板であった。

――河上書記長とはいきませんからね。

それはそうですよ。河上という人も、そういうことをあまり望んだ人じゃないからね。クリスチャンだからね。

――人柄としてはどうなんですか。

そりゃいい人ですよ。西尾というのが、いい悪いにかかわらず曲者だ。実力者ですよ。だから、ここで一緒になって、またすぐ六〇年安保の前に、西尾がまたいろいろいうんで、残念ながら西尾除名が始まっちゃったんだね。

――西尾も中執に入ったんですか。

西尾はヒラの役員に入れるわけにはいかないからね。顧問になった。

――西尾というのは、個人としてはいい人間なんだ、と聞きましたけど、そうなんですか。

そりゃまあ一応社会主義を目指す人だから、個人にあまり悪い人はいませんよ。ただ物の考え方がちょっとね。当時の左派主導の社会党の中では、なかなか容れられなかったんだろうね。

――五五年一〇月が左右統一でしょう、一一月が保守合同ですか。

保守の方が後ですよ。そのころ石田博英という、割合労働運動に関心をもっていた人なんか、やがて社会党に天下を取られるだろう、だからこっちも頑張らにゃいかんというようなことを公然といっていた。だからこれが三分の一の壁を破れなかったというのがね、なかなか不思議なんだが。当時は本当に五五年体制が出来たと思って、社会党の方から先に体制をつくったんだからね。左右が統一して、向こうもやむを得ず、自由党、民主党、いろいろゴタゴタあったけど、統一をしたというわけだけだから。

これで戦後の吉田時代が終わるんです。それまではやっぱり、吉田茂というのは保守の中の、戦後のなんたって一つの時代をリードした人だからね。ようやく自由党と民主党が、吉田後という意味で統一するわけね。

55年体制始まる。日本社会党統一大会（1955年10月13日）

そしたら鳩山一郎がばっと出てくる。これもまた無理もないところで、戦後、鳩山自由党のはずが、パージをくったからね。ちょっと鳩山パージの背景というのは臭いなあ、というふうにいわれるくらい、鳩山個人としては無念だったろうね。占領下でどうにもならなくて、吉田時代が続く。やがて吉田も限界が来て。もう鳩山も歳だったからね、健康も悪いし。だから鳩山を総理にするときは、社会党も条件をつけて賛成してるんだから。そのかわり選挙をかならずやると。今度の野田と同じだ。選挙をやることを鳩山にいわせた。

もう一つは、日ソの国交回復をやって、ともかくシベリア抑留の人を日本へ帰さんといかん。これは兵隊だけじゃないんだから。軍属だけでなく、日本の開拓団、あそこに行った農民ですな、農業やってたんですよ。ソ連はそれも連れて行ったんだからね。それをシベリアで労働させて、ろくなメシも食わさなきゃ死んじゃうよ。だからどうしてもそれを帰したい。向こうは国交回復しなきゃ帰さない、というんだもの。だから最初から北方領土の問題は棚上げしてもしょうがないが、ともかく抑留者を帰すためにも早く行ってくれというんで、鳩山内閣つくるときは、社会党も賛成してるんですよ。これは珍しいケースですよ。後で詳しく話すが……。

重光葵首班論

――重光首班論争というのは、具体的にどういうものなんですか。

鳩山首班誕生のとき、反吉田で統一戦線。あまりアメリカばかり向いているから、民族独立の方でいきましょうという意味の、重光首班論というのが出たんです。

これは高野がつくった。高野は要するに統一戦線でいいと。自民党と社会党と一緒になって、中間首班をつくっていいと。中間色のそういう統一政権をつくろうという講想。社会党の右派のなかで一部、それから黒田派ね、平和同志会。この二つはちょっと関心を示した。だけども鈴木主流派はダメ。それからこれには珍しく、西尾も賛成しなかった。河上派もダメ。だから社会党の中心部分にとってはこれはちょっとしたいたずら、としか思えないんで、背後に高野がいたことには間違いない。

——その内実は何なんですか。

背景には国際的平和勢力があると。

——実際に重光は出たんですね。一部社会党が乗ったということでしたね。

そうです。一部社会党というのは、平和同志会。

——ただ当時の日教組大会の議事録を読むと、重光首班論が多数だったという。

当時の日教組はそうだったろう。先に述べた平垣というのが、そういう人だったから。

統一綱領

——統一綱領は折衷案みたいなものですか？

まあ左派の色が三分の二、右派が三分の一じゃないかな。

——左派綱領で統一というわけにはいきませんもんね。

そりゃもちろんそうだ。統一綱領で左派綱領を薄められちゃったので、次に「道」だ「道」だといってそのあと一〇年かかってあの「日本における社会主義への道」になるわけだ。そうしたらもう、その「道」も古くて、ようやく「新宣言」だ。だけど左右が統一したとき、鈴木派、和田派、河上派、西尾派、労農党も加わってくるわけで、いわばこれは共同戦線党ということになる。戦後社会党が出来たときは、右派が優勢で出来た。作り直した五五年体制のときは左派が優位のうえで党が出来たわけだ。だからそのパワーをうまく使わなきゃダメだったわけだし、左派に責任がかかってきたんだ。

――そうすると共同戦線党だよというふうに規定するか、認識するかは別にしても、やっぱり五五年統一が、共同戦線党の再開というように考えてもいいですか。

それは、もう一回復活したからね。出来たときの社会党より大きくなって復活した。だから、それまでいろいろ波風はあったにせよだ、社会党というものの存在は上り坂で来たんですよ。これは間違いなく。

――統一社会党が出来ていく過程と、出来てからで、当時の総評や社会党、議員さんの意識なんですけど、東京の党員、全国の青年党員や地方議員の意識というのはどうだったんですか。

党員の問題になると、議員は増えるし、後援会やそういう支持組織、とくに総評と社会党が一体になって選挙をやる、そういう姿は出来た。しかし、党員はなかなか増えない。支持者を党員化が出来ない。そこで要するにその問題にとくに頭を使ったのが、当時中堅幹部登り坂の江田三郎なんだ。江田三郎てのは、だいたい鈴木派だからね。統一するそのころ鈴木が順番をつけた。鈴木の次、二番が佐々木更三、三番が山幸こと山本幸一、四番が江田三郎、五番が成田知巳と。わが派はこういう順番でいきましょう。

――山幸が江田の上だったんですね。

第八章　西尾除名と安保闘争

西尾除名で時間かせぎ

――今度は六〇年安保闘争についてお伺いしたいんですけど、その前に西尾除名問題というのがありました。

こういういい方をするとおかしいんだが、これは都連は相当罪が深い。一九五九年九月の第一六回党大会で、西尾除名決議案が提出されたが、これは運営委員会で否決された。これにかわる西尾顧問統制委員会付議決議案というのを都連の古株の都会議員だった青山良道代議員が出した。筆頭署名が青山代議員なんです。これが大会に上程され採決の結果、三四四票対二三七票、一〇七票差で可決した。西尾が一時間くらいか、四〇分くらいかな、一身上の弁明を含めて演説をやって、なかなかいい演説だった。決して感情的ではなく諄々と彼の民主社会主義論を説いて、ともかく大会の採決に入るわけで。だから、そういう意味で非常に西尾〝除名〟については感慨もあるし責任があるんですよ。

当時の鈴木派は、私が都本部へ行ってからは「東京で何とかしてくれ」とすべて東京にもってくるんだ。それで東京がある意味で、より悪い子になっちゃうんだ。「構造改革論」のときもそうだ。手っ取り早いからすぐ東京へおろしてくる。全国大会だから、東京がそういう提案をするわけでしょう。ある意味じゃうまく使われたんだな。

しかしこの時は、西尾はもう腹を決めてたんでしょう、東京の西尾派が鈴木茂三郎不信任というのを出してきた。これは否決した。大会に不信任案とか、特別の何か案を出すのには、役員会を開いて決めるわけでしょ。個人がやるわけじゃないんだから。我々はちゃんと青山良道代議員で西尾〝不信任案〟を出さざるを得ないというんで、役員会を開いた。右派は反対したが多数で決めた。しかし右派はだ、役員会を開いたら否決されちゃうから、黙って裏から、他の県と同調して鈴木不信任案を出したんだ。

渡辺年之助とまともに喧嘩になったのはこの時だな。その時までは私は渡辺書記長とはそんなにまともに喧嘩したことはなかった。何とかうまく話しあいをしながらやってきたが、この時だけはだめで。西尾の直系だからね。それで鈴木不信任案を出した。これは当然否決。以後、西尾派は大会をボイコットした。

一〇月一五日に統制委員会が右派欠席のまま西尾の譴責処分を決定し、一七日の再開党大会でも満場一致で譴責処分を承認した。西尾派は大会会場のそばにずっと控えていて入らない。しかし党を辞めるとはいわないんだ。向こうは残って多数派をなるべく形成したい。河上派は東京に多いから、河上派を取りこみながら、要するに次の民社をつくる準備をしていたから、党を出ていかないいんだよ。西尾のことはケリがついたんだから、出て行く人は早く行ってくれ。そうして整理した方がいいんじゃないの、と私は盛んにいうんだが、「いやそうはいかない、我々だって日本社会党だ。せっかく五五年統一したんだから」とかいいながら残って、新党への多数派工作をやっていた。対象は河上グループだがあまり効果はなかったね。でも都会議員で西尾グループへ離れたのが四名いたですよ。

しょうがないんで二、三回警告したうえで、最終的には西尾派の東京の幹部を執行委員会に呼んで、何とかケリをつけてくれという話をした。「分かった、それじゃあまあ、ここでお別れだ。お互いに健闘しましょう。これからはまあ一緒にやれることも出来るかもしれない。そうだな、そういうこともあるかもしれない」といって別れた。それは西尾処分決定から一ヶ月くらいかかった。

――河上派は西尾処分に賛成したんですか。

割れた。大会の西尾処分については完全に河上派は割れた。それから朝日新聞がかなり西尾に肩入れした。ずっと民社党が出来るまで、朝日は意識的に記事を流した。これも朝日は認めているんだ。

ところが民社をつくるにあたって、西尾党首ではダメだという声も結構あったんだ。西尾グループでもちょっと頭の働く、メディアに非常に敏感な人は、むしろ東大の矢内原忠雄とか、広島大学の、昔文部大臣をやった森戸辰男とか、政治学者の蝋山政道、こういうのでやった方がいいと。西尾じゃ、また西尾かと、いまの小沢と同じ、〝また小沢か〟あれにやや似ているんだよ。

いまから思うと西尾でなければ、その後また一緒になったと思うよ。こういう人が民社の頭になったら、またちょっと社会党へのインスピレーションが変わって、もう一回再統一みたいなことがあったかもしれない。というのは民社が連合、あるいはいまの民主党、これにもつながっていくからな。しかしまあ、結果的に当時こういう人たちは立たなかった。

河上も右派なんだから、西尾は河上派から相当引き連れて行きたかったんだね。だから西尾の終わりの演説のときはあまりヒステリックでなくて、堂々と構えて、文章を練って。河上派の場合は、この段階では浅沼がまず右派ではなくなっちゃったんだ。左派の鈴木・佐々木派、とくに佐々木がいただいてきちゃったんだ。「アメリカ帝国主義は日中共同の敵」と北京でやったじゃない。あれ以来、浅沼はかわいそうに、西尾派ではあんなのはもうダメだと。だからこの段階で、安保闘争を闘うためにも断固、当然だと浅沼は動かない。

次に河上も、西尾は気の毒だけど、この際しょうがない。やっぱり河上と浅沼が動かなかったというのが大きいよ。このどっちかが動いたら、西尾にもうちょっと持っていかれた。東京では河野密が、河上と近いということもあるが、西尾反対をいってくれたんで非常に助かった。

――総評の動きはどうだったんですか。

総評はむしろ切れといった。このころは社会党より総評の方が、とくに労働者同志会がまず、あんなやつを切らないと安保を闘えない、とそこから始まったんだもの。本当のことをいうと、せっかく統一したんだから、鈴木も佐々木もそんなに切りたくなかった。なんとかまとめたかった。まとめたかったんだが、江田は機構改革をおやりになって、若い奴から突き上げが来るし、何のための機構改革だというんで、この時は西尾を切る先鋒になっちゃったんだ。むしろ佐々木なんかが一生懸命裏に回って押さえたんだ。

――西尾派離党後の社会党はいまから考えて、どんな評価ですかね。

せっかく五五年統一をしたばかりでしょう。六〇年安保というのを闘うには、たしかに西尾みたいな人がいれば、党内でいつも波風が立つということもあるが、この際はなんとか。いまから思えばだよ、西尾のこの分離、民社党というものを作っちゃったということが、あとあと尾を引くね。これは社会党が単独で政権をとれなくなった決定的理由かもしれない。民社グループは根強くいまの民主党をつくるまで続いてるんだから。

六〇年安保、共産党はオブザーバー参加

――安保条約改定阻止国民会議が五九年三月に結成されていますが、そのあと太田・岩井が下呂談話で社共共闘強化なんかをいって。これはやっぱり狙いは対西尾を考えていったんですかね。

五九年三月に安保国民会議が出来たんだが、出来上がるまでは非常に大変だった。まず共産党問題をいいますと、共産党は正式に入ってないんですよ。入らないし、総評にも入れるべきでないという意見もあって。だから安保闘争は全期間オブザーバー参加です。

――全学連は正式参加？

全学連は認めた。社会党には安保五人男というのがいて、飛鳥田一雄、石橋政嗣、横路節雄、岡田春夫、松本七郎。これが国会で論戦をして、安保条約の解釈が不十分なところ、あいまいなところを突いた。

一つは極東の範囲、もう一つは事前協議ですね。こういう問題を通じて、かなり論争をやりながら、政府の弱点、当時の自民党の弱点を突いて、闘いが盛り上がる基礎をここでつくった。だけどなかなか途中までは安保は

重い。安保改訂というのが、国民の中に入っていかないんだ。しかしいまの反原発の金曜日の官邸包囲、そういうのとは質的には違うけど、繰り返し統一行動をやりながら、ちゃんと共闘会議というものを下から組織して、労働者、労働組合のイニシアチブで出来あがってきた下からの盛り上がりで、最終の段階のときにはもう、共闘会議では制止出来ないくらいたくさんの人々が、自発的に立ちあがって国会包囲になっていく。五九年一一月の第八次統一行動、この第八次以降ようやくまあ下からの国民的な運動になっていくというふうに見たほうがいいと思いますね。

国会突入から盛り上がり。国民警備隊出動

やっぱり節目があって、六〇年の五月一九日、自民党が特別委員会の強行採決をやったわけだ。社会党もどっちも認めないからしょうがない、といって強行採決、警官導入をしたでしょう。院内外騒然となって。こいつを境にして、安保はまあそっちのけで、反岸・民主主義擁護、岸けしからん、というのが非常に効いたね。それに反安保がくっついて大きな盛り上がりになったというのが、流れとして安保闘争をみるときの一つのポイントだと思いますね。

当時の国会周辺の道路は全部空いちゃって、警視庁機動隊は国会の中、あるいは首相官邸とか、お役所の中を守ってるんだ。最高の盛り上がりの時には、機動隊はそこを守るので精一杯になっちゃって、外は空き地みたいな状況だったでしょう。下手に少数の機動隊なんかがいたら、袋叩きになったよ。そういう状況が五九年一一月以降出来たんじゃないかな。やっぱり警官隊導入の強行採決をしたというのが大きかったですね。

警官隊が各お役所を守るのに精一杯だというんで、政府は自衛隊の出動ということまで当時考えたが、さすがにここは踏みとどまった。自衛隊を導入したらどうなったか。そうなった方が面白かったかもしれないんだが、

そこまではさすがに行かないまま、一応峠は越える。

当時の安保国民会議というのは、水口宏三が事務局長で、この人は全農林の出身、農水省のエリート官僚で、たまたま労働組合の副委員長になっていて、それが安保国民会議の事務局長になった。これがなかなか名事務局長で、各段階の国民会議をうまく指導した、ということがいえると思いますね。

社会党東京都連は当時、動員すれば党員、シンパが結構集まってきました。最初は一日三回くらいデモをやったね。一回行って帰ってきて、しょうがないからまたやるんだ。組合は一回で帰るが、こっちは三回くらいやんなきゃダメだというんで、いつも安保のそういう部隊の中に、社会党なり社青同の旗があるような工夫をしながら反覆してやった。

私は当時まだ本部に籍があったけどね、都連の組織局長だったから大いにやりましたよ。もう一つは「国民警備隊」というのをつくった。お巡りさんが外にいないもんだから、右翼が出てきて婦人団体とか、新劇とか、俳優のそういう陳情部隊に暴力をふるうわけだ。こっちはにわかづくりの〝国民警備隊〟というのをつくって、車に幕を張って棍棒だけ持たせて（ピストルまでは持たなかったが）。警視庁が機能を果たさないんだから、自主警備だと国民警備隊と称して少しやらせてもらいました。まあそんなところだねえ。

――革命になるとは思いませんでした？

そりゃあ、あんた。これがもっと続けばね……。私の〝国民警備隊〟という発想はその現れ。

――当時の芳賀民重事務局長のところの東京地評というのは相当、戦闘力があったように聞いてますけど。総評の岩垂政治部長が何か闘争があると、総評が地評にお願いに行ったというんだね。

それはまあ東京地評を通じて組合は動員をかけていたから、それはお願いに行ったよ。まあ芳賀事務局長も一生懸命にやった。だけども共産党がオブザーバー参加だからね。共産党がまともに参加していたら、もっと地評はやったかもね。オブザーバー参加というので、日共の力というものはそんなになかった。だから芳賀事務局長が特に、というのは誰の評価かしらないが、私にはそう見えなかった。

――全学連の方がもっと激しいんじゃないの。それで社会党の側からみて、僕らは本の上でしか知らないんだけど、五九年の一一月に国会に突入するわけでしょ。羽田とか、ハガチーを包囲するとか、ああいうドラスチックなことはどういうふうに見てる？

突入というより、庭に入ったんだ。

――そこへ共産党の議員が出てきて、直ちに退去せよ、といったというのがいっぱい本に書かれている。乗り越えるかどうか装甲車の前で全学連がいろいろ議論して、東大はやめろという人が多かったという。島成郎自身の本にもいっぱい書いてるし。それでやっと全学連の方も盛り上がったんです。

外の方は確かに門を開けて中まで入ったよ。だけど議場の中には。それで浅沼が「諸君わかった、ここまでにしてくれ」と演説したことは確かだ。これ以上入ると、やっぱり問題が大きくなるから。当時、共産党議員はおとなし過ぎるくらいだった。

そうしたら、全学連も浅沼がいうんだからと、そういうことで下がったというのも五九年一一月ですよ。国会突入というのを、どの段階でいうのか。私は国会突入というのは、警察官を議場内に導入したことをもって、これに応じて外が騒いだんだ。しかしそれは、一般の大衆が議場の中まで入ったというのではない。

首相官邸の庭もはいったことがあった。私は覚えてる。地方の奴が官邸に入った事がないからちょっと入っていいかというから、いいよと。ぽんぽんとみんな中に入ったよ。捕まらないで、結局押し出されて帰ってきて、逮捕者はいなかった。

――北区の大関さんが突撃といって。

岸内閣の暴挙に抗議して国会を包囲する安保反対の抗議行動（1960年6月）

大関は話が大きいから、あれは都連の国民運動部長で指揮者の一人だから。首相官邸のとき、夕方に突撃ってやったんだって。私は入れとはいわなかった。首相官邸へ行ったことがないから、ちょっと土産話だと、地方からの党の動員者が塀を乗り越えて入ったよ。

――あのころは、国会の仕切りも植木だけだったんだね。だから僕なんかもしょっ中入った。デモをちょっとして、人数が多いと誰でも入れた。葉っぱが硬いから体がちょっと傷つくくらいでね。

あの塀もそんなに高くないから、こうやっておんぶして高くするとぽっと国会の庭に入れるんだ。入ったという意味では。

――東京でも、各地区で安保共闘が出来ましたね。

出来ましたよ。あの時は二三区・三多摩の市町村に全部出来たですよ。

――東京地評が評価されたというのは、そのころ全金労組の中小の争議がいっぱいあったんだよ。とくに東部の方で。だから集会・デモになるとものすごく戦闘的になるわけ。だから東京地評の部隊は全学連からすると、ものすごく評価されるところがあるんだね。その時出てくるリーダーが芳賀だものだから。

――結局あの時のエネルギーというものは、砂川とか内灘とか、警職法、勤評とか、うわーとやったそのエネルギーの集約ですかね。

そういう見方もできるし、やっぱり安保の最高段階では、反岸・民主主義擁護という、そういう格好になったから、相当の広がりが出来たね。単なる反安保だけではなくてね。

――逆にいえば、岸退陣で収斂した。

そもそも岸というのが名うての人物だからな。戦犯だからね。巣鴨でやられるところを裏から出てきたんだから。それがまた首相になるんだから、ちょっと吉田の場合とは違うわ。

――**あの言動はやはり国民的には反発をかったね。声なき声を聞け、と。**

考えてみりゃ、あの孫が安倍晋三だもんな。そいつが今また出てきたわけだな。

――**そのあとやっぱり日共はふえましたね。**

要するに武装闘争をやめて、それから彼らも少しは増えたね。だけど社会党だって、六〇年安保で決して増えなかったわけじゃないんで、党員、シンパは相当増えましたよ。

熱砂の誓い、原水禁運動分裂の裏話

――**原水爆禁止運動が、ソ連の核実験をめぐって、いかなる国の核実験にも反対するかどうかで、分裂したことがありました。**

原水爆禁止の運動がそのあとあって、いかなる国の核実験にも反対というのがわれわれの主張。先に使うことはしませんということは、中国が原爆実験をやるときの条件として出してきた。つまり、やられたらやる、そのために持つのだから、われわれはあくまで防衛のための手段だ。こっち（社会党）は防衛であろうとなんであろうと、核兵器は一切駄目。いかなる国の核実験にも反対。共産党はそうじゃないんだろう。その問題で、バンと分裂するんだ。それで原水禁運動は割れるわけですよ。私はそれを割るのに一役買ったから。私が扇子をこうやったら、みんな外へ出て行く。ところが総評のへなちょこ野郎が立ちあがらねえんだ。そういうように決めていたのにかかわらず、だ。出てこねえんだから。総評が演壇の左の側から出て、私が右の側から出て、扇子振って。約束だから総評も出てくるのかと思ったら、あいつらは来やしない。組合の内部で共産党から牽制されたんだよ。

――**六二年台東体育館ですよね。第八回原水禁大会だな。それで俺らがまだ一党員で、立山学が先頭になって、壇上占拠だというんで、やっちまえというんだよ。曽我さんがこうやったんだよね、それで赤旗をたたいて。**

私は現実に暑いときがあるでしょ、暑いなあって、こう扇子をふりながらいったら、会場をセットしているのはどうせ共産党だから、困ります、そんなもの。私は暑いから扇子であおいでるんだ、何が悪いんだ。

――でも、あれを決断したのは江田でしょう。

そうですね。事前に党と総評で相談したんだから……。だってその一役を買って、私が扇子を振るということは、割ることだもん。責任者は江田でした。

――だから、社会党全体として決断したんですか。

そうだ。それが台東では失敗したんだ。みんな引き揚げないんだから。約束したのに総評が駄目なんだよ。それで一九六三年、〝熱砂の誓い〟(八月にやるから)で広島で割ったんだ。

熱砂の誓いで広島で原水協を割ってから共産党とは別の原水禁国民会議を立ち上げるまで、若干のもたつきがあったが、六七年八月、あらためてわが方の原水禁世界大会が開かれるということで、延長国会中ではあったが、当時の佐々木更三委員長も広島に来て、がんばって大会に参加した。

ところが佐々木が留守の間に、健保の値上げ問題で「議長裁定」が出て、それに成田書記長が賛成してうちの議員団、とくに若手の山本弥之助、広沢賢一、西風薫、木原実らが反対を唱えて議員総会がまとまらず、成田が責任がとれないということで、辞表を提出するという騒ぎが起きた。

それで佐々木は帰らざるをえなくなった。せっかく原水禁が具体的に発足し、運動に入るという重大な大会に出られないで申し訳ない。あとは残ったみんなでよろしく頼む、といって帰京しちゃった。

結果的には、それが原因で佐々木・成田執行部はあっさりやめちゃったんですよ。せっかく心配されたズーズー弁の人気がようやく出てきたこのコンビが、割合短く終わっちゃったんですね。だから私の佐々木へのミヤゲは六五年の都議会解散・社会党東京四五名都議で第一党と六七年の美濃部知事選勝利の二つだけでした。

第九章　沼さんの死と河上さんの苦悩

――ところで安保の激しい国民的大闘争の後、〝人間機関車浅沼さん〟が、右翼少年の狂刃に倒れましたね。そのとき曽我さんはどこにいましたか…。その辺のところを。

壇上警備は任せろと言い張った警視庁

何と言ったらいいのか。今でも目を閉じれば、その場面が鮮明に浮かんでくる。当時は前にも述べた通り、党中央の書記をやめて都本部組織局長で、東京はもちろん、近県から動員した党員たちの指揮者でもありました。

安保を盛り上げるのに一役かった「米帝国主義は日中両国の共同の敵」発言以来、安保闘争が一応終わった後も、大日本愛国党を中心に右翼が社会党委員長の沼さんを狙っていたことは、間違いありません。

しかし安保のヤマ場が過ぎ、一応の目標としていた岸総理を倒し、自民党もライスカレーで〝与野党仲良くやりましょう〟の池田に代わって、世の中は少しずつやわらかムードになってきた頃、しかし政治の局面では総選挙の開始が目前という慌ただしい段階で、NHKが小林利光アナの進行で、自民、社会、民社の三党首テレビ立会演説会を開催し、全国に実況放送するという新企画を立て、大きな注目を集めていた。

――当日の日比谷公会堂の警備はどうだったんでしょう。もちろん警視庁がその任にあたることは当然だったでしょうが……。

そうだ。だから警視庁と公会堂責任者の呼びかけで、社会・自民・民社の三党の警備責任者、そしてNHKとが協議することになる。その時の最大の問題は、公会堂の控室・壇上と、集まってくる聴衆の警備のうち、壇上にも屈強な三党の警備員を出して備えたいとの党側の要求と、警視庁の「いや壇上は我々プロに任せて、皆さんは集まってくる人たちの会場内の警備や、ひどいヤジの方をお願いします」という主張に分かれたが、最後はそれでは壇上は玄人に任せようということになった。だから壇上で起きた責任は、すべて警視庁側にあった。

「三党首立会い演説会」で演説中、浅沼委員長は右翼の兇刃に倒れた（日比谷公会堂、1960年10月12日）

そこで私は、演壇から見て中央右側の前から一〇番目くらいの席、社会党動員者のほぼ中央の席に座っていたと思う。

――**浅沼演説に対するヤジが一段と高くなったので、司会者は休憩を宣し、「静粛に願います」を二回くらい繰り返し、場内が静まったところで、「それでは再開します。浅沼委員長」というところで沼さんが演説に入ってすぐ……。**

そうだ。その一瞬、舞台の右袖のカメラマンの脚立から壇上に飛び上がった一少年が、短刀を持って、真一文字に稲次郎の脇腹を一度、二度下から突き上げるように刺したか、と思ったら沼さんのあの巨体が崩れるように倒れた。それはまさに息をのむ一瞬の光景だった。

日比谷公会堂へ行った方は分かるとおり、この堂は昔のつくりで、客席の前にある演壇の高さが数メートルあり、走高跳びの選手でも飛び上がれないくらいで、客席の方からではどうしようもなかった……。

今から数えて五三年前、一九六〇年一〇月一二日午後三時二分のことであった。自宅でテレビを観ていた浅沼享子夫人は、バッグに寝巻を詰め、小型タクシーで日比谷に走る。その時は死ぬ程のことはなかろうと思っていた、と回顧している。午後三時四五分、日比谷病院に運ばれた時はすでに呼吸はなく、強心剤を注射したがダメで、三河内副院長は、その死を確認し、発表した。

遺体はその夜、鈴木茂三郎、三宅正一、中村高一、重盛寿治ほか多数の党員同志に担がれて自宅に戻った。私も警備の責任者として、その任務を果たせなかった悔しさをこらえて、その列の一番最後についていた。

おなじみの江東区のアパート前の空き地に臨時の焼香所が設けられ、沼さんを愛した下町の庶民たちの焼香が夜更けまで続いた。

またその日の夕方、稲次郎の凶変を聞いた社会党員や労働者、学生、市民ら数千人が日比谷野外音楽堂に集まり、「ヌマさんを返せ」と叫びながら、集会、デモをした。そしてこの波は全国に広がり、それから約一ヶ月、全国各地で追悼の催しが続いた。

いかにそのショックとテロへの怒りが強いかを、そして人間機関車沼さんの人柄が大衆にいかに愛されていたかを物語るものであった。

――それで社会党のほうはどうなったんですか。

忘れもしない一〇月二〇日、秋雨のそぼ降る中、ゆかりの日比谷公会堂で浅沼稲次郎の社会党葬が盛大にとり行なわれた。それは野党党首ゆえ国民葬ではなかったが、政府主催でない庶民の国民葬といってもよいか、と思う。まさに人間機関車と愛された沼さんの最後を飾るにふさわしいものであった。

またそれより早く、党は総選挙を前に空白は許されないと翌一〇月一三日、九段会館で緊急の臨時大会が開かれ、壇上には沼さんの大きな写真が掲げられ、「浅沼委員長のしかばねを乗り越えてファシズム暴力の根絶を誓う」との決議を決め、さらに「総選挙と党の勝利と前進のために」という当面の方針を決定し、江田書記長が委員長代行の任務を兼ねることを決議した。実はこの方針の中に初めて「構造改革論」が盛り込まれていたことが、私も後から調べて判ったのだった。イタリアの構造改革と浅沼稲次郎、この取り合わせがあったとすれば果たしてどうだったか。いずれにしても「構造改革の不幸な出発」だったわけだ。

また二〇日の庶民的国民葬には、詩人草野心平の「浅沼委員長の死を悼む」を望月優子が朗読し、人々の悲しみと怒りをあらわにしてくれた。

その一節を紹介しておこう。

この年は忘れられない事件がたくさん起こった。その一つが浅沼委員長暗殺さる。

私は政治を知らない。
私はどの政党にも属さない。
私は然し一人の日本人として
日本民族の一人として
沼さんの死を心から悼む。
少年の刃を心から憎む。
少年の背後を更に深く深く怖れる。
日本を愛するといって日本をあやまる人たち。
間接に人殺しを援助する人たち。
その暗いテロリズムを憎む。
一九六〇年一〇月一二日。
沼さんは倒れた。でない倒された。
一本の刃で突如。
そして何百何千もの凶器が息をひそめて
何かを待ちかまえているような不安と恐怖のいまは時代だ。…（以下略）

――いま米国だけでなく、娘ケネディ大使の日本赴任で、五〇年前の父親暗殺の話題が大きく流れているが、日本の国会はどうか。このテロさえ秘密保護の名で隠したがるような悪法が国会を通過しようとしているね。

そうだ。日本の野党はどうしちゃったのか。自・公で過半数を制した岸の孫安倍晋三は、番頭役の石破幹事長の正常なデモをテロと称して、見ざる・言わざる・聞かざるの秘密保護法案を強引に押し通そうとしている。

――今こそ日本ではもう一度五三年前の浅沼テロ事件を想起し、立ち上がるべきでしょう。そして第二、第三の浅沼がでなければ…

そうだ。そういうこともあってか、今から六年前、沼さんの指導を受けたかつての社会党の仲間、下山をはじめ旧オルグたちが呼びかけて、〝浅沼祭〟を復活させたことを、今思い起こす。

――あの時は社会党周辺の市民、文化人、社民党の者も、民主党へ行ったかつての都本部のオルグたちも、そして新社会党の者も、協会の者どもも三宅坂の旧社会党の会議室に集まって、浅沼祭を三年がかりで連続開催し、最後の五〇年祭は、因縁深い日比谷公会堂でと目指したが、民主党内のゴタゴタ等もあって、規模を小さくし総評会館で浅沼五〇年記念をやりましたね。

協会ではないが、左派育ちの私も、今思うと沼さんの懐の大きいのをよしとして、随分色々なことで悩ませた一人かもしれない。

だが今となれば、その懐の大きさで、野党第一党を続け、自民党にかわって天下を取るために日夜働き続けてきた〝まあまあ居士〟沼さんの良さが、わかってきたのではないか、と秘かに喜んでいる。

もう一つ。秘話というほどではないが、実は私の大親分、鈴木茂三郎ことモサさんは長年の無産運動歴の弾圧で培った政治カンで、新委員長になった沼さんが刺される五日前に衆議院会館の自室に呼んで、愛国党など右翼のテロに狙われていることを告げて、十分注意するように話した…とのことである。

これは当時の二人の秘書も知っていたという。

沼さんはこの鈴木さんの注意に「いやあ！ご忠告ありがとうございます」と笑いながら帰ったという。用心深かったスズモさんの戦前からの無産運動で培った政治カンからの忠告だったと思うが…。当日沼さんと一緒に日比谷へ行った秘書は壬生啓、酒井良知の二人。

十字架委員長の河上さん

これは私の勝手な推測だが、河上丈太郎委員長は少なくとも三回十字架を背負われたのではないか…と推測する。一回目は戦前の議員の宿命ということ、二回目は右派社会党の委員長、そして最後は後輩の沼さんが倒れた後の社会党委員長と三回である。

だから前の二回頃まで左派の社研で来た私との関係は直接的にはなかったと思う。そして三回目の委員長になると東京都本部の書記長として直接相談せざるを得ない局面が出てくる。

一つは後で述べる兵庫の阪本都知事候補づくりのためのお願いで、もう一つは衆議員浅沼享子未亡人の後釜候補を決める時のことである。この二つの人事案件は河上委員長にとっては、当時委員長としては、最後は逃げられないものかどうか、うまく逃げれば、逃げられないこともない案件でもあったが、最後は決断していただいて、私としてはまことにありがたいことであった。

しかし阪本都知事候補づくりは別にして、浅沼未亡人の後継ぎ問題は、当時の社会党と労働組合の力関係の矛盾が露呈した問題で、成田委員長三原則の一つ、社会党の労組依存の典型でもあったし、裏から見れば労組の党への圧力でもあった。以下はその話である。

全逓候補を東京六区に押し込まれ一苦労

――全逓の委員長を務めた宝樹文彦は浅草郵便局の出身なんですよね。僕はオルグになった頃、全逓浅草は社

会党員が二〇人くらいいましたかね。宝樹は神様だよ。

それで安田龍が同じ浅草で、彼は他の局の出なんだが、全逓では宝樹の最大のライバルの一人だった。従って安田龍を衆議院に出してくれ、とこうくるわけだ。たまたま私は党本部の政策マンである広沢賢一を六区で出そうとして決めていたでしょう。そこに入れてくれという。それまで安田は川崎だか鶴見かの党員だった。

私は東京都に税金（党費）を払わない奴はダメだ、どんな偉い奴でも公認しない。とにかく来て最低一年間は税金払え、税金も払わない奴になんで公認を与えなければいけないのか、とやった。これには宝樹が怒っちゃって、東京へ話をもっていっても仕方がないと。どこへ行ったかと思ったら、おとなしい河上丈太郎委員長のところへ行って、わが全逓は安田を六区で公認しない限り、他の社会党の候補者は一切推さない、とこういうわけだ。推さないなら推さないでいい、勝手にしろ。東京はイコール全逓じゃないんだから。冗談じゃない。本部がもしそれを呑むなら、こっちは天下にそういうことを社会党がやっているからダメなんだ、と私は暴露していうよ、それが社会党のためなんだ。

すると河上派一番手の伊藤榮治という書記局のやつが当時選対の事務局長で、そいつが私のところに来て、河上委員長一人で悩んでいる、何とか格好つかないかという。格好つかないこともない。全逓はそれだけ大きな難事を社会党に持ってきたんだから、金も出すだろうな、引っ越し代もちゃんと出すのだろうな、というと、曽我さん悪いけど宝樹に会って、そこでその話をしてくれという。よし分かった、じゃあお前ついて来い、と伊藤を連れて行って宝樹と話をした。そうしたら宝樹の態度が急に変わって、そうだ社会党の書記局から出る人は金もないし、よくわかる。引っ越し代もないんだろう。引っ越し代、選挙代、全部いただいた。

それで広沢賢一を一区に持ってきたんだ。最初から一区ではないんだ。一区は浅沼未亡人が浅沼がやられてそのあと一回立った。浅沼未亡人は長くやるつもりはなくて辞める。だからそこが空くんだ。しかし、そこには河上系の古株がいるわけだ。当時は港区に岡謙四郎、千代田区に加藤清政、二人の大物都会議員がいるんだからね。

一区広沢、六区安田に決める

広沢賢一は浅沼演説「アメリカ帝国主義は日中共同の敵」の執筆者だからな。だけどいい機会なので正確にちゃんというが、広沢は北京で原稿を二つ書いたんだ。「アメリカ帝国主義は日中共同の敵」と、もう一つは日中共同の敵というような強い言葉ではなくて、アメリカ帝国主義を批判しているのと二つあって、浅沼にどっちをとるかお任せしますとやったら、浅沼は「日中共同の敵」でいっちゃった。

彼が死ぬ前に「私も責任はあるけれど、最終的には浅沼自身が選んだんだ」と遺言でそれを残していった。だから羽田に帰ってきたときに、浅沼がハラを決めてみんなに人民帽をかぶれといったから、みんなかぶって帰ってきた。それが新聞で話題になって、プラスかマイナスか分からないが、とにかく安保闘争を盛り上げるには一定の効果があったことは間違いない。それで結局浅沼は殺られちゃった。広沢は非常にその責任を感じている一人なんだよ。

だから広沢とはいわないでおいて、浅沼の後を奥さんがやって、奥さんが自発的に辞めるんだから、もっとも浅沼精神を体得している者を一区へ回すということだけにしておいた。広沢といえば、みんな最初から反対しやがるからな。でも選挙が迫っているからよし、きょう一区の候補者を決めよう、各支部の責任者は私と一緒に徹夜してくれ、明日の朝までに結論を出さなければいけないとやった。

さあみんな困っちゃったな。ああでもないこうでもないとブツブツいっていた。そんなら私に任せてくれというと、無条件に任せるわけにはいかないとくる。条件付きで任せるというのは、任せるということではない、そうでなきゃ朝までやってくれ。いずれにしても私は付き合うから。どうにもならなくなっちゃって、最後は無条件で任せるとこうなった。そこで後は広沢賢一だとやった。そうでないとあそこは当時はまだ右派系が強いから、広沢賢一なんかもってこれないよ。

そうしたら奥さんが怒った怒った。それは当然かもしれない。その一週間後に、当時の社会党中央委員会が全電通会館であった。全電通会館の前に旅館があるんだが、そこに奥さんが陣取って、来る幹部を全部そこへ呼んで、曽我の陰謀に引っかかっては困りますとやって、選挙が近いというのにいつまでたっても決まらないんだ。東京を除いて決めるのなら本部は勝手にやってくれ、そのかわり河上委員長、失礼ながら私も一言申し上げます。中央委員会でちゃんと発言しますよ。全逓が他の候補を推さないというんでは困るというのでやむを得ない、河上先生と直に話した結果責任を持つというから、私は泣く泣く税金を払わない奴を候補にした。どっちが正しいか世間に聞いてみろ。そんな恥ずかしい演説を私にさせるのかと。こうやったんだ。

結局は中央執行委員会を開いて、河上委員長が決めてくれた。これでしばらくは浅沼夫人とは全然ダメだよ。そのかわり宝樹というやつは相当な野郎だということがわかった。約束はちゃんと守った。それから仲良くやって今でも付き合っている。

要するに安田龍は全逓の中で宝樹の有力な対立候補の一人だったんだ。それはとにかくどこかに奉っておかなければだめなんだ。だいたい社会党の下り坂の頃、労働組合から回ってくるのは、労働組合の役員でイッチョー上がりといった、そういうのが多かった。

その後、安田龍は社研に入り、三回か選挙をやったがダメで、最後は岡田春夫衆議院副議長の秘書をやって亡くなった。苦労人だったので、なかなかの名秘書だったようだ。こういう候補者案件を国だけでなく東京都議も含め多数手がけてくると、議員になるのが何ともいやになってくる思いが強くなるね。

第一〇章　革新都政の実現

前にも述べたが、私は東京の責任者になるにあたって、自分で最初に三つのことを考えた。一つはやっぱり、どうしても東京都政を取る。これが一つ。都知事を勝ち取るということですね。それから二つ目は、なにしろ私が東京の党の大会に初めて代議員に出たら、左派の半分以上が東交の党員だった。全部東交の制服を着てるんだ。これが東京の実態かと思った。つまり、ほとんど地域住民からの声がとどかない。そういう実態でしたよ。

そこで、構造改革。単に構造改革論という党の路線の問題だけじゃなくて、むしろ江田がいった党の近代化なんだよ。党の組織改革ということに江田は非常に力を入れた。そのころ私は江田の考え方と同じで、それを東京で実践しようと思った。

要するにもちろん自民党型でもない、東交調でもない、やっぱり左派の、しかし共産党でない、そういう地域の党組織をどうしても作りたいと。これが二つ目。

三つめは、いまは橋下も大阪で盛んに言っているんだが、区長が公選でなかったんです。官選区長だったんです。この区長をどうしても公選にしたい。そうしないと東京の自治というものはなりたたない。当時の安井都政というのは、ずっと戦前から続いて戦後の東京をつくったわけだから、上からの典型的な官僚都政。この安井都政の延長では、なかなか区長公選ができなかった。

都知事選で有田かつぎだし

私が東京の知事選挙に直接関与することになったのは、美濃部が出てくる三回前、一九五五年の有田八郎の第一回選挙からです。安保闘争の前で、社会党が左派右派に分裂していましたが、憲法擁護国民連合（護憲連合）という組織が出来上がっていて、ここは憲法を護るというので、左右社会党を含めて統一された機構になっており、そこの代表委員の一人に有田八郎が座っておりました。

有田八郎の当時の話を聞きますと、自分は戦前、外務大臣として主として欧米を相手にやってきたが、結果的には軍部に押し切られて戦争の道に進んだ責任者の一人でもある。戦後は一つ戦争などのないようにと九条を護る、護憲連合の代表委員になった人です。

若干の抵抗はありましたが、ちょうど護憲連合が左右両社会党の架け橋になっていましたから、知事候補に出てくれという願いを詰めまして、結局出ていただきました。

相手は現職の安井誠一郎知事です。一回目は準備もなかったんですが、一一九万票対一三〇万票と、意外にいいところまで行きましたが負けました。

すぐ四年が経ちまして、統一した社会党の中でも、また都知事候補がいない。もう一回有田八郎先生にお願いするしかないということで、浅沼稲次郎（当時書記長）なんかと一緒にまた有田のところにいってお願いした。有田は一回だけという約束だったから、もう勘弁してくださいという。ところが社会党の方は、何としても有田にもう一回出てもらわないと他に候補者がいない。粘りに粘って、結果的に奥さんを、有田輝井という有名な般若苑のマダムですが、その輝井の方を口説き落として、輝井の後押しもあって、止むを得ず主人公の八郎がもう一回出馬ということになりました。

二回目の相手は、後にオリンピック知事といわれた東龍太郎でした。しかし選挙の結果は、同一候補の二回目というのと、年齢がかなり高くなったので、我々の側としてはかなり資金を使った選挙でありましたけれども、結果的には票は取れませんでした。一六五万票対一八二万票で負けました。一回目より十分準備したんだけれども、票は出てこなかったということであります。

有田の都知事選にはいろいろ裏ばなしがありまして、これが三島由紀夫の「宴の後」という小説のネタになった。そういう意味で有田の二回目の選挙というのは、ちょっと後世に伝えられる有名な選挙といえばそうだろうと思います。

——般若苑のおかみは一回目は、選挙にかんでないんですか。

そんなことはないです。だけど般若苑を抵当に入れてお金を借りるとか、そういうことはなかった。二回目は奥さんが、ともかく有田をなんとしてでも知事にしてくれ、そうでなきゃ私は別れてもいいと、むしろ夢中になった。

それで般若苑まで抵当に入れて金を引き出す。主要な銀行に自民党が圧力をかけて貸すなというんで、仕方なく労働金庫から高い利息で借りたという話まであるくらいで。　二回目の選挙というのは奥さんがそういう執念を持っていた。

——有田さんの一回目の時は、序盤は有田さんが有利だったような話もありますけど。

まぁ優勢というまではいかないが、途中までは良かったが最後は。やっぱり般若苑がきいたんだな。おかみさんが般若苑というのをやっている、というのが選挙でだんだんわかってきて、それがむしろマイナスになって。だから二回目は奥さんは選挙の前にいったん般若苑をたたんだんです。それで当選すれば幼稚園にするという話まで出たんだから。落っこちたから結局は続けたがね。

——三島の「宴の後」では般若苑のおかみはあちこちで演説して回っていますね。

そうそう。二回目は奥さんが、旦那が出ないのなら私はもう別れてもいいとまでいったんだから。そのくらい奥さんが選挙を好きになっちゃったんだよ。奥さんがいなければ、二回目はなかった。一回しかやらないっていったのに、なんであんたがたは二回もくるんだ。社会党の皆さんとの男の約束だろう、と党の幹部連は有田にはやられたんだから。

しかし奥さんは裏からは、曽我さん、私はね、あの人が知事候補にならないくらいなら、もう一緒になっている意味はない男だからなんとか出して、とすごかった。だからああいう物語になっちゃったんだろうな。般若苑マダム物語の中味は二回目のことなんです。

「般若苑マダム物語」の最初のネタは週刊新潮に出た。それをもとに三島由紀夫が書いた。だけどそこには本当に有田家の奥の奥まで知っている人でないとわからないことが出ているんだ。

例えばこういうことがあるな。社会党の支持者の印刷屋だといって手を上げる人がいて、ぜひ有田さんの事前のポスターを自分のところで、商売抜きにしてやりたいというような話で、そこにポスターを発注したんだな。そうしたら、そのおやじさまが有田八郎のところに請求書を出しちゃった。

ところが有田八郎との約束は、とくに二度目の選挙の約束は、要するに金を一銭も使わせない、全部社会党でやりますという話だった。私自身はもちろん本部の委員長、書記長も行って。そこで有田もわかったと。それで般若苑の奥さんに、今度は社会党があれだけいってるんだから、絶対お前は金を出しては駄目よと釘をさした。そんなことといったって、実際に選挙になれば、こっちは金が足りないんだからね。

だもんだから、奥さんがやっぱり金をつくったんだよ。それで、たまたまその印刷屋に発注した。その印刷屋は要するに、有田八郎先生のポスターを俺のところが作ったんだということで、敬意を表すために有田八郎先生にぜひ会いたいといって、請求書をもってきちゃったんだ。

そこに私もいなかったし、奥さんも途中でストップできなかったもんだから、直接有田八郎のところに請求書が行っちゃたわけだ。お金は一銭も使わせないとの約束だったでしょう。有田も明治の人だから怒っちゃった。選挙をやめるという話で大騒ぎになったんですな。

そういう話は外に漏れるはずはないんだけど、小説「宴の後」にはちゃんと出てくるんだ。そこで私と都政調査会の小森武が奥さんに呼ばれて、「これをやられたんじゃ、私も選挙できないから、そこのところは二度とないようにお願いします」とやられたね。奥さんがお金を出すことはもう、現実として前提の選挙だったからね。それがちゃんと三島由紀夫の筆の中にはあるんだね。そのことは私と小森しか知らないんだよ。裏から有田家と接触できるのは社会党では曽我祐次、もう一人は小森武しかいないんだ。

有田は外交官だから都政についてはわからんというんで、だれも頼みはしないんだけれども小森がご進講に行って有田の信用を得た。一回目もそうでした。二回目もご進講していた。それで裏から般若苑に入れるのはこの二人だけということだから、私がネタを売ったように一時思われて非常に困った。しかしそういう事はどうやら小森の方だということがだんだんわかってきて、有田八郎が有名なプライバシー裁判を起こしたわけです。

有田が亡くなった時、芝の増上寺で葬式をやったんだけど、奥さんが私に、「あんた小森さん来ると思う」って聞く。「まあいろいろあったにせよ、先生が亡くなったんだから来るでしょう」「あの人は絶対来ないよ。それでも来るなら私は許してやるし、見込みはあると思うが、あれは来ないよ」結果的には来なかった。それは奥さんの見方の方が正確でしたね。

般若苑というのはなかなかの料亭なんだ。昔は海軍と大蔵省のご指定。戦後は、まあ有田八郎の関係があって、外務省の連中が相当使ったところだからな。そこへ労働者も行くようになって、奥さんが私に何を言うかというと、どうも労働組合の人はいいんですけど、庭が汚れて。芝生が泥靴で踏まれて色が変わっているんだ。そういう人は普段はあまり来ないところなんですよ。一級の料亭だもの。

そこへ入り込んだのが、国労の選挙の責任者といって裏から入って、般若苑にきれいなお姐さんがたくさんいるから、それとうまく出来ちゃって。これが分かっちゃって、可哀想に失脚したのがいた。国労政治部長で、将来は国労の委員長になるかもしれんといってたやつが、それがだめになった。だから労働者、組合の役員がいきなり料亭の人と付き合うとなかなか大変だ。度が過ぎちゃうんだな。

だからまあ、みなさんも当時はその周辺にいたんだけど、なかなかそういう機微に触れた話は分からんでしょう。こっちは苦労したんだよ。

選挙違反でつかまる

五五年の有田八郎の第一回の選挙のとき、私は都本部の機関紙部長も兼ねていた。向こうが般若苑マダム物語という怪文書かなんか出したので、私らはそれを打ち消すような文書を出し、不法文書を全都に流した選挙違反だということで捕まって、二三日豚箱に放り込まれた。狙われてるなとは思ってたけど、まさか五月二日とは思っていなかったんだよ。ちょうど長男が生まれたばかりのころだ。

――般若苑のどういうビラを配ったんですか。

要するに般若苑でお客さんといいことをしたとか、そういうところでお金をもうけて、その金で有田は知事の選挙をやっているとかの怪文書を出した。それを打ち消す意味も含めて、こっちもビラをつくった。

それを当時のニコヨンさんを全部集めて、各駅で大々的にまいたわけだよ。そうすると不法のビラを不法に配布したと、そういう選挙違反の容疑で、私と本部の森永栄悦が捕まった。それは東京都本部の機関紙部長の名前で出したわけね。警視庁は実際に有田八郎の選挙を裏でやってるのは森永と私だってのはもう分かっているんだ。

私が三田警察署、森永は万世橋署か。それで期日いっぱい入っていて裁判になった。そういう違法ビラを不法に配ったという容疑でしょ、従っていきなり高裁から始まる。

昔は弁護士になるなんて簡単なんだね。東大法学部出たやつは、だいたいみんな弁護士なんだよ。うちには河上丈太郎はじめ結構弁護士の資格を持っているのがいたから、そういうのが弁護団にわっと名前を並べて、それで高等裁判所でやった。検事の方もこれは大変だというんで、ちょっと身構えて始まった。しばらくたったら裁判を停止するという。国連恩赦なんだ。

こっちはこんな恩赦もらう必要はない。裁判を継続してくれとやった。そしたら、そうはいきません。だけどあんた方二人は被疑者だ。被疑者は消えませんよ。ただ裁判を停止する。これは法律で決まってるんだから、これ以上ぶつぶついってもだめだと、裁判長がいうんだ。

そんな馬鹿なことがあるか。裁判やってくれ。どっちが悪いんだかやってくれ。停止が決まってるんだから、いいたいことといって終わっちゃった。だから前科一犯にならなかった。

――曽我さんはなんで般若苑には裏木戸ご免になることができたんですか？

それは一回目に有田を出すことになったでしょう、その時は左右社会党が分かれているので、有田は自分が仲立ちになればいいという気持ちもあって、割合簡単に収まった。だからその段階は、奥さんまで出てくる幕がなかった。だけどいよいよ選挙になってみたら、なかなかあの奥さん大したもんで、黙っている人じゃないから、選挙運動を通じて一回目は知り合いましたよ。

しかも一回目は私がいろいろビラをまいたりして捕まって、二三日間三田署に入ったでしょ。よく三田へ来てくれました。それは偉いもんだ。そういうことをちゃんとやる人です。代用教員で学校の先生だった。長野県と新潟県の境のギリギリの田舎、湯田中温泉の奥の方の出身だ。そこの代用教員だった人なんですね。畔上という姓で、そこはずっとそういう名字があるそうです。だから一回目は旦那を通じて知った関係。

二回目の選挙はさっきもいったように、奥さんがもうやる気満々で、なんとか自分の父ちゃんを知事にしようと、好きなもんだから自分も時々現れて、有田の生まれが佐渡だから、すぐ佐渡おけさをやっちゃうので、労働者に人気があった。組合に行くと、父ちゃんはいいから母ちゃん呼んでくれと。その佐渡おけさで労働者はすっかりいい気になっちゃって、選挙を一生懸命やる。それはどうしてなかなかのもんでしたよ。

酒の飲み比べで阪本勝を担ぎ出し

小森武は、その次の阪本勝の選挙の時は来なかった。なぜかといえば、阪本は兵庫県の知事を二期やって、〝知事三選すべからず〟といって次は出なかったのです。名知事といわれた人だから、いくら何でもそこへ押し掛けていくわけにはいかない。

こっちは候補者がいないから、この阪本勝を遊ばせておいては大変もったいない。なんとか東京へ持ってこようということになった。

彼は仙台の旧制二高の出。土井晩翠の弟子の一人で、政治家というより詩人の方だったね。戦前「洛陽飢ゆ」という戯曲のシナリオを書いて、これがベストセラーになったという人です。だけど酒だけは強かった。

社会党内の派閥からいうと河上派。その時の本部委員長は河上丈太郎だ。河上派だから、河上丈太郎と仲がよくて。その河上が私に、「阪本勝には僕は責任持たないよ」という。なんですかと聞くと、「ともかく君、知事室の机の中にはいつもウィスキーが入ってる」。クリスチャンの河上にしてみればそうかもしれないが、こっちは候補者がないのでお願いに行くんだから、ダメだと委員長から言われたんじゃ。

黙って見ていてくれというと、「そうか。それじゃしょうがないけど、お酒については僕は責任を負えないよ」と、最後までいっていたから、酒の責任は私が負いますから一つどうぞ、といって阪本勝を口説いた。

当時はまだ新幹線がありませんでしたから、特急つばめに乗って夜出ると、朝向こうに着く。阪本は有馬温泉のそばの芦屋に住んでいた。有馬温泉に行っては酒を飲みながら風呂に入って、一生懸命口説いた。都本部委員長の重盛寿治と三回行きました。四回目にとうとう、酒の飲み比べをやって俺が負ければ行くというんで、部屋が全部埋まるくらいビールと徳利を並べて、朝になってそれじゃあいい、俺は負けたから東京へ行きましょうということになった。〝神崎与五郎東下り〟じゃないけど、などといって、その夜神戸の新聞記者をみんな集めて、また飲みに歩いて、酒浸りで知事候補に迎えました。

四谷の昔の自衛隊本部のそばに、二階屋でちょっとした一軒家がありまして、そこを借りて阪本の家にして、そこから知事選挙に打って出た。その時に彼がいったのは、僕は東京が好きだから何も不足はない。こんないい家を見つけてくれて本当にありがとう。ただ一つだけわがままをいえば、やっぱり酒がまずい。サカナはうまいが酒がまずいときた。東京は多摩に行けばちゃんと美味い酒があるんですよといったら、それはまぁそうかもしれないけれど悪いが一つ、酒だけは神戸から運んできていいか、というから、結構ですと。

そしたら灘の生一本の菰被りを玄関のところに置いて、遊説に行くのにこれをキューと一杯枡で飲んで、それからいくんだ。昼間からいっぱい飲まなきゃだめだ、というんだから。だから酒屋のあるところを見つけて酒を飲まして元気をつけてやったんだ。阪本が当選したら、なかなか面白い都政になったと思うよ。酒には苦労するが。

しかし演説はうまかった。ロウソク演説といって、会場の電気を消してロウソクを前に立てて、政治家はロウソクとならなければいけない、つまりわが身を焼いてあたりを照らす、この心構えがなければならないという演説がお得意なんだ。それは三多摩の奥の方に行けば、ぴったりするかもしれないけど、日比谷公会堂でそれをやったんじゃ雰囲気が出ない。それはまあ一つ三多摩用にお願いします、ということにした。話がなかなかユニークで面白い人でした。

ニセ証紙事件

――ニセ証紙事件がありましたね。

都知事選では必ず一回は何かあるんだ。当時は河上委員長で、河上が九州へ行ったら、どうも自民党が終盤戦になって、ニセ証紙を使って新しい選挙ポスターを貼るというんだ。注意してみたら、どうも福岡知事選でやっている。東京もやってるんじゃないかときた。そういえばと思って駅のそばのポスターを虫眼鏡を持っていって調べたら、バレちゃった。ポスターに貼ってある証紙の「ＴＳ」が「ＳⅠ（Ｔが上下逆）」になっている。東京選管の「Ｔ」がひっくり返っているんだ。写真製版したやつが、修正せずにひっくり返っているんだよ。

自民党の選挙の神様といわれた川島正次郎の、昔型の選挙の秘訣なんだそうだ。自民党関係の小さな印刷所が証紙だけを作ってそれを貼ってやったんだね。それでニセ証紙ということになった。

そこで警視庁に行って、こんなことをやっているぞと通報した。もう選挙はあと五日間くらいしかないんだ。そしたら警視庁がとぼけやがって、ニセ札はうちで扱ってるけど、ニセ証紙というのは初めてで、これはちょっと困りますな。まず選挙管理委員会にいってやってくれと。選挙管理委員会がこれはニセだということが分かれば、これは犯罪行為だからうちもやります。

選管に持って行けといっても、選管は自民党多数だもん、直ぐに決めっこないんだよ。それでも選管にも行った。選管はだめ。これから会議を開きますというんだから。こんな調子で会議を開いていたら、選挙が終わっちゃうよ。それでこんどは検察庁に行った。検察庁は、「なるほど、これはインチキだ。これは駄目だ。警視庁とうちはちょっと違い、うちはうちでやるから、ニセのポスターをどんどん集めてくれ」と。一枚や二枚では駄目ですよ。大東京だから、ニセのポスターを相当数集めて持って来いというんだよ。

それでみんなこっちの方が面白いから選挙運動はやめて、駅のそばに行っては新しいやつを見つけて、ひっくり返っているやつはインチキだから、そんなの選挙違反だからなんでもねえやと、はがしちゃって。当局にご協力申し上げているわけだからさ。それで運動員、選対はそればかりやってたんだ。で、選挙は落っこちちゃった。約六〇万票差。ギリギリで自民を推薦した公明の票だけ負けた。

裁判はインチキだったと認めた。でも、選挙無効にはとてもならないな。

——東京ではなかなか輸入知事というのは難しいですね。

私は阪本のときにつくづくそう思った。それはいい候補者だったんですよ。美濃部よりはるかにいいですよ。だけど兵庫で知事をやったでしょう。関西の人でしょう。やっぱりだめ。とくに下町の庶民が。山の手のちょっとハイカラな人には結構人気があったが、下町がちょっと。どうしてもよそ者扱いになるね。都知事選の歴史を見ると、同一候補の二度目、他県の知事経験者は東京には向かないね……。

都議会自民が議長選挙で汚職

美濃部でようやく勝ったわけですが、それには前提があった。その二年前に都議会で自民党が議長選びの汚職をやった。都議会議長というのがいかにいいポストだったかということなんだが。議長選挙をめぐってニッカ、サントリーという大騒ぎがあった。候補者が三人出て、二人からもらったのをニッカという、三人からもらったのはサントリーだ。一人からもらってそいつに入れるというならわかるんだけど、ここのところがいかにも都議会自民党のやるようなことで、それを新聞・テレビが面白おかしくもじったんでしょう。

そこでまず地方自治法に基づく署名を集めて解散に持っていくことを考えたが、これがうまくいかない。署名はじゃんじゃん集まるが、自民の方が意識的にニセ署名をするんだ。一人が何人分も書いちゃって、後から俺は書いてないと書かれた名前の人が異議を申請する。そうすると全部それを閲覧してやらないといかん。

当時の都本部の専従役員の中では一番年上で、戦前から加藤勘十、高野実のところで労働運動をやっていた喜田康二という人を選挙管理委員にしたんですが、この喜田の方から話がありまして、もう無理だ、こんなことやってたらチャンスを逸しちゃうから、他になんとか解散する方法はないか、ということになった。

それで今度は総辞職解散というやつでみんなから辞表を集めた。これは本気になって集めた。中にはいろいろ文句をいうのもいた。要するに四年間のうちまだ二年分しか歳費をもらってないから、あとの二年間はどうしてくれるかとオカアちゃんに泣かれますとか。そういうのはまあ心配するな。ここで辞表を出して辞めて選挙をやれば必ず当選する。そうしたら、当選しなかったらどうですかという。当選しなきゃ都本部が全部面倒見る、心配するな。そんなお金はありはしないのにそういった。それでもう仕方がないといってみんな署名してくれた。しかし、自民党は過半数をもっていたから、辞めるなら補欠選挙で対抗するとこういうんだ。

最終的には要するにこれは法の不備だから、地方自治法を改正した方がいいというんで、田中角栄がちょうど幹事長になった時ですな、成田が本部の書記長だったから一緒に田中のところに行って話をした。そうしたら、そうですか、悪いことをした自民党が議員を辞めないで皆さんが辞めるといっているのに、これはまことに世の中の不思議だ。ところで共産党は何と言っていますか、ときた。

共産党は最初は悪いこととしてないのに辞表は駄目と、共産党らしい言い方で断ってきた。まあいろいろやってるうちに、公明党がじゃあ一緒にやりましょうというんで、共産党も最後は同調した。

田中はそこで、分かった、共産党も辞表出すのに最終的には賛成のようだから、残っているのは自民党だけだ。衆議院で三日、参議院で三日ください、一週間でなんとか選挙ができるようにしましょう、といった。そうしたら本当にそうなっていって、地方自治法に議会がそれ自身で解散ができる特例をつくって、都議会は解散になった。

都議会解散、社会党第一党に

そういう解散だったから社会党は四五名とっちゃった。私は四二名くらいは読んでいたんだけど四五名。まずこれまで全然とれなかった西多摩、青梅を含めた西多摩で、いきなり最初に当選が出た。中村高一の弟の中村正。西多摩は有権者が少ないから当選が出るのが早いんだ。私は今度の場合でも彼はダメだと思っていましたよ。そうしたらこれが最初に当選の報が来たので、これはひょっとすると大変なことになると思ったら、本当に四五名になりました。自民党は過半数をもっていたのが一気に三八名に減って、それで解散都議選は終わったんですが、次の知事選での美濃部当選の場合にはその勢いが前提にあったんです。

もう一つは公明党という党はその頃から、なかなか知恵があるというかずるいというか、最後まで態度を明らかにしていない。最後になると、やっぱり時の政府と関係がいい候補者の方が都民のためになるという、公明党らしいわかりやすさというんですか、その線で結局こっちにつかないんですな。ところが美濃部の時は、自民党は都議会で悪いことしちゃったわけでしょう。その上に立っての都議会解散二年後だもんだから、公明党もさすがに見送るとかまたは自民党の推す候補をやるとかいうわけにいかなくなって、結果的には初めて独自候補を出すんです。公明党が独自候補出せば、学会の票だけはそっちに行くわけで、それが当時ほぼ六〇万でしたから、結局学会の票、公明党の票が自民の方にいかなかった。それも美濃部当選のひとつの大きな要因ですね。

うけた美濃部と樫山文枝のツーショット

当時有名な朝ドラの「おはなはん」に出演していた樫山文枝。この人は民芸で宇野重吉の弟子なんだね。確か

アメリカ大使館前の日韓条約反対闘争のフランス式デモ。この時、東京都公安条例違反で著者は逮捕された。（1965年）

1965年7月、東京都議選で45議席を獲得し、第1党に躍進。
中央ダルマの後が著者（書記長）、その左が佐々木更三本部委員長と都本部重盛寿治委員長。

言い出したのは下山（都本部オルグ団長）だったと思うが、彼女と美濃部を並べた写真が撮れないか。そこらに貼るポスターにはできないけれども、労働組合その他組織に流す資料を作るんで、どうしてもこの彼女と美濃部の写真を使いたいと。考えてみたら彼女は早稲田なんだ。私も早稲田だから後輩だな。親父が樫山欽四郎といって早稲田のカタブツ教授なんだ。

美濃部の知事選挙を支える「明るい革新都政をつくる会」の事務局長は私がやっていたが、事務局次長に共産党の津金佑近というのがいた。ややイタリア共産党型のような男で、こいつが残っていれば共産党はもうちょっとカッコいい共産党になったと思うんだけれどね。「樫山文枝は民芸の関係だから共産党だろ、津金、お前行け。俺も行くけれど、社会党と共産党両方で行かなきゃダメだ」。二人で樫山教授のところへ行った。そしたら、うちの娘をそんなところに使うとはなんだと怒られてね。だって娘さんがいいといえばいいでしょ、といったら、「いや、俺は反対だ。許さない」。娘にそういったとみえて、娘は来るんだけど、写真を撮る寸前になると、目に涙を浮かべて泣きそうになって、なかなか一緒の写真が撮れないというんだ。

しょうがないから私と津金で樫山文枝のところに会いに行った。樫山文枝ってのは、酒が強いんだよ。いっぱい飲んじゃってさ、それでなんとか口説き落とした。当時は団地を背景にして写真を撮るというのが一つの流行だったもんだから、美濃部と二人並ばせてそういう写真を、選挙の中盤戦くらいになってようやく撮った。その写真をのっけたチラシを労組など組織に下ろした。これは売れ行きがすごかった。このチラシはないか、このチラシはないか。どんどんブツが出るようになった。

この調子じゃいく（当選）かもしれないと思った。結果的にこの樫山文枝が、やっぱり当選の一つの役割を果たしたと思う。私は途中まではいいところに行っていると思ったが、もう一歩二歩見通しがつかなかった。けれども最後の段階でこれはいけたなあ、まあいけた後の方がむしろ大変だと思いながら当日を迎えた。そう楽観は

鎌倉に遊びにきた社会党東京都本部役員と（一九六五年ころ）

社会党都本部専従者と。前列左から２人目が著者（1966年ころ）

していなかったけれど、公明党が独自候補を出したので二二〇万票対二〇六万票、かなりの接戦ではあったが一四万票の差で勝つことができた。

都議会も社会党が四五名とっていたから、あとこれに一緒にやった共産党がついてきた。都議会で公明党は美濃部については最初は中立でした。美濃部の二回目、三回目になると、ほとんど半分以上美濃部与党になってきたような経過でした。

明るい革新都政をつくる会

もう一つ美濃部登場の背景、舞台づくりの事について申し上げますと、結局社共でやることになった。阪本の時も社共でやったんです。従って美濃部の時は阪本以上に、なんといっても美濃部も労農派系のグループの一人ですからね、だから共産党も割に乗りやすい立場にいたんです。共産党はもちろん政策合意というものを社会党との間でやって、「明るい革新都政をつくる会」、通称「明るい会」ですな、という一つの政治組織を作って、そこに大内兵衛をはじめ市川房枝とか中野好夫、中島健蔵を並べる。これはだいたい社共推薦の場合は決まってるんだ。

そして美濃部の場合は大内兵衛がとくに中心になって、「明るい革新都政をつくる会」というのを作って、大内自らが代表になった。このときに有名な「株式会社論」というのがあってね、代表取締役というのが単なる形だけのものなのか、それとも実質的に選挙をコントロールする、選挙の指示をするものなのか、というんでちょっとした争いがあった。

共産党はやっぱり選挙は政党がやるもんだ、とミヤケン（宮本顕治）はなかなか譲らなかったよ。それで九段会館で、明るい会の発会式を予定しているのにだ、こっちの旅館では成田とミヤケンと大内兵衛がやりあってるんだ。大内兵衛が株式会社で代表取締役、それは今度われわれ文化人がやるんだ。そのかわり毎日のように事務所に来る。単なる飾りじゃ駄目と。ミヤケンはやっぱり両党の責任者がまず出て、そのあとに並んでくれというんだよ。

これに対して大内兵衛が、それは違う。そういうことを君らが言ってるから、いつまでたっても当選できないんだ。都民に大きくアピールするためには、両党とも端っこのほうにくっついて、真ん中は学者、文化人が中心になってやるという姿勢を示さないとダメだと頑張った。片方は政党主導のカンパニア組織、片や、いやそうではない、むしろ文化人や有名人というものを真ん中に配して政党は脇役、そういう組織を作る。実体は社会党と共産党と労働組合が軸になるのはわかってるけど、そこのところがあなた方、選挙は政党が主軸だという、そういう理論に固執している限りはダメだ、こういうことで大内兵衛に怒られた。

ミヤケンは東大時代、大内の授業を受けたことがあるらしいんだな。大内教授に怒られて、さすがのミヤケンもとうとう折れ、あのじいさんのいうことじゃ仕方ないからそれでＯＫということになり、大内自らが代表になって「明るい会」が出来上がったんです。そのために九段会館の開会が一時間くらい遅れたんだ。これは苦心談の一つですね。

美濃部の身辺問題であわてる

ミヤケンも女性のことは相当なものだよ。てめえと百合子さんとの関係もあって。最後に政策協定文書が終わって、私に何といったと思う。これでまあ一つの荷物を受けてまたやることになる。阪本でやって三回目だからな。だから今度は一つ何とか取りてえな、こういうんだ。うまくいけば取れるかもしれないと。ところで曽我君、美濃部はこっちのほうは大丈夫か、とこういうんだよ。

そのころ美濃部は奥さんと別れてるからね、後に統計局の彼女と一緒になる。それは別れてからだから、一緒になるんだからいいんじゃないかと。だけどまだその時は正式に籍が入るか入らないかだったんだが、〝問題はだな、重婚の可能性が心配だ〟。つまり前の奥さんとまだ夫婦でいるときに、要するに統計局の美濃部の次の夫人になる人との関係が。先妻と関係が続きながらその人とも関係があったのではないか。どうも自民党がそのへんを狙ってるぞというんだ。

うちの方から美濃部にそういうことを聞くわけにはいかない。おまえさんの方が見つけてきたとはいわないが、持ってきたんだ。そっちでちゃんとそこのところ調べておいてくれ。それ以外何もいうことはない。賛成だ。政策その他はそれでいいじゃないか、という。

ミヤケンが私にそういうんだよ。私はおったまげたね。へえ、そうですか。あなたはそんなに詳しいの。詳しいわけじゃないけれど、あいつらみんな東大で同じ仲間だから、案外そういう奴はいるんだ。もし、自民党がそこのところを突いてきたら、やっぱりちゃんと申し開きできるように、きちっとしといてくれ。私にだよ、こういうんだ。政策協定が事実上出来上がった段階で。

美濃部の奥さんというのは有名な長野の政治家、小坂順造の娘だから自民党系の名家だ。それが別れたんだ。ところが美濃部には徳がないんだな。子どもはみんな、一人ちょっと精神薄弱な娘さんだけ残って、男子はみんな美濃部を離れちゃった。美濃部は渋谷の松涛町に屋敷があったんでそこにいたんだけど、シェパードはやせてるしね、食わせる人がいないというんだ。

娘は、お父さんが知事候補になるとマスメディアがたくさん来るだろう。私も写りたいといって、変な赤い着物を着てね、美濃部のところにぞろぞろ出てきちゃうんだ。これじゃ困るという話で、私の妹の曽我昭子が美濃部のうちに乗り込んで、それでマネージメントをやったんだ。

私も困った。女性の問題だから、本人に聞いてもこれはどうにもならんし、と思っていろいろ考えたら、大内夫妻が美濃部の仲人をやっていたのを思い出した。大内家に相談するのがいちばんいいと思って、鎌倉の大内のところに行ってその話をした。大内が奥さんを呼んで、「おいお前大丈夫かな。このことは」と言ったら、奥さんが「いや重婚ということは絶対ありません。大丈夫です」。統計局の彼女は彼女としてちゃんといるが、奥さんと別れる前に重婚の関係は全くない。もし自民党の方が何か言ってくれば、私が市川房枝と出て、そのことについてきちんと申し開きをします。こういう話になった。これをミヤケンに後で報告したら、いやご苦労さんでした、それでもういう事はないという話で、政策協定も終わって美濃部になった。

ミヤケンという人は議員に向かなかったね。演説が嫌で嫌でしょうがなかった。演説はぜひ成田さんにお願いしたい、というから、馬鹿いうなって。共産党は、共闘だ、両党は五分だ五分だなんて口が裂けるほどいっているのに、演説だけは成田にお願いしますよというのは駄目だ。共産党の誠意が疑われるよってんだ。渋々だよ。演説なんて俺には向かないって、すぐやめちゃう。それなりに面白い男だったけど、まあエリート意識が強いね。まさに東大だったもの。しかも東大の真面目な、くそ真面目なやつだね、不破哲三もそうだろう。兄貴の上田耕一郎は結局宮本とは駄目だったが、あれをトップにしていれば、イタリア共産党型もありえたと思うよ。

青空バッチ

世話物ではあまりたいした話はないんだけど、読売新聞の「昭和時代」に載ったのがある。青空バッチだ。要するに青空バッチの経過、所以だな。あれは美濃部の友人にポスターの図案かなんかやってるのがいたんだ。それが美濃部がいよいよ選挙をやるとなったら、ぜひこれを使いなさい、使ってくれと持って来たというんだ。土管からこう青空を見る。〝東京に青空を〟というのがスローガンとして決まったんだ。これはみんなで決めたんだからいいや。公害が盛んなころだから。ところが、政治のポスターとかそういったものは、社会党や総評も加わった選対会議に諮らなきゃいけない。「いまの社会党、総評の常識ではこれは駄目だ。先生、あなたのお友達かしれんけど、これはちょっと無理ですよ」といっても、美濃部はどうしても諮ってくれというんだ。ともかく、せっかく持ってきた図案なんだから諮ってくれという。

総評は政治部長がいつもきていた。肝心なときは事務局長の岩井章が来た。その下の政治部長、安恒良一のやつが、まず自分の車が美濃部の乗っている車よりチャチだ、といいだした。もうちょっといいのを俺に回せ、というんだ。馬鹿いうな、あれは私の弟の車を貸しているんだ、というと、「あ、そう。じゃ、しょうがないか」。そういうやつなんだよ。まずいちばんいい車を寄越せと来る。昔の総評って奴は、とんでもねえ野郎もいた。

それで、「士管」を諮ったら案の定、安恒が「遊びじゃねえ」とか何とかいってごんごん騒いで。「あの美濃部ってやつは、貴族趣味じゃダメだ」なんて怒っちゃってどうにもならない。それで美濃部にいったら、ポスターは無理だというのは分かったけど、何か生かす道はないかという。

いろいろ考えた結果、バッチがいい。結果はごらんのようにブルーと白というあのバッチにして、「明るい東京をつくる会」という名をつけた。それが売れたんだよ。それで社会党は金がないもんだから、ヤミのバッチを余計に作ってさ。そうしないとうちの選対の方がいっぱい飲む金も、出来やしないからな。

そうしたらだめだな。バッチをつくっている店というのは共産党系が多いんだ。社会党の野郎、バッチをつくってやっている、と共産党へ情報が入っちゃったんだ。でも直接文句をいうとこれはちょっと困る、と思って誰にいったと思う。市川房枝のところに行ったんだよ。

市川房枝に私が呼びつけられて、

「あなた、社会党ってのは何やってんの」

「何もやってませんよ」

「このバッチ、なんだかインチキ」

「なにがインチキなんですか。売れて売れてしょうがないから、一生懸命直接注文でお願いしているんです。限られたバッチなんだから、まさか自民党系のバッチ屋に行くわけにはいかない。なかなか急な注文に受けられないくらい売れてんだ」

「いや、聞くところによると、社会党は社会党だけで、ヤミにつくっちゃってる。それで、党へ入れているという話が私の耳にはいってますよ」と、こういう。

「そんな不心得な奴がいたら私がそいつを除名してやる」

「そうですか。ちゃんとやってください」

共産党の野郎が裏から行って、市川のおばちゃんにこういいつけてるんだね。

要するにこれは「明るい会」の資金になるわけでしょ。選挙やったら、二つでやるからね。表は「明るい会」なんだ、裏で一生懸命やるのが政党だ。労働組合だ。だからバッチはあくまでも「明るい会」の資金にするというのを、それじゃ社会党もどうにもなんないからな。とくにうちの都本部は。あのころは総評、東京地評、党は中央本部、都本部の四団体でお金を平均して分担していたんだ。本当のところ、四分の一近くをこのやせた都本部が捻出するのは大変なんだ。だからバッチくらいやんなきゃどうにもならないよ。

共産党は私が見た限りにおいては、それなりにちゃんと報告して全部入れたよ。二〇〇〇人分つくってそれを共産党側が党として、党の選挙運動に使った。責任者は事務局次長の津金だからね、ウソはつかないよ。私はよその党の人に弔辞を残したのは、津金だけだから。津金がその後九十九里の海で死んだとき、行って読んだ。その弔辞は今でも彼の奥さんの本に残っている。共産党にしては非常に惜しい男だった。

鎌倉での美濃部候補引き渡し

美濃部を引っ張り出したのは、都政調査会の小森武ですが、出馬表明までは短い間でしたけどいろんな経過がありました。要するに選挙戦術もあって、すぐ引き受けたんじゃまずい。美濃部が受けることはほぼ小森の報告によってわかっていたけれど、要するにダメだダメだと言いながら、少しずつマスコミに乗せる。そこのところは社会党の大幹部、あるいは総評はじめ労働組合には申し訳ないが、そういうふうに取り計らうということになっていたわけで、要するに出来レースなんだね。

美濃部派の代理人が小森だ。社会党が私でしょ。私と小森が打ち合わせをして、じゃどこで最終的に美濃部を当時の委員長の佐々木更三にくれるのか。そしたら、鎌倉でやると。

大内兵衛が鎌倉在住なもので、それで労農派の面々が鎌倉の大内のところへ集まって、それから鎌倉一の料理屋だった「和光」、いまは幼稚園になってしまったが、当時はまだ戦後間もないから、かなり荒れていた。そこに集めた。一九六七年二月一九日のことだ。

それで小森が私のところへ、午前中から出席する幹部を集めておけ。偉い人が午前中から待機していろというんだ。場所を聞いたら長谷のすぐそばだという。こっちも金はないし、成田にも相談したらどこでもいいからというから、私の仮住まいみたいなものが二階堂の山の上のところにあるので、じゃあというんで、当時の革新陣営の代表の偉い人が私のうちに来たんだ。あの狭い坂道が、新聞記者の車でいっぱいになっちゃった。

野党第一党の委員長だからな、必ず警察が警備に動くわいね。県警もうちを取り巻いちゃって。それで東京の書記長という私の身分が地元で分かっちゃったんだ。それまでは鎌倉なんかにいるはずがないんで、品川の鮨屋にいることになっていた。あれは私の家だしさ。そこに膽本はもちろん置いてあるから、鎌倉は隠れ家みたいなものだった。だからうちの死んだ女房が、あなたの旦那は何やってるのっていわれた。旦那はいるらしいけど、全部届けが母ちゃんの関係。そんなことといちいち説明できない。

しかし、金がないからしょうがない、うちに集める、とこうなっちゃって、委員長の佐々木、書記長の成田、総評の議長、東京地評の議長、新聞記者の車があの狭い道にいっぱい詰まって、お巡りさんがうちの庭に全部立って、そうなったら何やってんだか分かっちゃうよな。

それで一一時になって、ほかにサービスのしようもないから、鮨屋の私のおやじを呼んで、鮨を食わせてしばらく待って……。二月だろ、寒い盛りで。ストーブを真ん中に置いて待ってもらった。そうしたらお前のそこのうちは遠いから、皆さんをもっと近くに連れて来て待機してくれという。いまようやく学者の先生方がみんな集まって、美濃部を渡す条件だな、その会議が終わった。だからお前のところからじゃ遠いから、そばへ来て待っててくれ。

しょうがない、電話帳引っ張り出してきてみた。由比ヶ浜ホテルというのが、どうも長谷のそばにある。仕方ないから、美濃部をもらうこっちの方は、そこに移動したんだ。行ったことないけど、名前は由比ヶ浜ホテルというし、電話帳に載ってるからいいだろうというんで。そうしたら、ハイハイと向こうがいうんだよ。

ところが行ってみたら、それは小学生や中学生くらいの修学旅行向けの、うらぶれたホテルなんだ。壊れたガラスがそのままにしてある。まだものがない時代なんだよ。こんなところじゃ風邪ひいちゃう。それでホテルの応接間だけストーブをたいてもらい、そこにお年寄りの幹部は入ってもらって、新聞記者を寒風吹きさぶホテルの大広間へ通したら、社会党は俺たちを殺す気かといいやがる。そこでまた一時間くらい待ったかな。

ようやくまあ来いと。それで「和光」に行って条件つけて。その条件をつけたというのが後で問題になる。人事については美濃部に任せる。こうなった。人事については社会党と相談して、その上で美濃部に任せるというのが常識なんだが、社会党と相談、与党の社会党と、というのが文書に入ってなかった。

——美濃部をかついでいた労農派の先生ての誰？

意外だったのは、真ん中に座ったのが大内兵衛、以下有沢広巳、脇村義太郎、岡崎三郎そして向坂逸郎、高橋正雄というところだ。向坂逸郎は真ん中よりちょっと下に並んでいた。

ともかく美濃部は一番下の方の席にいた。小森が司会をやってるんだ。小森は労農派と近いと思ったら、彼は戦後、満州から帰ってきて黄土社という出版社をやったんだ。そして、飯が食えない労農派の学者が、その黄土社を通じてそれぞれの本を出した。それが契機なんだよ。食わしてたんですね。

もう朝から晩まで小森に引っ張り回され、破れたガラス戸の由比ヶ浜ホテルでまた待ったりしてさ、えらい目にあったんだよ。それで夕方、成田とおでん屋で一杯飲んでさ「いやあ、きょうはひどい目にあったね。これが政治というもんですかな」というと、成田が「そういえばそうなんでしょうね」。ただそこでちゃんと労農派の学者先生の並び方が分かったよ。学者先生てのは、相当やっぱり規律正しいよ。戒律がある。すごいね。

——一九六七年の六月に都本部委員長就任ですね。

美濃部が当選してすぐ委員長になっちゃう。そして三年やってクビだ。

同情を狙ったフシもあった副知事問題

——最初はなかなか副知事が決まりませんでしたね。

美濃部が初当選してから間もなく、副知事三人を任命しようとしたが、都議会の反対で近藤龍一しか承認されなかった。それから一期目の間は副知事が決まらなかった。決まらないことが新聞に出るだろ。美濃部さん〝かわいそう〟に、自民党が邪魔して、副知事も決められないというんだ。本当はそうじゃないんだよ。半分は美濃

美濃部革新都政を実現。右から佐々木更三、大内兵衛、美濃部亮吉、野坂参三（1967年4月16日）

首都圏革新首長の会が発足。挨拶する飛鳥田一雄（1967年5月17日）

部さん〝かわいそうに〟といわせたほうがいい、こういう作戦なんだ。それは例の鎌倉の「和光」で、美濃部を都知事にする時かわした条文だ。その条文の中の一番最後が問題になった。「人事については美濃部に任せる」。こういう一項が最後に付いているんだ。

下手に副知事をおくと美濃部の人気にかかわるんで、しばらくは置かなくていいというんだ。大内のお声がかりで「世界」の編集長の安江良介を引っ張り出して、特別秘書にして頑張った。演出はすべて安江なんだよ。

自民党の方から、あらかじめどういう人を副知事にするのか教えてくれ、といってくる。常識的にいえば、副知事は三人だから都の方から一人とって、あとは美濃部の好きなところから、三人目は社会党さんでいいじゃないですか。自民党がそういうんだけど、それをやらない。今から見ればあれはまあ、副知事なんて先につくって出すよりは、美濃部かわいそうだという演出かもしれないんだよ。

社会党なり共産党に、とくに社会党に話をしてくれれば、社会党の幹事長が大沢三郎だったんだが、彼が各党に話をし、一人ぐらいは拒否されるかもしれないが、いつまでも決まらないという事はなかった。お墨付きがあるからと事前に与党にいわないんだから。

仕方がないので私は大内に会って、条文にはこう書いてあるけれども、社会党は都議会で単独過半数ないんだから、都議会承認人事は議会工作をしなければダメですよというと、それは常識的だと。

美濃部は当時NHK三時の〝奥様経済学〟というのに出ていた。なかなか男前で話もうまいというんで、それから美濃部という話がメディアにも出てきたんですからね。あの人は最後は東京教育大学（現筑波大学）の経済学部長だった。教育大で学長になる道はちょっとなくなって、本人は埼玉大学の学長を狙ったが、どうもその口もちょっと難しい。きっと当時、労農派系の学者ではちょっと無理なんだよね。教育大の方は定年で、年齢的にもおしまい。その時期に選挙がぶつかったんです。

そこを一番よく知っていたのが小森だ。私らは最初は分からなかったんだが、よくよく見てみるとどうもそうなんだ。従って、あの副知事が決まらないで美濃部が困っているというのは、わざわざ決まらないように仕組んでやった気味があるな。副知事が三人とも決まったのは、二期目になってからだったな。安江がほとんどそばについて、あと小森と。

美濃部都政と小森武

――それが小森さん。

小森だね。そういう事は全部小森だ。それで私は当時の本部書記長の山本幸一に話したら、「しょうがないな、あの美濃部は、お坊ちゃんでどうにもならん」とかいって結局、勝間田委員長、山幸書記長、都本部委員長の重盛と私とが大内と美濃部に話した。この条文をいただいたけど、人事については与党の社会党と相談の上、最終的に美濃部が決めると、こういう読み方にしていただきたい、これが常識だというと、美濃部もそれでいいということになった。

大内兵衛が同席して話をつけてから、ようやく美濃部は人事の相談に来るようになった。最初のうちは朝飯会と称して、そのころ都庁は東京駅に近かったから、東京駅の地下食堂の一室を借りてそこで飯を食いながら、うちの都選出の国会議員も出席して、美濃部とコンタクトを取るという習慣をつけた。

美濃部は安江とは相談するんだが、それならその安江がだ、大内兵衛でもうまく使って与党との関係をもう少しうまくやってくれればよかったんだ。私もずいぶんそのためには苦労した。うちの国会議員、とくに広沢賢一とか、あるいは鈴木の秘書から議員になった山本政弘か、そういう連中からすると美濃部はわがまますぎる、とよくいわれたもんだ。美濃部というよりは、あれは全部小森だな。小森があまり社会党がそこに入ってくることを好んでいないことは間違いなかった。

——小森は副知事にはならなかったんですか。

本人はならない。本人はそういうところに自分が出たんじゃダメなんだ。そこは小森一流のやり方だな。当時、あれも週刊新潮かな、私と津金が動物園の檻みたいなところに入れられた漫画が出た。こういう動物は檻に入れとけ、そうしないと美濃部都政はやっていけない、こういう奴がいたんじゃダメだ、と私と津金のライオンに擬した似顔絵が載っていた。とくに私なんか相当敬遠されたと思う。あいつが美濃部都政の全部を引き回すことになるんじゃないか、と思ったんだろう。

——曽我さんが副知事に打診されたということがありましたね。

それは確か山本という港区にいた弁護士で「革新都政の会」の世話役の一人だ。それが私に何にもいわないで、みんなの所へ「あのお坊ちゃん知事ではもたないから、曽我を副知事にした方がいい。自民党やその他だって、ああいう党人で育ったやつがそばにいた方が話が通じやすい」と、一方的にいって回ったんだ。だから余計に、曽我のやつが副知事にでもなったら、あいつが美濃部を引き回す役をやるんじゃないか、というふうに向こうは思ったかもしれない。だからことごとに党と美濃部の接近を敬遠するわけだ。そういう気味がどうもあったようだね。

——社会党からどうしようもないというので特別秘書を入れたでしょう。

そうそう。都労連から。それはさすがに後になって認めた。都労連副委員長出身の石坂新吾だ。都職員組合対策を担当させた。最初の回転だけは齟齬があったけど、だんだんそこのところは良くなったように思うがね。もっとも私はその頃は都にはいなかったが…

小森ってのは相当なもんですよ。この小森はその後美濃部が訪中したとき、川島正次郎自民党副総裁のなんか書簡を持たして北京に行かせた。周恩来にどうも自民党の副総裁の書簡を持ってることを見抜かれちゃって、美濃部さん、あなたの持ってる書簡、分かっているが、それは今の段階では、中国は川島さんを相手にしようとは思わないと。国交正常化の二年前かな。これは小森がやったんだよ。

――小森の公式の役職は？

都政調査会というところの主幹、責任者で、これはまことに結構な組織だった。知事側の方からも若干お金が出る。そのころ都労連という大きな組織があって、その職員は最高の時は二〇万人いましたが、その都労連からもお金が出る。それをうまく活用して、都政調査会という一つの研究団体を作りながらずっとやっていた、知略に富む、そういう人物でした。

この人は戦前は満鉄調査部にいたらしい。満鉄調査部は、どうも日本の国内じゃちょっと危なっかしいという旧左翼系の人が割合行ったという話をよく聞きますけど、かなり先進的な考え方を持っていたと思いますね。当時の左翼に対する一定の理解はあった。

戦後すぐ黄土社という出版社をやり、そこから前述したとおり当時活字に飢えていた国民向けに、左翼系の本をたくさん出した。そこで大内兵衛以下労農派の諸君と結び付きができた。美濃部を都知事に引っ張り出すとき、実質上の中心人物の一人になった人です。なかなか裏も表もよく知っている人で、美濃部都政の参謀の一人になった人物です

それから都政調査会とはどういうものか。もちろんこれは名前の通り都政を調査するための会ですが、どういうところを調査しているのか、年に三回か四回会報が出るだけで、普段はあまり仕事をしていない。小森事務所といった方がいいかもしれませんな。しかし私の妹が、以前この都政調査会にいましてね、だから都政調査会のことはよく知っています。

――都議会与党の社会党ともあまり良くなかったわけですね。

あまりよくない。

――そのときの議長は大日向ですか。

議長は四五名で第一党を取った時、私は大日向蔦次を推薦して決めた。江戸川の古い都会議員でね。組合じゃなくて地域から出た。地方議員となると右派系の人が多かった。大日向たちがそうだね。大日向とほぼ同期で三多摩に実川博というのがいた。教組出身で武蔵野だ。後藤喜八郎武蔵野市長の先輩。体がでかい。砂川闘争では相当頑張った。両方ともたしか五期目くらいだった。私は左派だから、おそらく実川を選ぶだろうと思っていたのが、大日向にふったから、その時はみんな驚いたよ。結果的にはそれが都議団団結のためには成功しているんだ。

それは、右派を大事にしたということだ。左派は黙っていてもついてくるし、それが当たり前なんだから。そんなときにはこうすべきだと、私は私なりにちゃんと計算してやっているんだ。一般の心なき人は、なんだ曽我のやつ右派を議長にしてと思ったかもしれないな。

汚職解散前の都議会議長というのはひどかったんだよ。かつては衆議院の議長よりはるかに交際費が多かった、といわれた。こっちはあの選挙で勝っちゃったろう。議長を取った。ところが交際費を削りに削っちゃったからね。こんどは冠婚葬祭まで困るといわれたよ。ああいうところは私は馬鹿なんだなあ。もうちょっと計算してやらなければ駄目なんだよ。

――でも、美濃部さんの時代にいろんないい政策もありましたよね。

まあ、それはありましたね。老人は全線バスただ。高度成長期でしょう。東京は法人事業税が入るんだから。大きな会社の本社があるんだから。それが苦しくなければ、みんな入ってくるから。財政は豊富だ。

電柱利用に課税を考え東電に乗り込む

美濃部与党になったら、社会党が野党第一党で都側に認めさせなかったいろんなツケが廻ってきた。財政がもたないから交通料金値上げもやらなきゃならん、水道料金も赤字。前の赤字をそのまま美濃部がいただいてるわけなんだ。このツケは長年たまってどうにもならないんだから。水道と交通料金だけはギリギリいっぱい、値上げはやむを得ない。

それで美濃部時代に学者先生と木村禧八郎なんかを集めて、財政赤字改善のために調査会みたいなのをつくった。これは報告書にもしている。集まった諸先生に何かいい知恵はないかといったら、直ぐにはあまりないんだな。そのとき私が提案したのは、東京都道に立っている電信柱の使用料だ。使用料は取っていないという。東京電力は都道に電信柱を立てて使っているんだから、それに実費を払うくらい当たり前じゃないか。それからその電信柱に広告を貼っている。この電信柱で営業している。だから余計一定の使用料を都がもらう権利がある。それをやれといった。なるほどそれはと、みんないったが、だれも東電には行かない。それで私が東電に乗り込んだ。そうしたら東電は当時重役で総務部長だった平岩外四（後に経団連会長）、彼が出てきて応対した。

その彼が私にこういうんだ。「曽我書記長、まことにごもっともでございます。けどわが東京電力は東京都政と一緒に育ってきました。伊豆七島、あれは東電の管轄です。あそこは絶対に赤字です。五日市の奥の檜原村、あそこを中心に西多摩の電力については、全部東京電力のサービスです。東京都政と一緒に育ってきたんだから、そういうお話は……。社会党さんがお金がないならば、レセプションはいくらでも付き合います」と、こうきた。

以後、私は東京電力様々で、レセプションの割り当てが本部の役員になったときでも、私が東京電力からそういうお金を取ってくる役目になった。発想は良かったんだけどうまくやられちゃった。ああいう人物がもうちょっと東電に残っていれば、東日本大震災の処理も福島原発破壊の後始末も、もう少しなんとかなったと思うよ。平岩は鈴木茂三郎と同じ名古屋の出なんです。名古屋でも海の知多半島の方、吉良の仁吉のところだな。

公安条例改正を謀る

もう一つは公安条例改正だ。都議会解散で勝ってからだよ、公明党を誘って。公明党をこっちにつければ過半数となるから、公安条例は改正できるんだ。社会党の建前は公安条例廃棄だ。邪魔だからあれは全部なくせ。しかし、そういう白紙戦術はちょっと無理だから、改定で行こうと一生懸命公明党を誘った。

相手は竜年光といって、当時はけっこう池田大作と張り合っていた男だ。結局、池田大作にやられちゃうんだけど。品川からの都会議員なので私はよく知っていたから、酒飲んで、さんざんこっちに寄せて改正をやろうと。「いつまた戦前のように、お宅の宗教は邪教として退けられることがあるかもしれない」。「その時には、公明党、創価学会は全員を集めて請願デモを国会にやる」と。「やってもだ、国会に行くとその物理的な力を一〇〇％発揮できない。四列縦隊かなんかにさせられちゃうんだ。だからいつでも集会が出来、いつでも要するにデモが出来る改正がいい」。「改正」といったら、公明党が乗ってきたんだ。

その情報が警視庁のほうへ、ツーと入っちゃった。それから警視庁の総務部長がもう、公明党の控え室に入り浸りだ。それで新聞記者が私のところにきて、曽我さん、なんかやったなと。社会党だから公安条例は廃棄なんだけど、そうはいかないから改正でやってんだ、というと、「ああ、わかった」。そういうことも手伝って、それだけが原因じゃないが、竜年光は可哀想に池田大作にやられちゃったんだよ。

急速に落ちてきた支持率

都知事選挙をやりながら、党勢拡大ということで、社会党都本部のオルグ団もできたし、社青同も内部で喧嘩しながらも少しずつ大きくなってきたが、六六年の衝突を境にして、党から見ればむしろ足を引っ張るような役割、マイナス状況も生まれてきたんですが、全体的に見て六七年の美濃部の選挙までは、社会党の東京の力というものはずっと上り坂できたと思います。

ただ六〇年代の境目になる一九六九年から七〇年、この段階で世論調査をやったら急速に社会党への支持率が落ちている。とくに東京の支持率が他の都道府県に比べて、大きく落ち込んでいるという状況が出まして、このままでは衆議院の選挙は当選者がゼロになる恐れがあるということになった。

単に世論調査だけでなく、いろんなところからの報告や私自身の長年の党をやってきた実感からして、これは危ない、このままでは本当にゼロになるという状況に追い込まれていたんですね。

なんだかんだいってもやはり七〇年反安保という掛け声は良かったが、そしてまだ青年諸君には相当のエネルギーが残っているとは思いましたが、それが都民一般に受け入れられていない。六〇年安保前とは全然状況が違うんですな。青年諸君が反戦青年委員会という組織を含めて大いにやっているようなんですが、それが一般都民から見ると遊離しているし、きらわれている。やっている方はそれに気がつかない。気づいても始まった内ゲバはやまない。そして実態的に見ると、何をやっているんだ、という空回りの状況が集中的に東京に現れた。その結果、全国的にも社会党に対する支持率が落ちている、なかんずく東京が一〇%を割って九・八%くらいじゃないかというようなニュースが、新聞記者からも私のところに伝わってきた。同じことを中央本部の方も気がついていて、当時は成田が書記長だったけども、これでは東京は大変だ。複数の候補者調整をやる以外ない。

東京はこれまでは複数主義できたわけです。政権を取るためには中選挙区で候補者を半数ないし過半数出さなきゃ、というので、相当無理して複数以上の候補者できたわけだ。それを一に戻すということは、どちらかを絞るということですから、結局候補者を絞る至難な仕事を最後にやらざるを得ない。そういうことで一番象徴的なのが鈴木茂三郎引退後の東京三区でしたね。片や山本政弘、片や大浜亮一の左派候補同士。

結果的にはやはり大浜亮一を絞るということになって、この人は熱心なクリスチャンでもあったから、キリスト教の教会に支持者が集まった。そこへ本部から成田書記長、私は東京でその時は委員長でしたけど、二人で行って祭壇の前で頭を下げて、その上で事情を説明する。成田は「東京のことはこの曽我委員長が全て仕切っているから、後はお願いします」といって帰っちゃう。私だけ残されていろんな角度から質問じゃなくて詰問を受けまして、私はクリスチャンじゃないんだけど三時間ばかり祭壇の前にひざまずいて、という状況がありまして、新聞にもその写真がのりました。そんな状況に東京は六九年から七〇年にかけて急速に追い込まれた。

知事選と切り離され都議選で大敗

もう一つは私自身としては、東京の衆議院選挙の問題もあって、その責任を持たねばいかんのだが、同時に都議会四五名が問われる段階（都議会選挙）になってきたんですな。当時、「美濃傘」といったけど、美濃部人気を活用して、最大限四五名近いやつを次の選挙では保持せにゃいかん。議会選挙は都知事選挙と別になりましたからこれが決定的な弱みで、美濃部の二回目選挙と都議選が重なれば、四五は若干減るかもしれないけれども、大きく減らすという事は避けえただろうが、別個だからどうにもならん。さりとて知事をとっていて、四五名の現職を調整するということはできない。むしろ増やさないといかん。

増やさないといかんというのは、社共で作った美濃部知事なのに、共産党はともかく都合の悪いところは反対するわけだ。例えば与党になり東京の台所を見れば、水道会計や交通会計は大赤字で、これは多少なり上げざるを得ない。ほかの物価も上がっているし、ある程度はやむを得ないという判断をして、ここにいる皆さん、オルグ団や社青同には怒られたけど、とくに交通料金値上げについては新宿中心の東交の組合が相当頑張ったんだな。それらがあってなかなか大変だったが、ともかくそれを抑えて料金値上げに踏み切った。

共産党にも「お前さん方も同調しろ。与党というのはこういうもんだ」と。そうしたら共産党が「イヤ、我々はダメだ。賛成できない」。「それじゃお前さん、与党辞めるのか」というと、「与党は与党」。なにも料金問題だけで美濃部を推したわけでもないといって、どうしてもいうことを聞かない。そういうことで「泣いて賛成社会党、笑って反対共産党」。こういう標語を作ってですな、新聞やテレビに大いに書いてもらった。共産党は頭にきたようだが、その通りなんだからね、私には文句のつけようがなかった。

そういう苦労もあって、当時朝日新聞にもあおられて、結果的には候補者を増やして六一名にして、選挙をやったんですが結果は二七。約半分しか当選できなかった。前回は自民党の議長汚職という、自民党自身のみっともない形と、都庁を取り巻く伏魔殿と言われた都財政の放漫、そういうことがあったから当然有利なんですが、二回目の選挙になってくると知事選とは別な期日の選挙になった。これは非常に痛かったですね。

私は将来は地方選挙と知事選は一緒にしないとダメ、それは何も東京だけじゃなくて、全国の地方自治体の問題についてもそうだと思うんですね。そのうえたのみの美濃部は〝都民党〟だと称して、どの党も応援しないという。

都議選の結果は四五名がなんと二七名になっちゃった。それで私は都本部を辞めるんだ。こういう結果では、都本部委員長で粘っているわけにはいかないじゃないか。有田、阪本、美濃部の三人を次々出して知事選挙を戦った頃までが一番いいよ。それが私の東京における最盛期だったたな。

第一一章 構造改革の不幸な出発

持ってきかたを誤った構造改革

やっと社会党が左右統一を果たし、せっかく統一綱領ができているのに、六〇年安保が終わるとすぐ構造改革というのが始まる。浅沼委員長が右翼の凶刃に倒れたが、それを乗りこえてやっと天下をどう取ろうかというところに、構造改革という日本共産党経由のテーゼが出てくるわけだ。

構造改革というのは、そもそも日共が六一年綱領作りをやる論争の中で、イタリアのトリアッティの構造改革論を輸入してきて、そこで日共内で構造改革論を一応くぐりぬけてきたようだ。聞いてみると最初のうちは不破哲三も上田耕一郎も、とくに上田なんかはこれいいな、というふうだったというんだ。安東仁兵衛もそう。そこへ佐藤昇でしょう。佐藤昇は最初は共産党内において、安仁・不破というものを使いながら、構造改革をなんとか日共の中に入れようとした。結局はミヤケンがダメだということになって、共産党の主力はみんな退く。

学者なり理論家なりは、いやそうじゃあないといって頑張る。頑張るがもう土俵が共産党ではダメだから、どこかに場がないかなと思ってたら、たまたま社会新報を加藤宣幸が握っていた。当時社会新報という一つの場を、加藤や森永や貴島がある程度自由に操作出来ていたんだ。それで社会新報というものによって一つこの宣伝をしていこうとした。結局社会党の左派の一部をそこへ引きずり込んだわけね。彼らも一生懸命勉強して、これは向坂の革命待機主義に比べてみれば大変いい、大いに魅力がある。だからこれを何とか社会党の新方針に持っていくようにしようとした。そこまではいいんだよ。だけども要するに、その持ってきかたが非常にまずい。失敗するように持ってくるんだから。

なぜかといえば、社会党内で議論をするのなら、まずなぜ鈴木派に持って来ないんだ。組織改革論をやる過程まで、江田自身がずっと鈴木・佐々木派なんだよ。それでもう今後の社会党内の序列の順番までついてるんだよ。

鈴木はもう委員長を交代しようというんで、浅沼に交代させるわけでしょう。これから委員長は浅沼でいくとすればだ、書記長は大役だから二期くらいやって順次有名人をつくっていかないと政権とるのにも困る、という話で、前にも述べた通り鈴木をのぞいて一番が佐々木更三、二番が山本幸一、三番が江田三郎、四番成田知巳。成田はまだ鈴木派に入ってないけど、要するに成田も引っ張り込んで処遇しようと。それぞれ二期やるんだから一六年だな。これだけ決めとこうじゃないか、と江田も入れて決めてるんだよ。江田の構造改革がなんで消滅しちゃったか、というと、基本的にはここに原因があるんだ。

それで佐々木と山幸は書記長なんかやるつもりがないんだ。そうでなかったら、まずこの順番になるじゃないか。結局、鈴木が辞めて浅沼委員長、江田書記長になったんだから。このとき河上丈太郎が大変苦労して、敢えて浅沼の対立候補で出た。河上と浅沼の委員長決選投票をやって、浅沼が僅かの差で勝った。その段階で書記長はまあ若いほうがいい、我々（佐々木・山幸）はもう順番つけてもらっただけで結構だからというんで、いったん江田を書記長にするんだ。構造改革になってから書記長になるんじゃないんだ。鈴木派として書記長に一度はなったんだ。それなのに、性急に江田が構造改革に乗っかっちゃうわけだ。

またイタリアでの実践的展開とのつながりがないまま、構造改革論というものが議論されちゃったということは非常に不幸だな。議論の仕方が悪かった。清水慎三が「構造改革の不幸な出発」というんだが、不幸な出発なんだ。イタリアのトリアッティはそんなちっぽけな考えで構造改革をやったわけじゃないんだな。あのころのイタリアにおける構造改革闘争というのは、実態としては各種自治体闘争をもりあげる一つの指針なんですよ。

書記局の三人組が力を入れる

そのころ私はもう都本部だからね、三人組の学習会には直接関係なかったけど。まあ、報告によると確かに広沢も、もちろん高沢、笠原なんかも入っていたようだ。三人ね。そういうことで、最初は一緒だったんだが、途中でどうもあの構造改革というのは臭い、だから離れろというのと、江田がそれに乗っかっちゃったから、残って最後まで江田を担いでやったのと、そこで対立になるわけだ。

――仕掛け人は誰なんですか。社会党に構造改革を持ちこんで、江田を担いだのは。

やっぱり貴島だろうね。あのときは三人男といって、加藤宣幸、貴島正道、森永栄悦。江田はその上に乗っかったんだね、それにもうちょっと付け足すと、労農党からきた船橋成幸。これは労農党から来て構造改革へいった。その連中が構造改革の勉強を始めるわけ。これは五八年ごろから始めていた。佐々木派の書記局くれない会も来ないかといわれて、広沢賢一、笠原昭男、高沢寅男。ここらへんも行って勉強をしたわけだ。

勉強していくうちに、一つにはあれは共産党の六一年綱領を作るにあたって、はみ出した部分だということと、もう一つはそういう連中に今度は市民運動派の学者が加わってきて、話がだんだん大きくなって表に出てきて、社研、鈴木・佐々木派は引けということになった。いまのままではちょっと危ない。だから今は引けというので、彼らは引いてくるんだ。

だから社会党内では主導権は書記局の非協会の左派なんだけど、それがイコール「くれない会」ではない。左右統一以後、くれない会が政治的な一つの書記局の閥としてずっと存在してきたわけね。しかし森永とか貴島とか加藤とか、もっといえば埼玉の只松祐治とか緒方とか、そういうのは最初から入ってないんだ。そこがもう一つ構造改革への関与の仕方の違いなんだ。

最初のうちは一緒に勉強したが、そのうちこれは危ないというんで、くれない会は引き上げてきた。労農党から来た人は構造改革派に入ったのと反構造改革派に二つに割れた。相変わらずの黒田派と、これを縁に三人組とくっついたのが船橋ね。そこで左派の書記局が割れるんですよ。

——鈴木派があって、そのなかにくれない会がいて、くれない会に入らない森永とか貴島とか加藤とかがいた。それが割れた。こういうことですね。

そう。くれない会が割れるのは、むしろ皆さんが社青同で暴れまくって、そのなかでくれない会というより、社研が割れていくから、くれない会も割れた。高沢なんか完全に協会について行っちゃったから。育ちはくれない会なんだ。古いのでは曽我、笠原、広沢、これらの諸君が、前にも述べた通り左右統一したときに、改めて政治集団としてのくれない会が出来たんだから。

それまでの左派社会党時代は民主化闘争グループだ。書記局民主化グループだ。政治方針を持ったのは、左右統一したとき。そのとき社会主義研究会、社研があったでしょ、五月会から議員団の名前にね。それに対して正式には社会主義研究所（くれない会）というのを書記局でつくって、我々の政治方向、指導方向は鈴木・佐々木派でいくと。くれない会というのが、初めて政治派閥としての結集体になるんだ。

ただ私は都本部に出ていたから、くれない会にいつもいるわけにいかなくなった。重要な時には呼ばれたが、いつも方向を決めた後に呼ぶんだ。そしてこういう演説やってくれ、という話だけ持ってくる。だから私が本部に残って、最初からその連中と一緒にいたら、どうなったかなと時々思う。構造改革の学習はあり得たかもしれない。

ただ問題の立て方が難しかった。安保闘争が終わって浅沼が殺されるだろう。そのすぐあとなんだから。六〇年の最初の大会のとき、みんな浅沼残念、無念といっている間に、そっと運動方針に入れてきたんだからね。

彼らは古くからいて本部の仕組みを知ってるから、社会党の中で何か事を構えるやり方はよく存じてるわけよ。だから最初はいい調子になって始まったと思う。

構造改革を社会党の中へ取り入れるやり方を間違えたね。逆にいえば、受け取り方を間違えた。あの三人がいい気になっちゃって。加藤はそんなに強硬派ではなかった。彼はむしろ党の近代化という組織の方に力を入れていた。もう一つは社会新報の日刊化。

貴島だよ。貴島がこれに突っ込んだ。そこに江田が乗ったんだ。成田はそのあとに乗っかったわけ。だけど二人はだんだん別れて、片や戦闘的「闘う構造改革」ね。片やカレーライスかライスカレーか知らんが、アメリカの生産力、英国の議会制度、ソ連の社会保障、いまからみてもちょっとこれは困るんだが、日本の平和憲法、これを合わせたのが社会党の考える社会主義だ、と江田が日光談話でやったわけだ。

それで成田があわてちゃって、そうではない、私は〝闘う構造改革〟ですって一生懸命旗を振るんだが、まあどうにもならなくなってくるわけだ。

「当面の戦術」とする

――六二年の一月かな、「構造改革は当面の戦術とする」というのを、都連が出しませんでしたか。

出したよ。これでもう終わりなんだよ。

――要するに構造改革は、戦略じゃなくて当面の戦術だ、というんでさ、都連が背負い投げを喰らわせた、と当時いわれた。それは曽我さんが提案したんでしょう。

党本部に提案した。

――佐藤昇の提案は彼が共産党員のときではなかったか、とやったのと同じですか。

あれは翌年。

――その翌年、六三年の二二回大会。僕もこれに出ていた。この大会のときに、江田さんのいまいった、アメリカの生活水準、ソ連の社会保障、イギリスの議会制度、日本の平和憲法、この四つが江田ビジョンだといって

第21回大会で書記長に再選された江田三郎と握手する佐々木更三（一九六二年一月）

ベトナム反戦のパレードに参加した佐々木委員長、成田書記長（1966年10月）

出したんだ。これを左派がどんどん攻撃して否決した。それで江田は頭にきて辞めちゃったんだよ。

そう。貴島ら三人が構造改革を大いに研究して、その中にくれない会も入った。危ないというので退いた。危ないって話を佐々木は聞いてるんですよ。それだから江田もだ、実はこれこれこうだ、私はこれがいいと思うんだがというんで、佐々木派内部で議論すべきだったんだ。全然それがないまま、これが外に出てしまう。そこに最大の問題があるわけだ。つまり佐々木派に持っていっても、これはちょっと受け入れられないんじゃないか、という先入観が江田と三人組みに強すぎた。それが最大の不幸だ。

それで江田が銀座の中国料理屋かどこかでこの三人と会って、三人が江田から一筆とった。それは読売新聞（昭和時代）の中に出ている。加藤宣幸がしゃべったんだな。これは船橋の本にも出ているし、貴島の構造改革論にも出ている。江田自身が銀座の中華料理屋かなんかで、構革理論の研鑽に努めることや、活動家の意見を尊重する、この路線で行きます、断固妥協しませんというのを、三人に書かせられて一札とられた。むしろ江田の方がそれをのんで、三人に乗っかったんだ。

――三人はこれで一旗揚げようと思ったんですかね。

それで党全体のヘゲモニーを取ろうとした。江田はきっと鈴木・佐々木たちがそれに乗れないと見たんでしょう。要するに協会と近いと見てるからね。そこで鈴木・佐々木派と切れてもいいという決断で。それは錯覚なんだよ。その段階でもし私がそこにいればだ、もうちょっと導入の仕方を考えろということで、戦術なら戦術で導入しておいて、段々広げていくという手もあるんじゃないか、といっただろう。なにも最初から綱領論争的なものに持ち上げる必要はないじゃないか、という話になったかもしれない。そこは私にとっては非常に残念だ。

構造改革の危険性

――鈴木、佐々木は構造改革のどこ、何が危ないと思ったんですか。

やっぱりそれは社会主義の放棄だよ。

――改良主義だと。社会主義を放棄するということですか。

あの頃の段階まではまだ社会主義、平和革命。平和移行ではあるが、社会主義実現という目標だったからね。それを同じ派閥の中にいながら、相談しないままやっちゃった。最初から喧嘩売っているようなもんだ。それはまずいですよ。しかも一番佐々木、二番山幸、三番江田でしょ。こういうふうに佐々木派の中で順番がつけられているのに、二人をさしおいて、江田が書記長になっているんだから。これは佐々木派が江田を認めて、江田に書記長をやってもらおうと期待していたのが、そうでなくなった。

もう一つは、まあみんな五五年統一で苦労しているわけだ。統一のときの綱領が出来たばかりだから。六〇年だから、安保が入ったとはいいながら、期間が非常に短いんです。それでまたここで綱領論争みたいな、結局綱領論争になっちゃうわけでしょ。そういうものを持ち込むことが党にとって果たしていいのかどうか、という声は当然あるよ。それで西尾が出ていき、党内にガタガタが残ってるわけでしょう。だから一番悪い状況の中で、十分消化しないまま構造改革論を入れちゃった。そういうお前は何を理想論をいうのか、といわれるかもしれないが、ちょっと急ぎすぎと私は思う。

もう一つは、なぜ彼らが党の中でこういう論争を始めて簡単に負けたか。それは地方に浸透してないんだ。地方は分からないんだよ。分かってるのは岡山の大亀幸雄と、江田の直系の数県だけと大阪なんだ。あとのところは何が何だか。構造改革なんて持ってこられたって、地方では分からない。それで結果的には東京との喧嘩みたいになっちゃったんだ。

それで私は、戦術で戦略ではない。戦術とあまりうちじゃ使いたくないが、戦術で留めておく限りにおいては綱領に関係ないでしょ。向こうだっていいじゃない。それからトリアッティ取り巻きのいろいろなことを聞くと、要するにトリアッティはイタリアで、自治体闘争の中に構造的改良という運動を導入して、うまく成功している。いいじゃない。自治体闘争がどんどん広がりが出てくる時期だから、自治体闘争の中でやれって。

うまい具合に自称左派であり、しかも近代的でイタリア共産党大好きだ、という飛鳥田一雄が代議員で来てたから、飛鳥田さん、これでまとめてちょうだいよと頼んだ。それでいいじゃないかということで、飛鳥田代議員が東京都本部案を提案して決めちゃったんだ。確かにそういうことを、都本部が、私の方で持っていったが、提案して決めたのは飛鳥田ですよ。それで戦術だと決まってそこで勝負あった。

構造改革論から生まれた「道」

だから止めときゃいいものを、今度はどうなったかというと、鈴木茂三郎が党の委員長を退いたから、社会主義理論委員会というのをつくって鈴木をその委員長にした。それがいけねえ。そこへ協会がなだれ込んできた。いろいろ持ち回ったのが「日本における社会主義への道」。あの「道」だから。構造改革から「道」が生まれちゃったんだ。それは貴島自身が自分の本の中で、「いまから思うと私のとんでもない間違いだ」と書いている。それは後世のためにも、はっきりしておいた方がいいと思う。

それをこれでも足りないと唯一直したのが、政権を奪ってからの話であって、それは要するにモスクワ。ちょうど六一年綱領のあとで、モスクワでも論争があって、向坂は日本共産党経由じゃなくて、ソ連のなんか理論委員会みたいなところと直接話が出来るような状況になったんだそうだ。

向坂は得意満面で、ここにもうちょっと欠けていることがある。それは政権を取ったあと、出来るだけその政権、過渡的政権というのは早く通過しろ。通過した後、権力を握る。この権力は一党独裁とは書いてないんだけども、ある種の階級支配の必要性。「道」を見れば要するに「権力の一時的な過渡的政権」なんて言葉がある。そいつをくっつけた。それであの「道」が完成する。最後の権力はうんぬんは貴島じゃない。それは協会がつけたんだろうけど、それまでは自分が「道」を書いて、といってるんだから。だからとんだところからとんだ駒が、協会からしてみれば瓢箪から駒なんだよ。

まあつまり、左派綱領があまりにも革命待機主義的な方針でしょう。だもんだから、それに対して貴島らが、これじゃ闘いにならない、ならんから段階的に、要するに闘っていける方針というようなものが欲しかった。そういう意味で、佐藤昇の論述に彼らはみんな魅かれたということを、貴島自身は書いている。また当時メディアはこれを高く評価している。だから私なんかは全くやられっ放しだよ。

くたびれ論争だった構造改革論争

――当時の左社綱領や清水私案をめぐる論争と、構造改革をめぐる論争というのは、理論水準というか言葉の使い方から、非社会党的な分野に入っていったんじゃないですか。マルクスやエンゲルスやレーニンをどんどん引用してきて。

まあ、左派の中ではマルクス・エンゲルスね。なかなかレーニンまでは、左派というものは想定してなかったね。鈴木といえどもレーニンはダメ。マルクスまでだ。しかしエンゲルスの役割というのが、ある意味ではちょっと。独断的な歴史区分をやって、そこに資本主義の矛盾を説き起こした革命必然論を作ったんだからね。

社会党の場合、左派といえばマルクス主義から生まれたことは間違いない。ただしマルクス主義も解釈、見方で広いからね。江田もいつまでも鈴木・佐々木派じゃあしょうがないと思うんで、やっぱり自分の派をつくりたかったのかもしれないね。

佐々木更三のあと短期間委員長をやった勝間田清一というのが、また異様な人でさ。理論委員会で結局「道」をつくっちゃうのは、勝間田なんだから。ところが勝間田も最初は構造改革なんだ。それから成田。つまり戦前派から戦後派への若返り、ということもあったんだよ。

江田も戦前派よ。戦前派だがまあ、ちょっと戦前なめたくらい。生きていくには葬儀屋をやるのが一番いい、あれは失業がないからというくらいの気楽さで、戦前の関西の農業の状況をうけた人だ。佐々木と江田とは、農民運動に対する見方が全然違うんだな。

これは、佐々木と江田の責任じゃないんだよ。東北あたりの米作を中心とする農民運動。小作争議ですよ。昔から激しい。一種の階級闘争だ。岡山からずっと南の方は二毛作が出来る。もう一つは果樹が出来るね。つまり農業といっても非常に多彩なんだ。そういう中で江田は育ってるんですよ。だから二人とも同じ農業なんだからではない。江田は農民組合や小作争議はあまり知らないんだ。

そういう佐々木と江田の育ちの違いがある。それからまあ佐々木が小さな声でいったんだが、あの人は多少、戦前ちょっと困った思わしくない実績がある。裏で仲間を何か通報したような、どうも左派の古い人たちの江田の見方の中にはそういうものもあったんだね。

――佐々木更三というのは、本格的な小作争議ですね。

まあ、それは学歴的にも非常に苦労した人だね。片方は一橋だからね。佐々木は日大の夜間、日大専門部を卒業したが、それは歳とってから行ったんで。

戦前の闘争の質と量が全くそれは違うから、江田に対するそういう気持ちがないこともなかった。しかし、これからの社会党を考えれば、ズーズー弁の俺が出てもしょうがない。山幸も俺もあんまりお行儀がよくないから、二人で書記長なんて難しいことは勘弁してもらって、それは江田に。一番から三番まで順番をつけながら江田にしたんだ。その江田がみんな（派閥）に相談なく新しいものを持ってきて、これがどうかとやるわけだから、頭に来るじゃないか。それはちょっといけませんよ。

くれない会も接触したやつがもう少しちゃんとしていれば、向こうへもブレーキをかけられたかもしれないし、構造改革の勉強している連中も、戦術は戦術に止めておいて、その後じわじわ党のなかでやったらどうかとか、なんか方法があったと思う。そういうこともやらないで、勉強したから、ちょっとうちの方はこれまずいから、といわれたから帰ります、サヨナラと帰っちゃった。以後、ダメなんだから。これもうまくないんだよ。

高沢だって入っていた。あれはこまった奴だよ。最後はスターリンが一番いいとかいうんだから。スターリン教科書読んだか、と私にいうんだから。

江田の気持ちの方からいうと、もはや戦前派の時代ではない。戦後派でいかないとダメだ。これも分からないことじゃないんだよ。だけど同じ派なんだから、戦前派、戦後派というそこのところを、もうちょっとうまくやればよかったんだ。貴島、森永、加藤、この三人もいけない。浅沼なきあと急に江田のやつに火をつけておいてさ。少し党内を甘くみたね。

――功を焦ったということですか。

そうですね。これを他人に持っていかれちゃいけないとか、江田が発想したんだということを、最後はいいたかったんでしょう。

せっかく機構改革、組織改革という党近代化の道で、それは佐々木派も含めて全部賛成して、そういうお膳立てをしておいて、安保があって、浅沼が死んじゃって、江田が持ち上がってきた。だから江田が次の指導者になるだろう、それはいいんだけど、ぜんぜん本家に相談なく新しい理論を借りてきて、それも十分消化もしないで押しつけたでしょう。そういう形になったから、佐々木派が「構造改革論は水に浮んだ月の影だ、すぐに消えちゃう」というようなことをいって対立する。

不幸だよ。それからもう一つは、何度もいうが浅沼が死んだすぐそのあとでしょう。親分が殺されてるんだからね。そのあとに柔らかいソフト社会主義を持ってきたわけだから、党内の雰囲気からいってちょっと合わないよね。ようし！　浅沼の屍を乗り越えていこうというようなときに、資本主義も全部悪くはない、その中に入って戦う方がいいよ、こういうやつを持ってきちゃった。この経過は、船橋と一緒に法政の「大原社研」で報告してありますが……。

総評の太田・岩井も反対の急先鋒

——太田・岩井も構造改革反対の急先鋒でしたね。あれはやっぱり三池闘争の影響もあったんですか。

それはその通りだ。三池闘争の後始末が出来ない。しかし総評内も二つ意見が出ていた。総評の主要な労働組合の中に炭労があるでしょう。三池であれだけやってもダメ、と炭労は転換闘争に入ろうとしたわけだ。収拾の段階に入ったんだ。あのときの闘争委員長は原茂か。構造改革というのは、理論的にそれを裏付けるものとしてちょうどいいんだ。だから総評内もやがて割れる。

太田がいってるんだよ。要するに構造改革というものは、労働組合の中でストライキを打てる組合がいうのならいいけど、ストライキを打てないような組合が、えてして構造改革にいっちゃう。これは日本の労働運動にとって、非常に不幸なことになる。つまり昔の電産型の現代版になっちゃう。ストライキを打てるなら、構造改革いいじゃないか。太田はそうなんだよ。向坂と違っていかにも太田らしい。

この構造改革というのはいろんな意味で、自分たちだけが学習して、いい気になっちゃって、こいつをともかく社会党の方針として江田にもたせて、ニュー社会党をつくろう。こういうふうに行っちゃったわけだよ。けど自分の先輩に古いオールド社会党がいるんだから、しかもその人は自分を書記長にしてくれているんでしょう。何もその人と書記長争いしたわけじゃないんだから。先輩二人の佐々木と山幸はどうぞ江田先生、あんたが一番いいんだから、あんた行ってどんどん売り出してくれと、こうやってる。

だから恨みぞ深しとなって、せっかく六〇年安保で盛り上がったのに、江田・佐々木の争いが長く続くんだよ。そのあとの社会党がやっぱり伸びなかったというか、その成果を十分生かしきれなかったのもこのためだ。

もう一つは、やっぱり池田勇人の方は利口だよ。岸の後に出て、ライスカレー食いながら、一つ野党とも大いに話しますといってだ。江田は牛乳三合論ね。牛乳三合が自由に飲めるような時代にしなければいかん。池田は月給二倍論か、所得倍増計画。あれは当たった。日本が高度成長の軌道に乗っていくんだから、その先を読んでバーンと打ち出した。

うちの方は構造改革でこんな争いでしょ。考えてみれば馬鹿みたいな話なんだよ。反岸・安保闘争の集約としては、よっぽど保守の方がうまい。あれだけのことを後始末つけた。池田だよね。池田の次はずるい佐藤榮作に移ってさ、沖縄返還とかあるいは日韓とか目は外に向けちゃって。内のことはかまってなくたって、高度経済成長が池田で軌道に乗っちゃったからね。佐藤政権が自民の歴代内閣で一番長いんだから。

うちはうちで、中で喧嘩をしていても政局にあまり影響がないもんだから。喧嘩でいい結論が出ればいいよ。それが「道」になっちゃった。さらに「道」の上に国民統一綱領というのを作った。これは安保破棄だもの。共産党とだけ組めるように出来ているんだ。これもまた勝間田がつくった。つまり社共の統一戦線型ですね。

その後はもう公明党や民社党の第三極が生まれてくるでしょう。もう社会党も単独ではダメだから、順番で議員数で大きいのは公明、民社、共産の順でしょ。だからしょうがないから、六年後私は本部に復帰したあとは、政権をとるには大きい方から一緒になったほうがいい。だから共産党さんには悪いけど、お宅を排除するんじゃない、お宅を入れると二番と三番が嫌といって逃げちゃう。

自民党の方は何やってるかといえば、福田、大平の党内対立でガタガタだ。このとき野党がだ、首班指名ではめいめい、自分のところの党首へ入れてんだからね。こんなことじゃ国民がみんなそっぽを向いちゃうよ。だから大きいほうからやりましょうというので、社公民に強引に切り替えて持っていくわけだ。だから要するにちょっとこの構造改革論争というのはくたびれ論争だったな。

イデオロギー終焉の時期

――構造改革論が出たころは、安保・三池闘争で労働運動がかなり高揚していました。しかも日本は池田になって、高度成長期に入らざるを得ない。産業再編成が進んでいくのに、左派といわれる部分はどちらかというと、労働集約産業型の構造に乗ったまま、長期抵抗大衆路線というものに行った。それがかなり映える時代だったと思うんですね。ところが下の方は産業再編成でかなり動きがある。そういう部分は結局、江田のいう四つのビジョンについて、かなり支持基盤ができている。そういうことで社会党的労働運動層、社会党ブロックの労働運動と、下で動いている産業構造の変化に乖離ができていた。あの辺から社会党というものは、ずっと長期低落傾向に入っていくんじゃないか。

確かにその視点というものは、その段階で労働運動の中心になり得たかどうか、というのには若干問題がある。問題があるけど、いまいったような流れが、そこにはあったんでしょうね。私は経済成長というのは、六〇年には勝負あったけど、六〇年安保までは、基本的にはイデオロギーというものが、かなり政治を支配することができる、そういう時代だったと思いますよ。反戦平和の時代だったという人もいるが、反戦平和ということも含めるが、しかしそれと同時にやっぱりイデオロギーというものが、かなり政治をリードした。

——それはまだ戦争に負けたということが残っているのではないか。

そういうこともありますが、要するに政党本来のイデオロギーで人々を組織していける、そういう時代だった。ところが朝鮮戦争を境にずっと日本の経済が上向いてきて、六〇年代以降というものは、インタレストが政治の主要なポイントになったのではないかと思うんだな。だから総評を中心に日本の労働者階級の運動、それによる戦い、あるいは人々の生活向上、それに関わるインタレスト。

もう一つは池田の月給二倍論、所得倍増政策とこれに伴う複数のインタレスト、それでも総評つまり労働組合がそれだけの力を持ち得たというのは、労働組合の主導権によって経済をある程度動かすことができた。経済界は経済界の方で、高度経済成長という一つのプランニングをたてて、所得倍増計画という路線を歩んだ。両方ともそれに依拠して戦いが組まれた。

この時代がどこで違いが出てくるかというと、私は七〇年の終わりではないと思う。これは田中内閣ができ、改めて高度成長という時期に、これに対して春闘を組んで「太田労連」ではないけれど、ともかく何よりも銭を取ろう。しかしそれにはストライキというものはきちっと打てなければ、それだけのものを持たなきゃダメと。

太田は最後には構造改革でもいいといったよな。

——日本的組合主義。糞のついた千円札でもいい。

ただしそれは、ストライキができなきゃだめだ。ストライキをできるだけの力を持っていれば、それは構造改革だっていいというふうにいっていた。つまり、インタレストジャッジというものがあった。ところが労働運動がどこから変わってくるかというと、七五年の公労協のスト権スト。あそこら辺で息が切れちゃうんじゃないかな。総評には民間というのがあまりなかったでしょう。それまではなんといったって炭労だよ。六〇年安保とともに、炭労があれで終わりなんだから。

職能別組合の限界というものは、やっぱり高度成長期から現れてきて、総評は官公労型だから。だけどそれを補ったのは、中小の労働組合を含めた県評なり地区労なんだね。

――公害問題などは企業内組合ではどうしても対応できない。だからそういう問題は七〇年頃からいろいろ勃発してきていると僕も思う。

確かに今おっしゃった公害というのが一番いい例かもしれない。

――僕が社会党の専従を始めたのは港区なんですが、その時に地区労というのは、三万とか四万とかいた。国労の新橋支部が支部だけを入れて一万五〇〇〇人くらい。そのうちの何千人かが港区の地区労に入るということで、地区労だけで三万とか四万の数があった。地域で各組合から三名でも五名でも出してもらうと、二〇〇〜三〇〇名というのは結構集まる。港区の社会党は四五〇人くらい、そのうち二五〇人が東交だ。こっちはいろんな情報を取るためには地区労を回って、補完してくれるということをやると、社会党からこう話が来たからということで結構いろいろ動員でもなんでも選挙運動でもやってくれたんだね。もう一つ、僕が社会党で活動を始めた頃は、地域に中小企業の人が結構多かった。ところがだんだんダメになっていく。安保が終わってから指令第四号というのが出た。職場支部建設が出てきて、それから成田改革三原則だといって、日常活動の不足、労組依存とか、議員党的体質だとか、そういうのがどんどん入ってきて、中小企業のおっさんたちはそういう議論から逃げていく。港区でも白金を中心にして、結構中小企業のおっさんがいたけど、いつの間にやら抜けていった。

江田離党そして急死

私が中執に復帰した一九七七年は、党が本格的に協会規制に踏み切った年だった。ところが、江田は七七年三月に離党してしまう。そのとき江田は「離党するのは俺だけでいい。他の者は来るな」といっていた。あとは社会党にとどまって頑張ってくれ、ということでした。結果的には行くことになったが、当初、大柴滋夫、阿部昭吾も盛んについて行きたいといったが、江田は認めなかった。だからあえていうなら議員でない貴島正道、加藤宣幸。森永栄悦はそこで江田と切れた。だから江田派の中心部分からいうと、森永というのはいい加減な男、裏切り者となるんだ。

江田をかつぎ上げたのは書記局では貴島、森永、あとは加藤宣幸だろう。宣幸はその段階で書記局もやめ、党も離れていたと思う。

そういうことで江田が離党するんだが、考えてみたら協会規制がそれだけ大胆に行われ、しかもそれから二年後には、江田のいう社公民でいきましょう、というのが理論委員会を中心に展開されてくるわけでしょう。だから私はなんで江田が、ここまで頑張ったのに党を出ちゃったのかなと思うんだ。三月に離党して、この年の五月にすぐ死んじゃうんだから。

離党して次の選挙の準備だなんていってるうちに、肺がんが肝臓、心臓などへ転移ということだったが、急速に悪くなって亡くなった。代わりに五月がでてくる。江田兄弟というのは二人いるんですよ。これは私が直接関与したのではないが、江田後継について岡山県の本部は大亀幸雄なんかを中心に、弟がいいとしていた。弟は住友商事かどこかに勤めているが、非常に江田三郎に似ていて体躯も大きいし政治家向きだった。兄はご存知の通り、横路孝弘と一緒に東大法学部を出て、当時は横浜地裁の判事補だった。五月という人は、江田さんの奥さんによく似てるな。奥さんそっくり。

党改革八項目

そういうことで七七年九月に開いた第四一回定期大会では、党改革八項目というものを、盛りだくさんに決めた。これは成田・石橋がもうやめる覚悟の大会だから、課題だけはうんと残しとけ、というんで片っ端からあげちゃって八項目になった。

その八項目とは

一番。党風刷新委員会というのを作って、新しい党風をみんなで作り上げましょう。

二番。党内派閥の解消。一応協会も規制したんだから、党内派閥を解消しましょう。

三番。「道」の再検討。ようやくここで「道」の再検討が入ってくる。

四番。党内民主主義の確立と少数意見の尊重。

五番。革新政策の研究。

六番。党の教育機関。独自の党学校を作る、とこの時決めたんだ。決めたんだけれども、こいつがなかなか進まなかったね

七番。政権プログラム。政権獲得のプログラムを作る。

八番。青年対策の強化。

以上が党改革八項目という、結果的に協会を育て強めた成田・石橋執行部の置き土産だ。この間に協会の勢力が、いちばん急速に伸びたんだからね。党外党に近いところまで行っちゃったわけでしょう。それはいろいろいいながら、成田・石橋の庇護なんだよ。文句をいわないんだから。そういうことがわかっていながら、要するに

見て見ぬふりをして、その上に乗っかった感じですね。

協会側として見れば構造改革をつぶして「道」は作った。出来上がった執行部は成田・石橋だ。これはいいというんで、元気ハツラツ、〝上を向いて歩こう〟というんで、どんどこ行っちゃったわけだ。それが成田・石橋の真意だったかどうかはいいませんが、江田派と分かれちゃって、成田、片や石橋でしょう。そうすると協会の動きを規制できる、止める、そういう力はもう当時の二人にはなかったからね。ずっと行っちゃったという感じですね。

それが七七年段階の状況です。この年、本当はこの年の後半に、飛鳥田執行部に移る予定で、飛鳥田一雄を委員長候補に、多賀谷真稔を書記長にという成田構想というのがあって、飛鳥田もそのつもりになったんです。ところが急に楢崎弥之助はじめ「流れの会」のあの三人が離党と、こう始まっちゃった。そこで大会は党改革八項目を決め、協会規制というものを決めたんだ。延ばすと危ないからこの大会でこれだけはどうしても決めろと、それで決めて一応休会にした。

――それは満場一致だったんですか。

それはそうです。協会自身が認めちゃったんだから。反対というわけにはいかないじゃないか。

――じゃ拍手で終わりだ。

そうそう。そういう雰囲気に一気に行っちゃった。

――そういうものは本部で決めると、一気に各支部もそれに従うものなのですか。

まあそういうことですね。結局もう協会中央が認めちゃっているから。反対するのがいないんだよ。

――協会が温存を図ったわけですね。

あと三月会とかいろいろ始まるわけだから、それでなくなるわけじゃないんだよ。だけど結果的には、成田・

石橋のときの協会のようにはいかなかったね。後はみんな下り坂ですよ。党全体もそうだ。

それから国会議員の自動的代議員資格をここで再び付与した。それまでは国会議員の代議員権を制限していたんです。国会議員といえども、地元の党組織の推薦がないと代議員として認めない。議会主義の党としてここまでやったわけですけど、皮肉にもこれをやったのは一九五九年、江田が組織局長の時の機構改革だったんだ。

社会民主主義への認識不足

――そうしてみると江田の歴史的評価というのは、もう一度ちゃんとやらないとダメですね。

それはあの頃は社青同も含めて若い人のリーダーだったんだから。そうでしょ。皆さんも途中までは江田三郎が良かったんでしょう。

――構造改革論が出るまでね。

それはやっぱり、若手のホープだったんだ。総評だって労働者同志会もはじめ江田三郎を評価していた。だから西尾を追い込んだのも、ある意味では江田がかなり中心になった。あの頃は鈴木や佐々木は、ようやく統一して、一六六名とって社会党としては最高の議席数ですからね。だからなんとか西尾除名は避けたかった。西尾にはあまり余計なことをいわないで、反省してもらいたい。ともかくついて来て一緒にやってくれ、というような話をなんとかつけたかった気持ちはあるんだけど、片や労働者同志会、それから江田を中心とする若手活動家、社青同というのがみんな西尾除名でいったからね。

私自身は半々だったね。せっかく統一したんだから、なんとかこれは分裂してはいけないという気持ちはあった。佐々木更三なんかにもいいましたよ、そうしたら全く同じだが、もうどうにもならん、というから。

社民なんだから、右派と左派の差があっていいんだよ。河上派というのはどっちかといえば、中間派みたいなものだからね。だから右派がなくなっちゃったんだよ。

――あの頃は鈴木派はだいたい二つに割れかかっていた。統一社会党派でいこうというのと、そういう不純分子を切れというグループと。鈴木とか佐々木とかは、とにかく西尾派も入れて統一していかなければいけない。江田なんかの方がもっと戦闘的で。

鈴木派としては、まだ派としては割れていなかったが、内部の意見は割れた。党の委員長は鈴木だったからね、鈴木に対してしっかりしろと。本当はしっかりしろといってやっぱり割る方向で騒いだけどね。社青同はもちろんそうだろ。これは西風薫（当時社青同初代委員長）も含めてだからな。

――社会民主主義＝共同戦線的というものについて認識が足りなかった。

私もそう思うよな。

――今になってそういうふうにいうけどね、あの当時は社民というのはいいにくかったんじゃないですか。

それは歴史的に見てみると、その前の五一年の「青青」・「青白」の分裂ね。この時は議員の数ではまだ右派多数だった。この分裂は競争し両方が増えたんで、結果的にまた統一したわけだ。両方とも社会党を名乗った。選挙の時は右派社会党、左派社会党で、国民は非常に迷ったけれども、それなりにやっぱり支持してくれたんだよ。だから両方とも伸びてるんだ。

五五年で統一してやれやれこれでと思ったが、安保というのがあり、結果的にはまたそこで割れるんだね。これはその後もずっとついて回って、今日までその名残が残っているわけだろ。結局、いまの民主党の中に当時からの右派社会党（西尾派）の名残が明確にある。

民主党の一部に、もちろんその後社会党から行った中間派的な人というかな。当時、労組等の意向もあって新党の方へという代議士を含めてそういう部分。こっちの方はまとまりがないいんだ。社会党が四分解して民主党へいった諸君も結局はバラバラになって、民主党の中でいい役割を果たせなかった、という事になってしまったんで、考えてみると社会民主主義の党なんだから、六〇年安保前の時の分裂というのがその後、本格的政権を取れなかった大きな理由の一つでしょうかね。統一時多数派の左派の責任も大きいといわねばなるまい。

だんだんそれが後になってわかってくるんだが、当時は私もなかなかそこまでは見通せなかったね。

第二章　中執落選から復帰まで

都本部委員長を辞任、すぐ本部組織局長に

一九六九年七月に都本部委員長を辞任したんですが、このあとがいけなかった。一ヶ月経ったら今度は党の組織局長になっちゃう。当時党専従の竹内猛が組織局長をやっていたが、彼は選挙に出るために組織局長を辞めて空席だった。だから中央委員会で佐々木派が、あそこに曽我を放り込んじゃえということになっちゃって。私自身も相当抵抗があったんだけど、しょうがない。そうかとそれに乗っかった。

やっぱりこれが私の失敗ですな。この際は責任を明らかにして、しばらく自主的に二、三年休んでいればよかった。あるいは東京都の顧問か何かになるという手もあるわけだ。そういう方法もあったんだが、知恵を貸してくれる人もいないし、結果的には組織局長になって次の翌年の全国大会の役員選挙で負けるわけ。一般的に見て、都議選で大敗したのに、今度はすぐ本部の組織局長とはなんだ、佐々木派の横暴だと。こういう感じだったろうね。

――曽我さんから都本部委員長の立場からという意味ではなく、何かアドバイスがあればということだったが、もうもたないという話で、結局東京も専従者は相当減って、半分以下になった。

それはそうなるわな。

――そういう状況で、しかも曽我さんというういわば保護者を失ってしまったわけですね。そういう点でいうと、都本部でその後、いろんなものを考えながらやるリーダーがいなくなって、結局、発言力を持ったのが山本政弘と宮部かな。曽我さんの意向を受けた立場では、沖田正人、武田賢次なんかがいたけれども、その辺から今正一が力を持ってくるんじゃなかったですかね。

まあそうでしょうな。

――そういう点でいうと環境がガラッと変わったわけだね。その状況変化に応じた考え方なり、作戦変更なり

を俺たちはやったのか、というとそうではなくて、社会党の中では都労活を作ったり、なんとかいう党員会議を作ったり、少数派だけど対抗する力をつけようということで、社会党の中でやったよね。社青同は社青同の方で、状況変化ということにはならなくて、かえって対決の方向に行ってしまったという状況で、だんだん最終的に我々が追い出される環境づくりを、自分たちでもやっていたということかなと今思う。

まあ党という観点からいうと、東京における私の時代はそれで終わったわけだ。後継者をつくっておかないのはお前さんの最大の欠点だ、とよくいわれたけどね、あの段階はともかく忙しくて、後継者まではつくる余裕がなかった。都議会解散で四五名とって、美濃部をなんとか当選させた。そういう状況で手一杯だったね。そこで少し余裕ができれば、もうちょっと違う。どうせ社会党全体が落ちていくんだけど、新宣言に至るまでの距離が時間がもうちょっと短くなったかもしれない。結局、新宣言は八六年だからね。またここから一五年以上かかってるんだから。

――曽我さんが都本部の委員長を離れた後、都本部のオルグ団は全部パージされたわけ？

占部秀男が参議院議員で委員長になったんですね。この人は一応社研の人なんだ。書記長はとりあえずは佐々木幸一郎がやったんでしょう。これは古い協会の人だからね。両方ともいい人だったけど、指導力という点においては率直にいってあまりない。だけどその後、幸一郎が降ろされるんだろう。それで今正一が入った。こいつがなかなか曲者だもんだから。これが山本、宮部と三人で組んで、都本部をやったんでしょ。

山本政弘に対する見方というのは二つあって、協会の中ではまあまあの人だ。なぜかというと、鈴木茂三郎をとるか向坂逸郎をとるかといえば、自分は鈴木をとる、と私には前から言っていた。ところがどうもやることは、鈴木をとる方でやっていないんだ。だからそこら辺が山本のなんというか、一つの限界だったかもしれんな。

――社青同太田派は山本に追放されたと言ってますよ。お前らをやったのと同じ手口で、俺達をやってきた、

というのが松木岩雄。我々と太田派とはその頃から仲がいいんだよ。

私もどちらかといえば太田派の方が仲のいいのが多いよ。太田薫の都知事選挙も一生懸命やったしね。だからその後も太田派の機関誌の「進歩と改革」。あれには時々ちゃんと書いているからね。

――太田派は曽我さんに対して好意的見方ですよ。

東京は大体そうだと思うよ。だからあんた方がもうちょっとしっかりしていて、太田派が来れば、それは当時の社青同全体の中の多数派になるからね。向坂派がダメで。だけどそこのところが抜けていたんだから。あんた方がわけがわかんなくなっちゃう。結果的にはあんた方の中に残って党のなんかやった人がいるかというんですよ。社会党という視点からいうとそうなっちゃうんだよ。

――曽我さんは大変な被害を受けたと思うんだよ。被害を与えたと思ってますよ。

悔いの残る社青同地本大会壇上占拠と乱闘事件

それで六六年九月の社青同東京地本大会の協会派の壇上占拠とそのあとの乱闘事件だな。あの事件に至るまでの社青同の歴史はどうだったかな。

――社青同東京地本は六〇年九月、中央本部と同時期に結成されました。中央と東京の執行部はすべて旧青年部党員でした。六〇年安保・三池闘争の歴史的高揚の中で、党青年部を党外の独自組織として青年労働者を結集し、伸張する民青に対抗しようとするものでした。六四年の第四回社青同全国大会で構改派の中執は退陣し、協会派を中心とした左派中執が選出されました。社青同中央は職場闘争・学習会を強調し、政治闘争に消極的だったため、東京地本の反発は強く、次第に両者の対立が深まっていった。六五年八月の東京地本第六回大会では執行部に新左派連合（解放派・インター）が選出され、協会派は下野するわけです。そして一九六六年には社青同

中央と東京地本の路線対立が頂点に達していたんですね。

あの事件の前に水原輝雄（当時社会主義協会事務局長）が私の所に、話があるといって来たんだ。社会党が都議会で四五名にもなった。協会にしてみれば自派の都会議員だっているのに、樋口だけ社青同で飯を食わしていて、協会からのがいないのはどういうことだ、ときたんですよ。それはそうだ、私も気がつかなかったな、ととぼけて、いいですよ、そのかわり協会からいい人出してくれよといった。壇上占拠の時の水原との裏話はそうなんだから。そういうことで私は占拠があっても暴力行為まで行かないで、なんとか格好だけつけて協会が下がって、それで終わりだと思っていた。

それなのに乱闘が始まっちゃったから、何をやっているんだかと思って。私が約束してもやらないと思ったのかね。いきさつはそうなんだ。なんであんな壇上占拠にでたのかね。協会派のどのグループだ。誰が煽ったんだ。

――二〇一一年九月一〇日に立山学（元社青同中央書記長）の偲ぶ会をやりましたよね。あの時に僕が初めてみんなの前で、あのときの地本大会の暴力行為は誤りであったといったけど、それで山崎耕一郎が僕のところに来て、俺たちも実は問題だったと。どうしたのといったら、いやあれは深田肇（当時社青同中央委員長）がやらせたって。

深田が？

――前日から全国から集めて。それで深田は、壇上占拠して「社会党都本部を仲介させ、三役一名と執行委員数名を入れるようにする」といっていた。山崎は、こんな事は良くないなと思ったが、お前は役に立たないから引っ込んでいろといわれた、というんだ。

深田というのは私にはちょっと考えられないね。

――深田ですよ。そして山崎は、実力行使は樋口さんがやらしたんじゃないかと思ったが、そうじゃなかった

のか。だけど我々にも問題があったんですと。あんな壇上占拠しなければ、解放派が怒ってこんなことはしなかったはずだ。だからこれはお互いで問題だったな、と耕ちゃんと話したんです。その前の年に、神谷（当時社青同東京地本書記長）除名問題というのが社青同全国大会であった。その時に絶対に暴力を振るうな、振るったら負けだということを強く指示して、それで処分撤回を勝ち取った。あの時は一糸乱れず、全国大会でだれも暴力をふるった者はいないんだから。その総括をきちんとやっていれば、やるわけないんだよ。

どうもよくわからんな。

――あの乱闘は佐々木慶明（元社青同学対中執）と神谷が独断で密命して学生の一部を煽ってやらせたんだ。神谷は曽我さんのいる前ではまずいから外でやれ、といったんですよ。それで廊下でぼかぼかやった。角材を一〇〇本も急に用意出来るわけないですよ。あれは小林、佐々木だのがやったんです。赤腕章も周到に準備していたんだね。もしそんなふうにやるんだったら、僕のところに来なければならない。だってインターと意思一致しなきゃ出来ないんだから。それが終わって曽我さんのところに行ったら、曽我さん大したもんだよ、説教して怒られるかと思ったら、そんなこと言わなかったもんな。

怒ってもしょうがないわな。終わってしまったものは。

やっぱり基本的に違うのは、あんたらはね、とくに党本部で地区オルグ制度をつくって、地区オルグが一気にできたでしょう。地区オルグに行くようになって、その経験を踏んだ人は、そのぶん毎日毎日、社会党の運動やってるんだから、どうしても社会党から離れられないよ。いまの社会党がいいとだれも思っていないが、しかし社会党の中で飯も食い、やってんだから。そういう経験がない人が、ある意味で社青同の中でやったんじゃないの。上のほうにそういう人はいないでしょ。例の事件がなければ、あれで主導権をとれば私もやりいいし、率直にいって、「いまの社青同、お前ら非常に観念的なので、もうちょっとしっかりちゃんと地についてやれ」、というようなこともいえたかもしれない。けれども、ともかくあの事件が起きちゃったからは、どうしようもないもん。ただ、協会一辺倒になってしまうから、できるだけ守るべく、私は置かれた立場では最大限努力したが、野放図なあんた方と心中はできないよ。

――悪いのは、佐々木慶明と神谷だよ。神谷は追放だ。いたたまれなくなった。佐々木だけは、神谷に責任を押し付けたんだ。『六〇年代社青同（解放派）**私史』**（樋口圭之介）**の「東京地本大会の事実経過とその背景」が参考になると思います。**

――社青同側から見るものと、社会党から見ると違うんですよ。例えば神谷喜久男に対する評価は違うんですよ。社会党の中でいうと、神谷は別に何も悪いことをしていない。

そうなんだな。

――しかし神谷が社会党に関わったのは地本書記長を追われた後だ。

私はずっと六〇年安保の前から、社青同という組織をつくることが、非常に危ないと思ったよ。私も青年部よ。社会党の中の青年部というのは、右派もあったし左派もあったが、左派優勢であった。どうも社青同をみていると、社会党青年部の運動をやった人が最初はイニシアティブを持ったはずだが、だんだんそうじゃなくなっちゃって、社会党の経験を経ていないのが指導者になっちゃった。これが大きな間違いなんだな。時の空気だからしょうがないとは思いますよ。私らが見たら危なっかしくてしょうがないんだな。だが社会党自身に、あれを規制できるような、あるいはあれをうまく教育できるような、そういう指導者がいなかった。

私なんか社青同なんてちょっと早いんじゃないか、いまの社会党のなかで、ある程度の独立組織を持たしたら、社会党がもつのか。私は左派でありながらそう思いましたよ。だから私はあまり社青同創立にはかかわっていないんだ。西風薫とか、むしろ構造改革の諸君が最初、社青同をいい出した。江田がある意味で、いちばん先に社青同賛成派だもん。江田は新しいものが好きな人だから、江田が乗っかったという感じよ。

育ちそこねもあったオルグ団

――オルグ団についてはもう少しお話はないんですか。

オルグ団にはなかなか多彩な人がいて、うまく育ってくれればなあというふうには思っていました。オルグ団の中から議員が出てもいいわけだから。もうちょっとやっていれば、それぞれ年を重ねて大人にもなればそこから出ていって、その人がまた新しいオルグをつくればいい。そういうのが出来る過程の中で、暴力事件が始まっちゃったんだからしょうがないね。

――社青同は日共＝民青に比べて社会党の統制が緩いといわれていました。とりわけ曽我さんは東京地本の自主性を認め、干渉をしなかった。地本執行部の樋口圭之介、斉藤裕志・小島昌光（三多摩）、牛越公成（党本部）、青島章介（総評）、水戸豊（東交）、山崎雄司（東水労）等は、常に都本部が対右派で苦境に立たされないよう留意して活動してきました。また、党地区オルグ諸君は、（都内三多摩とも）多忙な党務の中、各支部社青同の指導的任務を果たしてきましたが、曽我さんは何らの規制もしなかった。僕などは曽我さんに相談も報告もしてこなかった。現在振り返れば、若気の至りでは済まないと思っています。だが、右派は東京地本・地区オルグを「曽我ユーゲント」と称して「政治的に操る」如く宣伝していました。これは羨望を含めた中傷であり、逆に意図せずとも曽我さんの政治的器量の大きさを語らしめたと思います。

つまりオルグ団と社青同兼任の人が相当いた。みんな社青同には入ったんだ。だけどオルグでやっていて党務が中心だから、そういう人たちはあまり過激に暴れたり無茶なことはしなかったが、ともかくオルグ団と社青同というのは、切り離すことは出来ないぐらいの関係で、オルグの半分くらいはみんな社青同だった。だから崩れたから一気につぶれちゃったんだ。

――それはその通りだと思いますよ。ただオルグ団の人たちが、要するに解放派と切れちゃったんです。残った学生上がりにおかしなのがいて、そんなことやっちゃいけないんだ、こういうことをやれば総評・社会党がこういう反響を受けると、それが怖いからじゃないけれど、運動を広げるためにはそういう配慮が必要ですからね、それがわからない連中だけになっちゃったんです。その中で松木岩雄（港）は、社会党・社青同の強化とともに、若き同志を議員に送り出し、地区労の発展と総合的に地区活動の発展を推進した。党本部に所属しながら調布の牛越公成も同様な成果を蓄積していた。もし六六年東京地本の分裂がなければ、安部幸雄（太田）、松岡宥二（江戸川）吉村英臣・島田清作（三多摩）も続いたであろう、まことに残念だ。

――あのころ都本部改革派大連帯、党内統一戦線の可能性というのはありませんでしたかね。

上り坂の時はよかったんだよ。社青同の喧嘩だけだ。あれは六六年か。そろそろピークに達する直前くらいだな。だからあんな大事件があっても全体として乗り越えたんだ。ああいう馬鹿なことをやって困ると思いながらも乗り越えたんだが、いったん党が下降線になってくると、それが倍々のマイナスになってくるんだ。

協会がこの段階で私を党の役員から意識的に落としたとしても、落ち目でない時だったら、まさか私だけを落とすために、いかに向坂先生が偉いとはいえ、ああいう手は取らないと思うんだ。

協会でないと、どこかの派だと思われちゃうんだね。私は左派で鈴木派なんだ。鈴木派の直系なんだけど、青年運動の面では解放派とみたんでしょうね。あいつのことだから解放派に手を突っ込んでやってるな、と見ていたんだろうと思うよ。

対立候補にまさかの敗退

都本部委員長を辞任して一ヶ月足らずで今度は党の組織局長になった。そこで次の社会党大会を迎えるんですが、七〇年四月に九段会館でやった三三回大会が大変な大会でした。分裂している社青同がその大会に対して、いろんな形で圧力をかけた。会場前にピケを張ったり、あるいは宣伝カーを乗り入れて、玄関の前で演説をやったり色々やって、ともかく大会をすぐ中止しろという。この大会に対する社青同それぞれのグループの要求なんかを、そこで演説して代議員に訴える。私は組織局長だったから、そいつを取り締まって大会を守る、そういう役割になっちゃっているんだ。それで来るのを見たら、みんな社青同じゃないか。これはどうしようもねえなと思って……。

――あの頃は社青同が三分解していたんです。太田派と協会派。協会そのものが割れているから、社会党大会については太田派は関知しない、大衆的な解放派的戦いはやらない。協会派は社会党主流派の意識があるから、守るというので全国動員をして大会防衛ということで入ってきていたんです。地方組織は協会系が主流派意識があるもんで、社会党大会を守ろうということを大義にして、主流派の足がかりを作っていく、という体制だったね。その司令塔は山本政弘。本部の書記局に結構あの頃は入っていました。

ちょっと補足してもらったが、その通りだと思うんだけど、そうするとあのとき主として大会でモノ申そう、という格好で来たのは解放派だ。あるいは反戦派か？　反戦と解放派はほぼ同じか。同じ格好だからな。

――言い訳になるけど、あれは本当は僕（樋口）はやりたくなかったんだ。一九六九年九月に革労協というのを、僕がケガをして不在のときに、佐々木慶明が中心になり僕に何も知らせないでつくっちゃったんです。これが一つ目。事前連絡も当日の出席要請もないんだ。あとで革労協テーゼというのを見せられて、「社民・民同を勇敢

に大胆に解体せよ」と書いてある。これはえらいことになった。これはもうパージだということで、大会の当日を迎えることになっちゃった。社青同をつくるということしか生きる道がないからね。しょうがないから俺が全部指揮しちゃった。

次いで開かれた七〇年一一月の三四回大会は、佐々木派と江田派の全面対決になった。江田の最後の決戦なんだ。その時は佐々木でなくて成田だけど、成田・江田の委員長決戦の最後なんだ。負けるのは分かっていたが、江田が最後の賭けに出た。ところがそのとき、左派で私だけ中執を落っこちてるんだ。

相手は船橋成幸だから、うんと強い人でもないんだね。彼はもう飛鳥田市政の横浜市役所に行く用意をして、飛鳥田に話をつけたうえで、対立候補として組織局長に立候補したんだから。森永や貴島や江田派がみんな来て、「いや悪いが一つお願いします。どうせ勝負は決まっているんだから」というから、私は時によりそんなことがあるんだから、気にするなという話でそれは終わったんだけど、結果として佐々木派・左派で私だけ落っこちてるんだ。

六九年から七〇年の雰囲気

七〇年安保というのは反戦青年委員会を中心に一応やりましたね。六九年一一月だ。南部の地区労働者も一応やり、多摩川の河口に集まって、あんた方皆さんが捕まったんだよね。

そもそもあの時の皆さんの集会は、無届集会になっていた。それは江田派も含め、総評の決定的な裏切りさ。反戦がいけないというんで、反戦退治に総評が乗り出す。六郷土手の集会デモ申請を、たしか国民運動局長が警視庁へ行って取り下げた。私はなんでこんなことをやるんだとやりあったことをおぼえている。

その一週間前には九段会館で、社会党は全力を挙げて訪米阻止闘争をやる、と決めたばかりだ。それなのに一方的に集会デモ申請を下ろした。下ろしちゃったから最初から無届けだ。

警視庁は私に「曽我さん、土手の上に上がったらダメですよ。土手の下で騒いでいるかぎりは我々は黙っています」と。それで組織局長だった私は、当時逆子の書記長といわれた江田を連れて、小型の宣伝カーで堤のところへ駆けつけて、みんなが集まってくるのを待っていた。

警視庁は要するに、土手の上に上がってきたら、道路になるからダメというわけ。河原だから、上がらなきゃ海に入っちゃう。海に行くんならいいっていうんだよ。

まず上がってきたのが反戦だ。それでやられた。その次に協会太田派。先頭にいた奴が少しやられた。最後の向坂派は、とうとう上がらなかったよ。ぐるぐる河原で回って終わり。

私は江田に、あなた我が子がこれから警官にやられるんだから、よく見ておきなさい。こういうものを「裏切りという」と本当にいったんだ。あの時だけは頭にきた。いったん党で決めて集会・デモを断固やるというのに、総評の圧力があるからといって、届け出までつぶしちゃったってことについては、これは裏切り行為だよ。

そのとき本部も含め九段会館で、本当に総決起集会をやったんだよ。社研の平光が大田区だから、現場を仕切って、ちゃんと届出をしてやったんだ。それを党本部が、警視庁に行って取り消しちゃった。届け出をしていれば、土手の上に上がってもある程度は認めた。でも無届なんだから、河原を三々五々勝手に歩いている、という風に警視庁は解釈しますと。だから下でやっている限りは、歌を歌ったり、あっちへいったりこっちへ行ったりするのは、やがて海の方にぶつかることになる。しかし上がってくると、道路だから取り締まる。こういう解釈で。警視庁も三々五々集まるのはしょうがないと思ったんだ。恥ずかしい話だが、そういう裏話がある。

――江田はそのとき、どうしましたか。

終始黙っていた。見てる事は見ていた。そういう事実があった事は間違いない。つまりいま私がいってるのは、この大会が六九年から七〇年のこういう状況の中で開かれている大会だということだ。私が中央委員会で組織局長になるでしょう。一年足らずで大会が来ちゃうわけだ。その大会については、いろんなことが重なりあっていた。私個人から見ても、個人に降りかかるいろんなものがあった。一つは要するに、都本部の委員長で都議選で負けたのに、あの野郎は本部へ帰ってきた。都議選で四五名とって威張って、美濃部を取ったまではいいけど、その後はまあ敗残の将だ。その敗残の将を組織局長にした。これはけしからんというのが一つあるわな。もう一つはなんだかんだいいながら、反戦の親方のように見られていたんだ。なんたって協会から見ればそうでしょう。私は協会でない珍しい社研・左派だ。自分でもいっていたし、そういう対応だったからね。二番目はそういうことでしょう。

それで結局大会が開かれ、最終日に選挙になった。対立候補が立ったのは三分の一くらいで、全面対決ではなかったんですよ。

それぞれ成田派、広い意味で江田と別れて左派になった成田というかな、それに対し最後の右派の統一候補、構造改革派の親方江田、この委員長決戦があって成田が二〇七票、江田が一四八票。これは代議員の票ですよ。私の場合は船橋が二一四、曽我が一三六。差を見ると成田、江田五九票、私が七八票。私の方が二〇票くらい余計に足らないんだ。

当時、票読みの分析をやっていたのが山形出身の代議士の安宅恒彦。彼が社研の幹事長だった。安宅の分析によると、約三〇票の票が完全に左派から逃げ、しかも船橋へいった。逃げた、棄権したというわけではなくて、船橋の方へ三〇票ほどの票が流れた。

船橋は労農党黒田派からきた。社会党左右統一後、労農党も帰ってきた。その労農党書記局は二つに割れた。一つは構造改革派へ行き、一つは黒田派で平和同志会という名のもとに、松本治一郎なんかとずっと一緒に、最左派として残った。
船橋は構造改革派の方へ転向したが、そんなに右派的な人ではないんです。神戸商船学校、海員組合の出だからね。兵役免除になって、兵隊に行かないんだ。私と同年同月同日生まれだ。いまは仲良しだ。
このとき、貴島や森永や加藤が来て、「曽我君、申し訳ないけど、江田派があなたのポストに対立候補を立てることになった」という。「そういう事は意に介さないからどうぞ、で誰だ」と聞いたら船橋成幸だった。船橋は飛鳥田横浜市長とも話がついて、落ちたら横浜市で飯を食うことになっていたんだから。まあひとつ悪いが勘弁してくれということだった。

――勝てるとは思っていないんでしょう。

それはもちろんないでしょう。この大会では私は代議員工作などは全部まかせていたからね。左派が多数というのは知っていて、しかし江田派ももう最後だから、これを機に一つというつもりでやった最後の決戦だから。そこで私だけ落ちたということがやっぱり、〝なぜ〟になるんだね。

――社会主義協会ですね、それを仕組んだのは。

協会の中核部分が私に入れなかった事は間違いない。妙なことに、私がとった票はほぼ江田の票と同じ、船橋がとった票は勝った成田と同じ。ポスト別選挙だから、何回もやってるからわかってるんだが、だいたい全面対決になると、片方はすべての候補者がダメなんだね。
個人差によって一〇票くらいの違いはあるよ。だけど成田と江田は約六〇票違ったんだから。あと対立したやつも、だいたいそのくらいの差で左派が全面的に勝っているんだ。森永（機関紙局長）みたいに左派が候補をたてなかったところは別よ。ところが私だけが七五票差で負け。
その頃は社研といっても、社研の中に協会も含んでいたからね、右派との対決になった場合は、だいたい皆それに従うわけだ。だから決戦をやれば、多少個人差はあっても、左派が勝つんだが、その時に落ちたのは私だけだ。

その頃までは鈴木・佐々木派というのは協会を含めて票読みをやっていたからね。まだ分けていなかった。そういうものも全部読んで、約三〇票が行って来いで、読んだ奴が向こうへ行くから結果は二倍になっちゃうわけだ。

それで社研がここから割れていくんですわ。社研というのは、五月会以来の伝統ある派閥で、こっち側に協会というものがありながら、左派全体としてできてきた派閥だからね。なかなか「道」まではいかなかったんだけど、なんだかんだといって私が負けたこの選挙で、社研というものを協会とは別個に独自に作ろう、独自に再編すべきだという声が出てきた。そうでなければ社研側だって、私自身が「新宣言」まで行くはずがないんだから。ここで切り替えの一つの要因が出来たことは間違いない。

――その当時佐々木更三はどういう役割だったんですか。

社会主義的的とはいいながら、やっぱり反構造改革で来てるからね、もう少し後ですよ。この大会が七〇年でしょう。そのあとの七四、五年の大会で江田もやられ佐々木も協会からやられる。佐々木も、もはやこれまでだという話になって、党改革推進グループというのが生まれてくるわけだ。つまり江田派と一緒になって、結局協会を規制するんだ。ただ勝間田派は別だったが…

鈴木派の三分解

それで七〇年から七七年まで浪人だ。私が落っこちたことと、もう一つでてきたのは、山幸グループだね。山本幸一、大柴滋夫、中嶋英夫、大阪にいた椿繁夫だ。これらがちょっと佐々木と合わないところが出てきた。もっと昔からいうとこれは安平鹿一という加藤勘十グループの加藤派で、四国を中心にやっていた戦前からの議員がいた。この安平が早く亡くなっちゃったんだね。安平の後、出てくるのか藤田高敏なんだ。

安平というのは金属出身だったので、政治家になってあまり目立たなかったが大変いい人だった。安平が亡くならなければ、この山幸、大柴、椿らがあえて派閥にはならなかったと思うんだが、山幸派というものが鈴木・佐々木派の中に一つのグループとして生まれてくる。

どこで分かれるかというと、構造改革で何回も江田・佐々木派が争う中で、江田をもう相当いじめたんだから、いい加減に江田の方と少し手を結んでやったらどうか、ということを山幸らが言い出して、抜けていくわけね。この中のある部分は大柴を含め、結局、江田の離党で党を離れて江田の方へ行っちゃう。これが鈴木・佐々木派の内部分裂の一つ目。

もう一つは岐阜の楯兼次郎、神奈川の中嶋英夫だ。これは成田派を作ろうと考えた。成田という人は、私は派閥はやらない。私は要するに、一言でいえば社会党の左派であり、良識派というんで成田派は作らない。しかし、やがて協会・反協会派というものができてくる過程の中で、この楯・中島が成田派をつくろうとした素地の上に乗っかって、岩垂寿喜男とか高沢寅男、それから新潟の志苫裕が三月会をつくる。

要するに協会とタイアップして、「社研は左派でなくなった」というレッテルを貼り、我々が真性左派だ、佐々木派はもう右派ないし反戦派だと。反戦派と右派を一緒にしている。そういうことで三月会というのをつくるんだな。そしてこれが本当の社研だと。

つまり協会というものはあくまでも研究団体であり、要するに社会党内における派閥、政治グループとして三月会というのをつくった。五月会というのが昔からあったので、三月会にしたんだ。私がいなくなった東京都本部の中でも宮部とか今、上林、ここら辺が知恵をつけて三月会をつくるわけ。でも結局これはものにならなかったね。

つまりこれは協会直結の政治集団。協会が直接党へモノをいうと、党内党的役割といわれちゃうから。昔は社研と協会という関係でやってきたものがダメになったので、三月会という一つの派閥集団をつくった。これが協会の意向を受けた形で党内でいろいろやる。それが真の社研だ。曽我のやっているヤツは、あれは社研じゃない。あれは反戦派で右派だと。こういうふうにして分断を図った。

時期的には山幸らのグループと、三月会というのはちょっと違うんだ。三月会の方が後。この時期に山幸グループは社研から分かれて、一つ独立した形で議員集団を作るわけです。だから残念なことに鈴木から佐々木になって、佐々木でまとまってきたんだけれど、佐々木社研というものは佐々木派を含めて三つに割れるんですよ。中心は佐々木のところにあったけれども議員集団としては一本ではなくなった。そういう厳しい状況が生まれたわけです。

――もう完全に三つに別れちゃったとみていいですか。

途中からは完全に三つに分かれました。

――亀裂が深まっていって完全に別れたという事ですね

そうです。

右派の枠で中執に復帰

七七年二月に私は今度は右派の川俣建次郎の枠で、企画担当の中執（二名）に入る。

そのときのもう一人の企画担当中執は岩垂寿喜男だ。川俣じゃとてもじゃないけど、協会を徹底的に追及できないと。協会検討委員会というのをつくったでしょう。あの段階の委員なんだ。仕方ないから、曽我を右派の枠で入れちまえと。いままで社会党の中執というのは、共同戦線党のアカシとして企画担当だけは二人、右派から一人、左派から一人。それがそのとき破れた。私が右派から出た。

——やっぱりそういう枠の慣例があったわけね。

そうですよ。だからその企画担当中執というのは、伝統的に左右から一人ずつ。このバランスが取れているときは、やはり社会党なんですよ。こいつがなくなったときに、ちょっと社会党らしくなくなった。

——だから旧社会党青年部というのは、青年部長は左派で、事務局長も左派でも、右派は必ず副部長で一人いた。こういうバランスになっていたね。

いまいったとおり、歴史的にそういうのが積み重なってきていたんだがね、

——復帰される契機は何だったんですか。

協会がますます、つまり向坂派がだんだん強くなって、相手がみんないなくなったんだね。君らなんかいないし、もう四トロもダメになるし。みんなダメ。向坂協会だけの天下になっちゃったから。執行部は協会の思うところにずっと引きずりこまれていった。

——その間、曽我さんは何度も組織局長に立候補して、ずっと落ちたということですか。

いやそんなことはない。私をもう一回本部に呼び戻すには、企画担当中執というところ以外にはないんだ。そこだけは共同戦線党のあかしで定数が二名なんだから。その企画担当中執に私の名が出ると、必ず左派から出てくる人がいるわけだ。

——北山愛郎さんですね。

レフチェンコ証言

そうなんだ。この仕掛けを実は協会とその同調者がやったわけだよ。いろいろ調べてみると、社研で企画担当中執に必ず左派候補を擁して、私がそこに入り込むのを抑える。企画担当中執に北山が回ってくる。そういう手練手管をやったんですよ。これとレフチェンコ証言というのが何となく不思議とピッタリ合うんだな。だから相当手が込んでいるんだ。

一九七〇年代にソ連のKGB要員だったレフチェンコというのがいて、一九八二年に米下院情報特別委員会で、対日工作を暴露した。社会党は幅が広いんだか、ソ連との関係でソ連共産党と相当深いのがいた。うまく頭をなでられちゃったやつも、それはいるだろう。私の名前は出てこなかったが、リーダースダイジェスト一九八三年五月号に、こういうのがあるんです。

「『あの中国の回し者はずるいやつです。あいつが社会党の党大会で選出されるのを阻止するよう、なんらかの手を打つべきではないでしょうか？』。キングはその言葉通りにその人物の選挙を妨害する労をとった」。

キングというのはコードネームだが、要するにキングという社会党のある幹部が、レフチェンコ証言の中に出てくるんですね。「社会党の有力なリーダーで、国会議員候補者。レフチェンコから選挙資金等を受け取った」。

このキングがどうもうまくやりながら、いつも企画担当中執に左派の誰かを、もっともらしい北山愛郎というような人をちゃんと持ってきて、私を社研派閥の中で出られないようにする。

私が東京を退いてから、東京は反曽我で固まっちゃった。反曽我というより、曽我はもうだめだ。今正一やなんかはみんなそうなんだから。東京から私を推す力がないわけだ。それが分かっているから社研をうまく操縦した。

社研というのはオール組織だから、まだこの段階は協会員も入っている。だから、では企画担当にちょっとあいつを出せとか、こいつを出すとかいう工作は割合簡単にいくんだ。私が東京で依然として力があれば、何いってるんだ、とこうなるんだけど。

その証拠には、次の大会では組織局長には国労出身のおとなしい参議院宮城地方区の戸田菊雄というのを出して、船橋と交代させているんだ。船橋もかわいそうに一年あまりで組織局長オーライになって、飛鳥田さんのところに行くんだから。

――こういうことですね。曽我さんに船橋をぶつけて勝った。そしたら今度は船橋に戸田をぶつけて落とした。こういう事ですね。

そうだ。船橋に対しては、曽我を落とした―つまり社研を落とした、けしからんといって次の段階に戸田を出して、それでこいつを落とそうとした、とこういうわけだ。

しかし、この定期大会では、江田派は江田の副委員長立候補を取り下げ、役員総退陣を打ち出したため、船橋は立候補しないことになった。この大会のもう一つの特徴は、これまで機関紙局を握っていた森永にかわって協会派の山本政弘が入り、以後機関紙局を協会派が握ったことだ。

派閥内部でも、派閥のそれぞれの県の代表が入るでしょう。じゃあ今度はうちのところからこういうのを出してくれ、と派閥内で調整し、役員を最終的に決める。この段階で私が東京を去った後、東京から私を推す人はもういないじゃない。皆さんはいなくなっちゃうし、力がないんだから。

だから要するに企画担当中執以外には当選できない。なぜかというと企画は二名だから。左右社会党の象徴だから。ここに私を出すということ以外に、私を早く本部に復帰させる道はないんだ。だから企画担当中執というと、そこに他の県をうまく利用して別な候補を持ってきて、私が出られないようにする。レフチェンコがいったような工作がある程度可能なんだ。このキングというのが社会党の有力なリーダーで国会議員候補。レフチェンコから選挙資金等を受け取ったという。一〇年後にキングは東京の今正一だったというのが、文芸春秋で暴露されるんだが。

——七二年も七四年も立候補されたんですか。

左派内部で調整がつかない。なぜかというと私の母体の東京が、もう私の影響力がなくなっているでしょう。片方は岩手県本部で出してくる。北山という人は悪い人じゃないんだよ。

——立候補しようと思ってもできなかったのが、七七年に結局右派の枠で立候補されたんですか。

右派が譲ったんだ。それは右派が譲らないと、いつまでたってもどうにもならないということが、江田なき構造改革派もわかって、川俣を企画担当中執から降ろして、曽我をそこに入れてしまえ、ということになったんだ。その時の二人いる企画担当中執のもう一人の相手は岩垂（三月会）だが、彼は「曽我さんと一緒にやっているんじゃ、私はどうにもならないから」、と急に辞めちゃう。それで専従者をここに持ってくる。それが機関紙局長の大塚俊雄だ。彼は協会だが非常にタチのいい人だから、ほとんど私のいうことを聞くようになってきて、もう一回学者を集めなおして、「平和経済」の方の学者にマルクス経済学の宇野派がいたから、大内秀明以下みんな来るわけだ。このままじゃこの党はダメになるというんで、そこから協会規制、新宣言への歩みが始まるわけだ。

——曽我さんをもう一度担ぎ出そうと画策した中心人物というのはいるのですか。

それは山形から出てきた安宅恒彦という、当時の社研の事務局長。彼は私が落っこちた時の社研の事務局長だから、責任を感じているわけ。私は浪人中、その安宅のところに間借りして、どっちが先生だかわからない、あそこには先生が二人いる、とかいわれていたんだ。六年間先生が二人いたんだ。

それで浪人中何をやっていたかというと、一つは社研全国組織の整備。まず社研の中に左派同志会というのをつくった。これは中国との関係もあるんだがね。中国派でしかも協会と明確に戦えるやつ、というんで。それと機関誌だ。『しんろ』といった。これは社研ではない。社研では当時はここまで書けない。

それを援助していろいろやってくれた人が上原篤という、社会党の中では珍しい軍事問題研究家だ。この人は戦前、築地小劇場の助監督をやって、左派だというので追われて、いまの長春（当時新京）にあった満映に行った。満映の助監督かなんかで、戦後も中国へ残って吉林大学の日本語の先生をした。

その事務所が新大久保にあって、「しんろ」を発刊して協会をぶっ叩き、ソ連攻撃をやった。ソ連批判の悪い奴というんでプラウダに私は何回か載っているんだ。それでレフチェンコの、けしからん奴がいるという話はわかるんだよね。

――レフチェンコがそういうのは中ソ論争と何か関係がありますか。

ありますね。私はその頃、とんでもない野郎が社会党にいるというんで、時にプラウダに出ていたんだ。浪人中、「しんろ」を出して、協会・ソ連をやっつけたろう。ここにあるのが向坂批判論文集。これに出ているのが、典型的な社会主義協会の組織表だ。党改革推進グループというのをつくって、「党改革委員会の討議経過の要点と中間総括について」、「向坂派の社青同占拠と党への全面介入――一九六五年〜現在」。前に述べたが、西村真次というのが私のペンネームだ。この頃は全部、西村真次で書いてるんですけどね。

――それはいつですか。

発行日は一九七七（昭和五二）年六月一五日だ。私が復帰したすぐ後に協会規制が行われたんだから。

――規制の任務を持って復帰したんじゃないんですか。

そうだ。しかし右派の枠で入ったんだ。

――企画担当に立候補したいというと、どういう手続きで出られるんですか。

それは代議員の推薦がなきゃダメ。全国大会では三役が三〇名、普通の中執が一五名。だから私を役員にするには、定数二名ワクの企画担当以外にないというわけだ。他のポストに持っていったら必ず対立候補をぶつけられる。それで六年浪人したわけだ。
向坂逸郎は七〇年代に入ってから、とくにモスクワとよくなった。前にも言ったとおりそれまでは共産党を経ないと、向こうの中枢に会えなかったのが、直結するようになったといわれている。ソ連共産党としても相当向坂を重視したんだね。
それで向坂が、もう日本共産党もダメ、中国といい社研もダメだから、社会党内にやっぱり「左社綱領」と「道」に沿って、自分の考えた党をつくろうとしたんだな。

新宣言まで長すぎたブランク

私が六年浪人して帰ってものすごい勢いでやって、それでようやく八六年に「新宣言」までこぎつけたんだからな。

――あれは本当によくあそこまでやれたと思うんだけど、社会党にもう体力は残っていなかった。それを生かす体力がもうなかった。

そうなんだな。私が六年間いない間、党の改革は本当に進まないいんだもの。復帰して一気にまたバタバタと進んで、したがってその頃雑誌「選択」（一九八一年二月号）なんかに書かれているのは、全部その時でしょう。私が役員になっている時だけなんだよ。全部企画担当中執・副書記長の時だ。私が落ちて、その後執行部をやったのが成田と石橋だろう。これはもう協会の上へそのままのっかっちゃったんだね。私が辞めたのが七〇年だから、これから七七年に帰るまではおおよそ協会全盛時代といえるかな……。

下平正一の葬儀の帰路、諏訪湖にて社研の仲間と。左から著者、藤田高敏、笠原昭男、沖田正人（1995年9月10日）

社会党都本部第2回同窓会（2003年2月15日）

第一三章　社会党の外交・私と中国

ここでは私と中国の関係、つまり戦後の日中関係ということになると思いますが、日中交流の歴史に果たした社会党の役割と、そういう状況の中で曽我祐次がどんな位置でどんな仕事をしたか、話をしたいと思います。

積極中立外交が基本方針

戦後、野党第一党の社会党の外交方針（とくに左派）は、結局、東西両陣営どちらにもつかない積極中立外交、あくまでも中立で行く、という基本方針を決定した。この自主中立路線については、当時から社会党内には左右あるいは中間派というものも入れて、若干の対立はもちろんあったんですが、西尾グループが抵抗したくらいだった。そのころ朝鮮戦争（両陣営の代理戦争）が起きて、これは自主中立路線の日本社会党の立場として、また日本の立場としても本来あるべきいちばんいい姿ではないかということで、若干の対立はありましたけれども党は一応まとまっておりました。

従って朝鮮戦争が起きた時も、どちらにもつかない。つまり南朝鮮にもつかないし、北朝鮮の側にもつかない。そういう中立の立場に立っておりました。もちろん我が国にはまだその頃は、自衛隊というはっきりしたものはなかったけれども、マッカーサーとしては自衛隊の前身になる警察予備隊をつくって、できればそれでもいいから米軍の後方支援部隊として、戦場に送りたい気持ちがあったようだが、これにも加わらずに朝鮮戦争というものを経過した。

この意味においては日本は非常に不幸中の幸いであった。

そこで戦後、社会党が中国との関係においてどういう役割をしたかというと、まず第一に当時中国に行くことは大変で、北京に行くには、ソ連を回っていかないと行けなかった。政治交流でいちばん早いのは一九五二年、帆足計という、このときは社会党ではなくて緑風会ですが、その後社会党に入って衆議院議員になる、この人が当時行きまして、中国側からみると第一次の貿易協定を結んできた。

そのあと国交回復以前に、片山哲、浅沼稲次郎、鈴木茂三郎、佐々木更三、成田知巳など社会党幹部が社会党の団を率いて中国を訪問し、その都度共同コミニュケみたいなものを出しながら、日中の正常化、国交回復を導く役割を果たしました。とくに浅沼稲次郎が六〇年安保の直前に「アメリカ帝国主義は日中共同の敵」という名演説を北京で行い、これをめぐっては党内外に大きな波紋を投げかけたが、浅沼は人民解放軍のいわゆる人民帽をかぶって羽田空港に降り立ち、自分の言ったことは間違いないと毅然たる態度をとって帰国した。当時の社会党がこれを支持し、この浅沼発言の背景で安保闘争に突入する、ということになったことは、周知のことだと思います。

自民党の方はどうかというと、やはり主流は親台湾派で、名前を挙げれば椎名悦三郎、船田中、灘尾弘吉、藤尾正行、渡辺美智雄、中川一郎、石原慎太郎、中山正暉、浜田幸一、こういうのを抱えて当時の自民党が存在していたわけです。こういう中で台湾を切って北京の中華人民共和国の方と正常化するということは、非常に難しい政治状況でした。そこでどういうことになったかというと、貿易協定、民間貿易協定をまずつくる。いわゆるLT貿易ですね。中国側は廖承志。この人は中日友好協会の会長を兼ねていました。Tの方は高碕達之助です。これが一つ民間貿易ということで中国との交流を広げていく。その次はいわゆる文化、スポーツ交流。さらにピンポン外交と称するやつがでてきまして、これがその幅を広げていく。

周恩来の信頼が厚かった松村謙三

そういうものの上に立って政治交流が行われ、保守の側からも先見性のある政治家が現れました。それがまず松村謙三です。この人はパージにもなった方ですので、ご自分の戦争中の、とくに中国に対する対応を深く反省して、なんとか日中の国交回復をしなければならないということで、これは岸内閣の時ですが訪中し、周恩来総理と四回にわたって会談をして周恩来を大好きになりまして、周恩来もまた松村謙三の誠意と言いますか、心に打たれて、両者は急速に深い関係になりました。

もう一人は三木武夫です。これは国民協同党という自民党ではない政党の党首として登場しまして、右翼の脅迫が相当強い中で、日中のために努力をした人です。その次に挙げられるのが小坂善太郎。これは長野県出身の自民党代議士ですが、これも日中のために努力をした人であり、それから宇都宮徳馬。これも自民党の中では変わり者でありますが、この人もやはり保守の中では先駆的な役割を果たした人であります。

その他に大きく戦前からを含めて挙げられるのは石橋湛山でして、この人は戦争中といえども日本は直ちに満州、あるいは朝鮮を放棄して小日本でよいが、どこからもとやかくいわれない、立派な美しい日本をつくるべきだというようなことを、東洋経済という自らつくった雑誌の中で堂々と展開した、先見性のある日本のリベラリストの中の先駆者の一人といわれる人です。

石橋湛山は親中派というところだけではくくり切れない、もうちょっと大きな人物ではないかというふうに思われます。この石橋の日中に果たした役割は大きいんですが、残念ながらこの人は内閣をとったけど、病気のために首相をすぐ辞め、岸内閣になってくるわけです。

共通していた贖罪意識

そこでまた社会党に戻りますが、社会党は日中国交回復を、朝鮮の南北統一ならびに日本との正常化ということと並べて非常に重要な戦後外交の大きな課題として取り上げまして、歴代の委員長が中国に行き、中国もまたそれを迎え入れて、その都度共同声明などを出しながら日中の正常化のために努力してきました。

この段階における日中推進派の心情を申し上げておきますと、これは私自身もそうでありますから、まず第一に日中戦争をやり、これは支那事変という形で戦争とはいわなかったんですが、事実上これは日中戦争という方が正しいんですが、長い間ともかく中国の人民に迷惑をかけたという贖罪意識というものが、まず当時日中をやる人の中には共通してあったと思います。これは保守革新を問わず、この気持ちを持った人が、まずどうしても日中問題なり朝鮮問題をやらなければいかん、ということになったと思いますね。しかし同時に中国の場合は共産主義国家ですので、それはスターリンの共産党と毛沢東の共産党は違うんだということは十分承知しながらも、やっぱり日本の共産党を除いては共産主義に対する一定の警戒心というものがあった。しかしそれは国交回復の妨げにしてはいかん、各自が警戒心を持つことは自由だけども、それによって国交の正常化を遅らせるということにはならない。だいたいこういう気持ちでみんなまず民間レベルにおける日中友好、そしてまたできるだけ早い国交回復、そういうことを目指して努力したと思います。

一九六四年の最初の訪中で毛沢東に会う

私個人の話にちょっと戻りますが、私個人としては一九六四年七月に第一回の訪中をするチャンスに恵まれました。これは中国の方から、社会党の左派の活動家の代表団をつくって訪中してほしいという要請もあり、第一回の訪中ということになりました。

私がたまたま東京都本部の書記長ということで、結果として私を団長としていくということになったわけです。その時に、毛沢東主席と会うということになったわけで、しかも質問のチャンスを得たわけです。

それに対して毛沢東はかなり積極的に答えた。それはこの旧い「社会主義の理論と実践」という社会主義研究所の雑誌に残っているし、太田勝洪という人のつくった「毛沢東外交を語る」という本の中にも全文載っています。

そのとき、毛沢東はすでに文革を志していたと思う。というのは、そのときに毛沢東に会ったのは、地方の活動家も含め、社会党左派の五つの団からなる訪中団だった。これは反構造改革闘争で、江田派に佐々木更三が党大会の選挙で負けたあとのことだった。当時、国際共産主義運動の流れからいうと、やっぱり構造改革は右派なんだな。だから毛沢東からするとあれは修正主義。皆さんは社会党だけども反構造改革だから、日本共産党よりもいい。毛沢東流の解釈でいくとそうだからね。そういう雰囲気でした。

そのときは黒田寿男、佐々木更三、岡田春夫、北海道の荒哲夫だの、あと細迫兼光が行ったのかな。それで各団の団長に、五分ずつ質問してよろしいという話があった。私は社会主義研究所の訪中団の若き団長（三九歳）ということでした。私が都本部の書記長になって二年後か三年のころだ。

先輩諸氏が質問したんだけど、要するに毛沢東からみると、あまりいい質問がなかったんだな。細迫がとくに、戦前の日本の弾圧はものすごく厳しくて大変だったと、毛沢東主席も奥さんを亡くされ、殺され、いろいろあったけど、最後の移動（長征三千里）は大変でしたねと、そんな話をして、毛沢東がいや、それはまあ革命の戦いには当然のことであって……と、あんまり泣き言ばかりいうから……やさしく応答した。

最初はあえて貴重な時間をいただいて結構だというような、ありきたりのご挨拶だ。それで、毛沢東はいい加減くたびれてきたんだな。そこで最後に私に質問が回った。だからいったよ。中国共産党にはいくつかの党内対立、問題があったでしょう。われわれもいま、党内闘争やってるんだが、中国共産党の党内闘争について語ってくれといったら、毛沢東は「そのことについてはいささか私もいう資格がある」と。こういう前置きで、一番長く私の質問に答えた。

要するに構造改革は、修正主義者によって打ち出されていて危ない。あなた方は共産党ではなく社会党だけど、構造改革に反対しているのだから、われわれと同じ立場に立っている。こう切り出したからね。

その上で、私が派閥闘争の展開もふくめて質問した。当時の毛沢東は社会党の構造改革反対のグループが来るというんで、南方から北京に来て、われわれに会った。よくしゃべってくれたよ。そのときは思わなかったが、いまから思えば、毛沢東は「文化大革命」を志していたのだと思うね。だから、これはいい質問だと思ったんだ。

それから喬冠華という当時の外務大臣が一緒にいた。その喬冠華がのちに江青にうまくやられちゃって。文革派の一人に……。いい外務大臣だったけどね。中国が国連に加盟したときの喬冠華演説は、今でも通用するよ。社会党の成田と喬冠華が茅台酒を三〇杯ずつ飲んだ、という話が今でも語り継がれている。

炯眼だった周恩来総理

それから一九七〇年、私は都本部をやめて一時、本部の組織局長になった。その時、第五次の成田訪中団に私も参加して、周恩来総理とお目にかかることができた。その時は共同声明の作成が議論のため一日延びました。そして翌日の昼に周恩来総理が人民大会堂で昼食会を催し、そこで親しく会うことができました。

この時、周恩来総理は公明党のことを聞くんですな。公明党というのは社会党さん、どういう党でしょうか、と成田に聞いたら成田が、いやそれは私よりもそこにいる曽我君の方が詳しいから、と私にまわしたので、私の方から周恩来総理に、公明党という党は中道の宗教政党で、創価学会の親方も中国に関心を持っていると、かいつまんで話をした。一九七〇年ですね。一九七二年国交回復の二年前です。

私は後になって周恩来総理というのはなかなかの炯眼、先を見ることのできる目があるということをつくづくと思った。公明党という党が日中正常化のために一役買うという役割を果たす、一つのきっかけになったというふうに思います。

党の役員としてこういう偉い人に会うというのは、大方の活動家団じゃちょっと無理なんですが、私が鄧小平に会ったのは一九七八年です。この時は社会党本部の田辺書記長の代表団で行きまして、一緒に会いました。鄧小平とは私個人が発言するような場は、特にありませんでした。

あとは華国鋒という人がおりまして、この人は毛沢東主席が死ぬときに「お前に任せれば安心だ」と言って権力移譲を受けた人で、湖南省出身。農業問題についての権威といわれ、湖南省の書記を長くやっていた人で、いったん主席になりますが、その後すぐ終わりになる。

どういうわけかこの人とは三回くらい会いました。ちょうど私が浪人していて、従って毎年活動家団を率いて中国に行くと、中国も文革がようやく終わった段階で、華国鋒が党中央に上がってきて公安部長もやり、それから副主席をやり主席をやると、行くたびに偉くなっていく。その華国鋒と人民大会堂で会ったことがあります。

あとは残念ながら途中で失脚するわけですが、胡耀邦と会いました。これは私が本部の副書記長になった段階で、話をするチャンスをもらいました。胡耀邦という人は非常な愛国者であるが、同時に強い国際主義者でもあった。つまり今中国でも問題になっている、愛国と国際主義というものをどういうふうに調整両立させるか、ということが中国共産党内部でも議論があったようですが、胡耀邦は当時からその点に非常に配慮していた。

中曽根首相の靖国正式参拝で対立するんですが、中曽根がそれを思い切って止めたあとは中曽根と大変ウマがあいまして、三多摩の奥の中曽根の庵まで訪ねて、それで歓談したという非常な親日家です。この人は実は胡錦濤と同じ青年団出身で、そのグループのトップを切って主席になった人です。当時胡耀邦、胡啓立、胡錦濤が三胡といわれて、これが中国を近代化、民主化していくんじゃないかと大いに期待をされていた。

残念ながら胡啓立は天安門事件に引っかかってしまって、それで党の幹部をやめる。胡耀邦は国際主義と民主化の進化といいますか、そういうものにあまり早く手をつけすぎたということも含めて、党内批判を受けて任期半ばでやめるということになった方です。ついでに申し上げますとその後を継いだ趙紫陽も、残念ながら天安門事件で失脚ということになります。

毛沢東の評価はプラス七対マイナス三

今の段階では、中国共産党というのはマルクス、レーニン、ここまでは残した。スターリンはダメ。昔はスターリンはいいといっていましたが今はダメ。毛沢東については評価が出ておりまして、三対一、あるいは七対三というい方が多いかもしれません。プラスが七でマイナスが三ということであります。三の方に当たるものは何かといえば、やっぱり経済政策、農民運動、農業政策ですね。人民公社をつくって、結果としてそれが農業生産に当時プラスにならなかったというか、農業を中心とする経済政策の失敗というのが、七対三で行くと三に当たる。しかし全体としては中国を解放して革命を成功させ、今日の中国をつくったのが毛沢東だ、という評価になってますね。

その後、国家権力の長というところからいえば、華国鋒と胡耀邦と趙紫陽が続けてやるんです。しかしこの時代はもう事実上の鄧小平時代になっていた。鄧小平はナンバーワンにならない人なんだね。常にナンバー二の位置にいて、ナンバーワンを裏から指導したという形が鄧小平時代の特徴です。

そういう意味からいうと未だに華国鋒、胡耀邦、趙紫陽、これについての評価はまだ出ていません。一般論としては鄧小平はいい、ということになっているんですが、私はこの鄧小平時代という、しかもこの三人のキャップが生まれたわけですから、これの総括はいずれ中国共産党は出すと思うし、出さざるを得ないことになると思っています。その後、江沢民、胡錦濤と続くわけで、ここらあたりから年齢によって幹部の交代をするという一つのルール作りができたわけです。いわゆる「留七下八」です。

それで日中関係で私が親しくお付き合いをし、相互に影響力を行使し合った人を挙げろといえば廖承志、孫平化、張香山。それから廖承志とほぼ互角ですが趙安博ですな。ただこの人は早く亡くなっちゃったんで二回しか会ってません。その下にいた劉遅、こういう人ですね。

それから後はまあ官僚というか、そういう人の中で特に挙げれば中共中連部では喬石、戴秉国、王家瑞等、外務官僚で大公使になった人で楊振亜、それから武大偉、王毅（現外交部長）ですね。北朝鮮大使をやっている劉洪才、中日関係史学会理事の李建華、それから今バングラデシュの大使をやっている李軍、中共対外連絡部では趙世通、沈建国、そして現駐日大使の程永華、林欐参事官、大体主だった人をいえばそういうところだろうと思います。

日中国交回復で逃した大役

それからなぜ社会党が日中国交回復時に公明党の役割ができなかったか、というのですが、これは社会党の弱点を申し上げることになります。社会党は幅が広いですから、いわゆるソ連と近い人、中国と近い人、あまりアメリカに近い人はいないんだな、河上民雄ぐらいで。社会民主主義を目指すということですから、もっと広くてもいいんですが……。

一九七二年になってようやくキッシンジャー、ニクソン訪中というアメリカと中国の関係の転換、中国とソ連が完全に相対峙することになる。そういう変化の中で日中正常化、国交回復のチャンスが回ってきたわけです。佐藤内閣が終わって、自民党で激しい派閥闘争があり、田中角栄が総理になってくる。日本側でも新しい状況の中でチャンスを迎え、中国側はもう十分な準備をして、この国交正常化を受け入れる準備ができてきた。それが一九七二年なんですね。

その七月に佐々木更三が、前社会党委員長というので周恩来に招かれまして、正常化について見解を尋ねられました。佐々木は今はチャンスだ、本来は社会党が政権を取って日中の国交回復をやりたいんだけど、残念ながらわれわれはまだ政権には及ばない。社会党はどうすればいいのですか周恩来さん、と聞いたら、周恩来はにっこりと笑って、もう、そういわれる以上、この際このチャンスを逃してはいけないというのでこられたんでしょう、という話になった。

それで佐々木も腹の底を見透かされたと悟って、「私は田中に会ってきましたが、田中も正常化に踏み切る決意は持っているけれども、まだ危ないところがある」といったら、周恩来が「佐々木さん、こう伝えてください。田中さん、中国に来たときはわれわれは決してあなたに恥をかかせない。こう一言、佐々木先生から言って頂ければ大変ありがたい」という話になった。

佐々木さんもなかなかしつこい人ですから、「ところで先生、今まで日中で色々努力してきた人達を忘れては困りますよ」といったら、それはもちろんです。井戸を掘った人のことを忘れない、というのはこれは私のモットーでもある。今までやってこられた社会党はじめ野党のみなさん、あるいは民間の有識者、あるいは民間の運動家そういう方のことについては決して忘れません。そういう方々があって今日がある、ということはよくわかっている、という言葉を引き出して帰ってきたんですな。

考えてみるとこの時期は公明党はまだ出来立てホヤホヤの党なんだから。その後公明党の竹入義勝が行ったんだが、これはなかなか大変なんだ。メモですからね。当時の田中内閣は共同声明の主要な部分のメモ、戦後賠償をどうするのとか、あるいは台湾はどういうふうにやるのかとか、そういうメモをもらいたくて仕方がなかったわけだ。佐々木が帰ってきて、恥をかかせないというからいいんじゃないか、というんだが、やっぱり外務省を含めて念には念を入れると。だから共同声明に向こうが入れたいという、その主要な項目を貰ってこい、なんとかそれが手に入らないか、というので中国側に打診した結果、それは竹入公明党委員長が適任だ、ということになって竹入が行くんですね。

もちろんその背景には池田大作がいたことは間違いない。池田大作は抜かりない人なんで、最初はやはり布教のために中国に。中国は人口も多いし、昔は一応仏教国の時もあったんで、要するに創価学会の布教ができないかと思って行ったんだが、意外に中国ではできない。ある意味では中国人は非常にリアリストですから、創価学会のリアリズムのあの三原則（利・善・美）ぐらいだけでは、中国人がそれに飛びつくということには、なかなかならない。布教には成功しなかったけど、中国というのは大きな国だし、これは日本にとって切り離すことのできない国だ、という歴史の背景もあることから、なんとか周恩来総理に会いたいというので、周恩来に会うことができて、以後周恩来と池田大作との関係ができたんです。

ですから池田が裏で竹入に行けといったんだが、竹入にしてみると、やはりこれは社会党に次いで野党の第二党の委員長として、田中の方から要請されたから行ったんだ。これは宗教家のやることではない、やるならば政治家のやることだ、というんで本人は行って、確かにお使いを果たした。成功した。あのときは田中角栄総理、大平正芳外務大臣だからね。これだけメモをもらえば必ず成功できると、非常に喜んだ。恥をかかせないといっただけではちょっと足らなかったね。そういうことが逸話として残ってるわけ。

今から考えてみると、中国が竹入にそれをお願いしたというのは、もちろん池田大作の影響力もあるが、本当は、社会党は成田が行ってないんだよ。この時成田が委員長ですからね。成田という人は明確に親中国の人で決して親ソではない。約束も守れる、秘密も守れる人です。あるいは佐々木が行ったときに、もう機は熟していたんだから、佐々木に渡してもいいじゃないか。当時の社会党と公明党の議席差その他を考えるとウエイトが全然違うんだよ。別に公明党を外しても、正常化は行くわけだ。

それがなぜかというとやっぱり、反覇権の条項が入ってくるでしょう。当時、反覇権といえば、それはアメリカではなくてソ連なんだ。社会党の中に相当根強いソ連派がいますからね、これを通じてソ連の方にそのメモが流れることを非常に心配した。そこに竹入という人が格好だというんで、そのメモをそちらに回した。これはどう考えてもそうだし、公式には中国はいわないが、私の中国の友人に何回かその話をしてみたが、みんな笑って、笑ってるということですな。だから否定はしていない。それが真実なんです。

共同声明で苦労した覇権条項

私が最初に訪中した六四年には、受け入れ窓口は人民外交学会でした。それから中日友好協会になった。かなり友好協会とやった後、共産党のいまの中連部が出てきて、友好協会の代表が呼ばれてやっぱり指示を受けるわけね。それがＯＫを取るまでの話がなかなか大変なんだ。

意見の合うところはいいが、意見の合わないところはまあ大変だ。とくに覇権という問題を中国共産党がいい出してからだね。覇権＝ソ連のことだから。この覇権という言葉を共同声明にどういうふうに入れるかということで、えらく苦労した。

私も第五次訪中団（一九七〇年一〇月）では成田と一緒に行ったからね、この時は石橋（当時国際局長）も行っているんだ。このときの覇権の話の問題は、向こうは一つ二つの超大国の覇権主義、こういう言葉が中国では常用語になっている。だからこれを入れてくれという。当方はそれはとてもダメだ。当方にはソ連もいいという人がいるんだ。中国もいいという人もいる。両方いいという人もいる。色々あって、そういう決めつけはできない。

困りますな、共同声明ができないから万里の長城にでも行きますか、というような話になっちゃうんだ。それじゃ困るんで、なんとか覇権という言葉を使って一致する点を見いだせないか。覇権が反対だというのはいいんだよ。だけど覇権というとすなわちソ連、というものを当時はどうしても想定しちゃうわけね。結局、いろいろやった結果落ち着いたのは、〝覇権国〟という言葉をつくった。一つ二つなんてそんなことをいう必要はない。覇権国は反対だ、という言葉に結局詰めて詰めて、向こうも了承したんだ。

それで第五次共同声明というのができた。ところがそれが今度英字新聞になるとだ、一つ二つは入れないよ、でも countries になっているんだ。それで石橋が怒った怒った。それ見たことか。この代表団は覇権国というので妥協してきたけど、見ろ countries だと。それで抗議しましょうと。抗議したって、それはもう後の祭りだ。そういう後日談があるんだ。我々も覇権国ということを考えついたまではよかったんだよ。向こうが一つ二つの覇権主義反対というんだろう。複数はダメだと。

文化大革命と社会党

――文化大革命というのを社会党はどうとらえていましたか。

文化大革命というのは当時の中国共産党内で、最初は継続革命という議論があった。革命というものは毎日毎日が革命だということで行かないと腐っちゃう。だから共産主義へ行く過程はともかく革命の連続だと。それがだんだん文化大革命に変わって来ちゃって、古いものを全て壊さないとイカン、だから仏像とかなんとかいうものは全部ダメ。さらに今度は賄賂みたいな、それは普通の贈り物でももらってもダメということになった。だから日中関係者は割合やられたんだ。お土産を交換するというのは、日本・中国で割合昔からあるんですよ。それとなくお土産をもらってどっかに置いておくと、文革の時に青年が来て、これはダメだとやったんだ。

要するに、毛沢東の継続革命論というものが下敷きにあるんです。それはなぜかというと、ソ連批判なんだ。ソ連を見ているとスターリン以後、変わってくるわけだな。スターリン批判もやってるが、以後だんだん革命が

第５次訪中団。２列目左から伊藤茂、高沢寅男、著者、石橋政嗣、周恩来。書名しているのは、左は成田知巳、右が郭沫若（1970年10月）

胡耀邦中国共産党主席と会談（中南海で、1983年）

修正されておかしくなってきている、あれはイカンということで継続革命論というのを毛沢東が出す。しかし結果的には古いものを潰せという、造反有理になっちゃうんだ。一言でいうと造反有理になり、何でも全てぶっこわせばいい、古いものは全て悪い、幹部は全部悪いということになってきて。

——社会党としてはどういう具合に見ていたんですか?

私もだから継続革命の時は賛成でしたよ。途中から変わっていくんだ。紅衛兵というものをつくってそれを推進させるという、ここまではよかったんだよ。その紅衛兵が何が何だかわからないが、既存のものは全部悪いと、そういうものを全部壊すのが革命だと、毛沢東先生はそういったんだから、それをやりましょうというんで単純にやっちゃったわけで。周恩来がついていて困ったなと思っただろうと思うよ。鄧小平だってやられたんだから。周恩来、鄧小平が最終打倒目標だったんだ。

——毛沢東の奪権闘争だったといわれていますね。

あの時は党主席と国家主席が割れちゃうわけ。党主席は毛沢東、国家主席は劉少奇だからね。劉少奇は共産主義の教養の書とかいうのを作って、これがなかなかいい本で非常に売れた。だから毛沢東は国家行政の事は一旦は劉少奇にとられちゃったんだ。党主席でいてもうお手上げになったんだが、待てよと毛沢東は考えて継続革命論を始めたわけだね。継続革命論をはじめて、そこにうまく四人組というのが毛沢東にくっついて、国の権力をとるようになっちゃうわけ。出てきたのが文革という名による打ち壊し運動だ。そういう結果になっちゃうんだね。

中越戦争の処理と劉洪才

——ベトナムとの戦争の問題を評価として聞きたいのですが。カンボジアでポル・ポトの連中を後押ししたと

いうこと。なぜ中国はそうなっていったかということと、それについての後始末を中国ってどんなことをしたか。人事を含めてそういったことがあったのかどうか。

これははっきり誰がどういったかということではちょっとわかりませんがね、ポル・ポトの話の方では中国はポル・ポト派をはっきり支持しましたね。私はこの時期一応カンボジアにも行った事がある。タイから、バンコクから入って車で奥の方へ行って、カンボジアに入った。これは軍事機密だというんで、外が見えないようなトラックに乗っけられてポル・ポト派の基地というところまで行って、そこへ二日泊まってきた。ポル・ポトとは会えなかったんだけど、ポル・ポトの次の人、イエン・サリ、それからイエン・サリの奥さんにそこで会った。いくらかのカンパを持って行ったんだ。日本・カンボジア友好協会というんで団長で行ったんだ。佐々木更三がその日本側の責任者をやったことがあるんだよ。

――七九年に中越戦争がありますね。鄧小平が日本に寄ってベトナム制裁とかいっていた。

つまり国境線を巡ってやったわけね。中国にしてみれば、自分のところも経済再建中で食うや食わずなのに、反アメリカ、ベトナム支援で相当な物資を送ったことは間違いない。ホーチミン・ルートというのを作って。確かにそのルートの入り口まで行った。シイサンバンナというところにいくと、その奥がメコン川の流れで国境になるんだ。それに入る道路がついていて、これは昔のホーチミン・ルートだということをいっていました。

ポル・ポトはその時の政権だからね、ベトナム戦争では一緒にベトナムで米軍と戦ったわけだ。あれが終わった後、ずっと引き続いて毛沢東思想を中心にやって、文革のカンボジア版をやったんだ。とくに仏教徒を狙ってやったわけじゃないが、仏教徒という特権階級を置いておけばダメだ。だから全部こいつらはやっちゃうんだ。労働に服するという意味でかなり弾圧したことは間違いない。あれも広い意味の毛沢東思想というふうに受け止められていたと思うよ確かに彼らの奪権闘争である部分、文革を始めるでしょう。毛沢東思想のあれと共通性がありますよ。毛沢東の指導というものがああいうところに出ちゃうんだな。あれも悲劇といえば悲劇だ。だけどベトナム戦争の時、カンボジアは相当勇敢に戦ったんですよ。私がむしろ世に知られていないけどおかしいと思うのは、あの解放戦線がいつの間にかなくなっちゃった。ベトナム戦争終了後、全然影も形もないんだ。

中越戦争というのは要するに国境線問題が発端だが、平和的に解決しようというので話し合いでやったが、いつまでたっても埒があかないので鄧小平が頭に来て、武力を使ってやれ、そうしないとベトナムというのはわからないということになった。ベトナム戦争では散々中国の応援で恩義を受けたのになんだと、こういう格好で始まっちゃったんですよ。それで中国解放軍の中でもあそこに行くのは嫌だというので、鄧小平は自分が持っている新四軍というのを向けた。彼はあんなに身体は小さくても、やはり解放前から軍を持っていたんだ。ところがこの新四軍はずいぶんやられて、戦死者が多かった。

ちょっと鄧小平の勇み足じゃないかという話があった。鄧小平は一時は非常に孤立して追いこまれた時期があったそうだ。ベトナム軍は米軍と戦争をやった直後だし、米兵が置いていったいい武器も持っていた。そこが計算違いだった。武器がものすごくいい。だから一時は中国側が押されて、どうやって収拾するのか大変だった。

その後、国境線問題を粘り強く解決したのが劉洪才なんだ。劉洪才が中連部のアジア局長だった。両国の外交部が外交部同士ではもうダメだ、やはり党同士でやってもらった方がいい。だからこれは中連部にお願いしますということになった。中連部は昔はコミンテルンだから、共産党を相手にやっていたからな。たまたまそのアジア局長に劉洪才がいて、ニコニコ笑ったり、彼一流の粘り強さとで成果をあげ、偉くなった。それでばんと中連部の副部長になる。

当時彼が担当していたのはアジア二局長で、アジア二局というのは日本、朝鮮、ベトナム、モンゴル等が担当だ。アジア一局はインドとか、東南アジア全域だ。彼が局長をやっていたときに、ちょうどおはちがまわったわけだ。中国の中連部と外交部を見ていると、いままでは北朝鮮は中連部が主にやっていた。昔の社会主義国はだいたい中連部だ。キューバもそうだ。それもあってか彼は北朝鮮大使になった。

――中国の場合は国務院の外交担当が中連部と外交部の両方をやっているという関係ですか。

国務院というのは副首相級だね。　副首相が中連部の上にいる。政治局に入って党主席直轄の外交小組みたいなのができて、それが外交部と中連部の上にいて、小組の事務局長的役割を果たすのが国務委員（副首相級）だ。それに中連部から行ってずっとやっていたのが戴秉国。あの人が今度は定年でやめたね。尖閣問題もあの人がいればと思うんだけど、後任がまだ決まらない。いまの外交部長の楊潔篪が行くという話もあるし、いまの中連部長王家瑞がそっちに回るという話もあるんだね。だけどいまの中連部長ではちょっと。あの人は中央委員ではあるが、政治局員じゃないからね。やっぱり政治局員でないと国務委員副首相級というふうにはなかなかならない。実際の外交の中心部分ですからね、ちょっと難しい。外交部長の楊潔篪は親米派だからアジアはどうかな。アメリカ外交には中国側もかなりアメリカを向いているもんだからね。そういう点はなかなか難しいね。

二〇一三年二月六日の日経新聞では、外交トップに揚外相とある。今の外務大臣楊潔篪ね。これが要するに国務委員になって戴秉国の代わりをやると。外交担当国務委員は総書記をトップとする党中央外事工作指導国務委員、外交工作指導国務委員の秘書長役を兼任する。これが役割なんだ。それに楊潔篪がなると。今の次官に張というのがいるんですがね、この人が党の外交を担う党中央対外連絡部、中連部にいたんです。この人が外交部長になるんじゃないかと日経だけが報じているんだがね。果たしてそうなるかどうか。普通なら大抵追いかけるんだが、他社は黙して語らずだ（結果としては後日、日中関係を長くやり台湾担当の責任者であった王毅が外交部長となり、王家端は中連部長に留任）。

攻勢に転じた中国の外交政策

今度はこれからの中国の外交問題だと思いますが、中国の戦略で対日、対ソ、対米、対朝・韓、対ＥＵその他とあるんですが、その前に若干中国の外交政策をいっておきましょう。昔は平和五原則で、毛沢東・周恩来の時はそういう平和五原則の立場で大体の問題が処理できたと思うんですが、鄧小平の段階になってからは、なかなか難しい局面が中国の場合もあったと思いますね。つまり改革開放政策で国を開いた。経済を発展させると、そのためにはどうしなければならないかと、いうことになってきた。

鄧小平の外交路線というのは、改革開放に乗り出した時の段階と、その後ではだいぶ違うんですね。中国というのは五年に一度、全世界の大使公使を集めて会議を開いて、そこで外交方針の具体的な指針を出すそうです。それによると二〇〇四年は平和互恵の協力環境、友好善意の世論環境、そういうもの等四つの環境を整備するよう指示を出した。これはまだ中国の力、経済力も含めて力が十分ないなかで、「環境を整える」ということに、四つの環境を整備するような指示が出ているんです。

ところが二〇〇九年七月に同じ会議があって、それによると、この政治の影響力、経済の競争力、イメージの親和力、道義の感化力と四つの力を強めるように指示が出ている。この二〇〇四年と二〇〇九年の変化というものは鄧小平外交の表現を借りていうと、前者は「韜光養晦、有所作為」、能力を隠し力を蓄え少しばかりのことをする、というところから今度は「堅持韜光養晦、積極有所作為」、能力を隠し蓄える事は堅持するが積極的な外交をせよ、ということに修正された。その背景にはやっぱり中国の経済力の上昇がある。アメリカのリーマンショック等も含め、中国の経済力の上昇が非常に表に出て強くなった。従ってそれに応じた外交の体制を整えるという、大使・公使を集めてかなり具体的なそういう指示が一つあります。

この順番で行くと次は二〇一四年なんですね。　そのときの中国外交の姿はどうなるだろうか。二〇一二年の一一月八日から開かれた一八回大会で胡錦濤が出した、政治報告の中の外交部分を申しますと、対外関係については個別の国への言及はないが、先進諸国との関係を改善し発展させるとともに、協力の分野を広げ、食い違いを適切に処理するむね言及するというのが一つあるんですね。

その次、海洋資源の開発能力を高め、海洋経済を発展させ、海洋の生態環境を保護すると同時に、国の海洋権益を守り、海洋強国づくりに取り組む、という報告を胡錦濤がしているんですね。だからおそらく大使公使を集めた具体的な方針は、これに基づいて出されるのではないかというふうに考えられます。

重視の度合いが低下した対日外交

受け入れ窓口の中連部の諸君といろいろ話をして感じていることですが、まず対日本。戦略の変遷ですね。一、二、三のランクで申しあげます。重視の度合いですね。一がいちばん高い。二は中ぐらい。三がまああまり重視しない。

日本はいま一から二になったようです。対ロシアは一からいったん三になりますが、その次また一です。いまは一です。その次に対朝鮮、対韓国これは最初一ですね。そして二になる。対朝鮮も二ですね。対韓国もいま二です。政党別でいえば対日本共産党、これは一から三。一はコミンテルンの時代ね。あの頃は一ですがいまは三です。つまりあまり重視はしていない。ちなみに日本共産党もいまは中連部を窓口にしていますから、不破哲三がよく中国に行っておりまして、これは理論問題を含めて社会科学院その他ともかなり密接にやっているようですが、中国共産党として、あるいは中国共産党の窓口である中連部としてはあまり重視はしていません。

では社民党はどうかというと、これは一から三がゼロになりそうだ。三もなくなりそうだ。残念ながらそういう状況でして。やはり日本の政党の中でいえば一は自民党でしょう。二は民主党、公明党だ。公明党はかなり一に近い二とみていいと思いますね。あとはみんな、維新の会その他等とかはまだわからない。おそらく検討中でしょう。

戦略の変遷というのは簡単にいっちゃったんですけど、比重からいうとそういう比重になって、日本全体が二になっているということは、いかにもこれは日本側が考えなければならんところだと思います。

今後の問題というので若干申しあげますと、対米をやっぱり主軸にしながら、対ロシアも重視という風に二つの点。いまロシアを超大国とはいわないかもしれないが、大国である事は間違いない。

それで対アジアという観点からいうと日本、韓国、ASEANというふうに見ていましょう。アフリカ、中近東、中南米については、中南米とアフリカにかなり力を入れてますね。中近東はまあお付き合いという程度のことだと思います。

対ヨーロッパもですね、力を入れてますけどやっぱり二の段階ではないでしょうかな。

そういうふうにだいたい見て差し支えないんじゃないか。大きな間違いはないんじゃないかと思います。

領土問題の存在を認めないと難しい尖閣問題

――さっきの胡錦濤の報告、中国の次の戦略、海洋大国ですね。だから南沙諸島も西沙諸島も絶対に手放さないということだろうし、やっぱり尖閣についても中国は妥協しないだろうと思ってるんだけども、その辺はどうですかね。

そこのところが一番頭が痛いところで、戴秉国がそのままやってくれれば、私はこの人が中連部長の頃から四、五回会って心が読めるから非常にいいんだけど、この人が降りて他の人がなるということになると。なんともわからんけど、私の見ている限り、この際中国としてはやはり尖閣では、領有権の問題で争いがあると日本に認めさせる。中国も自分の領土だといい、日本も自国領だという。これを前提にして、それではどうしようか。両方とも俺が俺がといっても仕方がないんだから、じゃあ当面どうするか、というところまで持ってくれば、私はそれで一応収まると思うけどね。

――高村正彦自民党副総裁が安倍は日中関係は改善するといっているという話は、なにか中国とのパイプを持っている人がいるということなんでしょうか。

いやいまのところ自民党にも、あまり昔のようにこれという人がいなくなってるな。ただ要するにこれまでは棚上げにしてきて、事故が起きたときは現場で解決しちゃうということにしてきていた。そういう奴を捕まえたりなんかして、日本の法律で裁くというようなことになると、それは国有化と絡んで、日本のものだから日本の法律で裁くということになってしまう。

日中漁業協定というのがあって、その中に言わず語らずの条項があるんだよ。つまりそれは元に返すというやつだな。その日中漁業協定でやれば、この間の中国漁船が尖閣でぶつかったときも、あそこまではいかなかった。それを前原誠司が意識的に、自分がたまたま国土交通大臣だったからね、今回はこれだけやってきたんだからこの際というんで、いきなり日本の法律で始まったわけですよ。始まれば公務執行妨害も含めていろいろあるわけだ。そっちに回したところ戴秉国が怒っちゃって、日本の駐在しているどっかの建築会社か何かの二人を、外国人が無断で入っちゃいけないところに入ったというそれだけの理由で引っ張った。もう一つはレアアースを出さないと。

そういう話になって形が大きくなったんだが、結果的には仙谷由人が官房長官で、何とか方法はないかというんで細野豪志が行った。あの行き方も、北京に現れたら途端にわかっちゃって、あれはお使いじゃないっていうんだよ。密使で行ったのに、北京から堂々と入れば日本の新聞記者が待ってますよ。だから入った途端にわかっちゃった。お前密使じゃないのか。そういう笑い話もあるんだよ。あれが入って、どうすれば片付くんですか教えてくださいといって、戴秉国がそれじゃあこうやりなさい、あんたはそう伝えなさいといわれて帰って、裁判を打ち切って返したわけだな。だからあれは裁判長の責任にしちゃったわけだ。かわいそうにな。

二、三日留めてもいいんだよ。その後返せばよかったんだ。それが長年の日中の裏の約束だったわけでしょう。自民党から民主党に政権が変わったといっても、外交の流れは変わらないんだから、そのくらいのことは知らなかったのかね。そういうことに当時を含めてなっているんだがね。

いずれにしたって双方管理か、それとももう全くの棚上げで、昔のまま、まあ現在も無人島だが、どっちが占有するわけでもなく、困った厄介者の島ということでおいとくかだ。

日本の実効支配継続は認めない、これは中国の強い決意だということはいえる。だけど中国領にしなければ収まらないのということはちょっと無理だ。それは日本の方にも一応経過はあるわけだから。たとえ日清戦争の談判のちょっと前で、清国が統治能力がなくなって、それどころの話ではなかったその時期を狙ったんだから。それは明治官僚のずるさだし、ある意味では大した官僚だね。そういうこともあるが、ともかく一応日本は、実効支配をしてこれまで来たつもりなんだから、そこまで全く否定して、これは歴史的に見て中国のものだから、この際ハッキリ中国が領有をするまでは引かないと、という事は出来ないと思う。石原慎太郎のああいう小賢しい仕掛けに、結果的には乗せられちゃった。今までは事実上実効支配は日本側が持っていたやつが。

第一列島線、第二列島線というのが今できて、この海洋圏も確保したいというのが中国の切なる願いだが、それは尖閣を完全に中国の領有にしなくても、出来る事は出来るんだよ。海洋における自由航行権はお互いに認めているんだから、これは出来ないことはないんですよ。だけど今までの単なる延長ではここまでくると収まらない。あれだけ海洋船を出して毎日毎日やってるんだから。
まあしかし中国は海に出たいんだよ。資源は海にしかないんだ。第一列島線、第二列島線というのは自由航行のところの中での支配権だから。支配権というとおかしいんだが、うちもそこは行きますよと。領海以外海に線はひけないことはみんな知っているんだよ。
昔、中国は確かにうちが反覇権であるということの裏付けは、軍事的に航空母艦をもたない。航空母艦というものは相手を攻撃する武器で、あれは守る武器ではない。だからあれは持ちません。何人も偉い人がそういったよ。それがロシアの航空母艦を安く買ってきて、それを改造してにわかづくりに造ってるんだ。これから本格的に造るといっている。だからここら辺は航空母艦＝覇権という話を昔は盛んにしていた。私らはちゃんと覚えている。

――中ソ対立についてどう捉えていたか。「文革」時の実権派が中ソ対立の中に絡んでいますよね。実権派というのはむしろソ連と同じだ、というふうに毛沢東は見ていたと思うんですね。だからその辺の中ソ対立というのかな、文革が起きる前の中国の中にそういう萌芽なりを感じ取ったことがあるか。

それはあります。それは戦後処理。毛沢東は唯一外国へ行ったのはモスクワだけ。モスクワには一〇〇日交渉というのがあるんですよ。それは満州、大連を含めていまの東北地方。あれの中の主要なところ、例えば大連の港をソ連が管理して使用したいということや、その他旧満州に対してソ連が注文をつけたわけね。それについて毛沢東は断固としてダメだ、とレーニンを持ち出して、レーニンは絶対他国の領土を侵略してはならないし、それはいかんということを粘りに粘って対決したんだ。それをモスクワ一〇〇日交渉という。やっぱり毛沢東の偉さはそこにあるのだ。そのときにソ連の社会主義というもの、特に個人名を上げればスターリンのだ。スターリンの外交のやり方についてあれじゃ全然ダメだ、世界の中では通用しないということを毛沢東は身にしみて帰ったと思うよ。そうでなきゃ今頃は満州の中にソ連の租借地みたいなものができていただろう。

だから、私たちが一九六四年に訪中して毛沢東に会見したとき、北海道の荒哲夫が北方領土の問題を出して、北方領土問題についてどう思うかと聞いたとき、「ソ連は領土を欲しがります、いけません」ということをはっきり言って、千島列島は日本のものです、とこうやったんだな。そして世界の大ニュースになった。

これからの中国

▼私の「三つの顔」――中国の友人達はこう見る

中国の友人達は、私のことを三つの顔があると言って笑う。一つは政治の顔、左派活動家、党役員として。二つは黄土高原へ緑を植えにゆく顔。三つは柄にもなくゴルフの顔で、七回のツアーコンペを海南島を含む中国各地でやり、最後の五〇回目を北京の釣魚台迎賓館で打ち上げた。

初訪中は、既に述べた通り、社会党東京都本部書記長の時、一九六四年、左派活動家代表団長として北京で毛沢東に質問するチャンスに恵まれ、この時の事務局長が大下勝正（くれない会）。文化大革命の混乱期を除き毎年平均二～三回位訪中を重ね、五六少数民族の居る自治州（区）にも好んで足を運び勉強もし、訪中一〇〇回を超える。

これからの中国はどうなるか、今ちょっとした本屋の店頭に入ると、いやというほどそれを占う本を見るが、おおむね近いうちの滅亡か、戦争の道を進むか、いかがわしいものが目に入る。私は結論として「分からない」と答えるしかない。

▼一党独裁ではない、多党制を導入したという中国側の発言

私は今から一三年前、中国共産党が「三つの代表論」（綱領的文献）を討議している時に、それに招かれ、助言

する「活動家訪中団」を組織し、私が「労働者階級の階層分化」、ドイツに二〇余年留学、滞在した当時専修大学教授の仲井斌が「西欧社会民主主義」について報告し、中国共産党党学校の教授や社会科学院の研究者そして招待主である中国共産党対外連絡部の幹部と討論した。

それが終わった後、夕食後の懇談で、仲井が「市場経済が進めば、当然上部構造も変わらざるを得ない」と熱っぽく複数政党への歴史的展開（必然性）を述べたのに対し、時の中国共産党対外連絡部長（その後外交担当の国務委員）載秉国は「中国は今は多党制（八党派）であり、一党独裁ではない。共産党が領導肝胆相照らし、栄誉を共にするし、共に参政党である。そして、他党派とは長期に共存し、政治協商会議が他党派、諸階層との結合の場になっている。いま論議をしているのは新しい階層からの入党についてである。将来のことは、あと一〇年、二〇年後にぜひ中国に来て見て下さい」と笑いながら答えた。

▼党是はマルクス・レーニンはＯＫ、スターリンはＮＯ、毛沢東の功績は七対三

あれから一三年、今でもきっと同じ答えが返ってくると思う。ただ明らかになったことは、党員は八五一二万人を超えたが、規律違反、汚職などの犯罪に関わった党員も一四万人に上ったことは確かで、そのうち経済事犯が圧倒的に多い（正式発表）。

党是はマルクス・レーニンはＯＫ、スターリンはＮＯ、毛沢東の功罪（革命と新中国の建設は功で文化大革命は罪）は七対三、改革開放の鄧小平（天安門事件を含め）の評価は高い。この間失脚した胡耀邦、趙紫陽の名誉回復はまだない。

そして江沢民の三つの代表論、胡錦濤の科学的発展観と続き、昨年第五世代の習近平へと進んだ。ＧＤＰは日本を抜いて世界第二位であり、確かなことはＧ８からＧ20が集まらなければ、世界経済の明日は語れない。

中国共産党の「市場経済を通じての社会主義の道」は、言うまでもなくレーニンのネップーの実践であるが、未踏の分野（瞰制高地を握る－重要産業の国有化）混合経済であれば、しばらく見守ることになる。ただし、先述した汚職犯罪がコネ社会の悪習と共に更に増えるようでは、前途多難と言わざるを得ない。

中国は最近「コーポラティズム」という欧州発の政治学理論を活用し、政治協商会議などを合意型の政治制度と位置づけ、中国式民主主義に仕立てている。また、討議デモクラシーと政策過程への国民諸階層の直接参加を積極的に取り上げている。

▼二一世紀試行錯誤の道を進む社会主義中国に果たし得る私の貢献の一つは、緑の樹木を植え続けること

レーニンの位置づけが嫌な人は、文化大革命で一時挫折した中国近代化の歩みが、急速に進んでいると見てもよいだろう。北京オリンピックや上海万博等は遅れていた近代文明への前進であり、これは既に周恩来が一九五四年に呼びかけたものであり、いったんは文化大革命で否定されたが、その後あらためて工業、農業、国防、科学技術の四分野で提唱された。

しかし、政治の近代化＝民主化はなかった。これを「共産党内の戒律の厳しさ」と見る者もいる。魏京生などがそうだと、昨年亡くなった中国文学者の竹内実は言っていた。

最近発刊された「回想録中国　上・下」キッシンジャーの書は、一読の価値ありと思う。毛・周との数回にわたる対話、周への高い評価等。そしてこれからの米・中関係は協力関係であるよりは、「相互進化」であるべきだとの見解が面白い。

私は、二一世紀試行錯誤の道を進む社会主義中国に果たし得る貢献の一つは、緑の樹木を植えることだと信じて、続けていく。

第1回植樹訪中団。（中国陝西省彬県で、2001年）

10回目の植樹訪中団。左が著者。旧友笠原昭男の遺骨を埋める（2010年）

第一四章　社会主義協会の規制

社会主義協会の復活

――社会主義協会が社会党とずっとコネクションをつくって動き始めたのは、いつごろからなんですか。

戦後、この社会党が出来るとき、五月会という左派の議員を中心に一つの派閥が出来る。戦前の労農派の学者が、五月会のこっち側に社会主義協会というのをつくり直す。ちょうど労働者同志会が出来あがる前後です。左右が割れるのが五一年。社会主義協会というのが戦後、改めて出来るのが五〇年ごろです。向坂というのはその中の一人の指導者だったんだ。

もちろんそのころは、山川均が相当元気で、労働運動の同志会の諸君なんかは、向坂よりむしろ、みんな山川のところへ、教えを乞いにいった。山川はそれに対して、親切に教えてくれた。だから最初は山川の方へ行く方が、向坂よりは多かった。山川が亡くなって、だんだん向坂の方へ行っちゃうんで。あのころは代表者の名前は大内兵衛ですから。荒畑寒村なんかも入ってましたね。だから社会主義協会というけど、私のイメージでは相当顔ぶれは多面的だったんだ。

向坂がだんだん頭角を現してきたというのは、やっぱり山川が亡くなったというのが大きいでしょうな。山川がいたら、ああいう協会は出来なかったと思うんですがね。結局、最後は向坂だけが残っちゃう格好でしょう。向坂がソ連から仕入れてきたやつを日本的に直して、それで社会主義協会の指導綱領にしていくわけね。その典型が左社綱領であり「道」の最終部分ですよ。

「道」ってのは、スターリン綱領じゃないよ、もちろん。あの時のソ連の指導者の、フルシチョフか、とにかく六一年綱領というのがあるんですよ。学者からいわせるとその最終部分は六一年綱領の引き写しみたいな格好だね。

そのころ共産党、日共とソ連共産党とあまりよくなくなった。それと同時に中共ともよくなかった。六〇年代に入ってからけんかしますね。そんな中で向坂がよくモスクワに行って、前にもふれたが、日共経由でなくて初めてソ連共産党のコミンテルンの研究機関と直接会うことが出来るようになった、というんです。それからやっぱりソ連共産党の影響力というのが、協会に強まった。

——協会の発足は正式には五一年ですね。それで左派綱領なんかもずっと指導して。

そうです。だから結果的に和田派と組んで左右社会党の統一に反対したわけ。和田派は別に協会寄りじゃなかったんだけど、反対においては一致しちゃった。和田派の中でも勝間田清一、伊藤茂等まあ学者じゃないが、和田派で協会だからな。

協会は党外の研究組織ということになっていて、最初は理論政策グループだった。要するに左社綱領を作り、その後、構造改革論争あたりを経て、「道」を作る過程とその後の実践で、協会というものが非常に問題になってきたわけだ。

当初の協会というのは、向坂よりも山川の影響が強かったから、それを一つのフラクションみたいなものにして、そこから社会党内に協会員を増やして、それで社会党をひっくり返すというような考え方はなかった。それはある意味で、労農派の理論研究団体とみてよかったし、それなりの役割をもっていた。

右派は右派で、民主社会主義研究会というのがあるし、英国研究会（フェビアン協会）というのをつくったりしていたんですよ。

シンクタンク的なものにとどまっている限りにおいては、そういうことに対する直接的影響はなかった。しかし向坂もマルクス・レーニン主義になっちゃったからね。マルクス・レーニン主義まで行ってしまうと、やっぱり革命の党をつくると。単なる理論集団ではマルクス・レーニン主義は貫徹出来ないのであって、とたんに社会党を完全なマルクス・レーニン主義にするのが、自分たちの任務だ、というふうになっちゃうんだ。

だから協会そのものも機構を改革して、党と同じように支部があって、中央委員会があって、中央委員会の上に、執行委員会みたいなものが出来ちゃって、党中党か党外党かといわれるようになっちゃうわけね。

つまり、マルクス・レーニン主義というものを機械的に受け取ってしまうと、理論と実践の結合でしょ。理論と実践の結合ならば、左派というものは当然日本社会党をマルクス・レーニン主義にする崇高な任務が授かるわけだ。そこまで行っちゃうから、要するに党内党か、党中党かということになっちゃうわけね。

協会勢力の伸張

――協会が伸びていったということは、どういうことなんですか。

大田派と向坂派は割れますね。向坂派がずっと七〇年代伸びていったのはそのあとですよね、そこから伸びて行ったというより、あんたら非協会の活動家がいなくなったから、結果的に党内で伸びたことになるんじゃないの。

――一時は大会の代議員の四割くらい取っちゃったでしょう。で、協会規制というのが出ますよね。

あまりいい気になりすぎたから……。

――松木に怒鳴りつけられたことがあるんだよ。お前らなんで社会党から飛び出していった。それで俺らは散々苦労した。そのいちばん悪いことをやったのは山本政弘。あいつのやり口、手口というのは許せない。もしお前らが飛び出さなかったら、一緒にやれたんだ。そういうのは松木に二回くらい絡まれたかな。

それは社研が分裂しちゃって、私がいなくなって、つまり東京社研をまとめる人がいなくなったから。だからあとは協会と三月会か、五月会かなんとかいうのをつくったじゃない。つまり社研が社公民の方へ行きそうだ、あれは左派の政治フラクションとしては意味がないというんで、岩垂とか、高沢、今とかが集まってつくりだしたでしょう。

成田委員長・石橋書記長時代。このときが協会が活躍するのに一番いい時期だった。私はいないし、成田と石橋だろう。両方とも全野党共闘だろう。「革新の大義」という言葉の前に、成田も社公民に踏み切れないんだから。実際は社公民でなければ、社共では政権交代は出来ないんだ。社共でやれば公民が逃げちゃうわけだから。

そういう選択の中でやはり全野党共闘、「革新の大義」。この「革新の大義」だけは成田が最後まで保持したんだ。そこは高沢が、「成田はやはり左派だった、死ぬまで左派だった。構造改革の点で一時、闘う構造改革をやったけども最終的には成田は左派として終わった」と、成田の遺稿集に書いているが……。

不破哲三の最近の回想録（『時代の証言』）を読むと、共産党が一番良かったのは七〇年代半ばまでだといっている。それはやっぱり成田・石橋執行部時代だ。それで協会がうんと伸びた。六〇年代末、要する反戦問題で君らがすっ飛んじゃって、少なくとも社会党から見て影響力をいちばん持ったのは協会なんだよ。協会は社青同一本でしょう。私はいなくなっちゃう。その上に乗っかって、成田・石橋で協会は突っ走った。

それで協会はだんだんいい気になって、いよいよマルクス・レーニン主義をそのまま日本社会党に当てはめてやろうという腹を決めた。総評内でも反幹部闘争を始めたわけだ。それで総評の方から、協会にこんなことをやられては、どうしようもない。反戦で散々困らされたのが、今度は協会の反合理化長期抵抗路線。抵抗路線で反幹部闘争が始まっちゃったわけだ。それで総評側も困っちゃった。

向坂はこの頃がいちばんソ連といいんだ。もう代々木がダメになっちゃったので、ソ連共産党の中でうんと高く評価されてきた。今までは親戚ぐらいの付き合いが、兄弟的付き合いになってきたんだ。それで向坂も少し図に乗っちゃって、協会を通じて党を本当にマルクス・レーニン主義の党にしようと思ったんじゃないの。

党改革推進グループの発足

そういう対立抗争の中で、江田派有志とのあいだで「党改革推進グループ」というのをつくった。これが協会退治の再建グループですな。つまりあえて江田派の有志と結んで一緒の派閥ではないが、党改革推進グループというのをつくって、協会批判を漸次強めていった。

この時の窓口は森永栄悦と川俣健次郎、それから高田富之、この人は元共産党なんだよ。それらで党改革推進グループというのをつくって、まず社研の書記局をこの中に叩き込んで行きました。この事務局長が国労出身で参議院議員の野々山一三。

成田・石橋体制は一九七七年七月の参院選敗北の責任をとって、九月の第四一回定期大会で終わるわけですが、その前の二月に開かれた第四〇回定期大会では江田、そして佐々木更三も協会から批判の対象になって、かなり下品なヤジが相当飛びました。佐々木のジイさんもう死んだほうがいいとか、ひどいヤジも出ました。良識ある代議員はかなり憤慨しましたが、そのような大会の中で、川俣健次郎がやっていた企画担当中執の右派の枠で私が企画担当中執になり、本部復帰を果たすということになるんですな。

もう一人の中執には、総評の岩井章の片腕みたいなことをやって、社会党の衆議院議員になっていた岩垂寿喜男が、一応協会系左派というので入った。岩垂はずるい男で「曽我さんと一緒ではとてもやっていけない」、とすぐやめちゃう。その後任には協会の機関紙局長だった専従の大塚俊雄がなった。なかなか面白い人で、協会でないような協会だな。だから私が思うように出来たんだな。

そういうことで、この七七年二月の四〇回大会で私が党本部へ復帰するわけです。復帰した段階から、社会党の党改革委員会というものが設置され、総評党員協と呼応して協会規制を強めた。この年はひと夏かかって協会問題に党改革委員会が取り組むわけです。この頃の協会については一言でいって、「党中党か党外党か」、でかなり熱い論戦が繰り返されました。

党中党か別党か

これは社研の準機関紙「しんろ」の中で相当細かく絵を描いて分析されていますが、つまり党中党とも見えるし、党外党とも見えるんですね。ともかく社会主義協会というのは、当時規約にもはっきりしているんですが、全国大会、大会という名称ですよ。ここで活動方針、予算、基本テーゼ、規約の改正、思想闘争これは実践と不可分、役員選出などをやる。大会のもとに中央委員会がある。中央委員会の下に支局大会、支局大会の下に支局委員会、支局常任委員会がある。また支局大会の下に県支部大会があり、その下に県支部委員会、支部委員会がある。また県支部大会の下に班がある、ということで、局というのがどのくらいあったかというと、北海道、東北、関東、北信越、東海、関西、四国、九州。沖縄はないがほぼ全国規模ですね。

規約二六条に、支局は全国大会、中央委員会、支局委員会の決議を執行し、支局の指導を行うとあり、私なんかには党外党にも見えましたね。このままでいけば党外党が、社会党の中に潜入している。社会党なら社会党という一つの組織のほかに、はっきりと社会主義協会全国大会というものがあって、そこの下部組織が並立した形で社会党に影響を強めている。そういう風に見えるんですね。

一方には中央常任委員会というのがあり、これには代表、事務局長、次長、組織部、支局組織担当、学習指導担当、理論部門担当、労働部門担当、政治部門担当、無任所、青年部門担当、その他、これはおそらく雑誌「社会主義」の編集委員会でしょう、編集委員会というのがある。

それで労働担当の下には労組グループ、政治部門担当の下には党グループというのがあって、グループの運営はグループ幹事会で行うというふうになっています。

なお、党グループの下に党本部班というものが置いてある。その他に三月会。三月会もちゃんと下部組織になっている。三月会に入ったやつはそう思って入ったかどうかは別だよ。それから三月会に棒を引っ張って地方センター。それから社研も中にも入っているから、協会は社研、現社研、流れの会、それから政研グループその他。社青同グループというのが青年部門担当の下にあって、その下に社青同職場班というのがあります。その他に婦人グループ（婦人会議）というふうになっているんで、私は党の検討委員会の際、これは党外党であって、しかも社会党に影響力を行使をして、場合によれば社会主義協会が社会党を乗っ取るということにどうしても見える、従ってこれは解散させなければダメという解散論をぶった。

そういう党中党か党外党か、という議論がまずあって、結局は党中党になるんですが……。これだけの規約を持っているが、反面社会主義協会というのは長い伝統もあるし、本来が思想研究組織として山川もいたんだし、我々の先輩もいたんだから、こういうふうになって党外党に見えるかもしれないが、歴史的に見れば党中党。結果としてはそういう結論になった。

そうでないと協会が別の党だというと、当然のこと分けちゃわないといけないんだからね。そこで名簿問題というのが出て、名簿を全部出せということになった。私なんかは党外党という判断だから、全部出せ。全部出せば党中党に妥協してもいい。出せないということなら党外党だ。これをめぐって福田豊らと大論争になった。

そんなものは普通の組織のやることで、我々は学者の集団だとか、研究者の集団だとか、そんなことをしていることが外に出されると、飯が食えなくなるとか、そんな人権蹂躙みたいなことをやっていいのかとか、いろいろ抵抗したね。

――党内党か党外党かという議論は何人くらいでやったんですか。

執行部全体の中で、この際半分くらいは党外党という位置づけにして、協会の問題はやらないとダメだと。今いったようにこの組織図では、誰が見てもこれは党内党的グループ、派閥とは見えない。この図ほどは整然としてないのかもしれないけれども、やっぱりマルクス・レーニン主義党へ持っていこうと思ったからだろう、という議論がありました。

しかし結局、党中党という扱いになって、名簿は役員のみということになりまして、そこの基本問題が終わって後は、どういう風にしてこの協会が、党内党的、いわゆる社会党流にいう派閥だな、と同じ扱いにできるのか、あるいは学習・研究の組織というんだから、純粋な社会主義の研究組織になるのか、そういうことを監視し、規制をするための協会規制委員会をつくりました。協会の諸君も委員会をつくることを認めた。

その担当を私と森永栄悦が主としてやることになって、以後、協会の大会があるとオープンにしなければいけないので、呼ばれて行きました。湯河原でやるのが多くて、肝心なところは泊まりがけで別なところでやっておいて、どうでもいいところだけ見せて、それでごまかしちゃったんだけど。そんなことはお互いにわかってるんだが、しょうがないよ。行ったら向坂先生も相当よぼよぼして、それでもみんなで壇上へ押し上げて挨拶しましたよ。一生懸命、研究組織だということを強調していました。今思い出すと、なんとなく面はゆい感じだな。

――それはいつ？

協会規制が終わったんだから一九七七、七八年ですよ。

それが協会規制の主要な話ですね。総評議長が槙枝元文、事務局長が富塚三夫、槙枝・富塚体制の頃で、総評党員協ということで協会に別個に申し入れも行っていたから、協会としても総評にそれだけやられてはしょうがないというんで、協会規制の問題については、最初は抵抗があったけれども、私が予想したよりもはやく認めましたね。要するに規約その他全部改訂して、誤解がないようにするというんで、今の協会の体制に直したということです。委員長が成田から飛鳥田一雄に変わるわけでしょう。書記長はあの誠実な多賀谷真稔。彼は私に任せきりだから、結局私の思う通りの絵がかけたわけね。

協会派の学者が離反

決定的に協会が後退したのは、レーニン主義はダメだ、と協会の中から離反者が出たことだ。われわれはマルクス主義で来たんだ。レーニンまで含めてやるという事は間違いだ。この論争の中で、福田豊や田中慎一郎が協会から抜け出て行った。そして二人で「社会主義の選択」という本を書いた。

福田豊は教組の書記局から法政大学に行った。出は九大ですがね、協会の事務局長もやったし、雑誌「社会主義」の編集長もやった。それがひっくり返っちゃうんだから。

――それと亡くなったけど新田俊三。

新田俊三は、本人は自分は協会じゃないというんだ。それから大内力の関係から平和経済計画会議。そして宇野派の大内秀明だ。それで党の理論センターがガラッと変わっていくんだ。変わるときは変わるもんで、理論戦線の面でも、完全に協会は追い込まれた形になるわけだ。

社会党はそもそも歴史的に見れば、共同戦線党なのに、一つのイデオロギーでくるというのは無理だ。それとまたそのイデオロギー（平和革命）が間違っているとか、時代遅れだというんで内部からひっくり返ってくる。それを活用して社民主義の新宣言にもっていく。それでも時間がかかる。私は学者と一緒に全国を歩いた。大内秀明、田中慎一郎とか福田豊、新田俊三とか。向坂協会の中からも造反者が出ちゃったんだからしょうがないや。

――石河康国が書いた「労農派マルクス主義」があるでしょう、あれを読んでいくと、協会対策委員会というのが社会党の中にできますね。その中心メンバーはどういうわけだか協会の内部の事情を非常によく知って手を

打ってくる、と書いてある。

――それは曽我さんのこと？

それはどうですか。総評の中でもまた一つ起きるわけね。つまり労働運動に介入していくわけでしょう。マルクス・レーニン主義だからな。それでもう総評が、いかに社会党の一つの派であってもここまで反幹部闘争をやられたのではどうしようもない、これはダメ。向坂イズムで労働運動をまとめようなどとんでもない、と総評側からも強く出たわけね。ところがそれに応える党の体制が全くなかったわけだ。

当時は成田・石橋体制。石橋ってのは大のソ連派なんだから。コワレンコという対日諜報機関の親分が、油いっぱいの船がきょうお国に向かって近づいています。やがて横浜に着くから、それは皆さんのお役に立つでしょう。そういうことをいうわけだ。そうすると総評の岩井章がうちの会計のところにいきなり飛んできて、社会党だけでそれを使っちゃ困る、俺の方にも半分ちゃんと分けろと。うちの会計が橋本といってくれない会なんだな。いや大変だ大変だ、岩井が来てこういうことといっている。本当にそうかと調べてみると、確かに船は来るんだ。つまりお金の代わりに油をそろえて、それでお役に立つでしょうと。

――それは相当のお金でしょうね。

だから総評が、岩井が半分寄こせときたんだよ。図々しいもいいところだよ。

地方の反協会の闘い

――曽我さんがご存知のように、協会に対する闘いは、下からは千葉から始まったし、東京も始まったし、福島の方でも始まった。下からぶつぶつでてきた。東京の場合でいえば、やっぱり三月会、協会がずっと主流派になっていて、あとはほとんどやられっぱなしだよね。それで結局、七三年か七四年くらいに反協会の連合戦線を作ろうということで、下（下山）ちゃんのところと俺のところ、それから全電通を中心にした旧構革系河上派を含めてやろうじゃないかということで、東京で反協会連合というのをつくり始めて、それが一つの火種になりだしたのが千葉でまず始まったわけだよね。

千葉には上野建一がいたからな。新社会党の拠点があるでしょう。つまり向坂派でも山本は中間派で、上野というのが向坂派左派で、あとはまあ向坂派で来たが辞めちゃったやつと三つだよ。最後には割れるんだね。

——七三年頃ですね。七四年ぐらいからずっと始まってきて、最後にはやっぱり中央本部におけるいろんな動きと一致してくるわけですね。だから結局、我々の側で一つの塊になったのは、都本部大会を三回ぐらいその後やってるんです。

やったね。

——それで最後は都本部大会を分裂させて、大会の時に結局、協会系は我々を書記局に入れなかったわけですよ。常松が封鎖しちゃったんです。朝行ったら、お前らは入ってくる資格がないというんで、これはしめたということで、大木正吾（参議院議員）のところへ行って、入れないから別に事務所をつくった方がいいということで、赤坂に大木の事務所を借りて事務所をつくらせたわけですね。それで協会と反協会がカチンとなって。

しばらくやっていたわ。

——三ヶ月ぐらいだったかね。

しかし結果としては、ちっともプラスになっていないな。

——結局、主導権争いだからね。最後は反協会が主導権をとったんですよ。

取ったんだけど、もう東京の力はずっと落ちちゃってね。美濃部だから何だかんだいいながら三回続けられたんだが、他の人だったらもう知事もダメだったかもしれない。二回目は良かったよ、三回目はもう。美濃部もそれを知っていたから、出ないといい出して、あれを引っ張り出すのは大変だった。そういう状況に追い込まれていった。以後今日の東京は、それの延長線上なんだ。確かにおタカのときには、おタカブームの都議選で都会議員は一度ちょっと復活するんだ。二五〜二六名。でもそれもぱたっと落っこちて、今やゼロだ。この全東京で社民は一人もいないんだ。

――協会規制の中心は労働組合からいうと、全電通ですか。

必ずしもそうではない。全電通に及川一夫なんてのがいて、及川は東北だから彼は社研だった。総評を売渡したのはやっぱり電通の山岸章だからな。公労協の中では、組合としていちばんまとまっているのは全電通なんだがね。国労は共産党から社会党の右派まで、昔からたくさんの派があったところだから。社会党一本でまとまって、なおかつ向坂派の影響があったというのが当時電通かもしれない。電通・全逓は昔は一緒だけど、全逓のほうはどちらかというと、宝樹になってからだいぶ変わった。あれはなかなかの人物だし、独裁でやったから。

大詰め交渉は山本政弘と

協会規制大詰めの時は、山本政弘と私の話でほぼ決めたんだ。それは「選択」（一九八一年二月号）に書いてあるが、その通りだ。ここでは山本と私がいろいろやっているが、結果的に山本がまあ私にやられちゃった、というふうに中馬清福記者（当時朝日新聞政治部、現信濃毎日新聞主筆）は書いているな。ここでは山本は協会だけども、駆け引きは弱いというか、そういうふうに出ているね。

山本は私には頭があがらないんだよ。彼は鈴木茂三郎の秘書から衆議院に出たんだが、当時の東京都本部は、国会議員の秘書なんてくそくらえだった。そんなのは下部へおりて、オルグでもして、もう一回叩き直さなきゃだめだ。鈴木の秘書といえどもだめだ。そういう空気だったんだから。

ところが鈴木が、自分もそろそろ終わりとみて、そのころ私は都本部の書記長をしていたが私を呼んで、佐々木更三が選対委員長かな、を中にはさんで、二人で折り入って頼みがあると頭を下げる。そしたら山本政弘を、こんどひとつ男にしてくれないかということなんだ。

鈴木がやめたあとをだよ、といわれてもそう簡単にはいかない。だってやりたい人がうんといる。鈴木の秘書だけということじゃだめだが、たまたま都本部の教宣局長のポストが空いていたので教宣局長にして、一応都本部の役員だということにして立候補させた。当時東京の三区は複数候補をたてたが、鈴木後援会などが応援して、山本が初当選したということがある。

——その頃東京でも党改革推進グループというのをつくったんですか。

確か東京でもそういうのができたと思うよ。

——それで三月会・協会と反協会がととのってね。覚えてますよ。

全国的につくったんですよ。これがやがて功を奏するんだ。

——この辺から本格的な協会・反協会という…

それまではごちゃまぜでなかなか整理ができなかった。

——そうすると三月会自身も協会色が強まっていったということですか。

それは第二社研だから。社研はもう右派と手を組んだ、ないし分解だ。曽我みたいな反戦派も出てもう分解だから、というんで三月会という部分が社研の役割を果たす、とやったんだ。協会は学術研究団体だから、これが直にやったんじゃまずいから、三月会という隠れ蓑ができたんだ。

ただ成田派をつくろうと思っていた人たちは、三月会には行かなかった。成田が死んでから、分散しちゃった。

成田は委員長をやめて二年ぐらいで死んじゃった。彼は自分の派をつくるというようなことは、とてもする人じゃないし、できる人でもなかったから。

社会党のシンクタンク

――僕が社研はちょっとミスしたと思うのは、江田が社会党を出るといって、選挙で落ちて、じっとしていた時期があったじゃないですか。その時に社会党として、江田三郎を社会党の参議院全国区の公認に持ってくることは出来なかったのか。もしそれが出来ていたらかなり違ったんじゃないですか。

持ってこられていればね。私なんかもそういう話があったことは覚えているが、しかしあまり強く推す声はなかったな。当時は協会から両方ともやられちゃったから、あの江田、佐々木も途中からは仲良くなってきたんだ。まあ六〇年代末からなんだろうな。「道」が最終的に最後の革命過渡期、革命移行の過渡期は、なるべく早く通過して、その間は、プロレタリア独裁とはいわないが、それに匹敵するある種の階級支配は必要だと、最後に一言くっつけたわけですよ。向坂はこの頃からもうレーニン主義。それはレーニン主義を言葉をかえて、ある種の階級支配はやむを得ない。社会党はここのところで散々マスコミからもやられるわけだよ。

――だから当時、我々若者は「社会主義への道」は大したもんだ、プロ独裁があると。

協会もそうなったんだ。つまり単なる平和革命ではないんだ。まあレーニンの平和革命について。詳しいことはこの「しんろ」に書いてありますから。この西村真次は私の論文ですから、このまま書いてもらっていい。最盛期におけるあの頃は、協会も革命めざして大したもんだったよ。

前にもふれたが社会党の歴史の中で、シンクタンクというのがあって、これは社会主義協会もそうなんですね。山川・大内・向坂、高橋正雄も入っていた。右派の方は民主社会主義協会というのが関嘉彦。それからもう一つはイギリスのフェビアン協会を真似てフェビアン協会というのを和田耕作というのがつくりました。

それからこれとは別に党と総評が一体になって平和経済国民会議というのを。これは社会党の派閥というよりは社会党の関係もあり、総評の関係もあって、社会党は経済問題には弱いから、大内力とか木村禧八郎、大内秀明、高橋正雄もここに入ってました。飛鳥田時代に入ると「新宣言」をつくる学者というのを、この平和経済の方から今度はたくさんかりてきて、学者グループというのをつくって、あの「道」の見直し、それから批判、そして廃棄、そういう作業を始めたんです。

第一五章　政権取り・社公民路線への転換

突然だった「流れの会」の離党

党改革論争の集約として一九七七年九月の臨時大会で、党改革八項目、協会規制を決定した。ここで成田委員長の後任に飛鳥田一雄を内定したんだけど、「流れの会」がどういうんだか不満をもちまして、楢崎弥之助、田英夫、秦豊の三人が離党しちゃうんですね。これは再生をめざす社会党のために、協会をぶったたいて出直そうという時に、出鼻をくじかれた感じだったね。

——何で離党したんですかね。

いろんな説があるんだが、未だに私もそれはよくわからない。

——一番の原因は人事だという話だがね。人事が俺のところに来ない。みんな大会の時にポカーンとしていたもんね。

あの時は協会規制がほぼ通り、それで新しい空気が入って蘇って、飛鳥田を呼んで飛鳥田委員長の下で行くと、全体の雰囲気がそういう明るい方向にまとまって行った時に、この三人が出て行っちゃうんだよ。

——楢崎は書記長になりたかったんだ。その話が出ないもんで楢崎が頭に来ちゃってさ。

これらの人も反協会でしょう。協会的なセンスではない人達なんだね。急にこうやめるということになって、みんな一緒にやってきたのに。

——あれは夕方で、もうほぼ大会が終わりかけてのことですね。

やっぱり成田・石橋執行部だろう。どういうわけだか、この中から書記長が出ることに石橋が徹底的に抵抗したんだ。あの時は一回引くということで、石橋は残るつもりはなかったと思う。石橋も五~六年、成田と一緒にやってきたんだから。それで協会をあそこまで大きくしちゃって、石橋も石橋なりにこれはまずかったと感じるんだ。あれはカンがいいからね。成田は江田のお付き合いも含め、もうここでいったん本当にやめようというところまで来ちゃったんだね。だから全部任され、書記長はみんなで、飛鳥田の意向も含めて、派閥にこだわらないで全会一致で決めましょう、ということになった。だから書記長に派閥の領袖が出たわけじゃないんだ。派閥に無関係な九州の多賀谷がいい、と話が出ていたが……。

その頃の社研でいえば、出たくて仕方がなかったのが下平正一だ。党歴も古いし長年役員をやってきたけれども、なかなか浮かび上がれない。執行委員になって国対委員長もやっているし、いろいろやってるんだが、なんとか一つ俺が飛鳥田を助けてやるという気があったんだが、ちょっと社研じゃ困る……。

他に候補者がもちろんいたんですよ。いたけども飛鳥田の意向も含めれば、多賀谷がいいんじゃないかとなったときに、「流れの会」と相談すればよかったんだな。ところが当時、おタカを含めてこの「流れの会」は、要するに従来の江田派や佐々木派のような派閥と見なされていなかった。あまりまともな派閥と見なかったんだよ。それがまずかったんだ。

だからそのとき気がついて例えば、楢崎なら楢崎に話をして、おまえさん今回は無理だけど、この次あたり考えましょう、くらいの話を通せばよかったのかもしれない。協会規制も何もすべてが終わって、初めて出直しだというその段階の時に、急に三人辞めるというんだもの。

私もずいぶん行って「あんた方わかっているんだろう、協会規制のためにみんな一生懸命やったじゃないか」。「それは分かるけれども曽我君、われわれも政治家だ」というんだよ。なんの話もないということだろう。従来の派閥だけで話をして人事三役まで決めちゃったんだ。これはダメだと……。やはり成田、石橋では人事は無理だよ。

それで大会が継続のまま半年延びちゃったんだな。協会規制や「道」の見直しなど決めることは決めたんだが、人事は継続のまま。そうしたら今度は飛鳥田が出ないといい出した。それで成田は病気になったといわれるぐらい、お百度を踏んで横浜へ行って、結果的に説得して、翌年ようやく大会を開いて、執行部が交代した。

飛鳥田・多賀谷執行部の誕生

それでやっと飛鳥田が社会党の委員長になるわけですが、その時に二つ条件をつけた。一つは「党首公選」ということをやるべきだ。大会選出ではなく全党員投票で決めるべきだ。もう一つは、これはちょっと飛鳥田の気持ちもあったんでしょう、委員長付中執という枠を二つつくる。直接委員長を補佐する役員を二名。その条件をのんで飛鳥田体制がスタートするんですね。その二人は船橋成幸と山花貞夫だ。

飛鳥田体制がスタートするのに当たって当時の朝日ジャーナルに飛鳥田がちょっと感想文を書いているんだが、非常に面白いことをいっている。飛鳥田という人は、これからの社会党は、社会主義協会の運動というかエネルギーと「流れの会」の知性。「流れ」に知性があったのか怪しいんだが、流れの知性とが一緒になった、そういう社会党を私は考えたい。飛鳥田が委員長になる寸前に、ジャーナルにそういう発言をして、当時ちょっと物議をかもしたんだ。黙って入ってくればいいのにさ、委員長公選、二人の担当中執。それからさらに一〇〇万党だよ。

飛鳥田に後から聞いたら、これは飛鳥田の発想じゃないんだ。一〇〇万党、これは知恵をつけたのがいたんだよ。誰だと思う。ＮＨＫ出身の上田哲だ。彼はその頃は「流れの会」にいたからね。そして飛鳥田執行部に入ってくるわけだから。

そういうことが前提としてあって、いずれにしても飛鳥田が執行部に入って、純粋無派閥の多賀谷真稔を書記長にした。

社公民路線へ転換

一九六九年選挙の大敗後、社会党としてはそれなりに学識経験者に集まってもらって、新生社会党を作ろうというので、私としては大いに頑張ったつもりなんですが、もうひとつ今度は政治的動きとして、それまでは全野党共闘一本やり、全野党共闘こそ革新の大義ということだったが、これが名実ともに行き詰まってきた。

革新の大義という言葉は成田が大好きな言葉でして、一九七四年、蜷川虎三が七選を果たした京都の知事選でも、最後に社会党が二つに割れるんです。割れるんだけど結果として、社会党本部は革新の大義という名前の下に、社共の蜷川でいくと決定を下すんです。それで京都府連はそれに対して強い反対をするんですが、結局はそれで押し切った。

ここに成田、それからこれまでの執行部のプリンシプルというかな、そういうものがあったように思うんですよ。しかし現実は全野党共闘イコール革新の大義、というものが崩れちゃって、これにこだわっていてはどうしようもない。

五五年体制の後しばらくは、単独政権でもいけると見ていたのが、七〇年代になると社会党の力が三分の一さえもおかしくなってきた。つまり衆議院で一〇〇議席台から一二〇議席台というのが、何回か選挙をやっても限界なんですね。六九年に九〇に落ちた時は、これは特殊状況もあったから、またちょっと盛り返したんだが、しかしそれ以上はいけない。いけないとすれば、もう連合政権以外に政権構想はできないじゃないですか。

その場合、社共でやれば、公と民が逃げちゃう。それでは社公民とやろうとすると、これは共産党が入ってくると、公民がノーという。こういう矛盾に陥るわけね。そこはどこかで決断しなければいけない。

一方自民党の中は、ポスト田中。田中が引っ込んだ後、大平と福田の争いになって、これがまた深刻で、自民党というけれども、もう一つの党でないような状況までもつれていくわけでしょう。ところが野党の方は首班指名ということになれば、政権共闘ができないから、めいめい自分の党首に入れているわけだ。それで自民党内が大いに喧嘩をしても、極端にいえば自民党が二つに割れても野党は政権が取れない。

そういう状況の中で全野党共闘、革新の大義がついに後退して、社公政権協議。社公が成功すれば、民ともつながることができる。社公とプラス公民の協議で共産党を除く社公民の政権協議ができる、という方向へ切り替えていくわけですね。

共産党と全体的に共闘しないといういうんじゃない。しかし中央の政権共闘。政権だけは、共産党が来るとどうしても公と民が嫌というんだから、大きい順から勘定してみろ。幸い議席が多いのは社会党、公明党、民社党、共産党の順だったんだな。だからあまり理屈を言わないで、大きい順からまずまとまる。それに共産党が来てくれればまことに結構と……。

そこでこれまでのディミトロフの統一戦線論を、どうしても打ち破らなければいけないというんで、多賀谷書記長の名前で、実際は企画担当中執の私が書いたんだが、共産党との決別声明。要するにディミトロフの統一戦線論のように、革命ということを前提として統一戦線を組めば、例えていえば新幹線のひかりに乗って、東京発名古屋までは一緒にいくが、名古屋から先、福岡まではこれまた組み方が違います。これはディミトロフだ。

つまり革命ということを目標にしておいて統一戦線を組めば、途中の駅までしか一緒にいけない。だけど我々のこの連合戦線、国民戦線は、真面目にとにかく名古屋までは一緒にいく、というところで手を組む。それが今の国民の要求に合致する、という理屈をつけた。ディミトロフの国民戦線、革命のための統一戦線ならば、共産党のいうような考え方はわかるけれど、我々だって最後のところは共産党と違うことになる、名古屋までしか一緒に行けないんだから、とりあえず名古屋でいけるという範囲内でやりましょう、というやつを書いた。

これが案外受けて、総評なんかたいへん喜んで、もうディミトロフ統一戦線は古い、過去のものだと。だから共産党は、それに対して猛烈に反論してきた。

――連合戦線とか統一戦線とか、見方によっては夢を追っていたようなものが、その段階では社会党の中にかなりあったんです。要するに政権を取って、まず政権の受け皿をどうやってつくるか、というところは欠けていた。ディミトロフの統一戦線の焼き直しみたいなものが、いつも出てくるんだけど。

うん、だから「革新の大義」。この切り替えの時に議論があったのは、当時社研の下平正一という長野出身の人が、割合公明党と付き合いが深かったもんで、下平を委員長にしてこの社公の政権協議に入るというのと、下平を委員長にすれば、それはそれでいいかもしれないが、党内説得がなかなか出来ない。まだ左派の中には協会の影響力が現実には残っているし、それはむしろ岩手の北山愛郎を、逆に社公の政権協議の委員長にすることによって、結果的には左派もそれに従わざるを得ない。そういう見方と二つに割れたんです。私としては北山を委員長にして、下平は裏で公明党との関係をやってもらう、という役割分担にして、これがうまく成功して、社公政権協議に入りました。ここでは陰で下平、武藤、曽我が裏で回した。

――政策論的な意味の構想は、社会党の中にありましたか？

いや、なかったね。だからそれは「道」だって、連合政権を否定していないが、あの「道」では公と民がついてこない。それで新しい政権構想というのを、社会党が出したんだ。最初は国民統一綱領という名前。これは勝間田が書いた。これは安保破棄だ。これには共産党が、「社会党の国民統一綱領は非常にいい。これでいきましょう」、と喜んだ。それじゃ野党の第一党である公明党はついてこないからな。ましてや民社党も。それが事実上ダメになって、成田が「一歩前進前向き政府」というのをつくった。

共産党は「よりまし政権論」というのを出したが、結局これは社共なんだ。「よりまし」でも社共なんだ。なぜかといえば公と民は、共産党が入ればイヤだというんだから。共産党はあくまでもカモフラージュしてそういうことをいってるだけで信用できない。だから一緒にはできないというんだ。

この共産党の「よりまし政権論」を超えるものというのが、「一歩前進前向き政権」またの名が「革新連合政権」。共産党を切り離して、こいつを社公民に持っていこう、というので、ようやくその政権構想が出来るのが八〇年だ。三年かかった。

これには飛鳥田も抵抗した。飛鳥田は意外に頭は左なんだ。やっぱりイタリア共産党、トリアッティが好きだからな。これはトリアッティじゃないでしょう、とよくいわれたよ。これはトリアッティの日本版ですから。日本版だとこうなるんだ。はあ、そういう風に考えることもできるんですか、と飛鳥田はいっていたよ。いつの間にかごまかされちゃう。

飛鳥田は「生々流転」という著作を残しているが、そこへは、「私は本当は、社公民は好きではなかった」と書いてある。飛鳥田らしいけどな。好きでなかったと書いてある。あの人は出身は平和同志会だからね。黒田派なんだ。それでいながら非常に市民的感覚を持っていた人で、横浜市長時代にかなり思い切った政策展開をやって人気を博したんだが、やっぱり左翼で死にたいんだな。しかし流れとしてそういう体制を作って、のっけちゃった（月刊『現代』一九八〇年一二月号参照）。

でも飛鳥田があの時頑張ったのは原発だよ。社公合意文書で原発だけ合わなかったんだから。安保とか自衛隊は、当面安保条約はしょうがないから、当面は認めるが、その後、日米友好条約に転化していく。それから自衛隊も、現在の自衛隊は認める。将来はこれは国土建設隊と、外国で何かあった時の、自衛隊から切り離した国際的な部隊ということで合意した。そういう「ｉｎｇ」つきの形で、安保、自衛隊問題は公明党・民社党に一致できるような接点を求めた。

最後に原発だ。公明党は今ある原発は認める、とこういうんだよ。将来のことはあとから検討しますと。ところが飛鳥田は、やっぱり今ある原発でやめて、これ以上は一切つくらない、とこういうんだよ。公明党はそう限定されちゃ困るということで、これが最後まで一致できずに「ｉｎｇ」になって、原発については将来検討する、という但し書きが一項目はいってるんです。あとは安保、自衛隊その他についてこれで一致した、というんで社・公はできて、今度は公と民が公民協定をやって、つまり公をブリッジにした社公民共闘、というのができあがるのが八〇年ギリギリだ。

――社公民ができてから、参議院か何かの選挙で、統一名簿でもできればいちばんよかったですね。

いや、やったんだよ。ところがダブル選挙でパーにされちゃったんだ。確か八選挙区でやったんだ。要するに新しいところは、社会党でもない、公明、民社党でもないそういう候補をたてましょうと。

――選挙区じゃなくて比例区で。

いや比例区ではなかなかその段階ではできなかったが、参議院一人区で自民に負けるんだから。複数選挙区以上はなんとか互角に行けるから、一人区で一本でいかなければいけない。一本で行くところをともかく作らなければいけない、というんで、私なんかずいぶん候補者をおろしに行った。いちばん抵抗があったのは高知県。高知県では全逓か何かの候補者が決まっていて、なかなかこれがおりない。

それでもなんとかうまくやったところが、ダブル選挙をふられた。八〇年は日本の最初のダブル選挙なんだ。せっかく社公民で行ったんですけど、第一回のダブル選挙ですね。その上さらに選挙中に大平が死ぬ、という状況になった。それでつまり有権者の中に社公、とくに政権を取った時の社会党への不安というものが、大平に対する同情と同時に広がりまして、結果的にはダブル選挙で統一候補も実らなかった。

あの時が参議院だけの選挙だったら、要するに絞った一名の候補者、これに重点をおいてやれば、かなりの成績は上げられたと思うし、社公民の連携も強まったと思う。

共産党は猛烈に反発

二〇一一年に共産党の不破哲三が「時代の証言」という本を出しているんだが、そのポイントは、野党は七〇年代は良かった。八〇年代でだめになった。その最大の原因は社会党の裏切りだ。社公民に行ったことが、社共のところと違うでしょ、だから、いちばん悪いのは私だ、ということになるわな。

あれだけ美濃部のとき一生懸命革新統一をやったやつが、今度は反転して、「社公民」に持っていったからね。不破が文句をつけるのもわかるが……。公明党をこちらに入れて、「社公民」でいったん協定をしたんだけど、残念ながらあの初めてのダブル選挙と、総理大臣の大平が死んじまうんだな。あの時ダブルになる危険性は、私にはほぼ分かっていたんだけど、ダブルでもいいからともかくここでひとつ選挙に持って行ったほうがいい、と判断して飛鳥田に鹿児島談話というのを出させちゃった。

ところが共産党は街頭で職場で社会党の裏切り者と、まあ一生懸命赤旗キャンペーンをやったわけだ。社公民で自分たちははずされたでしょう。そのために猛烈に批判した。その張本人は曽我だとわかっている。社共をやった典型的な曽我が、一転して社公民に変わってくるわけだ。

――曽我さんがそういう社公民に転換するときの、キーマンだったんですか。

当時、私が六年浪人したのち復帰して、協会規制が行われて、最後は多少妥協して、それでも協会は一時的にはかなり凋落した。

成田というのは非常にいい人なんだけど、全野党共闘というのが彼の信念だった。そんなことは、実際はできないんだよ。全野党でやれば、公と民が反対するんだから。公と民は、社公民ならいいけれど、共が入れば、どんなことがあってもだめだ。そこで仕方ないから共産党とは、中央だけはだめ。中央政界の問題は、ちょっとあんたこっち側にいてもらって、地方のいろいろな運動は共産党と一緒にやる、このことまでは制約しないといった。まあズルいんだね。

そうしたら共産党は頭に来た。それで職場で社会党は裏切り者、革新性を失った、いよいよ自民党の第五列になった、とまで宣伝するわけ。宣伝するときに一番効くのがアカハタと号外のＰＲ、こっちが紙の戦争で共産とやっても量的にかなわんでしょう。

――共産党の津金が死んだということは大きいですね。

大きいな。それで要するに、私が社公民に踏み切った段階で、共産党と話ができる状態になかったね。それで曽我が最大の悪者だ、ということになる。赤旗にも連日書かれた。そりゃそうだよ。美濃部の「明るい会」というのが、共産党との共闘の統一戦線組織の一つの定式になっていて、やった本人が都本部にいた時の私だからな。それがこうひっくりかえったから。

なぜひっくりかえさなきゃならないかというと、自民党が派閥で争ってるのに、野党はだ！首班選挙に己が自身、自分の党首を入れてるわけだよ。こんなことをやってたら、いつまでたっても政権は取れないから。福田と大平が徹底的に割れたわけでしょう。にもかかわらず、野党は少なくとも議会制民主主義の立場に立つならばだよ、参院の一人区では最低野党が統一候補をつくって戦わなきゃ、これはどうにもならん、勝負にならんということで。

――公明はなんとしてもつなぎとめたいという考えだったのですか

私は公明党を自民に渡したときには、社会党に政権はないと思っていた。いまその通りになっちゃった。自公で行ったでしょう。だから公明党をこちらに引き付けている限りにおいては、社会党主導の政権構想実現の可能性があった。民社はそれを見て、どっちにつくかだよ。

社会党主導の政権を目指す試金石

ここではっきりいえることは、ここで社公を軸に、ちょっと今の自民党の裏返しのように見えるんだが、民社も今度は公民で、結果的に社公民という この政権共闘を、共産党の猛烈な反対にもかかわらずここまでやった。だから八〇年代に入ってもこれをずっと、土井おタカの時代も含めて、この流れがずっと来れば、政権チャンスというのはまだあったんですけど、どうも「ダブルと大平の死」ということによって実らないことから、公明党も社会党との間に距離を置く状況になってしまった。逆に自民党は大平の死によって救われたし、やがて自民党の方が自公政権をつくることになる。

飛鳥田はさっきいったように終始消極的だったが、しかし最終的にはこれに乗っかった。社公の政権協議ができたということは、八〇年の中では私は社会党の最後の社民としての、あるいは政権を目指す党としてのそういう歩み、大道からいえば一つの試金石であり、同時に一つの関門でもある。その関門を渡ったというふうに判断したわけで、要するに「道」見直しの、学者を含めた「新宣言」論議の中から、やっぱり社会民主主義の党としての大道を歩むという形で来たと思うわけです。しかしこれが本当の社会党の、地についた体質まで改善できるような方向に、結果的にはいかなかったということが、自らの非力を含めて非常に残念だと思いますね。

第一六章　「道」の見直し、新宣言へ

「道」の見直し

協会規制が一段落し、飛鳥田・多賀谷執行部が誕生した。それで党内問題としては「道」の見直しというものを、ここから始めることになった。

その順番は

一．新中期路線。中期路線というのは一〇年ごとにつくっていたから、七〇年代の新中期路線ですね。それから統一の綱領。これを情勢の変化に対応させて、創造的に発展させるために必要な調査研究と論点の整理

二．「道」・綱領の調整を図るための論点整理

三．中期経済政策の中の社会主義の構想についての論点整理

ちょっと付け加えておきますが、この中期経済政策の中の「社会主義の構想」というのは、宇野派の大内力（東大教授）が提起した社会主義の構想です。その論点整理。

結果的にこの作業はこれから約一〇年かかって新宣言にたどり着く、ということになるわけですね。

見直しはどういう学者が中心になって始まったかというと、「道」をつくった理論委員会というものを抜本的に改革して、学者中心の理論センターというものに切り替えた。この学者グループが集まってやった作業は、「新しい社会の創造」という本に集約され、刊行された。

最初の理論委員長の鈴木茂三郎はもう亡くなっており、理論センター所長は勝間田清一だ。この人は器用な人だね。「道」をつくる時も事実上勝間田清一で、今度その「道」を壊すのも彼なんだ。結果的には「道」と反対のものをつくるんだから。この冒頭の「刊行に当たって」は日本社会党社会主義理論センター所長勝間田清一だからね。全く「道」を否定することを、またご本人が始めたわけだ。事務局長は北山愛郎。北山という人は、な

かなか頑固なところもある、左派の人ではあるが、イコール協会一辺倒の人では必ずしもなかったですね。

勝間田という人は、社会党の性格をめぐって稲村・森戸論争があった時、妥協案として「階級的大衆政党」という言葉をもってきておさめた人だ。以後、勝間田妥協名人といわれて、何かそういう新しい用語をつくっておさめる、そういうことが非常に巧みな人だった。やっぱり官僚の人かもしれないね。よく官僚がいろいろ法律なんかをつくった時に、最後の一行か何かの言葉の使い方で、解釈が一八〇度近く変わっちゃうようなことをよくやるというじゃないですか。今から思うと、そういうものを何となく勝間田は持っていたね。

最初、鈴木茂三郎がやっていたのが亡くなって、引き継いだ勝間田が理論委員会で「道」をつくったんだね。この勝間田がまた、途中で彼も死んじゃうから、新たに新宣言までにはいかないんだけど、ともかくその「新しい社会の創造」という、新宣言に至る基本的な理論付けをする社会主義センター所長を務めるんだから。事務局は党の書記の尾里紀彦があたり、これはよくやってくれました。

「新しい社会の創造」は第一章が福田豊、鎌倉孝夫、原田涛、諫山正、田中慎一郎。第二章は新田俊三、里深文彦。第三章が高木郁郎、堀越栄子。第四章大内秀明ほか。理論センターは所長勝間田清一、事務局長北山愛郎。学者グループ座長は福島慎吾、専修大学の教授かな。福島が出られない時は、代理を大内秀明、新田俊三が担当していたと思います。執行部からは私と森永と高沢が中心で、この理論センターの中に入りました。

「道」の時の学者は、ほとんど協会向坂派あるいは太田派に分かれたので、太田系の人もいたんだけど、協会系がほとんどだったんで、それから見るとかなり幅を広げた形になった、ということですね。

六〇年安保総括の不徹底さ

——このころはいいメンバーがいたんだね。

当時まだいたんですよ。七〇年安保がなんでか失敗しちゃったから……。社会党は六〇年安保の総括ができないままずっと来ちゃった。これは非常に影響が大きいんだ。本当の六〇年安保の総括が、逆に構造改革論争みたいなことになっちゃって、それから三井三池ですな。社青同でいう反合理化闘争。こういうものの総括がまとまっていないまま、社会党の中に構造改革を輸入したもんだから、こいつを軸とした議論になってしまって、その議論の結果が皮肉にも統一綱領を乗り越えて「道」になっちゃったんだ。

だから六〇年安保の総括というものがないまま、結果的に七〇年を迎える。七〇年安保というものは中途半端な格好で、それから新左翼の内ゲバ、これがわっと広がっちゃって、そして左翼に対する国民の批判が非常に強まってくる。

もう一つはやっぱりソ連でしょうね。ソ連の一連の対外政策、これはいかに社会主義の国とはいえども、あのソ連のやり方はどうにもならない、そういう状況が次から次へと展開した。その中でいちばんひどかったのは六九年の総選挙ですね。その時は一気に当選者が九〇名台に落っこちた。

それは六〇年安保の総括が前向きにまともに行われないまま七〇年に入っちゃって、中途半端に七〇年がなっちゃった。残ったのは左翼の相克、左翼の内ゲバ、ということになった。

――僕らがやっていて、社会党は左社綱領がまだ生きている感じで、協会なんかは左社綱領で行けという路線でしょう。それから統一綱領があるでしょう。それから「道」ができたじゃないですか。だから七〇年代というのはこの三つの指針で

左社綱領ね。

――左社綱領が協会の中ではずっと生きていた。

それはそうだね。左社綱領が「道」になったというふうに協会は見ないの。

――見ないんですよ。左社綱領は左社綱領として生きている。「道」のいいのは「プロ独」に近いというのが言葉として入ってきた。これは階級独裁なのかプロレタリア独裁なのかということが協会の中では非常に議論になった。

ああそうか。あれはどっちにでも取れるんだ。ともかく社会主義の過程を急いで通過しろ、というわけだから。その場合には要するに、プロ独とは書いてないんだが……。

――そこが左社綱領に近い。だから青年運動にとってはものすごく……。

協会ではまだ左社綱領というものがずっと生きてきた。

――だって売り出していたんだもん。当時は印刷して。

もちろんそうだが。やはり五五年統一というものについては、ずっと反対なんだ。

――反対なんですよ。これは向坂も絶対反対だった。

安保があっても反対なのか。西尾を切っても。

――それははっきりはいわないけれど、左社綱領を見習え、こういう教えなんですね。

あれは向坂ご本人が、稲村順三がつくったとはいいながら、それは向坂のいちばん……。

――筆が入ってますからね。

それはそうだと思うんだが、

――そういう教えだったですよ。だからここにいる学者のうちの協会にいた人は、ほとんど協会から脱落している人ですね。

私にとってみると、脱落した人がいたんで非常に助かった。福田豊と、福田豊というのは協会事務局長をやり、雑誌「社会主義」の編集長もやった人だ。それと田中慎一郎が共同して本を出すんですよ。これは相当売れたね。

これは完全にレーニン主義の否定だ。レーニン主義を材料にしてその完全な否定。

当時は一般のマスコミでもまた、この社会主義論争というのが非常に盛んだった。代表的なのが、これはちょっと後だけどね、「どうなる社会主義（朝日新聞企画報道室編）」。宮本顕治、田口冨久治、高沢寅男、安東仁兵衛、大内秀明、こういう連中とその他大勢だな。久野収なんかも書いている。

こういう特集とか、それから八〇年代の構想ということで、これは毎日新聞発行。大内秀明、富塚三夫、高木郁郎、この三人が「連合の時代」というような本も出している。

「現代社会主義論争」というのを朝日ジャーナルが七八年にやっているんだ。これはいろんな人二九人を登場させて論争をやっている。私が見ていて、社会民主主義の選択、福田豊・田中慎一郎、社会党は今なぜ新宣言か、というやつを書いたね。これは社会党内には非常に大きな影響を与えた。これは完全に向坂派の理論粉砕だから。この二人は協会から除名されたかどうかしらないよ。事実上除名でしょう。それを覚悟で書いたんだと思う。だから党内的にいうと、協会の人で思い切ってこうやって、自分の自己批判を含めて社会主義という問題について論議し論争した、こういう人が非常にプラスになったね。私なんかは新宣言をつくる過程で大変助かったよ。

すり切れてボロボロになったイデオロギー

この「新しい社会の創造」の中に、高畠通敏のこの段階での社会党に対する率直な見解が載っているが、これは非常に面白い。かつて社会主義政党が少数政党であった時、そこには希望があった。現在社会の病根とそれに対する社会主義の処方箋が正しく民衆の間に浸透しさえすれば、社会党はやがて多数政党になる。そういうオプチミズムが運動に献身している活動家の間にみなぎっていた、という面。ところが途中略だが、いま少数政党であり続ける社会党に対して、同じような希望を感じている人は少ないだろう。社会主義はもはやすり切れてボロボロになったイデオロギーであり、社会党とは昔の夢を捨て切れない中年層や、老人幹部たちがいまだにしがみついている組織集団である、というのがその時の知識人や青年たちの一般的なイメージにあるのだ。そのことは端的に東京の参議院選挙におけるこの頃の得票に現れている。

一九八三年五月。彼が立教大学教授の頃だ。つまり「新しい社会の創造」というものを、一生懸命理論センターがやって出版にこぎつけた。その理論センターのものに対してさえこれなんだよね。だから非常に厳しい。でも当時の社会党には、まだこれを載せるだけの余裕があったんだよ。

一週間でつくったたたき台

結果的に飛鳥田は三回選挙をやったかな。やっぱり伸びないんですよ。若干ずつでも減っちゃうんだ。それで飛鳥田もそろそろくたびれちゃって、石橋にバトンタッチする。このバトンタッチは割合スムーズにいきました。社会党の委員長のバトンタッチで、いちばんスムーズにいったんじゃないかな。

そういうことで石橋委員長になって、要するに理論センターの前段のいろいろ議論が終わって、さっきいった「新しい社会の創造」。この本にその成果をまとめて、これに基づいて新宣言をつくれと。新宣言では党の綱領だからこれは党でつくってくれ、と学者が全部ひいた。

私が本部に復帰したのが一九七六年の末、七七年ですね。それから新宣言が決定したのが八六年。足かけ一〇年、中身でいえば九年。今から思うと新宣言に至るまでの過程は、ちょっと時間をかけすぎたと思われるのですが、当時の六〇年安保から七〇年を経てきた社会党というものを考えた場合、そのくらい時間がかかっても仕方がないかなとも思うわけですが、結果的にはそれが欧州社民の変化からみて一周遅れのランナーならいいが、二週遅れのランナーみたいな結果になっちゃったわけです。しかし、いまから思っても当時の社会党はそう簡単に新宣言に至る状況ではなかった。

その証拠には新宣言を決めたものの、その後の新宣言の生かし方が十分でなかった。十分でなかったというよりも、協会は向坂派を中心にこれを完全にずっとボイコットしていたわけで、その諸君はいうまでもないんですが、それ以外に、新宣言を進めてきた旧江田派の生き残り、それから佐々木派、社会主義研究会、あるいは和田派、あるいは河上派の残り、こういうもの全体を含めて見ても、新宣言をすぐに実行に移して、党の組織、運動、政策にどんどん反映していくということになかなか進まない。そういう状況があったと思います。

石橋体制では田辺誠が書記長になりましたから、田辺を長としてその下で私と高沢と森永と高木郁朗、これが理論センター構成員で、しかも党員で本部の書記局でもありますから、ここのところで実質上つくった。一週間足らずの間に私と高木がたたき台をつくり、森永がそれを直し、高沢には私から報告をした。高沢は結構ですというんで、ここの中ではそんなに議論はなかった。

この時にひとついえることは、社会民主主義という言葉を使わなかった。中身は社会民主主義なんだが、やっぱり社会主義という言葉、これは社会民主主義とイコールだと。ヨーロッパを見てもフランスはフランス社会党、ドイツは社会民主党、しかしオーストリアは社会党なんですね。だから要するにヨーロッパでいえば社会主義イコール社会民主主義なんで、あえて社民という言葉は使わない方がいいというのと、積極的に社民を使えというのとあった。これは言葉の使い方だけど、相当議論がありました。結果的に社会主義で行くと。社会主義はイコール社民主義なんだ、ということで新宣言は社民主義という言葉は入ってないんです。

これで協会側にも多少そういう配慮をした、ということと思いますがね。もう一つ、日本は戦前の歴史を見ると、社民＝戦争協力というマイナスイメージがある。そういうことでしたね。社会主義でずっと通してあります。

あと革命の到達点ではなくて、革命の入口、つまり目標とする社会主義は要するに出口論ではなくて入口論。

入口に入っていく過程を大事にするということが「新しい社会の創造」の中の一つのポイントですから、そいつを重視した。それから社会党単独政権が一番望ましいけど、現実的には不可能だから、連立・連合というものを非常に重視して、明確に新宣言の中に入れた。そして「革命」という言葉はもう一切使ってありません。

消えた「パフォーマンス」

石橋は委員長ですから最終的には当然石橋が責任をとるわけですが、この新宣言づくりのときには最初非常に消極的だった。イシバシをたたくようにあの石橋が最初は非常に消極的。これは新宣言で綱領ですから、採決しても三分の二以上なければダメだからね。果たしてそこへ行けるかどうか、協会というのは現存しているわけで、修正案もつくっているからね。それの見極めがつくまでは彼は動かなかった。

結果的に動いたのは、協会の山本グループがこの際いい、やむを得ないという判断をした。これを石橋が知ってからは、今度は積極的に自分がつくったような顔をして、田辺を乗り越えていろいろ原案について最終的な注文をした。

一つは社民という言葉を一切使わなかったところ。これは大変結構だと。社民に直せというのかと思ったんだが、これは非常に結構。次に国民政党だというところに、「勤労国民のすべてを代表し、あらゆる人びとに開かれた」というのを上にくっつけた。われわれはそういう余計な事はもう一切いらない、屋上屋だ…というのに。

それから二回目につくった「日本社会党新宣言（案）。――愛と知と力による創造」。これは最初の原案は「愛と知と力によるパフォーマンス」だったんだ。その年の暮れの新語・流行語大賞でパフォーマンスが新語の銀賞になったんだ。にもかかわらず、これを「創造」に変えちゃったんだ。変えた張本人は石橋だよ。田辺はパフォーマンスというのはどうかな、といってたんだが、最後に私と森永と高木が、このパフォーマンスというところに相当意味があるんだから、といって説得した。原案はパフォーマンスになっていた。ところがこれはダメ。そういうことで新宣言をつくって、全国のオルグをしました。党の大会が開かれて石橋は、俺は断固としてこれを多数決でもいいから押し通す、とこういうんだ。私たちは綱領というものはそういうもんじゃないんだから、それはやめた方がいい。

協会は新宣言連絡会議というのをつくって、修正案を出してきた。この修正案を十分議論して採決をしてしまえという意見と、いや三分の二は取れるけど、やっぱり綱領だからちょっと時間をおけ。今までの「道」を全部棚上げし、統一綱領もこれで棚上げする、これからはもうこれ一本で行くというんだから、という意見が出た。なんとか満場一致の形をとりたいというんで、修正案について採決はしないで休会にしたまま、年が明けたその続開大会では付帯決議をつけて満場一致で採択した。

――付帯決議というのは、協会が出した最初の付帯決議とは違うんですか。

協会は修正案を出したんだがこれはダメ。毒にも薬にもならないような付帯決議にしたんだ。意見をみんなで聞いたうえでの付帯決議というので、議長団の判断で付帯決議というものをつける。だから採決はしません、いいですかということで満場一致にした。

――だから協会もメンツはたったわけですね。

まあ一応ね。メンツが立ったんだから、その通りやってくれればいいんだがな、やらないんだから。そこが問題なんだよ。土井体制の時に、社会党中心の政権を取れるチャンスはあったんだよ。山が半分動いたろう。半分動いたから後はどうしたかといったら、結局山が半分動いたから万歳万歳をやってしまって、その後は壊しちゃうんだ。これは後の話だが。

短くしようとしたが、結局一万二千字

新宣言づくりの話題、その中身その他について、少しお話をしておきますと――。

これはご存じの通り「道」の見直し、それから今度は協会の問題、そして協会規制ですね。協会は党外党か党中党かという議論があって、結局、党中党的協会を、党的なものは一切認めない、研究機関に戻せ、という建前で協会規制があった。同時に党としては、いままでの統一の時の統一綱領、そして「道」ですね、大体一つの党に二つ綱領的なものがあるのはおかしいじゃないかということで、それを新しい情勢の変化の中で検討していくことになった。

もう一つは社青同の中の対立・分裂、それから当時の新左翼等の暴力行為を含めた問題の後始末というかそれと党の関係、そのようなものを全部ひっくるめて、党の出直しというので新宣言づくりが出たわけです。

新宣言は今までの党綱領とは趣を変えたものにしよう、それから綱領だが割合簡潔なものがいいという意見もあったんですが、長い間の論争を重ねてここまで来たわけだから、そういうことを振り返ってみると、どうしても教育的、解説的、そういうものがないと、とてもじゃないが新宣言にならない、そういう状況がありました。従って当初は五千字以内とかいろいろあったんですが、最終的にはこれは一万二千字です。一万字というのが作る時の小委員会での目標だったんですが、結果的には一万二千字になった。

それから主な問題点をいいますと「社会主義」か「社会民主主義」か。これが非常に問題になりました。積極論としては、もう社会民主主義で行けという議論があったんですが、慎重論からいうと社会主義でいいじゃないかと。ヨーロッパを見ても、社会党という名前のところもあるし、社会民主党というところもある。労働党というところもある。同じ社会民主主義あるいは民主社会主義でもいいんですが、そういうテーゼを持っている党で

も、ヨーロッパではそれだけの歴史と伝統がある。

何も社会民主党といわなくても、社会党という従来の名前のままでも、これは共産党とは違うということは、結党以来はっきりしている。従って最終的には「社会主義」で行こうと。しかし実質的には革命という型の党ではない。改革の積み重ね、目指すところの理念は、いままでいろいろいってきた理念と変わらないが、それを革命的手段で実現するというよりは、改革・改良の積み重ねの中で（理念も含め）目標を達成するという形にしなければいけない、という立場に立って作ったわけです。

苦心したのは、従ってどうしてもやや解説的な綱領にならざるを得ない。「はじめに」、次に「めざす」、「みつめる」、「かえる」、「つくる」という五つの構成にしました。

「歴史的文書」を考えつくのに一苦労

「はじめに」で社会党四〇年の歴史の中での新宣言の位置付けをした。ここで苦労したのは、これまでの綱領文書をどうしようかということで、だいぶ頭をひねったんです。「はじめに」に書いてある通り、この新宣言が採択されれば今までのそういう文書は、「時代の変化と党自体の前進のなかで歴史的文書となった」となる。

この「歴史的文書」という言葉がなかなか出ませんで。結果的にこの言葉を私が提起して、それはいいや、とこういうことになったわけで、その点は当時よくまあ考えついたと思います。これは高く評価された。

前の綱領に未練を持つ、あるいは執着を持つ人達が非常に多いですからね、特に左派の人というのは、革命という言葉が大好きな人たちだから、それらの人たちのためにも歴史的文書というふうにしておいた方がいいということで、この点だけは大体の当時の社会党員がうまいことをいった、ということで収まったということですね。

次が「めざす」という目標です。これは社会主義の理念と基本政策というものをここで並べたんですが、その見出しとしては「人間解放のために」というところに置くのがいちばんいいんじゃないかということになった。その次の「みつめる」というのは現状分析ですな。今日の社会というものをどういうふうに見るか。ここのところはやはり時代の大きな変遷、展開、それは戦前の日本でもなく戦後の一九七〇年までの日本でもない、そういう現代日本の中で、どういう社会主義の課題があるかということで、この「みつめる」というところは、かなり従来と変わって大きな変化をそこに表したつもりです。

「かえる」というのは中見出しをひらがなでつけるので骨を折ったんですが、結局運動と改革の道筋をどうつけるか、つまりこれが我々の社会主義の展開だ。社会主義は川の向こうにあるのではなく、こっち側にあるんだ。我々が踏み出すそれ自身が社会主義の運動だ、ということで運動と改革の道筋というのを出したわけです。

最後に「つくる」。結論です。これは政権をつくる主体は何か。それはいうまでもなく社会主義の党、社会党だ。それを社会党単独でできればいいんだけれど、もはやそれができない。六〇年代までにもし社会党が単独過半数を取れれば、単独でもしたいとなりましたけれども、今はやっぱり連合の時代に入った。従って主体と連合という中身にして、誰が社会主義を進めるか、ということで終わっているわけです。冒頭申しました通り一万二千字ということになりました。

すんだブルーと深紅のバラ

イメージ的にこれから社会党というものをどういう風にあらわそうか、というんで苦労したのが最後の結語にある「日本社会党　そのイメージは、すんだブルーと深紅のバラ」。なんだか歯の浮きそうな表現ですが、あえてそこまでいわないと、古くさい社会党を変えるんだ、自分自身が脱皮して本当に変わる、という意味でブルーと深紅のバラというのをやったんですが、今から考えてみるとこれはそう悪くもないんですね。なかなかいいアイデアだったと思うんですね。

ブルーは未来と明るさと清潔さ。深紅のバラは愛と知と力。これに愛と知と力のパフォーマンスというのをくっつけた。だけど結果的に「パフォーマンス」はダメと切られて、「創造」ということばに直ったんです。この「パフォーマンス」が、その年の新語・流行語大賞の銀賞になりまして、それなら「パフォーマンス」にしておけばよかったな、なんて後でいうんだよね。そのあたりが当時の社会党らしいんで、自分でつけておいて結果的に自分でそれを消しちゃったわけだ。

消したのは誰かといえば、やっぱり石橋委員長なんだな。あの石橋というのは、名前からして石橋だからね、ちょっと頭が固い。田辺書記長は「しょうがないな」ということだったが、彼がどうしてもダメだった。結果的に「創造」になった。流行語大賞の表彰式に、社会党に招待が来たんですよ。けど創造に変えたんだから行ったってしょうがないじゃないか、というんだけど、田辺は行ってその流行語大賞の銀賞をもらってきたよ。

以上が新宣言を作る時の裏話です。ただこれは非常に早くスピーディーに作りまして、見出しとか含めて三ケ月かからず、実際の文章は一ケ月ぐらいで作りました。

これに対して、「現代の理論」が一九八五年九月号で、私(曽我祐次)、貴島正道、安東仁兵衛の三人による座談会、「新宣言は新であるか」を掲載しました。新宣言は一九八六年に採択しましたが、原案ができたのが一年前ですから。そこでは要するに合格なんですよ。いいんだが、まあ遅すぎたというのと、中身についてちょっと言い回しがくどいとか、あるいはなぜ社会民主主義にしなくて社会主義なのかということをだいぶいわれました。

他に新聞その他では、やはり社会党がマルクス主義、あるいはマルクス・レーニン主義を卒業して、ヨーロッパの社会民主主義に名実ともになったということで、メディア的にはそれなりに評価を受けましたね。ただ何としても遅いんじゃないか、というふうにどこも最後にくっついているわけです。そんなことが新宣言にまつわる当時の内外の展開、模様ですね。

規約改正怠り、「革命」残り大あわて

それから次にこの新宣言というものを石橋を継いだ土井執行部がどういう風に受け止めて何をやったかという問題です。これがどうも残念ながら、点数をつけられないくらいの状況でしたね。

まず新宣言に基づいて党の組織・運動をあるいは政策そういうもの全般にわたって、もちろんこの綱領的なものが変わったものですから、全部が変わらなきゃいけないわけでしょう。それがともかく見ていて全然進まない。わずかにこれは笠原が組織局長だったのかな、彼がかなり努力もして、山本政弘も手伝ったと死んだ笠原は言っていましたが、組織原則の中に「民主集中制」というのがあるんだね。これは共産党も組織方針の中に「民主集中」というのがあるんですがね、それを使っていたわけです。社会党でそれもここにある通り、「合意と統合」、という言葉に切り替えた。

それから党員の他に協力党員、それまでは党友制度というのがあったのだが、それをもっと広げて協力党員制度というものをつくりましょう、というんでこれを復活した。また社会党の中央本部、県本部、総支部、支部という組織名称を本部というのはうまくないというので連合というのに変えたんです。○○連合。県連合ですね。

ところがその肝心な規約の前文の第一条というものをそのままにしておいたために、後からえらいことになっちゃった。一九九〇年に行われた総選挙の直前に当時の日経連か経団連か、社会党の規約第一条には、社会主義革命という言葉が残っているということを見つけ出した。新宣言後も第一条に「社会主義革命を達成する」とそのまま残っているんだ。早く直さないといかんとは思っていたんでしょうけど、そこのところを全然直さないまま、あるいは協会グループがこのところを見て見ぬふりしてやっていたのかどうか知らないけど、指摘されました。

社会党は社会民主主義にはっきり変わって、議会制民主主義の上に立って政権をとるとこうなっているのに、規約第一条は社会主義革命達成になっているじゃないか、まだ革命党じゃないか、とこういわれて。土井は困っちゃって、それはうちの事務的なミスでして、いまや社会党はそんなものではございません、社会民主主義を目指すんだということははっきりしているんだ、ということで反論したんだけど、規約に書いてある事は間違いない。それで急いで選挙後に、確か特別にこのための大会を開いて、「社会主義革命の達成」というのを「社会民主主義の達成」に急いで切り替えた。こういうことがあったんです。

新宣言後もずっとブレーキをかけた協会

このようになんていうか組織活動、政策面で新宣言の方向に意識して大きく変えるということを躊躇したというか、ともかくこの点は積極的でなかったですね。その前に協会規制があったんだが、雑誌「社会主義」が私をインタビューして初めて載せたのが二〇〇四年九月ですからね。私が腰の手術で入院する直前に、鎌倉の自宅に山崎耕一郎が女性の編集員一人を連れてきて、新宣言の当時の話を聞くという取材があって、私が雑誌「社会主義」に初めて載った。

その前に新宣言のことを、山崎耕一郎自身が「社会主義」のこの号に書いているんですな。「新宣言をめぐる論争」——山崎耕一郎、というのがあるんです。これが二〇〇四年ですからね。新宣言ができあがったのは一九八六年なんだから、それが二〇〇四年になって、それを実践するというのではなくて、そいつをやらないようにしようと今までやってきたというんだ。だけどもそうやっても自分の方も成功しなかったし、当時新宣言をつくった方も成功しなかった。党勢がだんだん落ちちゃった、ということを認めているんだな。だから結局協会は、新宣言の決定後もずっとブレーキをかけていたというふうにしか思えないんだな。

第一七章　飛鳥田・石橋時代

ヨーロッパの社会民主主義政党

飛鳥田時代の対外関係をちょっと見てみますと、理論センターを中心にヨーロッパの社会民主主義政党の勉強ということで、これはいくつもの団が出ました。例えばこのときの多賀谷書記長の団、あるいは川崎寛治という国際局長、これを中心とする団、それに理論センターの学者が加わってずいぶん回りました。飛鳥田自身としてはアメリカへ行く。それからヨーロッパの社会主義インターに出る。その過程でイギリス、ドイツ、フランス、スウェーデンと交流をする。私も飛鳥田のヨーロッパ訪問の時は一緒にお供をしました。大変面白い有益な旅だったというふうに思っています。それから社会主義インターの関係というものも、この間は理論センターができて、ヨーロッパ社民を一つのお手本にしながら、それを日本の中でどういうふうにこれから展開して行くかという意味で、この時期がいちばん社会主義インターに関係を持った社会党だったと思います。

総評もこの間パリに駐在所みたいなものをつくりまして、結構総評はお金があったから駐在員を置いて、ヨーロッパ社民あるいは自由労連、こういうものと日常的に連携を深めた。

エリーゼ宮でミッテラン大統領と会う

飛鳥田はなかなか幅広い人で、いいところもあるんだよ。一九七四年のフランス大統領選挙でミッテランが負けて失業している頃、横浜市長として横浜に呼んで、うまいもの食わせて、多少小遣いを渡したっていうんだ。

それが一九八一年の選挙でフランス大統領になった。おかげさまで私も飛鳥田代表団の一員として一九八二年三月、パリに行って、エリーゼ宮で現職大統領と会った。エリーゼ宮というのは初めて入ったけど、昔のままになっているんだね。行くとまず身体検査だ。危ないものを持っているかどうか調べるが、控えの間に待機させそ

ミッテラン仏大統領と会見。一番右がミッテラン、中央が飛鳥田団長、一人おいて左が著者（パリ・エリゼ宮で）

社会党訪欧団、イタリア社会党ミラノ支部を訪問。握手している相手は支部書記長（一九八八年五月）本文三五一頁参照

の間に調べるんだな。

その次がフランスらしい。鏡の部屋がある。ネクタイが曲がっている奴は、そこで服装を正せというわけだ。それで面会になる。そこで飛鳥田が第一声で曰く、「こういうことを社会党が大統領をとってもやっているんですか、ミッテラン先生」。そうしたら流石のミッテランも、「いやこれは昔からのしきたりで、直したらどうかと自分も思うんだけど、金もかかるし、そういうことでまあ今日まできているが、ご忠告は十分承ります」とかなんとか、そこから始まった。

ミッテランは一時間半くらい時間を割いてくれた。それで、フランス社会党のプリンシプルは何かという私の質問にミッテランは、「徹底した哲学を政治家は持たなければならない。同時にリアルな政策実現のために、努力しなければいけない。この二つを兼ね備えることが政権党になるにはどうしても必要だ。みなさん日本社会党も、ここのところがどっちか欠けてるんじゃないですか、飛鳥田先生」、とかいって逆にやられちゃった。

政策は徹底的にリアルでなきゃならん。徹底した哲学の政治を持たねばいかん。この二つを統一するというのが、ミッテランの日本社会党へのメッセージだった。

金日成の心変わりでクロス承認を逃す

それから飛鳥田が中心で北朝鮮に行ったわけですが、ちょうど国際情勢から見ると「クロス承認」時代に入ったんですね。まだ金日成の元気なころですが、北もいったんはクロス承認の方向にカジを切ろうとしたんです。中国とソ連が韓国を承認し、日本とアメリカが北朝鮮を承認するというクロスですね。クロスで承認するという方向に踏み切る条件が十分あった。

ところがベトナム戦争の結果が金日成自身の決断を誤らせた。ベトナムでアメリカが撤退する。それで一気に北ベトナムが南ベトナムに攻め入って、南北ベトナムを統一する。あの時期がちょうど七〇年代の半ば。それを見て金日成が変心してですな、自分もやはりもう一度南朝鮮、韓国の武力統一ではないが、内部に混乱を起こしてやろうと。今から考えてみると当時やはり拉致の問題も含めて、そういう構想をもったんだね。それで北朝鮮の方針が急に変わっちゃった。

クロス承認はダメだ、もう一回自力で朝鮮の統一をやりたい。全世界的に南北朝鮮統一支持委員会、統一支持委員会というものを設置する。日本も統一支持委員会をつくれ、という方向になったんですね。

ところが日本の国内ではクロス承認論が非常に強まっていて、これはいいことだからというので、一九七一年に自民党から共産党まで全部含めて超党派で日朝議連というのをつくりました。事務局長に安宅恒彦、私の妹の曽我昭子がその事務局員になって、本気になって国交回復国民会議というのを作った。

ところが金日成の方針が急に変わるんだな。だから私も頭にきてこれはもうダメだ、朝鮮もダメだし、私も国民会議をつくった責任がある。しかし朝鮮問題はヤメにしてしまうわけにはいかないから深田肇お前やれ、というんで以後、社研の中での窓口として深田が担当になる。

それまで深田は朝鮮なんぞ全然やっていなかったんです。彼は当時、役職は青少年局長です。北朝鮮はどうも……、といったんだけど。その時佐々木更三はもう委員長を辞めた後だったけど、佐々木も訪朝するんです。それで社研の幹部藤田高敏以下みんな引き連れて行って、国交正常化の実際の話を佐々木がもらってくるわけだ。だからというんで超党派の議連を作る。安宅恒彦が事務局長になる。つくったころ私はまだ浪人中だったが、執行部に入ってから、いよいよその機が熟したから、飛鳥田に絶対にクロス承認論を外してはいかん、それで行け、といったんだが、残念ながらその直前に北の方針が変わっちゃった。

だから北朝鮮が出した統一支持委員会のキャップに、なり手がいないんだよ。結果的に誰がやったと思う。岩井章なんだ。総評事務局長をやめて仕事がないもんで。岩井の後の総評議長に黒川武がなって、黒川も国交回復国民会議の代表の一人になっているんだよ。だから岩井のところに行って、向こうの方針が変わったからといって、統一支持委員会の代表なんかになったりしたらダメだと談判した。

そうしたら岩井は「俺はレーニン勲章も貰っちゃってるし、朝鮮から勲章も貰えそうだ」というんだ。それで事務局長に若林という、総評で月刊誌を出した時の編集長、彼を事務局長にして、日本における統一支持委員会をつくっちゃう。

それで飛鳥田に、それはダメだから向こうに行って金日成と談判して、なんとかクロス承認でこの際行け、と激励してネジ巻いたんだがね、結果的に飛鳥田は統一支持の方針を承認して帰って来ちゃった。

それで「社会党はなんだ」、と叩かれた。クロス承認で一生懸命超党派議連をつくっておきながら、飛鳥田が行ってそれと違うことを約束してくる。党が行けば共同声明を必ず出すからね。「クロス承認論は二つの朝鮮をつくる策動として糾弾し、北朝鮮の自主的平和統一の原則を全面的に支持する」、という共同声明に調印して帰って来ちゃった。そのときは河上民雄が国際局長で、私は河上が一緒について行くというので、飛鳥田のことだからハンコをおしかねないから、くれぐれもあんた頼むよといったら、「わかった」といったんだ。しかしどうも最後に飛鳥田が金日成と単独会談をして、共同声明にハンコを押して来ちゃった。

さあ帰ってきて社会党は二面外交だと。片や北朝鮮とクロス承認でやるといっておいて、こっちはなんだ。「南との統一が先行する。クロス承認反対だ」と北にいわれて、その共同声明にハンコを押して帰る党首がいますか。ところが飛鳥田は、お土産をもらっちゃったんだよ。お土産というのが漁業協定。飛鳥田が開いたわけじゃないんだ。その前から日本海側のイカ釣り漁船を中心とする漁協は（それは北海道からずっと鳥取あたりまで。北朝鮮はあまりイカを食わない。だからそこへ行って釣って持ってくるんだ）、どんどんイカが取れ、儲かるわけね。日本側の漁業組合と北朝鮮の一応漁業団体とが調印して、北朝鮮の沖でイカ釣りの漁業ができる、と二ヶ年間の契約をするわけ。その手引きを社会党と朝鮮労働党がかわす。ちょうどそれを交換する時期にぶつかっちゃったんだ。

それで金日成が、じゃ飛鳥田委員長、あなたにお土産をあげましょう。イカ釣り漁業の協定がちょうど期限が来ている。あなたは委員長におなりになったばかりだから、ひとつお土産に共同声明にのせて差し上げますと。飛鳥田がひとりで呼ばれて、うんといっちゃった。それで河上は私の顔が浮かんで、帰れば嫌というほど怒られるというので、本当にしぶしぶ泣く泣く帰ってきたという話があるんだ。

河上は亡くなったが、遺稿集の中にそうズバリは出てこないけど、北朝鮮でえらい目に遭ったとちゃんと書いてある。それから私はちょっと朝鮮の問題はやる自信もなくなったし、国民会議をつくれつくれと超党派の議連まで、安宅恒彦につくらせて店を広げたわけだから責任があるわね。

それから三年か四年経って、飛鳥田のあと石橋が委員長になって訪朝した。そのとき金日成が「石橋先生、あなたは近くアメリカに行かれるそうだが、あの時は保留したがクロス承認、これを私は考えているから、社会党さんからしかるべくアメリカにいってくれないか」といわれて帰ってきてるな。

だから拉致のピーク時と、金日成がいったんはクロス承認をやろうとしたが、北ベトナムのホー・チ・ミンができることを、なんで俺ができないのかと思いとどまって、それでもう一回やろうとする時期とでね、双方の時期を考えると、ずっと一致するんだ。私はあれは革命第一世代の意地だと思うな。結果的にどうなるかというと、金日成は亡くなっちゃうでしょう。あの亡くなるちょっと前ですよ。金丸信と社会党の田辺代表団が行ったのは。

あの訪朝をしつらえたのは深田だからね。当時、金日成の下に金容淳という実力者がいた。この人は一度日本へ来てますよ。深田が彼と話をつけて。まだ金丸が実力がある時の自民党副総裁だからな。それで田辺は委員長でしょう。与党の実力者と野党第一党が行ってるんだから、誰でもあれでなんとかなると思ったんだね。ところが結果的にダメだ。

ダメだというのは、まず帰ってきた飛行機がマツタケのにおいがした。なんだあの代表団は、マツタケで金日成にごまかされた。実際は金丸が金日成と個別会談に持ち込まれて賠償の話になって、金日成が賠償は南朝鮮並みでと。もう韓国とやってますからな、それは北もわかっている。もうあれから三〇年も経っている。利息を一つというふうにいわれて、その理屈はもっともだ。よし帰って利息つきで一つやりましょう。

ところが金丸は帰ってきてから、外務省にさんざんワンワンいわれて、政治家にああいう話は任せられない。金がいくらあっても足らないということになって、グダグダになってパーになった。正常化のチャンスはあったんだよ。

北朝鮮はまだ金日成時代には、結構金を持っていたんだ。統一支持委員会なんてのはどんどんつくって、それぞれに金を配っているんだから。アフリカなんかに援助をする最初のきっかけは、みんな統一支持委員会で入っていった。日本の植民地時代から、北の方が南より金持ちなんだよ。南は農業、北は工業だから。だからそれだけのものを持っていたんです。質的にまだ重工業時代、計画生産というやつだから、そこまでは社会主義の計画経済がなんとか競争できたんですよ。

――その頃韓国との関係で社会党がずいぶんもめていたでしょう。

うちはなかなか承認しなかったからね。

――石橋が初めて行ったんでしたっけ。

石橋は行かない。ただその頃で韓国へ行ったのは、社会党として後から追認した形なんだが山幸が、山本幸一が行きました。

――ちょっと韓国問題はもめていたんだよね。

だからクロス承認ができれば、そこで拉致問題も一挙に解決だったんだがね。そうすれば今頃特段、北朝鮮問題はなかったんだ。

ババ抜き書記長で混乱

飛鳥田時代のもう一つの苦労が、八二年のババ（馬場）抜きだ。体が大きくて頑強な。これは熊本、日教組の出身だな。委員長公選をやったとき、武藤山治とよせばいいのに下平正一まで出て、飛鳥田と三人で党首選挙をやったもんだから、飛鳥田がわっと取って、その次に武藤。下平正一はちょっとしか取れなくて、社研は大恥をかいたんだ。その選挙の後なんだ。

飛鳥田はこれだけ自分は信任を受けているんだから、女房役の書記長くらい自分の意志でいいと判断しちゃって、どうして気に入ったのか知らないけど、馬場昇を抜擢したんだ。ところがまたこれは二年生か三年生の国会議員で、全然だめだ。

――協会が推したんだもん。

そんな強くも推さないんだけどね。果たせるかな書記長になったのはいいが、書記長の役柄が務まらなくて、他党も相手にせず、どうにもならない。結局それで飛鳥田は書記長をおろすんだが、今度は次の書記長争いが起きて大変だった。それで社研の平林剛を書記長につけるわけだ。

平林は当時、政審会長だった。なぜ社研は平林を出さなかったかというと、あの人は心臓が悪かったんです。ニトロをいつもポケットに入れているんだ。だから政審会長までが精一杯だった。書記長みたいな激しいポストはとてもじゃない、殺しちゃうと社研が断ったわけだね。

ところは今度は江田派の方の争いになるんだが、山口鶴男、ヤマツルと田辺誠、同じ群馬の争いだ。これが仲が悪い。大体同期でずっと来ているんだ。だけど二人とも江田派なんだよ。どっちかに決めろといっても、当時の江田派では決められない。

それで飛鳥田に笑われちゃって。曽我君なんだ、馬場の後、書記長はどうにもならんじゃないか。早く決めてくれと。こういうふうになって、それでも結果的にけんかは治まらず、なんともはや社研助けてくれ、平林を出してくれ、と皆が頭を下げに来ちゃってね。ババ抜きをやったはいいけれど、後がいないんでどうにもならない。それで平林が出る。平林は半分死ぬ覚悟だよ。

だから奥さんがいちばん泣いたね。殺すようなもんだ。果たせるかな半年でもう。栃木に演説に行ったんだ。そうしたらもうその帰りに倒れた。ちょっと風邪をひいちゃってね。それで病院に入って。

機構改革で副書記長就任

平林が書記長になる時、機構改革をやり、企画担当中執二名というのをやめて、副書記長二名制にしたんだ。その時の機構改革の責任者が石橋だ。副委員長で石橋がいたんだね。飛鳥田委員長、石橋副委員長。石橋が二名副書記長という制度にして、企画中執の方は企画調査局にして、それは一名で行く。そのかわり社会党の幅は、要するに副書記長二名で確保する。だから共同戦線党的なものの役職の格上げだな。それで副書記長は当時の役員配置から一名は議員、一名は専従ということになった。

当時書記局の中でいえば、森永の方が先輩だからね、森永を副書記長に推したんだけど、平林を書記長にするんだから、曽我が副書記長にならなければ、旧江田派の森永では平林はどうにもならないと。平林も森永は知ってますよ。知ってるが、どうもやっぱりダメだから曽我がなってくれ、とここでは各派みんな来たの。

私は各派がみんなそういうので、じゃあどっちにするか私と森永に任せくれ。それで森永と話したら、森永は「今は俺が出る幕ではない」という。なぜかといえば手前の派で喧嘩して書記長が出来ないんだから。自分も江田派なんだから。これが喧嘩してできないんで、平林を急にお願いします、ということになった。だからそれを補佐するのは、お前さん以外にないじゃないか。俺のことは気にかけないでやってくれ、そういう話になって、結果的に私が副書記長になる。

だからそういう入り組んだ話がなければ、森永の方が先に副書記長になったことは間違いない。書記局の中ではそういう順番だからね。それでもう一人の副書記長は、といったらこれが高沢寅男なんだ。以後、副書記長は高沢・曽我というのでずっときた。理論センターの中でもそうなんだ。ところがこの間、かんじんなところへくると高沢はほとんど発言しない。主義主張になっても何も発言しない。これもまた徹底していたな。

――なぜですか。

もう仕方がないと思ったんでしょう。くれない会の頃から私とは一緒だし、国会議員に北・板橋の五区。そこで神近市子のあとのあとになるんだけどね、その当時世話になっているし、ちょっと私と並んだのでは仕事の上ではぜんぜんもうダメ。まして理論センターがこう華やかに出てきて、そこの学者の中心部分は向坂協会でない人だろう。だからそういう中では、高沢は自分の意見をいってもあまり通らないというんで、よくいうことを聞いたというか、常に黙っていた。だから新宣言までずっと行っちゃうんだから。高沢はずっと副書記長なんだよ。

――それともう一つは協会の、向坂派の力が落ちていたということですか。

まあ当時の状況では、落ちていたということはいえるわな。向坂も高齢でだんだん弱っちゃった。向坂は一九八五年に亡くなったが、この時期はまだ生きてましたよ。新宣言ができる前の年かに亡くなっているんだ。佐々木更三は一九八六年、新宣言の年に死んでいる。

――じゃあ佐々木更三は新宣言をみていないんですね。

原案は見ている。これは私の的、的、的、的が四つか五つも上についているよ……。委員長の時、的的政権という言葉を使ったんで。

美濃部後継問題で飛鳥田委員長孤立

これはポスト美濃部のときの話だ。七九年に美濃部が退いた後の候補者の選考で、飛鳥田は要するに市民派をどうしても出したい。総評の方は太田薫でどうか。社会党の場合、市民派でこれという候補者を見つけようと努力したんですが、都留重人とか皆断られてダメだったんです。私も都留重人を追っかけ回して、飛鳥田と一緒に二、三回会いにいっているんだけど、一時なんとかなりそうだと思うこともあったんだが、結果的に断られた。

じゃあ太田薫で行こうといったんだけど、飛鳥田がいうことを聞かない。それでもう一回探すといわれても、飛鳥田に同調するのはだれもいないんだよ。多賀谷書記長もダメだ、しょうがないと。太田だって名前が通っているんだし、ほかに候補者がいないならいいじゃないか、市民派じゃないけど有名人なんだから……。

そうしたら後藤喜八郎という武蔵野市長。通称後藤キーパーね。市長になってマラソンに出る、市庁舎に駆けて行くという元気のいいのがいたんだ。これが社会党の河上派で右派だ。若い頃は青年部で大いにやった名物男なんだが、それに固執しちゃって、後藤キーパーを呼んで何とかお前出ろ、と。後藤もその気になって手をあげたんだ。

そうしたら総評はカッとくるし、もうどうにもならない。三宅坂の党本部に飛鳥田はしばらく来られなかったんだ。入れば中からもいい加減にしろといわれちゃうもんで、委員長が三宅坂の委員長室に入れない。委員長がホテルに泊まって、ホテルに後藤を呼んで頑張った。それでとうとう船橋委員長付中執が私のところに泣きを入れてきて、なんとか委員長が三宅坂に帰れるようにしてくれませんか、というんだ。

帰るのは簡単だよ、太田薫を認めればいいんだ。みんな喜んで迎えるから。船橋が「私はいえないから、曽我さんホテルへ行って委員長にいってくれ」というから、よしといって、あんたが努力してくれていることは大いに認めるし、私も市民派がいいと思うが、後藤喜八郎では無理だ。後藤自身としては名誉なことに、名前も何も出てあれだけ扱ってもらったんだから、もうあきらめなさい、と諭した。「そうかな、そういうものかな、三日間考えさせてくれ」、とこういうんだ。三日間といっても知事選も迫っているんだから、もうこっちは準備をやりますよ、といったら黙ってる。じゃあサヨナラと帰ってきた。

そうしたら三日目に本部へ帰りたいから、ぜひ本部で歓迎の意を表してくれ、そのかわり執行委員会で太田薫を認めるといってきた。しょうがないから執行委員や書記局員みんなが玄関に出て、飛鳥田がホテルから帰るのを迎えた。まったくもう笑っちゃうんだけど、本当なんだよ。

唐突だった自衛隊の「違憲合法」論

次に石橋時代でいえば、ニュー社会党のアピールをやるというんで、新宣言の採択はよかったんだが、中曽根と非武装中立論争というのをやるんですな。これがTV中継まで出てかなり注目をされて、石橋は中曽根に勝ったというんだが、私らがひいき目に見ても引き分け、ないし中曽根の方が逆に株が上がっちゃった。そういう評価だったな。この非武装中立論争は。そうしたらそういうものを含めて、石橋が自分で温めていたんだが、自衛隊の「違憲合法」論という、今まで誰もいったことがない論を展開するんですよ。これは企画会議とかそういうところで全然相談しないんだ。相談すればこれはみんなに反対されちゃうと思ったかもしれない。

――予算委員会でバーンと出した。

これは朝日新聞と完全に出来合いだ。朝日新聞が一面トップに載せる、と記者が私のところに来たんだから。やめてくれというと、委員長から原稿をもらっちゃった、編集部が待っているからダメだと。これは朝日新聞と出来合いでやった。これの後始末が大変だった。違憲だけど合法だ、というんだ。何か意味があるのか?って…。

——これは面白い言葉だと思ったがね。

自衛隊というものを現実化していく一つの理論的根拠としておいたんだね。憲法第九条からいうと違憲だけど、しかし国会で多数で決めているんだ。決めちゃったものはこれは一応合法だ。違憲だけど合法だ、ということをくっつけて。これは元東大教授で当時専修大学教授だった憲法学者の小林直樹からもらったんだ。その理屈を石橋が戴いてきてやったんだね。それを朝日新聞が応援した。

だからこれは一つの問題提起ではあるが、党内的にはどうしていまさら「違憲合法」論でいくんだ、自衛隊というものは現実に存在するし、自衛隊法によって規定されている。そこまではいいが、何もそれが違憲だとか合法だとか、今決めたって仕方ないじゃないか。違憲だからやめさせるんですか、という話に理屈としてはなっちゃうんだよね。

国民から見ると自衛隊というものが確かに九条から見ればおかしいんだけど、現実に存在している。今日まできちゃっているわけだから。それは自衛隊法によって確かに全く根拠がないわけではない。あるんだね。だけど改めて違憲合法というところに、なにかプラスの意味があるかどうか、ということになると、ちょっとこの表現は議論にならなくなっちゃうんだな。やっぱり自衛隊というものに対する考え方の階段を、一つ上ったというふうに見えるわな。

——これがあったから、村山富市が村山内閣ですんなり自衛隊を認めることができたということになりますか。

そうそうそう。あの段階はもう合法。でもあれは言っちゃった後、大会を開いて強引にしたんですよ。言う前に大会を開いてやったんじゃないんだ。それは総理大臣になっちゃったから、仕事がどんどん来るじゃないか。そいつをやるにはやっぱり自衛隊をどういうふうにするかね。こういう問題が非常に大きいわ。総理になった以上、違憲合法なんてそんなこといってられなくなった。それまで自衛隊について社会党は議論をしたけれど、「違憲合法」論以上の議論をしたことがないんですよ。だからあれは、村山が先に施政方針で演説しちゃって、安保も一緒にそれを追認したんですよ。

――違憲合法について党内での協議とかそういうものはなかったんですか。

それは委員長発言で、委員長の権限と責任でやっちゃった。これを党内で議論したらこの段階では、なにもいう必要ないじゃないかと。石橋としても、どうせこんなものをはかれば反対されるとわかったが、ともかく社会党というものを現実政党に持っていく一つのステップ、階段として、彼は彼らしく「違憲合法の論」というものを出したんですよ。

本人は悪い意味ではないんだが、出されてみて今更そんなことはわかってるじゃないか、というのが大勢……。だから現実に第九条があるけど、自衛隊がこういう制約の範囲内において、現に存在しているという事は認める、とかそういうのならまた別なんだけど、憲法との関係で違憲とやった。憲法は変えません。しかし自衛隊は合法だから一応認めざるをえません……、言葉のあそびみたいなことになっちゃうんだね。

――しかも非武装だからね。非武装をいいながら「違憲合法」論というのはないよね。

だからこの議論は、石橋が大事にしてパッと出したんだが、党内ではしょうがないということで未消化のまま、あまり評判は良くなかった。説明するのに難しくて。

それから公明党との関係については、石橋もかなり気を遣って。社公の関係はダブル選挙で公明党が非常に大きなマイナスだったもんだからね。ちょっと社公がうまくいかなかったんだが、一応回復しました。もうちょっと続いて、社公で選挙共闘まで行ったんだけど、こんどはまたぞろ中曽根ダブル選挙があり、その結果石橋が辞めるからね。

中共中連部が政党受け入れの窓口に

中国共産党との関係では、いままでは中日友好協会というのが窓口だったんだが、中連部（中国共産党対外連絡部）、これは最初はコミンテルンの窓口だったんですね。それがコミンテルンが事実上なくなって、その後しばらく開店休業だったんだが、これが現実に他国の政党と窓口を開きましょうということになった。つまり中国共産党としての国際局の役割に中国自身が変更して、そして党間交流を始める。この第一号に社会党がなって、八三年に四原則で中共対外連絡部と党間交流を行うことになりました。そのミソは内部相互不干渉。その他に独立自主・完全平等・相互尊重の合わせて四原則で締結した。

社会党が口火を切って、その後公明、自民、民主、共産。共産が一番最後で、ずいぶんこれが厄介でしたね。お互いにこれまでの自己批判をしないと、関係が回復できない。われわれは党間交流がなかったから、自己批判は必要ないんだが、中共と日共は親方が喧嘩してからずっと正常化してなかったから、最後まで残りました。

このときの要するに党間交流の向こう側の立会人は習仲勲、習近平のオヤジさん、これが組織部長だった。それから対外連絡部を代表して張香山、この二人が立ち会いで、日本側は私とこのときは八木昇国際局長ですな。それで北京で党間交流をやった。これは日本の中では社会党がいちばん先に口火を切った。

ヒギインチュウシツ黄金時代

それでこの時は二〇人くらい執行部がいたんだが、その約三分の一強、七名以上が専従中執で、これが社会党の専従中執黄金時代でしょうな。毎日新聞の岩見隆夫が「ヒギインチュウシツ（非議員中執）という呼び名が懐かしい」、といったのはこの頃でしょう。

私が副書記長でトップでその下にずっといまして、企画会議というものを毎週水曜日にやる。木曜が中央執行委員会。だから企画会議で通ったものは、ほとんどそのまま中執を通っちゃうという状況になりまして。したがって議員集団の方からは書記局先行、書記局横暴、非民主的だというんで、もうその時に議員団の方からかなり反発が出てきましたね。

その最たるものがＮＨＫ出身の上田哲。私が都本部書記長時代に公認してあげたのに……。それは日放労を背景にやりたいからと総評の岩井章に頼まれて、やむを得ず社研に入ることを条件に、参議院全国区にしたんです。にもかかわらずとんでもない。その上田をはじめ、流れの会あたりから相当な反発が出てきた。最後には中曽根の死んだふり解散・二度目のダブル選挙という解散を急にやられ敗れて、そして石橋退陣ということになる。

石橋退陣とともに副書記長を辞任

結局石橋は八三年に飛鳥田と代わって、八六年までやったが任期は短かったね。正味三年です。そして時の執行部が解散。総選挙で敗れて石橋退陣となり、曽我・森永が辞める。なぜこの際やめるかというんで、みんなの意見は残ってもう少しやれ、そして新宣言を現実に運用する、実際の政治に生かすまでやるべきだという意見が地方からも非常に強かった。

だけども私はやめる、森永は残れと。なぜかというと私は副書記長になっちゃってるから。副書記長というのはやっぱり準三役で、常に三役会議の中に入っているわけだから、三役が辞めるのに私が残るというわけにはいかない。執行部の専従中執右代表で私が辞めるということで責任をとる。そうしたら森永も俺もまあ、新宣言をつくったのは俺とお前だから、この際、一緒に辞めるというんで曽我・森永がここで辞めるんです。それでもまだ専従中執は、笠原を含めて六、七人いたからね。彼らに後を託して辞めるんです。

石橋・田辺というのは最初は割合いうまくいっていたんだが、どうも途中からあまりうまくいかない状況があらわれてきました。つまり田辺が完全に自民党の金丸の国対ペースにはまっている。だから田辺はダブル選挙を知ってたんじゃないか。自分には情報はなかったが田辺には情報があった、と石橋は盛んにいうんだ。たしか、石橋がオーストラリアの労働党を訪問した直後に、ダブルを食らうんだ。だから俺がいない間に金丸と出来上がって、こんどのダブルは前のダブルと違って、どうも田辺は知っていたんじゃないか、という疑いを持っていたが、そこのところの真偽は分からない。

ダブルがかかるかもしれない、という恐れはあったんだけれども、ダブルがかからないように国対で取り付けた、だから大丈夫だ、というので石橋はオーストラリアへ行ったんだ。ところが帰ってきたら解散でしょう。だからこれは完全にやられた。つまり自民党とツーカーでやった、というふうに石橋は思い込んだ。だから最初は俺は辞めないというんだ。普通は委員長が責任を取るんだ。しかし残したいというときには、なんとか残していくんだよ。現に飛鳥田の時そうだから。飛鳥田は自分で石橋を推してやめたでしょう。飛鳥田の時に一緒に辞めたというのは船橋だけだよ。これは飛鳥田が連れてきた委員長付き執行委員だからね。

——田辺は北朝鮮との関係も含めて金丸とツーカーというふうに。

北だけではなくて、全般なんだよ。当時の自民党と社会党は、できあがっているんだね。それは田辺・金丸の関係で、金丸は副総裁になって実力者になるでしょう。両方ともその前に国対をやったんだね。そんな関係で仲良くなって、奥さん同士もうんと仲がいいという。そんな関係もあって、田辺に対する疑念も、石橋はこの段階ではかなり持ちだしたね。結果的にはダブルでまた負けるわけだが……。

官房長官は藤波孝生だ。藤波は一応外見は真面目でしょう。彼が絶対ない、国会の日程から見てもダブルは無理だ、というのをやっちゃったわけだが、本会議を開いてそこでいきなり宣言しちゃった。その運びを田辺が書記長だから、わからないはずはない、というんだ。どっかそれは裏であったと。それは私は何ともいえないが、疑えばそういう疑いは残るわな。

――せっかく新宣言を出したんだから、もう少し突っ張ってもよかったように思いますが。

そうなんだ。八六同日選は衆議院は敗れたが、参議院で二議席減っただけだった。地方組織の声は、せっかく新宣言を作ったんだから石橋にやらせろ、今の体制で行けという声もあった。執行部の中にも新宣言を何とか乗り切ったんだから、引き続いてやってみよう、という機運もあった。石橋もいったんその気になったんだ。では、私も残ってやりましょう、とこういっているうちに、決定的なのが朝日新聞だ。

裏で工作をしたやつがいて、石橋に好意的だった朝日新聞が、やっぱり負けたんだから責任を取って委員長はやめるべきである、と社説でやったんだ。そのときの社説ありますよ。あの社説で石橋は参っちゃった。がっくりしちゃった。朝日の本音はだいたい社説に出てるんだ。それで全体の空気が石橋更迭になっちゃった。

――ついでに専従も辞めろと書いてありましたね。

八月の末だな、九月の初めか。いったん総辞職となって、私は副書記長だし、書記局のボスでさんざん悪いことをした、ということになってるから、まあ、他を助けるため、他の専従中執を残すということ条件に私と森永が辞めた。森永と私がそのころ書記局では一番古手になっていたし、専従中執に対して議員団からものすごく攻撃があって、とても防ぎきれない状況で、どこかでけじめをつけないと、なかなか専従中執はもたないと。

森永は私の先輩で古いわけでしょ。森永は本音としては残りたかった。私はもうその段階で、辞めても社会主義理論センターには残るから、センターの中に学者もいたし、そこを機軸に何とか続けて運動をやっていくという目やすもあった。その代わりその他の専従中執はすべて残せ、というんで辞めたわけ。

ところが私と森永が辞めちゃうと、残ったやつが駄目なんだ。私が入ってない三役会議では、三役会議というのがしまらない。いろいろ議論があると私の場合は、社会党の歴史からいっていまはこういう段階だから、こうしなきゃならないというと、それに誰も反論できない。だから結局は引っ張っていけたんだよね。やっぱり社会党の歴史をちゃんと踏まえたうえで言わないと、ただ言ったって駄目だからね。そういうことをいう人がいなくなった。

——伊藤茂は？

彼は性格的におとなしいんだな。私に学者集めてなんとかならないかというから、お前が集めたらいいじゃないか、といいたかった。自分じゃ集まらないとはいわないんだ。そういう人だ。私にお膳立てをさせて、そこに乗っかろうと。彼は結局、和田派だったから、おおむね大勢順応だよ……。

——ただ活動家がいたら、僕は曽我さんたちがやめる必要なかったと思っているよ。下で支える活動家が、うるせいのが、僕たちみたいに飛び出した馬鹿者がいるから。松木は曽我さんを支持して一生懸命やったやつだよ。太田派だけど。

彼は本部の役員とか一切なってないからね。ただ彼みたいな活動家がわれわれを含めて五倍くらいいたら、そうはならなかった。

その人たちは、ちょっと無理なんだけどね、バッチをつけない書記長をつくろう、というのが私を担ぐ統一目標だったんですよ。東京の書記長と委員長までやったんだから、本部でもと。そういいながらこの人たちは、お互いに喧嘩しちゃっている。さっさといなくなっちゃって。それでもなおかつ、本部でバッチのない書記長をつくれと、こう始まって。副書記長までは行きましたよ。日本社会党の時代、結果的にバッチをつけずに副書記長までなったのは私だけだ。高沢も副書記長になったが、彼はその時はバッチをつけていたからね。

なお尾を引く協会派の動き

――社会主義協会というのは良くないですね。

いまでもあまり良くないよ。福島瑞穂のおばちゃんに、あの棒を飲んだような、ああいうことをいわせて、ちっとも票にならん。党首でいえばだよ、阿部知子を押さえて。県本部の推薦がないと党首候補になれない仕組みなんだよ。そんな馬鹿な話があるか。党首というのは、全党の長でしょ。これは阿部と福島の喧嘩から始まっている。二人とも同じ神奈川県なんだ。それの仕掛けを作ったのは事務局だね。これも変な話だよ。

議員団が私を呼んで集まったことがある。拉致問題で北朝鮮の党と社会党との関係を、一切かぶってるから、そんな馬鹿なことはない、という話をした。そのころからの話だが、もう土井もそろそろ時期がきたから変えたらどうか、という話が女性議員団の中であった。土井もそれを認めて、今度の党首選挙にもう一人若いのが立候補してやるが、今度の場合は土井になる。黙っていてもそれになりますよ。そういうふうにして、次の指導者を育てたほうがいい、というのが、珍しく女性議員団の中で一致したんだ、という。

そうして誰がいいのかということになったら、阿部知子になったんだ。福島がそれに対してやっかんで、知子は本当に土井を落とすつもりでやっている、といって土井のところにご注進に行き、女性議員の中にそういうことをいいふらかした。自分も入ってやったのに、そういうふうにしちゃって。じゃあそういう仕掛けはもうやめましょう。つまり女性議員の中では、少なくともできない。仕掛けてやるのに、仕掛けも出来ないのならやめときましょう、ということになった。

そのときに協会派の頭のいいのが、阿部・福島両方とも所属は神奈川県だから阿部が出られないように、県の推薦がなければ党首候補になれない、という条項を一項入れたんだね。しかもあんな少数の議員団で、議員の推薦が三分の一以上なければ駄目だ、という制約もあるんだから。

いま民主党でも自民党でも、党首候補に必要な推薦人は全体の数の五分の一もない、もっと少ないよね。二〇名か三〇名でしょ。うちの場合は三分の一以上なければ駄目だと。だから毎年、他の党は党首が代わってるが、代わらないのはうちだよ。土井が辞めてから十年間以上同じ党首だ。これもみんな党事務局の小手先だな。

――阿部知子が立候補できないのはそういうことなんですね。

そうなんだ。それでこのあいだ抵抗が始まって、そこへ私が、協会の関係者も全部呼んで、今度は党首選挙をオープンでやった方がいいといったら、彼らもそうだというんだ。だから、お前ら神奈川県に影響ちゃんとやって、そんな馬鹿なことをするなよ。党首選挙は出来るようにしろ、といったんだけれど、最後は規定にこだわって、結局党首選挙は花咲かないまま終わった。

そんなもんで今度の大会で幹事長は選挙になったんです。それで大阪の服部良一が幹事長に立って戦って、まあ一応のケリはつけたんだが、党首選挙規則を直すということまで行ったんだが、まだ現実には直してないんだ。馬鹿な話でね。なんだかちっちゃなところに固まって、このままではまあ第二の新社だね。新社会党と同じ運命よ。やんなっちゃうね。

第一八章　土井執行部の明暗

いつも遅刻してきた副委員長時代

石橋委員長は、中曽根の死んだふり同日選挙で大敗し、退陣するんだが、党内にはせっかく新宣言をつくったのだから、もう少しやったらいいう声もあったのは事実だ。

それにとどめを刺したのは朝日の社説がきっかけだが、朝日と組んだその頭の中には、要するに石橋はもう役に立たないからおろしちゃって、土井たか子を出すというのがあった。積極的な意味では、土井を出して女性党首をつくり、社会党をもう一回、という意味あいはあったと思うんだ。

だから結果的には、「やるっきゃない」ということで、土井が出るようになるわけでしょ。対抗してうまい具合に脇役をやったのが、NHK出身の上田哲。それが委員長選に出て土井が圧勝して、それで、おたかブームというのが生まれるわけね。

それでやっぱりそういうことができるのは岩垂寿喜男かな。高沢はできない。岩垂というのは前からザ・側近という名前がついてるんだよ。土井時代がずっと岩垂だからね。もう一人が鹿児島から出た久保亘。これがザ・側近二号だ。これが土井の後ろにいて土井を操縦する。そのまた後に山本政弘がいた。だから石橋はそこをよく知っている。結局俺を切ったのは山本だと思っている。それから岩垂、久保ね。ザ・側近グループ。

社会党の派閥的にいうとこの時、土井は「流れの会」のグループに所属していた。「流れの会」の連中というものがあって、それを別名市民派グループといって、土井の初めて執行部の中に入るわけね。

——**委員長になる前の土井の社会党内での位置というか、そういうのは。**

石橋委員長のときの副委員長。やっぱりお飾り副委員長。いつも三役会議を開くと遅れてくるんだ。そうすると石橋が、「今お化粧のお時間だから、土井さん来なくてもやってましょう、ねえ曽我君」とかいって始めちゃって。だいたい重要ないいところが始まってから来るんだ。ちゃんと自分の席に座るけども、ほとんど何の発言もしなかった。

そんな具合で副委員長を務めていたが、三役までやっているんだから、少しは党的な運動とか活動というものを理解していたかというと、ちょっと無理だったたね。憲法学者というかな、そういうことで売り込み中だったから。「やるっきゃない」とか、そういう言葉をつくるのは、なかなかセンスがあってうまかったんだが、やっぱり本当の社会民主主義者に育ったというふうには思えませんな。

――どうして副委員長になったんですか。

それは「流れの会」というのができたし、選挙用のことも含めて。その前にだって田中寿美子とか立派な女性の副委員長はいたからね。

――成田が社会党に連れてきたとか。

うん、成田が口説き落とした。成田というのはなかなか口説きの名人だ。その点は成田の長所なんだな。

ヨーロッパ視察団をつくって独・仏・伊へ

――曽我さんが本部を辞した後、すぐ欧州の社民党めぐりをやった、と聞いていますが…

そうだ。党本部を辞した森永・曽我を励ます会が八七年の初夏、静岡県の伊豆で開かれ、約五〇名位の活動家が集まった。その会で誰いうとなく「新宣言」で党再建に乗り出すからには、このところご無沙汰している欧州へ行こうではないか、という話が広がった。

健康上の理由で森永は遠出は無理なので、その世話役に私があたるはめになった。

しかし党機関の役員でもなく国会議員でもない私が団を組織して、不案内のヨーロッパに旅して、何か成果を得られるか、本当のところ自信はなかった。中国ならともかく……。

私自身、中国など社会主義国への旅は、しばしばやった経験はあるが、西欧への体験は一九八二年、飛鳥田のお供をして仏・英・スウェーデン・西独を駆け足で回ったもので、まったくの一年生に過ぎない。

私は以前から、党の代表団が外国へ行くパターン—通訳を含め、全てあなた任せでお客様になるやり方や、また議員先生方の視察旅行に見られる（言葉のコトを含め）現地日本大使館のお世話になって、いわゆる大名旅行のやり方には抵抗を感じていたし、今回はそれをやるにしてもやれない団であった。

——そこでどうしたのですか…

当時の社会党国際局は、恥ずかしながらあまり能力もなく、私も浪人の身ですから無理もいえず……そこで思いついたのが、理論センターに集まっていた学者、研究者。こういう方々を団の中に入れて、お互い気楽に研修しあえる旅にしてはどうかと考え、「新宣言」づくりに汗を流してくれた東洋大の新田俊三にフランスを、西独はボン大学に学び関係していた仲井斌（その後専修大教授）、そしてイタリアは在ローマ二七年の篤学の士西ケ久保徹郎に案内を頼むことにした。ちなみに彼の父は西ケ久保重光といい、戦後不当財産取引委員会と妙義山基地反対闘争で活躍した国労出身の社会党代議士だった。彼はその令息で、以前から知り合いだった。

そんなことで、西ドイツ在住の仲井から、視察旅行プランの案内「先日、新田先生とボンでお会いした時、お手紙（小生からの）の内容を話し、新田、仲井をアドバイザーにして各国社会党を回ったらと私が提案、先生も賛成ということで、いずれ新田からその話も出ると思います。私の案を簡単に記します……」として、「先生は仏の専門家ですし、私はドイツですから、二人で欧州社会党を比較、解説しながら（夜はワインやビールを飲みながら解説付きで）回るというのはどうでしょう……」

この手紙で私の腹は決まった。この提案に乗らない馬鹿はない。私は、さっそくこの団の事務局を務めてくれ

社会党訪欧団、西独社民党のルッセルドルフ支部を訪ねる（1988年4月）

た大西光夫、浜口金也等と連絡を取り、訪欧のスケジュールづくりに入った。

――全部で何人ぐらいの旅でしたか。

そうだね。北は北海道、南は宮崎で全部で一八名。それにアドバイザーの新田、仲井、茜ケ久保、旅行社山田で計二二名。

社会党の歴史の中でも、おそらく欧州向け団としては一番人員が多かったのではないか。東京からは私と三鷹市の生き残りオルグで、後に市議、都議をやった高谷真理だ。

詳細は日本社会党ヨーロッパ視察団として、写真入りのパンフが私の手元にあるから、その中で二、三の感想記（抜粋）と発足二年目の土井執行部へ提出した意見書を載せておくことにする。

森下昭司（副団長）愛知県本部委員長、元参議院議員　ドイツのボンで満開の桜を見ることができた。ライン河沿いのバスの旅は、今回の視察のハイライトの一つでもあった（各国社会党との交流の主目的を除いて）。一三日間、短いようで長いと思うが、一番良かったのは、団員の良識で何のトラブルもなく一致して行動がとれた事ではないだろうか。（中略）各国の党の本部、支部などの建物が大きく、そこで働く人々の多さにも驚いた。ドイツやイタリアの党の末端の支部が機関紙活動などを通じて、地域住民との接点を求め、大衆と共に行動する実態を見、われわれもまた学ばねばならない諸点を再認識できた。

党はこれからも継続して交流を図り、友党との関係を強化しなければならない（以下略）

私たちは先遣隊たり得るか

副団長杉田哲（兵庫県本部書記長、県議）

まず、これからのことについて記す。私たちは西ドイツ、フランス、イタリアの社民党・社会党の中央本部を訪問した。また総支部や支部との交流の機会を得たし、市議会の本会議を傍聴することもできた。

私はいま、これらの体験を通して、日本社会党はこれから西ヨーロッパの友党たる政党・政権間とは、これまでの党の先人の貴重な努力にもかかわらず、「鎖国」に等しい状況ではなかったかと実感している。

今回は、そんな状況のもとでの訪問であっただけに、私たちの団は視察を兼ねた先遣隊のようなものでなかったか。将来、日本社会党はこの「鎖国」状態を解き放ち、正式に代表団を送り、相互に交流することを熱望する。それが現実のものとなって初めて、私たちの団が「先遣隊」としての役割を果したことになる。

旅はいいものだ（中略）

私たちの訪問した友党も、日本社会党と同じ苦悩、苦闘をしているのであった。西ドイツ社民党（SPD）は新綱領の徹底討論、イタリア社会党は「開かれた党」への組織改革。そしてフランスは、大統領選挙（ミッテランの二回目）の只中にあった。

他方、どの国のどの党においても「連合」は当たり前のことであった。どの党も政権に参加し、政治決定に力をもっていた。どの党も「自前の党」として党員数も得票率も急伸長しつつあった（中略）

西ヨーロッパの友党は、ナゼ急伸長を遂げつつあるか。そのエネルギー源は何か。産業構造の変化、環境、失業、移民、社会保障など、直面する共通の課題に、各党がどんな効果的な処方箋を出すか。女性の権利の拡充が、どのように進むか。

これらの課題に酷似した状況にある日本社会党にとって、示唆に富んだものになりはしないか。言葉も、習俗も、歴史も、貨幣も、民族までもが違う西ヨーロッパ各国が、一九九二年に向かって統合（EU）をめざす。この壮大な連合が、いかに進むか。私の興味は尽きない。

五月二日、竹下総理がローマに滞在した。五月四日、土井委員長がモスクワに到着した。その同じ日、私たちはヨーロッパに、そしてモスクワ（帰路の中継点、このコースが一番安い）まさに遭遇である。いま日本社会党への私の想念は、この遭遇の事実から始まる。

東京　高谷真理（東京都オルグ・市議）

社会党ヨーロッパ団への参加は、私にとっては大変有意義な旅であった。急な話であったため、学習もほとんどできず、出発前の団会議での新田、仲井両先生のレクチャーだけが予備知識の気軽な参加であったが、得るものは多かった。

ＳＰＤの綱領の見直し策定作業は、実に大衆的な広がりの中で行われていることを感じた。それは、新宣言策定過程で我々がとってきた態度と比較するとき、大いに考えさせられる。我々の新宣言が国民的合意を得る作業は、これからと感じた。

ＳＰＤ総支部との交流の後、午後五時から開かれたトロースドルフ市議会の傍聴は、地方議員の一人として実に貴重な体験であった。

この日は多くの議案の中に、核反対決議が上程される予定であった。我々の日程を配慮して、六番目に予定されていた日程を繰り上げ、同行した仲井先生が急遽通訳として要請されて理事者席についた。

その直後、みどりの党から議事進行がかけられたが（この議事進行の内容は、会議録作成に問題はないか、というものだったようだ）日本では全く考えられないことであり、率直にいって、このままでは核兵器反対決議も採択されないのではないかと心配し、退席する方が良いのではと思ったが、反対・賛成討論の後に無事採択された。

このことだけでトロースドルフ市議会の民主主義を語ることはできないだろうが、少なくとも外国人に開かれ

た議会を体験することは出来た（中略）

今回の旅は視察目的の他にもパリ郊外の未来都市ラ・デファンスやパリ市内の再開発地域の視察、同行の新田・仲井・茜ケ久保先生からヨーロッパの政治・経済・文化・大衆の生活の現実等様々な角度から話を伺う機会に恵まれ、この旅をより有意義にしていただいたことに対し、改めて心から感謝申し上げます。同行の山田さん、大変ご苦労様でした。有難うございました。最後の晩の曽我団長との話し合いは、私にとって一つの決断をさせた旅であった。

ヨーロッパの友党との交流を進めるための意見書

日本社会党中央本部　中央執行委員長　土井たか子殿

党の前進に向けた連日の御健闘に心より敬意を表します。

早速ではありますが、用件を端的に申し上げてお願いの儀とします。

私共は、「日本社会党ヨーロッパ視察団」として、四月二四日から五月六日までの一三日間、ドイツ、フランス、イタリアを訪問し、それぞれ、友党であるドイツ社会民主党、フランス社会党、イタリア社会党と交流して参りました。

現在、これらの交流・学習の成果を「視察報告」及「感想集」としてまとめているところですが、今回の交流を通して、切実に感じ入るところがあり、早急に視察団として、党中央本部に我々の意見を提言しようということになりました。

よろしく御検討を頂ければ幸いです。

交流の時間が十分ではありませんでしたが、本当に有益な訪問でしたし、心暖まる歓迎を受けました。

社会主義運動、社会民主主義運動の先達として、又、先進資本主義国における社会変革を闘っている同志として、いや、それだけではなく、人類的危機の時代を共に生きている同じ人間として、学ぶべきことは余りに多く、そして、意見交流することが如何に緊急に必要かを感じました。

日本社会党として、ヨーロッパの友党との交流を企画したのは、最近では、一九八一年七月の勝間田清一団長、一九八二年三月の飛鳥田一雄団長、一九八四年一一月の多賀谷真稔団長の三回であり、「新宣言」採択後は全く交流が無いとのことです。

今回の視察団は全国の党員が自主的に参加したものであり、多額の経費も参加者の負担に委ねられておりますが、しかし、党の再生と発展に寄与せんと情熱を燃やして参加したもので、参加者一同は十分に満足できる交流であり、意義ある取組みだったと確信しています。

お願いの儀は、今後、世界は国際的交流をますます必要とし、日本はその責任と地位を問われていくと思いますが、党中央本部においては、特に、社会主義インターに加盟するヨーロッパの友党との交流を系統的・継続的に推進して欲しいと切望するものです。

政策や組織や運動面で悩みが共通する課題が多く、そして、協力して解決に当たらなければならない国際的課題も多々あり、交流の意義と成果は果てしなくあります。

又、違いを知ることで自省することもできました。

中央本部への訪問だけでなく、地域の支部や地方本部との交流をしましたが、これは大変意義深いものでした。

女性の社会的進出は世界的傾向であり、この交流の緊急な必要性も感じました。青年層の脱政党化現象も世界的に起きており、青年の交流も意味あると思います。

「新宣言」作成に向けて我が党は、綱領的論議を展開しましたが、その後はこうした論議は途絶えたままで、「現代社会主義研究」も発行中止になったままです。

まだまだ、論議を尽くさなければならないことが多くあり、政策・組織・運動論の充実も緊急の課題です。又、新たな情況や課題も生れており、理論学習活動の必要性は、一層高まっていると考えます。

今回の視察団への党中央本部の御支援、御協力に感謝申し上げますと共に、再度、ヨーロッパ社会主義運動との交流の強化の必要性を訴え、こうした取組みが継承発展するように、是非、具体的な企画の検討をお願いし、意見書とする次第です。

一九八八年六月二日

日本社会党ヨーロッパ視察団

団長　曽我　祐次　副団長　森下　昭司　同　杉田　哲

団員　小山　誠司　西村　茂樹　川口谷　正　三沢　英一

山崎　晋吾　高谷　真理　小岩井　清　大西　光夫

岡本　博　町野　覚　清水　健夫　奥野　正美

樹杉　和彦　湯川　利孝　浜口　金也

――ところで、そのせっかくの意見書は、どうだったのでしょうか。

驚いたことにウンでもスウでもなかった……。完全な無視ということでした。残念。一緒に行った団員はもとより、ヨーロッパの友党、とくに窓口になってくれた国際局の友人たちには申し訳ない気持ちでいっぱいでした。

しかしそれでもなお、という気持ちで「新宣言」に基づく諸々の政策対応を理論センターの学者、平和経済国民会議のメンバー等と協議しながらやってきました。

この間、長年私と喧嘩もし、仲良くもしながら一緒にやってきた森永栄悦が永遠に姿を消すことになる。無念この上なし……。

つぶされた社会民主主義の定義

私と森永は本部を退いた後、土井執行部に対しては積極的な意味で応援をしようというんで、理論センター委員として残ったんです。いろいろ努力したが、どうも土井執行部になってから、我々の考え方とだんだん離れて違ってきて。

一九九一年に社会主義のソ連が崩壊するでしょう。土井執行部が新宣言の補強のために、社会民主主義の定義を改めて理論委員会に求めてきたんです。理論委員会はじゃあ、というんで急いで作業をして提出した。それは福田豊が、日本社会党的社会民主主義論の解説をものの見事につくったんだよ。つまりどこの世界にも通用するような綱領を定式的にね。それを苦労してつくって出したにもかかわらず、中執は下部におろして討議しない。その時は理論センターの所長は川崎寛治（衆院議員）だったから、川崎が強く抗議するんですけど、土井執行部はいうことを聞かない。

その時、社会主義の党として、政権を取る準備というものをやっぱりしなければならんということで、シンクタンク、政策実現の機構、そういうものを理論センターに提起してくれというんで、みんな集まってシャドーキャビネット、官僚の使い方、政策立案のシンクタンク機構、そういうものも同時に答申したんです。単に社会民主主義とは何か、という理屈の上の問題だけではなくて、そういうものも含めて土井執行部がまじめに取り上げていくということが、理論センターから見ると見えない。

社会民主主義の課題で綱領は新宣言に変えたが、規約を改正しないんだ。規約の改正が遅れた。だから規約には「革命」という言葉が残っている。新宣言の方には、革命の「か」の字もないんだよ。

そこを前にもふれたが経団連につかれたんだ。それでおタカが慌てて、それは事務的手違いです、と馬鹿げた説明をして、それで直したわけだ。

直すんだから社会党のいう社会主義＝社会民主主義というものも、定義を含めて改めて新宣言をソ連崩壊後に積極的な形で出しましょう、といって、それを出したんだが下部討議しない。これは山本政弘だな。おタカの後見人というのがザ・側近の二人だろう。その後には山本政弘がいたんだ。

『社会民主主義とは何か』（理論センター　一九九〇年七月二六日）、綱領的文書をつくって出しているんですよ。日本社会党社会主義理論センター名で。『歴史的に規定された社会民主主義の概念』以下ずっと、社会民主主義について出しているんですよ。これが新宣言の一九九〇年版だ。だから下部討議に降ろせ、そうしないと、経団連のいった社会党は相変わらず革命じゃないか、ということに答えられない、というんで急いで作って出したにもかかわらず、印刷したまでは分かっているんだが、下部におろさない。理論センターがおタカ執行部にとっては邪魔になってきたんだな。

だんだん理論センターは開店休業になってきた。学者は別に金を払って来てもらっているわけではないんだ。日当を差し出す余裕はないからね。たまにはいっぱい酒ぐらいのむようなサービスはしていたと思うんだが。それでも理論センターは川崎寛治を中心に私達がいなくなってもやってきたようなんですが、結果的に社会党の三宅坂へ行ってそういう努力をしても、それを本部の方が取り上げて真面目に討議しない。これでは行っても意味がないじゃないか、ということにだんだんなって一人減り二人減り、結果的には理論センターは流れ解散みたいになくなっちゃったんだよ。これはあまりみんな知らないんだね。ここらへんも私は土井執行部最大の責任だと思いますね。

——新宣言はほとんど生かされていないんですね。

そうなんだ。そしてもう一つ。この社会民主主義論のとりまとめ役、執筆者が向坂協会に造反した福田豊であったことも、影響しているかもしれない。

津軽海峡夏景色と浮かれる

だから前段「山が半分動いた」というので、参議院でうまく勝ったでしょう。その次の総選挙について、要するに社会と公明、民社、社民連。菅直人がこの時社民連の政審会長だ。社会党は伊藤茂が政審会長だ。それでともかく、津軽海峡冬景色じゃなくて夏景色。北海道へ行って四党の統一政権綱領案を作った。草案を作ってそれで参議院選挙を戦って勝った。山が半分動いたでしょう。社会党一人勝ちなんだよ。公と民も減らなかったけど、社会党がバンと増えた。

だから社会党が他の党に、お礼参りに行かなきゃいかんのに、それは全然やらない。やらないで何をやったかというと、おタカドクトリン—土井ドクトリンというのを出した。そこには安保破棄、自衛隊は認めないだよ。社会党の基本線というか、新宣言よりも、もっともっと昔のやつを出しちゃった。

そうしたら公明党が怒って公明ドクトリンというのを出した。民社も怒って出しちゃった。それで衆議院選挙はバラバラ。ただオタカブームの影響がまだあったから、衆議院も社会党は伸びたよ。伸びたけどとても過半数なんか行きっこない。参議院でそこまでうまくいったんだから。それは八〇年の飛鳥田の時の、要するに社公民、ブリッジ社公民の経験を十分踏まえて、こっち（理論センター）が社会民主主義までつくってあるんだから、それに基づいてやれば山が半分動いた次の衆議院選挙の戦いで、かなり私は自民に迫れたと思うんだ。政権が取れなくても相当のところへ行って、次は政権とりのチャンスをつくれたはずだ。

社会党もまだおタカブームで、自民党のマイナス三点セットがあった。女性スキャンダルとリクルート汚職ともう一つ、消費増税。そのチャンスを参院では活かしたが、衆院ではほとんど活かせず、以降、社会党は政権から見放されていく。後はまあ〝転落の詩集〟だ。

チャンスを生かせなかった土井人気

土井という人は、人気は出たんだが、要するにこれまでの党をどうやって変えていかなければいけないのか、というようなことについてはあまりわからない。土井自身がそういうことに対する一つのアイデアとか、あるいはそれを進める方法とか、そういうことについて十分でなかった。土井時代というものは社会党が公・民・社民連と組んで伸びるチャンスだったんだが、私や森永がいなくなったもんだから、そのチャンスを新宣言の方向でさらに確実なものにし、伸ばしていくということが結果的にできなかったのではないか、と思いますね。

専従にあまり知恵者がいなくなっちゃったんだよ。それで議員も、あいつのいうことじゃしょうがないというくらいの力を持って、なんとかするやつがいなくなっちゃって……。

——曽我さんがひかれたあと、当時のメンバーというのは、協会がほとんど勢力温存の形で残った、ということなんですか。

協会系がやっぱり残っていましたね。だから土井に新宣言の本当の意味を、党がここで生まれ変わらなければダメだ、というようなことまで教育して、その中で土井人気と結合させて、うまく党勢を拡大していくということにはいかなかったですね。

――結果的に土井側近というか、動かしていたつもりなのが山本政弘ですか。

山本政弘も含めて協会だ。土井自身が、私の政治的な指南役は山本政弘だと言ってるもん。もう一つは、土井自身はそういう能力は、あまりなかったということだな。土井自身の思想というのは、護憲と婦人解放しかないんだけど、その土井を周りが、もうちょっと新しく頭を切り替えて、社会民主主義者に育ててあげられなかったね。それが非常に残念だと思いますね。

つまりあの段階で、政権に達しなかったということは、山本やザ・側近の限界だね。参議院で本当は山が半分動いたんだ。動いたとたんに、土井ドクトリンとかなんとかいうのを出しちゃって。そうしたら公と民が怒ることは、決まっているじゃないの。参議院だけ社会党が勝っといて。そうして終わったらとたんに、バンと土井ドクトリンという旧い社会党の基本政策を出させて、社公民連の関係に水をさしたんだから……。

新宣言が果たした役割

だから結局、新宣言が果たした役割というのは、東西ドイツが統一、冷戦構造が終わる。二年後にモスクワで共産党が失権する。そういう大きな変化に対して、社会党も新宣言で変わっていたんだ、だからその変化について社会党はあらかじめ見通しを立てていた、ということで、辛うじて社会党は難を免れたんだ。昔の「道」だったらどうしようもないんでね。ベルリンの壁とともに「道」も崩れるわけだ。その段階で大騒ぎしないでよかった、というだけなんだ。残念ながら「新宣言」の意味というのはそれしかなかったね。

日本共産党はもうこれで大変だったんだから。六全協を含めてしばらく党内に混乱が始まって。もう一つは共産党の場合は核実験だ。ソ連、中国の核実験があって、いかなる国の核実験にも反対かどうかで一つもめたが、もうひとつはソ連共産党の崩壊、それに伴う日本共産党内の対立と分裂。そいつを不破がなんとか先取りして、日本共産党再建の軸をもう一回担うわけだ。

だから新宣言は要するに九〇年のベルリンの壁破れドイツの統一、それから最終的には九一年かな、ソ連共産党の崩壊。こういうものについて社会党は関係ありませんよ、それによってそんなに動揺していませんよ。本当は動揺しているのは社会主義協会だったんだね。ただ向坂はその前に亡くなっているんだ。ソ連崩壊は九一年の八月だからね。

――この間山崎耕一郎と会ったとき、ソ連の崩壊の頃、社会主義協会はどうだったと聞いたら、要するにがっかりしたといっていたね。

土井時代の一つの前進

土井時代の悪いところだけ先に申し上げましたが、もうちょっと前向きな動きもありました。それは何かというと二つ申し上げたいんですが。一つは自民党がもう派閥闘争でくたびれた後、中曽根が出てきてやったんですが、中曽根も最初の頃はかなり慎重にやったが、途中からだんだん天狗になってきて、最後の段階で完全な失敗をして、結局、日本の高度成長というものがその段階で息切れをする。それから本格的な総評解体で、結果的に労働組合の運動というものはなかなか連合に統一できなかったけれども、最終的にはやっぱりこの段階で総評がなくなるわけですな。

名実ともに労働運動というものが、日本の中で本当の意味で労働運動らしいものが消えていくのもこの時期なんだな、九一年。そこのところは歴史的に見て非常に大きな日本の転換期みたいなことになっちゃった。

自民党の力が中曽根で一応復活したかに見えたんだが、その後、ポスト中曽根の後、政権交代が繰り返されるでしょう、それで自民党の力が弱まって、下降気味になった時に土井が出てきた。大きな党としての女性党首は初めてなもんだから、人気がバーンと持ち上がった。そして山が半分動いた。

山が半分動いたのはそれなりに仕掛けもしたんですよ。これがまあ土井時代の一つの前進といえば前進なんだが、飛鳥田時代にやったやつを囮にしてもう一回土井時代にやって。政審会長が伊藤茂で、津軽海峡夏景色だと。参議院選挙の前に、夏に向かう津軽海峡を通って北海道の涼しいところで、社会党それから公明党、民社党、社民連と。確か当時でいえば社会党が土井でしょう、民社が佐々木良作、社民連が江田五月が党首の頃ですね。伊藤茂が第一党の政審会長だから伊藤が原案を出して四党の政策合意をしていこうというので政策合意が八分通り出来上がった。

公明党に見せたら公明党の市川雄一が書記長で、早く書記長レベルに上げたいんだね。じゃ社会党も書記長レベルに上げることにしよう、というんで伊藤から相談があった。私は市川とはわりあい親しかったから、赤坂プリンスの古い旧館の方だ。そこで伊藤と市川と私とが三者会談をして、市川は公明党はいい、早く書記長レベルに上げてくれと、もう政策的には大体皆合意したんだから。

不思議なことにその時にいちばん問題になったのは、同じ党から分かれたというものはやっぱりダメなんだな。社会党と民社党が喧嘩しちゃって、社民連と公明党が中に入って。そういう場面がしばしば出るんだね。どうしても近親憎悪というか、一緒にいたものが分かれると、分かれた夫婦みたいなもんでダメなんだな。しかしちょうど社会主義インターも状況が変化してきて、ベルリン綱領というベルリンでやった大会で新しい綱領を作った。そのベルリン綱領を持ってきて翻訳し、社会と民社で問題が出たら、ベルリン綱領はこうなっているとやった。

この頃まではまだ社会党も民社党も双方ともインターに入っているんだから。インターは二つに分かれたものを同時に受け入れたわけだ。だからそのころは社会党と民社党が二年おきぐらいの交代で、社会主義インターのアジア代表副議長というものを出していた。そういう関係があったので、ベルリン綱領を民社党に見せて、ベルリン綱領ではこうなっているんだから、ここはこれでいきましょう、というようなこともやって社会・公明・民社・社民連の四党政策綱領はほぼ出来ていたんだね。

書記長レベルに上げられない四党政策合意

早く党レベルに上げるには書記長に持っていこうと。ところがウチの中がいつまでたっても書記長に行かないんだ。書記長はヤマツル、山口鶴男。ここに何かあったんだな。さっきいった新宣言で、四党の統一内閣をつくることまで含めて、あるいは社会民主主義という言葉の定義まで含めて出したものを検討しない。それからこの社公民連の四党政策合意、これが社会党内で上がらないんだ。

どうして上がらないか、というと山口書記長曰く、「俺は東大出ではないし、頭が悪いからそんな政策なんてのはよくわからない。だからこれは政審会長レベルでずっと最後まで詰めておいてくれ」。そうじゃない。これをやって連合政権をつくる、そのために選挙で勝たにゃいかん。選挙闘争その他にも全部かかってくるんだから、連合政権づくりなんだから、やっぱり書記長が出なきゃダメなんだ。いくらいってもとうとう山口書記長のところまで上がらない。これもまたおかしな話なんだ。

理論センターから社会民主主義の言葉も含めた定義と、政権づくりの準備を出したでしょう。これも山口書記長なんだ。どうしても、そこからどこへ行ったのか消えちゃうんだ。いまあの時の執行部で残ったのはみんな死んじゃったからな、山本もいないし笠原もいないし。当時笠原にいくら問いただしても笠原はいわなかったな。知っていたと思うんだけどね。

結局は壊したんだな。それでどうなったかというと、結果は参議院では社会党が勝った。みんなバンザイした。ちょうど参議院選挙が終わって夏休みに入った。衆議院選挙はほぼ近いうちだ。次に衆議院に向けて政策を固めて、本当に各党の間の交流を活発にして、その上で選挙でしょう。選挙になればあの頃は小選挙区制ではなくて、まだ中選挙区制だから、その選挙協力を本格的にやって衆議院選挙をやろうと、こういうことだったんだね。

そういう状況にあったにもかかわらず何をやったかというと、土井ドクトリンというのを夏休みにバーンと打ちあげるわけね。安保は破棄だ、それから自衛隊はけしからんで、ともかく四党がすれすれでなんとか合意しているにもかかわらず、社会党の基本線みたいなものを表に出しちゃった。参議院選挙に勝ったという、おごりもあったと思うがね。

それで公明党が怒っちゃって、公明党は公明党でドクトリンだ。民社もドクトリンだ。それで衆議院は何も協定がないまま入った。参議院の場合は要するに正式には決まらなかったが、半ば津軽海峡夏景色で、ちゃんと合意の政策というものを下敷きにできたんだけど、衆議院はもう全然。

社会党は土井人気のおかげで衆院でも若干伸びてますよ。ところが公と民は伸びない。それが公明党が社会党に見切りをつけていくきっかけになった。以後、両党の関係をずっと見ているとそうでしょう。

飛鳥田時代から、公明をこっちにつけない限り、社会党は政権を取れない。しかし、これを自民の方にやってしまったら、もう半永久的に社会党は政権を取れません。

公明党というものが宗教政党だなんていうけれども、考え方は護憲もほぼ近いし、日本では典型的な中道なんだよ。あれを何としてもこっちに引き寄せる。しかし公明党は下部（地方議会）を見ると、実際に議席をとって、首長は取れなくともある程度議席をとって、それを日常活動の中で創価学会の会員のためにかなり使っているわけだね。地方議会の議員が、まず生活保護をとったりさ。それを現在の公明党はずっと続けてやっているんだ。

だから基本的には与党が望ましいんだよ。与党である限りは邪教と言われないでしょう。昔あったですよ。自民党が田中時代、まだ相当力があったときに、公明党は邪教という指摘をして、公明党がもう潰れるかどうかに追い込まれた。宗教政党は結局は日蓮宗だな。日蓮正宗をもって、最後はそれが日本の権力を握ったときは、他の宗派を天皇制まで全部否定だと、これは宗教政党でけしからん。あれは本来政党ではないんだ、という批判でやられたことがあるんだ。相当激しくやられて、公明党はそこで綱領を変えて、それで今度は社会党に接近してきて、自民党が邪教で潰そうとやっているから、何とか助けてくれと社会党との関係を厚くするよう求めてくるわけね。飛鳥田・石橋時代はずっとそうだった。それから中国と仲良くなるというようなことも、その頃なんですよね。

公明党はこれでおしまいかといわれるくらいまで追い詰められた。私はそれをよく知っているもんだから、公明党という党をなんとしても社会党が引き止めておかない限りはダメだよということを、私が現役を退く時も遺言のように話をしていった。私自身も公明党とは古いお付き合いがあったからね、伊藤を助けて土井時代もやったんだ。

いつもブレーキ役はだれ

だけど、半分成功したんだが、半分どうしても成功しない。しないのはどうも山口書記長なんだ。ここのところに行っちゃうとどうも止まっちゃう。山口というのは昔から江田派よ。江田派で田辺誠と同じ群馬県出身で、個人的には田辺と一番仲が悪いんだ。

——四党合意に賛成だといってておかしくないでしょう。

山口が？　そうよ。本来は推進派だもの。

——山口がうんと思っても、土井がダメだ、とやったんじゃないの。それを誰かがやらしたんだよ。

土井にいわせたのは間違いないね。ザ・側近ふたりというわけだ。その背景は……。

——曽我さんが多賀谷書記長をつかって社公民路線への切り変えをやったように、あえてこのタイミングで土井ドクトリンを発表するように仕向けたのがいたんですね。

だから出させた奴はしてやったりでしょう。当時の執行部は、誰に聞いてもそれは言わないんだ。書記局からも出ているんですよ。まだ専従中執がかなりいたんだから。しかし、誰に聞いても言わない。

——普通だったら書記長がもっと突っぱればね。

山口は江田派なんだからね。普通誰が考えてもおかしいんだよ。それが書記長のところに行くとみんな潰されちゃう。妙に逃げられちゃうわけ。それは土井を傷つけないために、山口に相当知恵のある奴が、あるいは山口を脅かした奴がいるわな。山口のところで切れちゃう。それでいうことがいいや、おれは東大を出ていないから政策はダメだ。これは伊藤に任せる。伊藤に誰がやるんだといったら、いやそれはどうしても山口書記長のところでストップになっちゃう。また俺に返されちゃう。政審会長がいくらやったって、これでは党の決定にならないでしょうというと、そうなんだ。

とにかく党に上げないといかんじゃないか、というと、いやーそれが。まだ元気でいるんだから伊藤に聞いてみないといけないな。彼は津軽海峡夏景色というのは、自分の本に書いているんだよ。自分の手柄として書いてあるんだが、そこのところは書いていない。続きは書いていない。自分は北海道の涼しいところで一生懸命苦労してやっと合意の政策を作った。そこまでは書いてある。それは四党合意で、いかにそれを最終的な政党間の合意にしたかというと、してないんだ。できないんだ。

飛鳥田の時は私も強引だったから、飛鳥田が本当は嫌がったけど強引に持っていって、ちゃんと一応ですな、公を中に入れた社公民三党の政策合意で選挙をやったんだから。それができないんだね。未だにどうも、わけがわからん。

――土井がゴーを出さなかったからだと思うけど、仕掛けた人間が。

土井にいかないもん。山口のところでつぶしちゃうんだ。これは書記長まで上がっちゃうとね、もう表へ出たと同じ。伏せてつぶせないからね。相当知能犯ですよ。今から見れば。

――土井に直談判はできなかったんですか。

それは要するに土井の周りが、ザ・側近で固めていたから。ザ・側近と協会なんだよ。それはわかっているんだが、その中の中心人物は誰かというのが。

――山本政弘の可能性はある？

あるね。なぜかというと土井は山本を政治の師と仰いでいた。土井本人がそう言っていたからね。

――元々二人のつながりはあったんですか。

ないですよ。党首になる前ごろからは、あったかもしれないね。

――土井ドクトリンを出しで四党合意をつぶしていくということは、社共との関係ではどうなったんですか。社共でいこうという線はあったんですか

それはない。当時そんな条件は全くないもの。

――社会党単独ということですね。

単独というか、もう政権なんか取らなくて、ともかく要するに前の「道」の精神で行こう。彼らにしてみれば、まだこの段階でも「道」なんだよ。この雑誌「社会主義」を見るとわかるんだから。二〇〇四年に初めて私のところに来て、ずいぶん新宣言を妨害したが、その時どうだったんですか、率直にいってくれ、て聞いてるんだからね。基本的にはこれなんだ。当時の執行部がやったことなんだが、誠に見事にやった。私には分からないんだから困っちゃう。これは伊藤がいちばん知っていると思う。自分が一生懸命つくってきた四党合意がいつまでたっても党のものにならないんだから。

執行部に私か森永でもどちらかがいればね、そこまではつぶせなかったと思いますよ。完全に土井はうまく包囲されちゃったね。だから土井人気が出てその波に乗ったんだから、その勢いで社公民で行く、という形が本当につくれれば、あの段階で非常にいい線行ったんだね。

逆にいうとそれを契機にして中間派のつまり中道的存在ね、その段階では自民対社会と中道と、中道を真ん中に含めて中道の取り合いになったんだからね。それまでともかく社会党が「道」の時代を含めて、公明党は下の方は、地方ではほとんどみんな与党だったんだ。しかし中央は与党にならなかった。野党でなんとか社会党にくっついてやっぱり政権につきたかったんだ。だからここのところは非常に大きいんですよ。

それを境に結局社会党にくっついていてもダメだと。社会党は自分のことばかり考えて、他のことは考えない。本気で政権を取ろうとは考えない、ということにだんだんなって離れていって、結果的には自民についてこれまでおおむね自公でしょう。だからこれは非常に大きいんだよ。

土井人気があそこまで行ったのに、そのチャンスを生かせなかった背景には、そういう事情があったんだ。

——これは僕の推察ですが、非議員中執というのは曽我さんと森永さんですね。他にもいるけど実力者はこの二人ですね。結局側近グループというのは山本にしたって岩垂にしたって議員だな。議員党なんだから専従中執に動かされてはいけないという、思い込みでやったんじゃないかと思うよ。

ここ（雑誌「社会主義」）にも書いてないんだな。ただ新宣言を真面目にやった、とは書いてないよ。伊藤に一つチャンスがあったら聞いてみてください。私が今まで聞いた中では、固有名詞は絶対に言わないんだよ。

第一九章　社会党の終幕

社会主義研究会の解散

社会主義研究会、社研というのは五月会以来の伝統ある派閥でしたが、協会問題が正面切って問題になる前後に三つに割れたことは先に話しました。協会規制後も土井執行部がやっぱり協会に握られてうまくいかない、もう一つは新しく土井時代に当選してきた諸君にいろんな流れの議員がいると、いうようなことを含めて一九九一年、名前を「社民フォーラム」という新しいのに変えて再建しよう、と結成を呼びかけたところ、最初は衆参合わせて四九名の議員が一応集まってきた。

ではもう一回みんなで勉強し直して、新しい方向でグループをつくろう。つまりこの段階では江田派も崩れて来たし、河上派はもう派として存続しているのはごくわずか。問題は協会があるということ以上に、土井が入っていた「流れの会」。あれがなんとなくふわっと一つあって、それから政構研という残った江田派、それが一つあるという状態だった。そういう状況の中で、もう一回社研を再建していきましょうというんで、社民フォーラムと名前を変えて呼びかけた。

衆議院では藤田高敏、清水勇、串原義直、加藤万吉、ここら辺で呼びかけたんです。参議院では呼びかけ人が鈴木和美、清水澄子、栗村和夫、こんなところで。深田肇も入っていたんだな。

それで半年間、都合一〇回にわたる研究会、その頃のメディアに乗っかっているような学者とか、評論家を集めて勉強会をやって、その結果、社民フォーラムの進むべき道、というやつを出した（巻末資料編参照）。ところが最初のうちはよかったんですが、いよいよ最終的に会をつくるという段階頃になってから、かなり意見が割れてきて、結果的にバラバラになってしまう。そういうことになって結局、この年の末になって、社民フォーラムは解散ということになったわけです。

考えてみると、最初に入ったこの約五〇名のメンバーがそもそも寄り合い所帯で、自分が主導権を取れれば社民フォーラムで残ってもいい、従来の社研が勢力拡大のためにやるんだったら、一つ途中で逃げちゃう、別派をつくる、というようなことで、最初は集まりがよすぎたから危ないなと思ったんだが、結果的にそうなっちゃった。ちょうどこの過程で土井が辞めて、次に田辺誠と上田哲の党の委員長選挙になる。このときは上田が票をかなりとって、田辺は危ないくらいだった。上田の背景は要するに「流れの会」なんだよ。土井のグループなんだ。その上田が社民フォーラムに入っている。

だから最初から、これは社研が社民フォーラムと名前を変えたんだから、自分が主導権を取れれば、社研でなく社民フォーラムでもいい。これまで社研という名前で、社会党の主流を長く保持してきたから。ところがどうも主導権が取れない、裏をいうとまた曽我がちゃんと後ろでやってる、と思われたんだな。

私はなるべく表に出ないように、この研究会はうちの書記局にやらせていたんだけど、結果的にやっぱりダメになっちゃって。うちの本来の社研の議員団が集まってどうするかといったら、じゃあこれはやめよう、社研の名前を汚してもいけないからということで、この年、一応終わりにする。

ただし、今いるのはどうするんだ、というから、それは一応、東京は私もいるし、社民フォーラム東京という名前にして、いまのは社民フォーラム東京に全部入れちゃう。社民フォーラム東京というのだけ残したんですよ。しかし中央の政治集団としての社研というのは、これでおしまいとする。

――解体する過程でいろんな議員グループというのができましたか。

できました。

――仙谷由人がその時何かつくったとおっしゃっていました。

そうそう。仙谷がこの時誘ったら研究会には来たが、途中から来なくなった。それで何かつくった。何か横文字のわけのわからんのをつくった。しかし奈良の松原脩雄は一応残ってましたよ。

参加者の名前をいうと藤田高敏、清水勇、串原義直、沖田正人、加藤万吉、網岡雄、北沢清功、早川勝、筒井信隆、小松定男、遠藤登。

野坂浩賢、これが曲者だったんだ。これがやがて村山・野坂グループをつくって村山内閣を造るわけだから。彼も社研の主導権を自分が取れれば社研でいこうと思ったんだが、なかなか主導権が取れそうもないと。しかしこの人はずっと社研なんですよ。ここまでは他の派閥へ行ったわけじゃないんだ。ここから変わっちゃった。

関晴正。竹内猛、上原康助。木間章。新盛辰雄。

富塚三夫、これは最後まで社研にいました。それから動労の目黒吉之助。

官房長官になった北海道の五十嵐広三。これが野坂と組むんだよ。それで野坂グループというのをつくるわけだ。それが村山富市をうまく活用して造ったのが自社さの村山内閣だから。

山下八洲夫、こいつも曲者で、これはどっちかといえば本当は江田派の方なんだけど、入ってきた。

広瀬秀吉、小岩井清、坂上富男。広瀬、坂上は最後までいた。

吉田和子、松原脩雄、山中末治、戸田菊雄、堀込征雄、佐藤敬治、新村勝雄、石井智、渡部行雄、吉田正雄、中西績介、馬場昇。馬場までできたんだから。

それから上田哲。だからこれは最初からこの研究会は難しいぞ、といったんだが、ともかく勉強だけして、最後に方針を出してはどうかと、こういうふうにやろうというのでやったわけだから。

――**議員はそれだけなんですか**
もっといましたよ。参議院は鈴木和美、村沢牧、清水澄子。鈴木と清水は最後まで残った。会田長栄。

谷本巍、これは八百板派だ。この頃八百板のおやじさんが死んで八百板グループはなくなっちゃったんだね。

それで社研に来たんだ。

深田肇。彼もずいぶん色々放浪した。

栗村和夫。彼は宮城の町長から参議員になった。若くして死んじゃったんだよ。これは佐々木更三直系の人だが、直系でも佐々木と違うところは詩人だったね。詩才豊かな人で。

三石久江、翫正敏、今井澄、三上隆雄、これだけ。

だからこれはうまく乗り込んできて、あの社研の旗を取れれば残る、そうでなければダメ。そういうのがどうも最初からミエミエだから、結局勉強を一生懸命やっても、得るものはないぞと私は思っていたんだが、藤田高敏という人は真面目な人だから一生懸命やって、歴史からいうと藤田がいちばん古くなっちゃって。

清水勇というのは、これは書記長になれる才覚があった。これが結局、大会で村山富市とせり合うわけなんだ。このときの大会で村山が国対になり、清水が落とされる。それも完全に田辺に裏切られた。田辺は清水にすると、はっきり約束したにもかかわらず、だめ。それで清水勇は結局、書記長になれずに終わった。

社民フォーラム結成参加国会議員、順不同で五五名、当時印刷して残してある。ところが実際はみんなそれぞれ思惑があって逃げちゃったんだ。

――社民フォーラム東京に残ったのは、その中で何人くらいいるんですか。

この中にやっぱり当時は約二〇人くらいは残りましたよ。いまいったようにその後の社民フォーラム東京ということで、一応残しておいたんです。

鈴木・佐々木派は生まれたのはわかっているけど、いつなくなったのかは、誰に聞いてもわからない。曽我に聞けばわかるというので、この週末、法政大学の大原社研で二回にわたってしゃべってきました。藤田高敏と相談した結果、集団としての社研というか、伝統ある五月会、社研というものはこの段階で終わった。従って伝統ある左派の流れ、いわゆる社研（協会向坂派は別）鈴木・佐々木派は、ここで終わったことになる。

田辺の議員辞職作戦の失敗

山が半分動いたものの、その人気を生かすことが出来ず、一九九一年の都知事選では推薦候補が共産党も下回る第四位に終わり、党の支持率も落ち込む中で、九一年六月、党の委員長選挙を前に、土井はついに辞意を表明する。七月の委員長選挙には副委員長の田辺誠と元教宣局長の上田哲が立候補し、結構接戦の結果、田辺が当選した。

だけど結局、田辺は何をしたかというと、あの人は委員長をやるべき人ではなかったと思うんだけどね、ＰＫＯの対応がひどかった。ＰＫＯが出てきた時期、つまりあの段階では、国際協力というものを、金の貢献だけじゃなくて何らかの形で、日本もやらなければならない。そういう客観条件があったわけだ。

あの時はまだ土井の最後の時で、土井の筋からの相談もあって、公明党の市川とつないだ。要するにスウェーデン型でいいというから、スウェーデン型でどうだと。スウェーデン型というのは軍隊とは別個に協力部隊みたいなのをつくって、日本でいえば自衛隊とか警察でなく、一応新たに応募した形で採用して、これは武器は持たないが外国へ行って、いろいろな問題が起きれば、難民の救済とか、そういうことについて日本も人的な国際貢献をする。従って武器を持たないＰＫＯ、これでどうだといって出したわけよね。それを一度政府側がのんでもいい可能性があったんだがね。

海部俊樹の時だ。最初、海部の方からは、常識的な意味のＰＫＯ法案が来て、これじゃ社会党はダメというと、どういうものならのめるのかという話があって、たまたまスウェーデンの、要するに非武装の武器を持たない協力隊、そういうものを特別につくると。国連の要請によるＰＫＯ、しかし武器は持たない。従ってそういうところには使えないが、難民救済のために車を持っていって、物資を運ぶとかいろいろある。あるいは選挙をやらせる時の監視や指導とかをやるとか。そういう意味の非武装の特別部隊をつくる。日本の憲法からいってそれでいいじゃないかと。それを海部内閣が一回のんだかたちになった。

ところが土井自身はいいと思ったんだが、最終的に社会党が参議院選挙で大勝したその後だもんだから。土井本人はそこのところについては、もうこの際はのんだほうがいいだろう、私はいいから皆さんで相談してくれと三役にいった。その時の三役は書記長は山口なんだね。それに関与したのが、全逓の出身の威勢のいい大出俊。その辺がかなり強く抵抗して、結局、社会党がまとまらないまま、国会にはいっちゃう。

そのことがあって今度はＰＫＯが出てきたわけでしょう、出てきた段階では、もう土井がやめて、委員長が田辺に移っていたわけだ。それで田辺が議員総辞職という、あのいちばんやってはいけないやつを、軽くやっちゃったわけだな。あおったのが上田哲だ。上田哲は党首選の全党員投票の時に、田辺の対立候補として立候補した。そのこともあって、どうも田辺は上田を気にしすぎた。

それで議員総辞職に持ち込んで、社民連が加わって一緒にやったんだよ。社民連の党首は江田五月だ。田辺、江田でバカバカしいが議員総辞職をやった。ところが相手は議長が桜内義雄だからな。社会党さん、こらえてください。これは安保じゃないんです、と受け取らず泥沼になった。

これは田辺・金丸の関係があったというだけで、適当に田辺にやらせてこれだけの格好をつくれば、今度の国会だけは一つなんとか継続審議ぐらいにして、次の国会かなんかで決めるだろう。そのくらいは田辺のことだから見通してやったんじゃないか、と誰に聞いてもみんなそういうんだ。山本や高沢。伊藤も同じことをいっていた。

「いいか、お前さん方。浅沼が六〇年安保の時でも、みんなから預かった議員辞職のその戦術は取らずに、自分のポケットに入れてやったのに。ＰＫＯの時にこれをやって、本気でやるんだったら、解散まで追い込めるのか」と私はいったんだよ。

私は規模は小さいけど、自分で都議会を解散させて、四五名をとった実績はあるが、その時は必死だった。こんな議員の総辞職なんてことをやるときは、本気でなければダメよ。にもかかわらず、これは協会の山本を含めて、みんないっぱい食っちゃった、とこういうんだ。話はつくものと思ったって……。議員総会で反対論をぶったのは、堀政審会長だけだったという。

議員総辞職するということは、辞表を出しているんだから解散だ。普通ならみんな選挙区に帰るじゃない。それがしっかり東京にいるんだから。辞表を出したあと、秘書達はボーナスをもらいに来ちゃっているんだから。これでボロが出ちゃって、社会党はなにをくだらんことをやっているんだ、ということになった。

それですぐその後、次の参議院選挙があったが大きく負けた。参議院選挙だから選挙法が悪いわけじゃなくて、前の形でずっときた参議院選挙でしょう。それはもう負けますよ。総辞職をやっておいて、結局は辞表を返されちゃって、だれも辞めないんだから。せめて田辺だけでも議員を辞めるとか、そうしなければ世間様に何をやっているのだと。ミエミエのそういうことをやってしまって。その辺が社会党のおしまいではないか、という人もいるぐらいなんだ。この段階では、まだ社会党という名前でやっているんだから。これはやっぱり田辺の大失敗だ。政権戦略から見れば、田辺時代にシャドーキャビネットを創ったこと等、見るべきところもあったけどね。

山花執行部の登場と土井議長の誕生

その後、山花貞夫になる。一九九二年の一二月三一日、いや三〇日かな、田辺がやめて次は山花なんだ。田辺が発表して山花に持っていくわけね。

――選挙もなしに禅譲ですか。

うん。この頃からもう党内的にも、委員長選挙なんかやる力がなくなっちゃって。しょうがない、しょうがないで、山花になった。山花が何をやったかというと、結果的には小沢一郎、市川雄一の一・一ラインにやられちゃうんだ。

細川内閣をつくるとき、社会党はやせても枯れてもまだ第一党なんだよ。減ったにしても第一党。確かに細川のつくった新党が人気をあげたよね。それで結局、自民党から小沢が出て、細川内閣をつくるでしょう。それで細川内閣にわっとなだれ込む。そのときおタカが意図がよくわからない、ちょっと待ったらどう、ということをいっていたようです。

――小選挙区制をやろうとして山花に話をもっていって暗に了解を取ったんですか。

細川内閣をつくる。そこへ社会党が入る。入って選挙法を改正する担当の自治大臣を佐藤観樹という名古屋のとんでもねえ奴が受けて、それを進める。副総理格だとかなんとかいって山花が、その特命の政治改革担当大臣というのになったんだ。

議会制民主主義からいって、第一党で総理大臣をとらないなんて、まずそこがおかしいでしょう。結局、一・一（小沢一郎・市川雄一）が組んで七党一会派か、一会派というのは、社民連のことを一会派というのだけど、菅の社民連は、あんなもんは党ではないといいながら会派として入った。八派連合だな。その時入閣したのは、おおむね昔でいうなら構造改革派だ。田辺派、右派系なんだ。それに対して自治労・高教組を中心とした村山グループ。村山は自治労だけど、高教組と自治労グループが冷や飯をくった。

伊藤茂はシャドーキャビネットに入っていて運輸大臣になった。当選の回数からいったら若いんですよ。それで入っちゃった。それを見て残ったのが、なんだあの野郎はというんで、結局今度は自民党の森喜朗・亀井静香の手に乗っかっちゃって、村山富市を総理にしてそこにバッと入った。だからここまで来ると左も右もないな。

ともかく大臣経験を一回ずつやったんだよ。そういう反動としか思えない。

田辺というのは不運な人で、本当はあの人は細川内閣のとき、議長になるはずだった。おタカじゃなかったんだ。党歴からいっても議員歴からいっても田辺が上なんだから。誰が見ても田辺が議長なんだよ。そこをひっくり返したのが小沢だ。田辺にしたんでは、要するに協会派、山本グループがうんといわない。従って誰の知恵かしらんが、土井を議長にしろと。

——協会はなぜうんと言わないんですか。

それは協会にしてみれば、土井が自分たちに近いだろうからね。まず田辺のところへ行って了解を求めて、むしろ田辺からそれを土井にいわせる、というお膳立てのお使いをやったのが、一・一ラインの一の子分とかいう、衆議院の事務局から出た平野貞夫だ。いまも政治評論家の端っこみたいなところにいるんじゃない。

一・一ラインで組閣するには、社会党の土井をどこかに入れてしまわないと。あのおばちゃんがワーワーいったら、社会党がどうにも入閣しない。社会党が第一党なんだから、入らないと非自民という内閣はできないからね。

平野が田辺のところへ行って、社会党の順番ではあなたが議長らしいが、この際ちょっとこらえてくれと。やっぱり土井を上げないと、党の代表である山花がこの話に乗ってこない。八党が話に乗るには、まず土井を処遇しておかないと。だから結果論だが、小選挙区制をつくるには土井も一枚かんだということになるんだ。

それで土井議長ができる。あの法案は衆議院は通るが、参議院で潰されるでしょう。潰されるのは困るということで党首会談を開いて、自民党の河野洋平が総裁だったから、それと土井が中に入って、こちらは細川内閣。会談を開いて、結果的にブロック比例の数を少なくしちゃったんだ。本来の案はもっとブロック比例の数が多かったんですよ。あの倍くらいだったのを、半分ぐらい減らしちゃった。改悪しちゃったんだよ。それで結局は通す。

それに反対したうちの議員、特に参議院の方は、みんな一旦は統制処分にしたんだ。あとからそれを間違いだったというんで元に戻した。統制処分を決めて戻した話は、私の知る限り初めてのケースだ。

——あれは土井が断固反対すれば通らなかったよ。

だからそこら辺の罪は深いんだな。潰そうとするなら、土井が議長なんだから、そんなの勝手にやっといてなんだ、といって斡旋に入らなければいいんだから。それではとても通らないと思うから、土井を引っ張り出して、結果的には党首会談みたいな格好にしてやった。それを河野洋平は今でも悔やんで、「今思うと自分が結果的には通してしまった。小選挙区制で議員の質が落ちた」と。だからこれが社会党の終わりだ、といっている人もいる。

小沢の政治改革戦略にのる

細川内閣のときの政治改革の法案は、全部小沢が作っているんだ。彼は司法試験は何回受けても、運が悪いせいか落っこちちゃう。彼の変なコンプレックスというのは、そこから出ている、という人もいる。それがいつも政治家としての彼を小さくしてしまう。親父に「お前は弁護士になった上で政治家になれ」といわれて、一生懸命勉強したんだが、慶応大学の法学部ではダメだったのかね。ともかく弁護士になれない。せめて自分が政治の中で活用するものだけは精通しておこう、というので一生懸命法律の本は読んだそうだよ。

そういう経歴の持ち主だから、いまの政治資金規正法を作るときに、これは相当細かく指示をしたと思うんだ。だから抜け道から何からみんな知っている。それを最大限利用したのが彼だ。

それでこの細川内閣はどこまで行くかと思ったら、急に社会党だけ除いて、他の会派が一つの党派を目指し始めた。社会党を除いて会派をつくるという、小沢の魂胆が見えたわけだ。小沢は最初からそのつもりだったんだ。社会党はうるさいところだから、社会党を除いた一つの会派をつくって、新しい選挙法で選挙をやろうとしたわけ。小選挙区制だから大きな党派をつくってやれば、一人区だからみんな社会党をやっつけることができる。そこまでくればわかるわな。それを見抜かれたんだ。これに民社が乗るか乗らないか、というのが一つポイントだったが、結果的に民社は乗ったんですな。

そういう状況の中で、あの時だけは一応きれいにパッとまとまって、社会党議員全員それでは〝さようなら〟ということになって、細川のあとを継いだ羽田内閣が潰れるわけですね。

村山自社さ内閣誕生、誘いにのった不満グループ

それならもう少しきっちり野党で党を建て直せばいいものを、今度は自民党の方が、テメエの力だけでは政権が取れないから、亀井静香をはじめ名うてのやつがかかってきて。この村山内閣工作に乗っかったのは、みんな細川の時に入閣していなかったグループだ。やっぱり不満もあっただろうし、自民党から誘いが来たんで、ようしというんでしょう、

——具体的にはどういう人でしょう。

協会に近いのもいるが、反江田派なんだ。広い意味で反江田の自称左派。先に出てきた村山グループの野坂浩賢。五十嵐広三なんてのは真面目すぎる男だから後から乗っかったんで、やっぱり野坂浩賢ですよ。これは村山も認めている。私はあんな綺麗な事はできない、乗っかっただけだと。で向こうは亀井。あの時は河野洋平が総裁で幹事長は森喜朗。そして亀井がかなり主要な位置にいた。野坂が自民党の亀井と話をして下ごしらえをしたんです。亀井もそれを契機に、予定より早めに自民党の政権復帰が可能になり、〝村山内閣はよかったなあ〟と

いまも振り返っているという。

小沢もまさか社会党の党首を自民党が担いで政権復帰など、考えてなかったんだな。やってみたらそうなってきて、それで小沢がこの野郎と思って、海部で戦ったんだ。海部を首相候補にして、一回目は決まらずに二回目の投票でやったら、結局村山になったんでしょう。多数を占めた。

村山は最後まで俺なんかが首相になるはずはない、と思っていたと今でもいう。それは本音だ。半分本気ぐらいで、結果的に乗っかっちゃった。その村山内閣というのは、実質的には自民主導で、社会党が入り、そこに武村正義のさきがけが入った自社さ政権だ。

そういう形で村山内閣が出来まして、これが神戸の大震災にぶつかっていろいろやりました。またこのあたりからアメリカのアジアに対する軍事戦略の変化（対ソより対中）に対応した形で、大きく日米安保の質が変わっていく。

こういう状況の中で、かなり無理をして戦後五〇年、「村山談話」というのを出しました。この談話はその後、自民党内閣にも引き継がれ、今日まで何とか生き長らえ、それなりの重要な役割を果たしたが、どうもそれ以外は、村山首班の内閣にはこれというものはありません。あえていえば、原爆被爆者の再点検、水俣病被害者の再発掘みたいなことを一つをやりましたね。

もう一つは今むし返されていますが、韓国の慰安婦の問題について。これは内閣としては、日韓条約で全てこういうものはそこで清算した、ということになっていますが、韓国の方では強い要請があって、村山が総理大臣の時はやりませんでしたが、それが終わった後、この慰安婦問題に対して、民間から募金を募って援助をする、ということをやりました。そんなところが村山内閣のやった主なことになると思います。

社会党分裂の始まり

しかしこの村山内閣が結党以来の社会党の歴史に与えた影響は非常に大きいんです。まず第一は、党大会で議論もしないまま、与党になり内閣に入った。しかもすぐ総理として施政方針演説をしなきゃならない。自衛隊の問題、安保の問題、これは自民党と組んで現実に政権をになうわけですから、こいつは大きく変更せざるを得ない。したがって現状の安保容認、自衛隊の認知。こういうものを否が応でも迫られて、党の大会にはかる前に独断で、社会党がそれまでやってきた方針を転換する、そういう事態になったんですね。

これを一つの契機にして、社会党の分裂が始まるわけです。一つは新社会党というのができました。我々は社会党の従来の方針を貫く、そのためには村山社会党にいるわけにはいかない、ということであります。これは党内的にいうと、社会主義協会の左派というか、そういう部分と、当時これは力はごくわずかでしたけど平和同志会、つまり昔の松本グループ。これらの部分が社会党を出るということになって、初めて本格的な分裂という状況が生まれたわけです。

もちろんその前から、田辺・山花グループに代表される諸君が所属労組の影響もあって漸次社会党から離れて、当時の労働組合連合（山岸章会長）が志向する民主の方へ流れていくという形はあったんです。でもこれはまあ、なし崩し的に、とくに労組出身議員を中心に地方議員を含めてそういう方向にむかう流れはあった。しかしはっきり分裂という形をとったのは、村山内閣成立以降の段階ですね。

戦術が先走って社民党への党名変更

党としては、村山内閣が発足して二ケ月ぐらい経ってから臨時大会を開いて、結局、村山内閣の施政方針演説の軸である、自衛隊・安保容認というものをそこで承認するわけです。以後、社会党は安保・自衛隊については、容認という形で来るわけです。

ところが、ある朝目覚めて村山は内閣を放り出す。確か一九九六年の一月五日。元旦がものすごくいい天気で空を見たら、急にもう私は総理大臣を辞めたくなった、というんだ。それが最後の村山首相の言葉だ。

それで野坂は怒ったよ。当時の官房長官にも相談しないんだから。それは村山と武村と二人で一二月の末に伊豆へ行って、これでやめると。そのかわり真面目にもう一回新党をつくろうということで、それでやめたんだ。

当時、村山内閣に社会党の関係者は相当入っていたからね、全然知らせないまま降りちゃった。

村山内閣が終わった後、村山はここで党の名前を、社会民主党と変えるんですね。これは先に綱領的（新宣言）なものを社民的につくり直して変える、というよりは、名前をまず社会党から社民党というふうに変える。なぜかというと、さきがけ代表の武村と相談をして、いつまでも「自社さ」というわけにいかないから、自民党とは離れてもう一度大きな健全野党をつくりましょう。それにはまず社会党とさきがけが一緒になるのがいい。そのためには社会党という名前よりは、社会民主党の方がさきがけも受け入れやすいのではないか、とこういうこともあって、党の名称を社民党にそこの段階で変えるんです。

それまで名前を変えようという話があったことはあったけど、このときは党の歴史からいえば、まことにこれは便宜的に社会が社民に変わるということが、そこで起きたわけであります。しかしその後、武村に対するさきがけ内部の反対で、さきがけと一緒になるという方向が失敗して、結果的には、新しい社民党は生まれなかったんですね。さきがけはそのまま存続していく。

また社会党は社民党と名前を変えても、すぐに自民党との連立を解消した訳じゃないんで、次の橋本内閣にもそのままズルズルとしばらく残る。これはなんともしまりのない社民党となる……。

露骨な選別をした鳩菅

村山は、橋本政権の誕生と同時に、いろんな意味で責任を取って委員長を辞め、衆院議長を卒業した土井を、もう一回社民党の代表に持ってくる。それから一年ちょっとやりましたかな、連立を解消して、社民党は土井のまま選挙をやったんですが、選挙に敗北してますます小さくなる、という状況になった。

他方、その前にようやく、野党結集ということで鳩山由紀夫・菅直人が民主党として旗揚げする、そういう状況が起きました。そこで民主党の方へ社民党も合流しようかということで協議をした結果、いったん役員会は社民党を解党して、全員民主党へいきましょう、その代わり受け入れの方は一切選別をしないということが前提だ、ということで、そういう決定をしたんです。

ところが実際にフタを開けてみたら、あの人はいけない、この人はいけないということで、土井をはじめ武村もダメ、村山もダメ。藤田高敏ら左派の古いような人もダメ、ということが明らかになった。

その時の書記長は佐藤観樹。こいつがダメなんだよ。これは二世なんだ。親父は戦前、中央公論か改造か何かの編集長をやっていた。それで議員になった。勝間田派だけど割合しっかりしていた。その息子でどこか週刊誌の記者か何かやっていて、親父が死んで後を継いだ。これが書記長で、要するに鳩菅新党結成の方の連絡役だったわけだ。

村山はそれに任せていたんでしょう。そうしたら要するに無条件、つまり社民党が解党してくるなら全員結構でございますということだった。社民党の役員会で、民主党に合流する前提として、要するに選別は一切ないと向こうはいっている。そういっているし、それは確かだと。その連絡役として佐藤が書記長として当たったわけ。佐藤は同じ愛知県連だから赤松広隆と連絡を取り合っていたが、赤松が最後に佐藤に「お前そんなことやっていると、お前も来れなくなるぞ、早く来ないと締め切られちゃうよ」といって、それで選別がわかったんだ。

そこで聞いてみたらやはり選別があると。調べてみたら、来ている書類が違っているんだ。入党届けまで入っているやつと入ってないやつと。これはというんで、役員会がいったん決めたけど取り消して、あらためて行かないと決めた。しかし、いったん決めちゃっているから、もう包囲された城明け渡しのようなもんだ。しょうがないからこの際、門を開いて野外戦で行こう、となった。そうしたら決めた一週間後かな、そういうことが明らかになった。菅は選別は一切ありません、といって盛んに頑張って、あれは鳩山に取り消させる、とまでいったけどダメなんだよ。

まことに茶番劇の幕引きみたいな話なんだ。そんなことが分かりきっていたのに、なんで解党していくというか、ここまで決めたのかというんですが、結果としてこれはいかん、というんで元に戻ることにした。しかしもう沈みゆく船。扇を振ってこっちへ戻れ戻れ、とやるんだけど、もう戻ってこない。わずかに残ったのが社民党の議員として残るという状況で、それでも衆参で二〇名ぐらい残ったかな。情けないがそれが社会党の終わりなんですよ。

終わりのないままの終わりは

社会党の終わりはいつなのか、ということで、みなさんからいろんな質問を聞きますが、どこをもってするんだか。党史を編纂している人はもういないし、誰もそれについて責任を持ってこうだという人がないんで、それぞれがめいめい勝手に、つまり五五年体制で野党第一党で、しかも伝統ある社会党が、終わりがないまま終わっちまったという他ない。

私なりに整理すると、一つは田辺の時のＰＫＯ議員総辞職。その次は細川内閣に第一党でありながら総理ではなく、議長は土井になったけど、結局、細川内閣をつくらせられて、しかも小選挙区制を推進する役割をになって自ら墓穴を掘った。これで終わり、これでダメというのと。

第三はそれもそうだけど、村山がともかく自民党に操られてその上に乗っかって、自分で自分の首をしめた。村山は内閣をやめて戻ってきて、さあもうここでしょうがないから、どうしようかと。じゃあまあこの際、鳩山と菅が、特に鳩山が中心になって新党をつくるといっているからみんなでそこへ行くかと、いったんは役員会で民主へ行くと決めた。

ただしその前提は要するに行く人は全員引き取ると、今まで入っていた既存の政党は問いません。だけど二股はダメよ。本当にやめてくる人は前歴を問いませんということだった。ところが鳩山も菅も裏ではやっぱり総理大臣や議長を経験したとか、手前より上の人が来られては困るわけなんだ。

それでやっていくと土井がまずダメだろう、村山ももちろんダメ。それから左派はおおむねダメ。だから藤田高敏はダメなんだ。社研の最後の旗を守っていた藤田高敏が来ない。役員会が行くのを取り消しても、もう遅い。それにすぐ対応したのが北海道だ。役員会決定後、北海道はすぐ大会を開いて民主へ行っちゃった。もちろん議員は全部行ったよ。衆院議長になった横路孝弘なんかがあんまり矛盾なく行っちゃったというのはそういうことだ。

北海道がすぐ大会を開いたから、これで行っちゃうなと思った。北海道は北大に山口二郎がいるでしょう。あれが一生懸命指導したからね。あの人の影響力は北海道の左派系にもかなりあったから、北海道は行った方がいいだろうと思ったんだろう。

だから要するにあの時にまとまっていけば。私たちも議員ではないが、一緒に行ったわけだからね、入った格好になったからね。

岩見隆夫毎日新聞特別編集委員と（鎌倉市の宮前で、2011年）

社会文化会館のサヨナラパーティーで。左が著者、中央が村山富市、右が福島瑞穂
（2013年２月27日）

――その時社民党は何人ぐらいいたんでしょうかね。

まだ四十何名はいたよ。その中から残ったのが一五、六名だから、二五、六名は行ったんじゃない。その前にもうかなり流れているからね。

だから問題は今から考えれば、その時役員会で決めたから、みんなで民主党へ行って残っていれば、社民党のグループというものは、あの中にできたよ。旧民社の偉い?ところは今でも良かれ悪しかれ一貫して残っているというところだね。党派として形は残っている。

うちだけは入り方がバラバラだろ、組合の命令で行ったのもいる。協会がいやで行ったのもいる。自分が決断して行ったのもいる。いろんな格好で行ったから、向こうに行ってまとまりがないんだ。

つまり社会党のある意味の社民の良さを持って行った人が、民主の中で良さを発揮できる場面がない。それに小沢が入ったしね。最終的に政権を取るために小沢が入ってくるでしょう。最初は小沢はいないんだから。せいぜい鳩山、岡田、菅だ。だからあの段階で入って、うちの一つのグループを形成できていれば、ちょっと民主というものの性格が変わったかもしれないし、あるいは小沢はそこに行ききれなかったかもしれない。

四分解した社会党

社会党の終わりについては、いま述べたようにくくれると思うが、私はしょうがないから、それを四分解と称している。　四つの分解というものは順序からいうと、一つは新社会党。村山内閣の時に新社が出る。その次に民主のほうにダラダラと労働組合の後押しとか決定とかいうんで入った人。それからいったん名前は社民党と変えたが、その社民党が解党して民主へ行くと決めたんですが実体は違うのでもう一回残った。この残った人が社民党。出た人はおおむね民主党へ行った。それとまったく政党から離れて無党派へ。

民主党への行き方は、まとまってばっと行ったのではないんですね。従って民主党というものを形成するにあたって、元の社会党グループというのはどこにいっちゃったんだか、ぐちゃぐちゃになってしまった。民社は民社グループというので、最後の最後まで、今でもちゃんとありますけど。確かに若手の議員は、横路が衆議院議長、江田が参議院議長と、誠にそれは議長として奉られたんだが。尊重したといえば尊重したのか知らんが、これはどうも奉られたといった方が、本当のところでしょうね。

それでこの民主に行った諸君に聞くと、みんな社会党では、社会主義協会があってもうだめだと。したがって民主へ行って、新しい社会民主主義の党を作るんだと、おおむね私にはそう言って出ていきましたね。

無党派というのはそのまま出ちゃった人。出てもそのままやめた人。一切政治活動から離れた。つまり民主へも行かない、社民に残らない、新社にもいかない。無党派になった人。無党派というのはおかしいんだが、政党を離れた人達だな。

――有名な人では誰？

いちばん有名なのは石橋政嗣。あの人はやめてから、もう一切何にもやらない。河上民雄も大学へ行って先生になったけど、一切やらなかった。

――ヤマツルとかはこの四つのカテゴリではどこに。

田辺誠は民主に行っている。最初は民主の顧問でずいぶん立ち回っていたが、だんだん小さくなっちゃって、今や民主党の群馬の顧問だ。山口鶴男は民主にいかず、社民に残る。

党公認四〇年史・五〇年史あるも総括なし

新社（新社会党）は村山内閣でダメと。大義名分としては、要するに社会党が今まで来た安保反対、憲法九条というものを一方的に勝手に蹂躙しちゃった。だからこの社会党には残れませんと。新社に行った代表は、茨城県の弁護士で矢田部理。割合真面目な硬い人だったね。

――協会自身はあの時は新社ができたから、両党強化論ということで進んだでしょう。上野建一なんかは新社会党。山崎耕一郎とか松永とか佐藤保とかは、社民党強化論で行こうということで割れるわけですよ。協会の両党を強化していこうなんて、そんな馬鹿げた路線じゃどうにもならないですよね。

協会は二つに割れたから、一時解散せざるを得なかったんだよ。新社というのは最初のうちは、相当組織的には力を持ったからね。

――路線対立で、協会の中に新社会党を強化していこうという部分と、今までやってきた通りに、その延長線で社民党を強化していこうという二つに割れちゃったわけですよ。社会党本来の路線じゃないじゃないか、というのが上野建一の千葉なんかそう。そのグループにさっき曽我さんがいわれた、小森とか、それから石川の伊藤とか、ああいうのはみんな兵庫が中心になって新社会へ。

あと香川の代議士で、これは社民に残っている。香川の協会が割合いまも残ってますよ。県会議員も三名ぐらい持っているし、一人村長もいる。これは成田グループとして残っている。

――そうすると社会主義協会は、新社へ行ったのと行かないのとに分けられる。

まあそうね。ところが社会主義協会だって、民主に行ったのがいるよ。それはやっぱり、村山内閣をつくって安保を容認、自衛隊合憲。それも十分な討議もないままやった。それを新社が大義名分にして出るわけだが、協会の中でもだいぶそこは揺れたんです。だけど実際、山本政弘がだ、山本協会の方は途中から村山支持だった。私もちゃんと〝男の美学〟で社民に残った。

――曽我さんのご判断としてはこの四つの中で、どういうのが一番まっとうだろうか。

それは社民党が今日みたいにならずに、なんとか逆境を乗り越えて復活すれば、それは社民党だと思うよ。だけども結果的にはこれは、ついにあと一名だから。まだ五名いるから、政党要件は残っているけど。

――四分解にはどういうご意見ですか。

四分解というけど歴史的に今から見ればこうなるんで、こういうふうに分かれた。同時にこうなったんではなくて多少時間差があるんだ。結果的に党を離れて政治活動をしない無党派と、新社というのを今やっている人、それから民主へ行ってやっている人。民主はまだ残っているんだから。それから社民でやっている人と。つまり四つに分かれる、ということなんで、どれが良いとか悪いとか、ということじゃないんだ。

――新社に対してはどのようなお考えですか。

まあ新社が出ていくのは一つの理屈もあったから、これはしょうがないと思う。思うが結局その新社も、政党としてはなくなっていったんだ。もう議員なしだから。組織としては残っていますよ。未だに社民党と協力してやりましょうとか、いうんでやってますよ。

だから私の話は社会党が四分解で終りということにしたい。社民党はぼそぼそやってきたでしょう、それだけいってもしょうがないので、社会党を語るということになれば、社会党はそこで終わりなんだよ。しまりがないが、残念ながらそれで終わりといわざるをえないんだ。あとは俺の方が本家だといっている人が、いるかいないかに。本家だといっても国民の支持がないんだからね。。ただ政治資金の引き継ぎと、今は引っ越したが、三宅坂の「社文」の建物は社民が引き継ぐ。しかしそれも今や昔話に……。

――これで終わりとして、社会党的な戦後政治を、平和と民主主義だとか自衛隊問題を含めて、これからいったいどこが、どういうふうなものとして引き継ごうとしているのか。社会党的なものの政治勢力は、いったいどんなところに引き継がれようとしているのか、というのが課題になってきますね。

それが現在はないんだよ。そうでないと、民主が出来るところまでやるとだ、今度は民主が今のような状況になっちゃったろう。今度はそこのところの総括というか、まとめもやらなきゃいけない。私がそんなことをとやかくいうということは、とてもおこがましくて民主の諸君に怒られちゃうよ。良きにつけ悪しきにつけ、評論家ならいえるよ。評論家としていうならいうけど、運動家としてはそこにタッチしていないんだから。自分がタッチしていないことを、どうこういってもしょうがない。したがって私はこの企画での話は、社会党は四分解で終わるということで終わりにしてもらったらどうかと思う。そして、その方が今後のためにいいと思う。

それでよければ、後世の人、とくにこれからをになう若い青年達のために私が簡潔にまとめたのがあるので、そこのところは終わりにして、後はこれからの話にしましょう。

苦節五〇年・社会党終わりの私の総括

村山内閣は主体性のない政権への参加が党にどういう結果をもたらすかの教訓を後世に残した。その結果党の四分解をもたらし、曽我説による五五年体制の崩壊は、自民党からではなく皮肉にも野党第一党であった社会党にまず下ったのである。

苦節五〇年、その成果と欠陥を簡潔に列記すれば

一．野党第一党としての矜持を持って、日本国民の平和、人権、生活を守り発展させてきた。

二．たえず政府与党の行き過ぎを抑制し、議会制民主主義を守り、地方自治の発展に寄与した。

三．イデオロギー過剰の故に観念論争が多く、政策提案、大衆運動も不足した。そのため党分裂も含め、内向きにエネルギーを消費した。特に左派は柔軟で批判的なマルクス主義の受け止め方ができなかった。

四．常に情勢を先取りした政権戦略と政策を持ち得ず、一丸となって保守の壁を破れなかった。

五．社会民主主義、それは崇高な理念を目指す哲学の政治であると同時に、現実と斬り結ぶリアルポリティクスの覇者でなければならない（フランス・ミッテラン大統領）を心に命じなければなりません。

以上は日本社会党終わりのわたくしの総括です。

第二〇章　思いつくままに……これからの世界と日本

グローバル化の正体と日本の位置を追って

まずグローバル化というこの動き、これが戦後世界の中でだんだん大きくなって、今やこのグローバル化でみんなが右往左往おしまくられている。もっというと、インターネットの隆盛、グローバリズムの進展、そしてマネー資本主義の台頭、暴走とが深いつながりをもっていたことが、漸次明らかになってきた。ここで多少解説的な話をすれば、そもそもお金・貨幣というものは、昔から二つの機能をもっていた。一つは価値の物差し、もう一つはモノの交換を媒介する機能だ。

しかし今、ＩＴと結合することによって誕生した「マネー」は、お金・貨幣とは性質が違うものになった。この「マネー」の特徴は自己増殖することだ。利が利を生む装置を介して「マネー」は自己増殖を遂げていく。

もちろん、利子や利息は人類の歩みと共に古代から存在したが、「マネー」の自己増殖は、これとは大きな質的な違いがある。「マネー」そのものが人間生活に有効活用されているのではなくて、「マネー」それ自体が商品として売買され、その増殖が自己目的となった。

商品化した「マネー」が求めるのは自己増殖の場である。変動相場制のもと、各国の通貨の力に大きな格差がある状況だ。このような条件下で世界中を駆けめぐるとき、利が利を生む「マネー」の増殖スピードはハネ上がる。「マネー」が自由に走ることができる障壁なき世界と瞬時に計算ができる電子決済という手段、即ちインターネットである。

グローバリズムとインターネットは、貨幣を「マネー」に変え、「利が利を生む」ツールを可能にした人類史上初の装置といえる。以上の本質を見た上でインターネットの功罪を論じなければ……と思うんだが。だから「マネー」はインターネットの誕生と結合して、電子商取引というゲートレスな領域を獲得し、増殖のスピードをさらに加速させている。日本ではそのセンターは日銀、兜町の日本橋から六本木の高層ビルに移ったといわれるのも、まんざらウソではないねェ……。

それが加速、進化して矛盾が深まる。その中でアメリカと中国、日本そしてEU。このEUについては、少なくとも社会民主主義を目指すというわれわれの立場に立つ者は、もっと立ち入って分析してみる必要がある。インド、ASEAN、南米、アフリカ、そして中近東。ずっとこれを見ていくと中近東がいちばん遅れているわけですが、まだグローバル化というようなことで、ここが揺さぶられているという事は少ない。しかしそれ以外は、アフリカも南米も含め多かれ少なかれ、グローバル化の動きの中でみんな苦労している。

日本というのは位置としてはアジア、特に東アジアの中に日本というものがある。第二次世界大戦後の矛盾を背負っている地域ということになると、これは東アジアなんだな。南北朝鮮の分裂、対立。これはやはり冷戦時代の産物がまだ尾をひいている。東西ドイツはあんな早く統一できると思わなかったが、ベトナムの方はアメリカ軍の撤退というものを最大限活用して、北ベトナムが南を統合して結果としては統一をした。しかし、南北朝鮮だけは、チャンスは何回もあり、日本社会党としてはずいぶんこれに力を入れてやってきたんだけれども、結果的には対立が現段階ではかなり深まっている。そういう第二次世界大戦の結果をいちばん引きずっているのが東アジア。そしてその中に日本がある。

民衆運動の今日的特徴

世界を見渡すとデモ・座り込み、占拠といった民衆の直接行動が、ここ数年の間、噴き出している。いま記憶に残っている二〇一一年以降の代表的なものを挙げてみれば……。

まず「アラブの春」「ジャスミン革命」、そしてスペインのマドリードで広場を占拠する行動が出現した。そしてこの行動は、キャピタリズムの中枢部ニューヨークにも伝播し、「ウォール街を占拠せよ」の運動に高まり、世界をあっと驚かせた。

ユーロ危機のしわよせと犠牲を民衆に押しつける南ヨーロッパの政権に対し、民衆が立ち上がり、アテネで、ギリシャで、ポルトガルでも国境をこえて、スト・デモ・座り込みの民衆的行動が起こった。

翌一三年に入るとトルコとブラジルで大きな反政府デモが続発し、さらにアジアでもミャンマー、タイ、インド、韓国、中国等でも民衆蜂起が続発している。

いうまでもなく日本では、原発安全神話が崩れ、それをきっかけに起きた毎週金曜日の脱原発の国民諸階層を網羅した民衆デモは、国会議事堂わきの経産省庭座り込みと共に今日まで続き、やむことを知らぬ。

これら全世界的に繰り広げられている民衆の直接行動は、課題や要求も異なり、発生の要因も違うが、共通する特徴としては一つは、特定の中心や指導部（例えば政党、軍）が存在せず、多様な個人やグループのつながりによって展開され、二つにはフェイスブックなどネットを活用、発信し、共感を呼び起こし、巨万の動員の成功を収め、一、二例外はあるが、さらに非暴力に徹する大衆的な直接行動を展開していることである。

もう一つは現在の運動のスタイルとしては「占拠」（広場・公園・公共施設等）という活動スタイルで、自治的な公共空間をつくり、活用し、全員参加の討議と共同行動、共同生活を継続する。

そしてさらに進んだところでは、自治的な公共空間を創り出し、特定の日を決めた大きなデモや集会を越えて、運動に持続性を与え、参加者は共同的自治、例えば飲食提供、清掃、医療、ネット中継等を行うところでまで進んでいる。一つの自治コミニュケーションである。

いまわれわれの眼前に展開されている各種の対抗型の運動は、一九六〇～七〇年代にかけての大衆運動とは異なる。

それは、貧困や格差を問題にし資本主義という「体制」を標的にしつつあるという古典的な階級闘争の復権という一面をもちながらも、しかし運動の中でコミュニティー的自治を体験し、多様性を認め合う人々のネットワークを創りだそうとする点で、古典的な左翼政党や労組中心の階級闘争とは異なる。

大胆な提起として許してもらえれば、今日の民衆運動は、政府や大企業に対する直接行動（抵抗の持続）、「よりましな政権」を含む制度的改革、そして小さな対抗社会（オルタナティブな社会の原型）の創出の三つの運動を結びつけることによって、システムに対抗し、これを変革するパワーを発揮することができると考える。

しかし、これは〝言うは易く、行うは難し〟であるが、おぼろげながらも光が射してきたようだ。グローバルなつながりを求めてみんなで進みたいと思う。

そこで私にとって解けない難問一つ。それは、現在の世界システムに対抗する民衆運動にとっての大きな難題でもあろう。人権・民主主義、男女平等、信教の自由といった価値観や非暴力の原則に立つわれわれの運動とイスラム原理主義に立つ人々や抵抗の運動とがどのような関係を結べるのか、という課題である。米国の覇権システムと闘うイスラムの運動を評価しながらも……。しかしこの難問は避けて通れないことも確かである。

ドロールの再評価とこれからのEU

ここで社会民主主義という視点から見ると、もう一度EUの成立、発展それから今度は矛盾、いまはやや後退ということが見られるんですが、実はこのEUの中興の祖といわれユーロ統一通貨を作ったフランス社会党の大蔵大臣にジャック・ドロールがいた。この人の存在、活躍、考え方、そういうものをも一度想起し直して、そして社民路線の限界というものをどう克服していくか。これはつまり、グローバル時代における社民というものを、もう一回ここで再構築していく。それはすぐにこれという名案があるわけではないけれども、今までEUが果たしてきた役割というものを、もう一回ここで考えてみる必要があるのではないかと思う。

これがどういうことかというと、ヨーロッパの社会民主主義を拾ってみますと、これはドイツ、フランスそれから北欧ですね。オランダ、ノルウェー、デンマーク、スウェーデン等々、これを政権交代がしばしば行われていますが、要するに社民主義の目指した福祉国家というものの社会的基盤は、ほぼ共通してできている。これはその社民対保守という形で見ても、保守の方もその福祉国家という社会的な基盤は、これを大前提として社会が構成され国家が成り立っている、ということだと思う。

どうしてこのドロールが、EUというものの中で統一通貨を目指したかというと、一国社会民主主義路線の限界なんですね。言葉を変えていえば一国福祉国家、これはどういう問題が起きるかというと、財政が赤字になっちゃう。それから通貨が下落する。そしてインフレーション、高インフレーションが起こる。どうしても一国社会民主主義になると、財政負担の比率が非常に高くなる。

したがって、市民にとっては非常に良い政治路線なんだけれども、これを一国という立場で見ると、いまいったような問題が出てきて、これを克服しようという意味で、ヨーロッパ統合の枠を使って、政策資源と通貨統一というものを使いながら、一国社会民主主義、一国福祉国家、それが持つ欠点や限界をEUを強めることによって克服しようとした。

EUはもちろん途中からソ連の崩壊というのがあって、遅れた東欧の諸国もそこに入ってくる。それからさらに南の方も入ってくるという状況がありますが、何といっても中心はドイツ、フランスならびに北欧です。これがEUの中心。そういうことでようやく統一通貨を作る。そうしたら今度は世界市場がもたらす集中豪雨的な投機に対して、ヨーロッパという傘をさすんです。ヨーロッパという大きな傘でそいつを防ごう、その下で労使が協調して社会連帯を追求する、という路線が一応確立するんですね。これがEUの主体をなしていた。

ドロールという人は欧州委員長になるわけだが、その後も単一市場や単一通貨といったヨーロッパ内の政策資源を獲得し、その枠内で一国ではなく、ヨーロッパ全体がグローバル化の制御の、グローバル化と立ち向かって、ヨーロッパ全体がこれに立ち向かう計画、そういうものを作りながら（ヨーロッパの社会憲章、欧州社会憲章ですね）、それからドロール自身の名前をつけたドロール白書、中身は政党とか競争力、雇用に関する白書、そういうようなものを社民的アジェンダとして追及してきた。

これはヨーロッパ社民の我々の学ぶべきところだが、我々としては政権も取れなかったし、アジアはどうしてもこの社民と縁遠いわけだから、その中で社民を追求してきたということ、これは非常に難しいんだな。なかなかアジアの中で（戦後一時期ミャンマーで政権をとり、アジア社民の事務局をおいたことがあったが）、この社民というものは力を持ち得なかった。もうちょっと日本的社民、アジア的社民というようなことを、これからも追求しなければいけないということならば、手をつけながら出来なかったアジア銀行の設立からアジア統一通貨等を、あらためて考え直さないといけないじゃないかと思いますが、ヨーロッパは社民の中心、真髄というものはそこにあると思います。

ところが、そういうところまでいったんですが、このドロールのコンセンサス、ドロールが提起したヨーロッパ社民も、二〇〇〇年代に入ってから大分障害がたくさん出てきた。そしてついにはっきりした事は、二〇〇五年、フランス、オランダで欧州憲法条約批准拒否、これが出ちゃったわけですね。欧州憲法、ヨーロッパEU憲法というものを作るために、各国が批准に入ったんですが、いまいったように、EUの中心部分が最終的にはEUを抜けるというわけではないんだが、欧州憲法というものを批准するということについて、国民投票をやってノーという答えが出た。

そして今日におけるユーロ危機の処方箋というものが、南欧を始めとするEUの中では遅れた国々において、矛盾が拡大してきた。その最高の形のものはギリシャだったんですね。ギリシャというのは派手に福祉国家、どんどんお札を印刷して、ユーロも使って、福祉国家にシンニュウ掛けたようなそういう国づくり、社会づくりをやったんです。ところがこのところにきて一気に社会的な正当性、これを調整していく能力、そういうものが問われるという結果になりました。形はドイツがかなりブーブーいいながらも、ユーロの裏付けになる資金を出して、なんとかギリシャ危機は乗り越えたんですが、その次にはイタリアが危ない、場合によればスペイン、フランスもどうか、というようなことがいわれましたが、最近はようやく一応落ち着いてきているわけですね。

これは社会民主主義というものが、国家の復権にどうしても乗っかっちゃうスキをつくるんだね。要するに壁にぶち当たると、ナショナリズムと社民というものは、どうしても結びつく可能性がある。ナショナリズムを栄養源にして国家の復権を図ろう、というような動きも、必ずしもないわけではない、出てくる。そういうのが今のＥＵの現状なんです。

考えてみるとそれではＥＵというのはいったい何なのか。国家連合なのかというと、必ずしも完全な国家連合ではない。それではＥＵなんかはいらないではないかというが、あれだけのギリシャ危機の問題で矛盾が拡大した時でも、じゃＥＵから出て行くかといえば、出ていかない。ＥＵというのは、要するにグローバル化時代における、一つの過渡的な形態、というふうにみていいのではないか。つまり言葉を変えていえば、グローバル化時代における政治の回復、復権……。グローバル化はさらに進むわけですから、これに対する政治の役割、こういうものをなんとか保持しながら入らないと。ちょうどこれは焼けた炎上中のビル、いつ飛び火するか分からない。

外国為替市場というものは、ニューヨークあるいは東京、あるいは香港、あるいはロンドンそしてパリ、あるいはルクセンブルク、こういうものを入れて四六時中やっている。地球は丸いわけだから、どこかで必ずグローバルな余ったどうにもならないような通貨が、利益を求めて動いている。実質経済とは遙かにかけ離れた大きな金が地球上をめぐって、儲かったか損したかというようなことが、毎日毎日四六時中あるのが、今のグローバル化時代の特徴なんですね。

二〇一〇年四月時点での外国為替市場の取引高は、一日平均三兆九八一〇億ドル（フォワードや為替スワップ取引を含む）、スポット取引だけでも一日あたりの為替市場取引高は約一・五兆ドル。これは二〇〇四年の〇・六兆ドルからすると七年で二・五倍にふくれている。このペースで年間二五〇日の取引が行われると、同年の世界貿易の六六倍の取引高となり、控えめに見積もってみても、そのうち九割超が投機的な性格のものといえる。また世界市場は情報革命と軌を一にして即時性を帯びている。

利潤の夢は悪夢とともに瞬時に伝播し、不眠性である。そして、市場アリターの逃げ足は早く、パニックに陥った際は、さらに速度をます。この危うい市場から完全に退去することは富へのアクセスをみずから絶つことになり不可能に近い。

「資本と労働」という関係から見ても労働運動がはるかに追いつかなくなっちゃった。昔は世界労連、自由労連というのがあって、それなりの国際組織があったが、今や自由労連も世界労連も、火の消えたような格好になっちゃった。全然これに対応できない。

グローバル化に今すぐノーといえるか

それじゃ国はグローバル化というものに対して、ノーといったらいいじゃないかというと、なかなかノーといえない。なぜかというと、それぞれの国の国家財政の一部を含めてグローバル化の中で、やっぱり国の財政も生きているんだ。

たとえば日本の福祉関係資金も、このグローバル化の中に投入して、かなりの利益を得ている。アベノミクスになったからそうだともいえないが、やはり日本も持っている資金をグローバル化の中に投入することによって、かなりの利益を上げているんだ。だからグローバル化というものについて、ヨーロッパのEUの苦労と歴史を話したんですが、なぜ話したかというと再三いう通り、社民というものの上に立てば、やはり何だかんだといってもヨーロッパ社民というのが先行しているわけであって、そういうところからもう一回グローバル化問題というものを検討してみたらどうかという問題提起です。

それから二番目にですね、これも我々は貴重な経験をしちゃったんだが福島原発事故、それから東北大震災。この教訓。ここから生まれたものは、科学文明への問い直しと、地域生活圏からの再出発。もう一回地域生活圏への回帰というか。これをめぐって維新の会やその他の政党が、盛んに地方自治、自治の問題について、日本をいくつかに分割して中央政府は外交、軍事、防衛、あるいは主要な産業の育成、そんなものに限定して、国民生活に直結するものは自治大臣に任せろと、こういうことを旗印にきたんですな。

ところが自治というものは、そんな簡単に地図上に絵を描けば、自治をブロックに分割すれば国の費用がかからないというわけにはいかないので、その前に日本の自治の活動も、三〇万都市、二〇万都市とか、そこら辺を一つポイントにして、中小町村の合併運動というものを、補助金を出したり税金の上納を緩めたりして促進してきたんですね。ところが一通り町村合併運動というのをやったが、思ったような成果が必ずしもできなかった。したがって基礎的自治体というものを抜きにした、いま日本の分割案というものがでてきているわけで、これは私は自治という面からいえば大きな問題がそこにある、ということをここでは指摘しておきます。

次にこの少子高齢化社会を持続可能な福祉共生社会に直していく。これはかなり時間もかかることだし大変な仕事だが、そもそも少子高齢化社会というものが予測できたにもかかわらず、それに対する対応が遅れているというのが、国家財政は赤字ということが大きな問題になってきて、なおかつ今その資金として消費税増税の問題が当面出ているわけです。

持続可能な福祉共生社会

ともかく持続可能な福祉共生社会というのが、当面の我々の目標になると思うんですが、その骨組みは公共性と社会保障、環境保全。今まであまり環境保全というのはなかったがそれを付け加えて、そこに軸足を置くようなコミュニティーというものを作り上げて行く。そういう過程を踏んで、少子高齢化社会というものを乗り越えていかなければならない。

ここにはちょっと書いてありませんが、今まで「老」の方にかなり力を入れるというために、「青」の方ですな、青年の方に対する対応というものが、日本の中では非常に遅れている状況があるのではないか。

もう一つは労働運動が力を失ったために、青年、若者の社会的な立場というものが、非常に劣勢な条件の中に置かれている。こいつをやはり手直ししなければならない。こういうものに臨むための一つの精神的あるいはイデオロギー的なものとして、身の丈に合った暮らしとモノ作りの復活。

仙台に羅須地人協会というものが生まれて、クラフツマンシップ運動、つまりウィリアム・モリスと宮沢賢治を結合したクラフツ運動というのを提起している先達がいまして、これが大内秀明（東北大学名誉教授）でありまして、マルクスの原点はこのウィリアム・モリスとの結合で出来上がって、そして東北では宮沢賢治によって萌芽的な学校がもう出来上がっていると。

今流で評論しますと職人気質のモノ作り復活へと、これについて東京大学の姜尚中がいっておりますが、「ウィリアム・モリスのアーツとクラフツ運動は資本主義の黎明期に労働や美のあり方について重要な問題提起をしました。資本主義がかなり熟し限界を迎えた今日、重要な指摘で、モリスを読み返す運動が世界規模で起きても不思議でありません。モリスはシンプルで美しく役立つものを、少量多品種生産することを夢見ました。今日ならばＩＴで個人がつながることで、市場原理ではなくクラフツマンシップ（職人気質）に根ざしたモノ作りを復活できるかもしれません。身の丈に合った暮らしとその中での美的共助が今後の合言葉になるでしょう」、と彼はそういう評価をしています。

もう一つこれは驚いたんですが小泉純一郎、小泉構造改革で非人間的な男といわれているこの小泉純一郎は最近、原発はやめろ、とこういうことをいって、今年の夏原発研究者と経団連のメンバーをつれてフィンランドに視察に行ったようです。

フィンランドはオンカロというところに何千メートルか地下深くまで掘って、そこに原発の廃棄物を入れれば、二〇二〇年から一部灰の後始末が始まる、とかいうところで、行ったそうです。財界や実業界の連中とマスコミを連れて小泉純一郎が。これで本当に後始末ができるかと行ってみたら、いやあれはダメだということで帰ってきて、地球のそこに一〇万年かかると。一〇〇年先もわからない昨今、そんな話をしてもこれはだれも信用しない、終末処理というのはやはり原発はできない、ということをフィンランドのそこに行って改めて確認したと。一昨日の毎日新聞に出ている。

野党もみんな反対なんだから。この際政府さえ原発を止めるということになれば、日本は原発をやれないことになる。今がチャンスだ。自然を大切にし、うまく活用して、これからは循環型社会を作ればいいじゃないか、原発はやめろと、私もこれを見て驚いたよ。いやあ、あの息子よりよっぽどたいしたもんだ。

非核ゾーンの提起で北東アジア問題の解決を

外交の問題もついでに話をしたい。

日本外交の基本をどこに置くか。それは一口でいえば親米ということで、今までの政府は来たんでしょうが、親米でもいいんですけども、考えてみると米ソ二大陣営のブロック対決、そういうものの後遺症が残っているのが、北朝鮮なんですね。こいつがあるために東アジアは、要するに緊張の下に置かれている。

ところが私はこれまで社会党の土井委員長をかなり厳しく批判してきたんですが、社民党になって土井がもう一回代表に返り咲いた時に、二一世紀の平和構想というのを出して、核も不信もないアジアを（不信もないというのはどうも力がないような気もするが）、というんで、東アジアの非核ゾーン、この構想を提起して、当時社会主義インターのアジア部会というのを東京で開いて、その時にそこへ提案をした。その後本人自身が、韓国、あの時は金大中でＯＫ、次にモンゴルはエンクバヤル、これもＯＫだ、それから中国は江沢民、これと会ってＯＫ、ということをとって、さらに続けて東アジアだから、ロシアとかぐるぐる回る予定だったけども、委員長を辞めるということになって、非常に中途半端になったわけですが、東アジアあるいは北東アジアでもいいんですが、非核ゾーンの設置というのを提起した。

これは一見大変なように見えて、実は必ずしもそうでもないんで、北朝鮮問題の解決のためにも、北東アジアの非核ゾーンを皆で作りましょう、ということになっていけば、北朝鮮だけが頑張って核だ核だといったって、これは全く意味がない。そういうことになるし、北朝鮮の金日成は朝鮮半島に核がなくなれば、つまりそこからアメリカの核、韓国に駐留している在米軍の核がなくなれば、北は核を持つ必要がない。しかしそれがある限り、北も核を持つべきだというのが、北朝鮮核保有のまず出発点になっているわけだから、当然これは非核ゾーンの運動をやれば、この問題については非常にいいのではないか。それを今から二〇年以上も前に、二一世紀の平和構想として出した。

調べてみると、世界に非核ゾーンというところを、もう既に決めているところがあるかといえば、世界の非核地帯としては中南米核兵器禁止条約。これは実際に結んで発効しているそうです。それから南太平洋非核地帯条約。これも発効しているそうです。アフリカ非核兵器地帯条約。これは提起はあったが、どうも異議を唱えるところがあって今日まだ発効していない。それから東南アジア非核兵器地帯条約。これは全部発効している。これだけ非核地帯条約というのがあって、北東アジアの核兵器禁止条約ができないというはずはないので、この非核地帯をできるだけ早く北東アジアの中に作ったらどうだろうか。こういうことになると日米安保条約も、安保条約をよく読んでみると、必ずしも軍事条約だけではなくて、経済友好の条項もあるわけなんで、核の問題で日本も含めて非核ゾーンになれば、これはもう安保条約それ自身が宙に浮いちゃう格好になるんですね。そういう軍事的な側面が決定的に安保条約の中で低くなる。

それから朝鮮統一という、歴史的な第二次世界大戦の後始末としての最後の事業も、これによって達成できる。東アジアの共存共栄が前進する。だから思い切って非核ゾーンという運動を。モンゴルは非常に乗り気だそうですよ。だからまずモンゴルなどに働きかけをして、今の安倍ではとてもやりませんから、韓国の方からも声を出し、ロシアと中国がその気になれば、安倍が一人頑張って見たって意味はなくなるわけで、もう一度このかつて土井が提起をして核も不信もないアジアを、不信もないというのはあまりいい言葉でもないんで、ここの所は少し直して、もう一回今の段階でこれを提起してみたらどうか、というふうに思います。

つまりこれは社会党が結党以来持っている、非武装中立の中立の方ですね。積極中立ですな。自主中立でもいいんですが、この立場というものを、今の条件で生かして、しかも被曝国として広島・長崎を抱えている日本、それから改めて福島原発で今、悪戦苦闘している日本という立場からいって、この非核ゾーンの提起というものは、非常にいいんじゃないかと思います。安保条約反対といったって、今の状況では仕方ないとみんな思っているので、事実上この安保条約の中の軍事条項的なものは必要でなくなる、そういうアジアを作るという運動を先行させていくことが、いちばんいいんじゃないか。いま安保条約について賛成か反対かといえば、ほとんどもう日本国民は八割以上が安保は仕方がないと消極賛成ですよ。なかなか安保廃棄というような格好で真正面からぶつかっていくというよりは、非核ゾーンの提起ということによって事実上安保条約は空洞化する、こういうことを考えてみたらどうかという一つの提起ですね。

憲法改悪には「立憲フォーラム」で立ち向かおう

それから憲法問題。これからだんだん政治課題になりつつあります。しかし本当になるかどうかは、まだもう一回選挙をやってみないとわからないという人もいます。しかし従来よりは憲法問題というものが、身近な問題になってきていることは事実ですね。だからこれに対して今までの護憲、護憲だけでいいのか、という事について、こちらも憲法問題というものを我々ももうちょっと積極的な意味で考えてみたらどうか。

その一つの政治的な動きが、ちょうど九六条の、不用意にというか、安倍首相が出したために、急速に三分の二というものを二分の一というものに変えるんだと、まずここから始めるんだ、という揶揄できたんですな。王手ではなくて揶揄できた。これに対して、これはダメだといって、憲法擁護の人でない、中立的な立場の憲法学者も含めて、ちょっと安倍の提起は、憲法というものに対する基本的姿勢がおかしいと、その哲学がない、あるいは戦前の憲法に帰ると、そのための九六条の改正ではないか、という批判の声がずっとおこってきまして、それを背景にして国会の中で「立憲フォーラム」設立、という声が上がって、皆さんにお配りしたようなものが出来上がっているわけです。

面白いことにこのフォーラムには、元大蔵大臣で民主党の藤井裕久（これは東大野球部出身）、それから先ほどから名前が出ている武村正義、この保守リベラルといいますか、そういうふうに位置付けてもいいような二人がここで最初の設立集会に記念講演をして、それで出来上がりましたのが立憲フォーラムです。

立憲フォーラム＝護憲ではありません。護憲ではありませんが、憲法というものは基本的には国をしばる法律なんで、国民をしばる法律ではない。国家をしばるための、昔ならば、君主・皇帝をしばるための憲法というものが、近代憲法の基本でなければならないが、どうも安倍総理の憲法九六条改定は立憲主義に反する、ということで、いま三七名の議員が集まって立憲フォーラムという会ができました。

メンバーを見てみると代表は民主党の近藤昭一。これは民主党ではあるんだけど、私は昔から個人的にはよく知っている。彼が衆議員になる時に、赤松広隆との愛知選挙区における小選挙区の棲み分けに立ち会って、彼の方に三区の方へ回ってもらう。彼は当時、さきがけから民主に来たんですね。その代わり全電通、全逓をはじめ有力な労働組合あるいはそこの党員、活動家を彼にくっつけて、バランスを取って二人とも当選した。以後ずっと当選しているわけで、そういう関係で私は彼を昔から知っておりました。中国への植樹も一緒にやりました。

どちらかといえばお人よしで、非常に引っ込み思案な人（愚公山移）なんだけど、今度は代表になりました。社民党から民主党へ出て行って問題を起こした辻元清美が幹事長。また社民党から福島と折りが合わず出ていったと思われる阿部知子は副代表。そういうメンバーで立憲フォーラムが出来上がりました。この立憲フォーラムを非常に大事にしながら、次の政界再編の一つの拠点ということにしたらどうかと思って、そのかわりあまり無理をしないで、じわじわと広げていく……。

こういうところで演説するような人は、なるべく保守リベラルの連中を、周りを見れば自民党の中にもいるわけだ、そういうものまで含めて立憲フォーラムという立場でやる。むしろこれがもしですよ、憲法改正の段階になるというならば、立憲フォーラムそのものが新憲法草案を作ると。今の憲法は全部いいわけじゃないんで、だいたい考えてみれば横文字を直したわけだから、日本語でないような歯の浮くような表現もあるわけ。いってる事はいい事なんだけど、そういうのを含めてあり、天皇条項なんてのもいくつあるのかね。一〇項目ぐらいある。あんなのは皇室典範でいいわけで、もちろん天皇条項は必要ですよ。必要だけどもあんなにたくさん並べる必要はない。あれはマッカーサーが、天皇制が復活してはいけないというので、たくさんくっつけたんだ。

それから九条については、現実に自衛隊というものは存在しているわけだから、そしてこれは国民の間に定着しているんだから、要するに憲法の精神に基づく自衛隊というものをはっきり二項に規定したらどうか。第一項は不戦だから変える必要はないから。そして新たに公明党もいっているが、環境権あるいは自治権の補強ですね。自治も二条しかないんですな。環境権というのは今の憲法には全然ありませんから、そういうものを加えて、歯の浮くような言葉でない日本語で立派な憲法草案を作って、それで堂々と憲法の勝負をしたらどうだ。

安倍がやってくるならば、ちょっと自民党の提示したいまの憲法案はお粗末だ。これは自民党の中でもそういう声が出ている。こんなに早く憲法の改正のチャンスが来るとは思わなかったらしい。だもんだから粗製濫造で作っちゃって、自民党の中ではそれでいいんだろうが、これを外に出すと憲法学者が見ると、これはちょっといかにもひどいんじゃないかという状況にあって、今更引っ込めて全面書き直しというわけにも行かないんで、この秋から幹事長が中心になって、憲法なんとか討論会というのを全国で開くようで、その過程の中で手直しをする可能性はかなりあるようですが、それにしても憲法問題が出てきた場合、従来の護憲型だけの擁護という格好よりも、それを大事にしながらも、せっかく立憲フォーラムというようなグループもできたんだし、これが新しい我々のめざす政治勢力ということを、あんまり慌ててはいけないけれども、将来というようなことを含めて大事に育てていく、ということはいいんじゃないかと思っているわけです。

新しい政党のタイプとは……

それからもう一つこれからの政党をというものの作り方の場合ですね、一つは議員の採決権というものをかなり大幅に認めるということ。それから代表ですね、党首というものは果たして一人でいいのか。複数でもいいじゃないか。二人ないし三人、少なくとも男女ということを当然考えるべきであって、党首はいつも一人、ちゃんとした綱領をもって、というような、そういうあまり四角四面のようなことを考えずに、政党である以上は目指すべき理念、方向はもちろん一致しなければいけないが、かなり議員の自主性というものを尊重していくというような、政治連合的政党というものを考えていったらどうか。これはこれからの政党の形態の問題になりますが、これを付け加えて申し上げておきます。

以上が私がちょっと考えて、今日〝これからの世界と日本〟というので問題提起をしたわけです。

資料編

毛沢東会見記（要約）

（一九六四年七月一〇日　人民大会堂）

曽我祐次氏（要約）　革命政党の党づくりと党風についてお伺いしたいと思います。私たちはいま、社会党中央の改良主義者や構造改革論者と闘っています。

毛主席　皆さんの代表団は全部で何人ですか？

曽我　全部で一一人です。私たち若手から見ると、年をとった社会党の幹部や議員の行動がにぶいように思います（毛主席　年をとってるといえば、私もその中に入りますね〔笑声〕）。そこで中国共産党の幹部の作風と党風についてお話し願いたいと思います。

毛主席　この問題については、私はわりあいくわしいです。私たちのような年配の人たちは、かつて孫中山先生の指導した一九一一年のブルジョア民主革命に参加したことがあり、わたしは兵卒になったことがあります。そのころから、またそれ以後、わたしは一三年間勉強したことがあります。六年は孔子の教えを、七年は資本主義について勉強したことがあります。学生運動をやって当時の政府に反対したことがあります。大衆運動をやって外国の侵略に反対したことがあります。ただ、その頃、政党とかいうものを作る用意はありませんでした。マルクスについて知らなかったし、レーニンがいることも知りませんでした。ですから、共産党を作る用意などなかったのです。私は観念論を信じたことがありますし、孔子の教え、カントの二元論を信じたことがあります。その後、情勢が変わり、一九二一年に共産党を結成しました。当時、全国には党員が七〇名おり、代表を一二名選出して、一九二一年にひらかれた第一回代表大会をひらきましたが、わたしは代表の一人でした。代表のうち、もう二人おりました。一人は周仏海、もう一人は陳公博。この二人とも、後になって共産党から脱党して王精衛政権に加わりました。もう一人は、トロツキー派になり、現在も、北京で健在です。一二人の代表のうち、私は生きており、例のトロツキー派が生きており、第三に生きているのは、董必武副主席です。その他の人々は犠牲になったかもしくは裏切り者になりました。一九二一年党が結成されてから一九二七年の北伐にいたるまで、ただ革命をやることしか考えず、その革命をどうやるか、方法や路線、政策についてはなにもわかっていなかったのです。のちになって初歩的でありますが、わかってきました。これは闘争のなかで学んだのです。たとえば土地問題にしても、私は一〇年の時間をついやして農村における階級関係を研究しました。戦争についても七年間ついやして研究し、一〇年間戦さをして学びとることができました。党内に右派があらわれたとき、私は左派でした。党内に「左翼日和見主義」が現れた時、私は「右翼日和見主義」と呼ばれ、誰からも相手にされませんでした。わたしだけが一人ぼっちにされました。その時、わたしはこういうたとえをしました。もともと霊験あらたかな菩薩が便所の中になげこまれ、鼻持ちならぬものにされました。のちに長征の途上で、われわれは遵義会議という会議をひらきました。これで、私という鼻持ちならぬ菩薩も芳香をはなつようになったのです。その後、さらに一〇年、一九三四年から一九四四年にかけて、われわれは整風の方法をとりました。この方法とは「前の行いを後のいましめとする」「病を治して人を救う」「団結—批判—団結」という路線です。過ちを犯した同志たちを説得しました。こうして一九四五年の上半期にひらかれた第七回党代表大会でついに党の思想を統一することができました。ですから、われわれは、アメリカ帝国主義と蒋介石が攻撃をしかけてきたとき、四年間で彼らをうちまかしました。党の作風についていてきかれましたが、なによりも大切なのは政策—政治面の政策、軍事面の政策、経済面の政策、文化面の政策、組織路線、組織面の政策の問題です。たんにスローガンを持つだけで、具体的な、緻密な政策がなければダメです。

わたしの経歴を見てみますと、自覚しない段階から自覚するようになり、観念論者から唯物主義者になり、有神論者から無神論者になりました。もし、わたしがはじめからマルクス主義者であるというのならば、それは正しくありません。もし、わたしがなんでもわかるというのならば、それも正しくありません。わたしは今年七一才になりますが、多くのことについてまだわかっていません。毎日勉強しています。勉強をせず、調査研究をしなければ、政策もありえず、正しい政策もありえません。このことからもおわかりのように、わたしははじめからひじょうに完璧ではありませんでした。かつて観念論や有神論を信じたこともありますし、多くの敗けいくさもしましたし、少なからずの誤ちをおかしたこともあります。これらの敗けいくさや誤ちは、私を教育してくれ、他人の誤ちもわたしを教育してくれました。ほかならぬ、かつて私をいじめた人が、わたしを教育してくれたのです。これらの人をぜんぶ放り出してしまうとでもいうのでしょうか。いいえ。われわれはこれらの人とのこらず団結しました。たとえば陳紹禹（王明）は、今でも中央委員をしております。彼は修正主義を信じ、モスクワに住んでいます。たとえば李立三、みなさんはご承知の方もおられると思いますが、彼はいまでも中央委員をしております。わたしたちの党についていえば、歴代の指導者はみな誤ちをおかしました。第一代、陳独秀はのちに党を裏切り、トロツキー派になりました。第二代、向中発と李立三は「左」翼日和見主義者でした。向中発は党を裏切り、党から逃げ出しました。第三代は陳紹禹で、彼の支配期間はもっとも長く、四年間でした。なぜ南方の根拠地をぜんぶ失い、三〇万の赤軍が二万五〇〇〇人になったのでしょうか。それは彼の誤った路線によるものでした。第四代は張聞天、いまは政治局員候補をしていますが、ソ連駐在大使、外交副部長をしたことがあります。その後、彼はうまくいかず、修正主義を信じています。その後、わたしの番がまわってきました。以上のことを申し上げて、わたしは何を説明しようとしたのでしょうか。上に述べたあのような四代の指導者、あのような危険な環境におかれながら、われわれの党は崩壊したでしょうか。崩壊しませんでした。なぜなら、人民が革命をもとめ大多数の幹部が革命をもとめていたからです。情況にかなった比較的正しい政治面での政策、軍事面での政策、経済面での政策、文化面での政策、組織路線と政策があれば、党は前進することができ、発展することができます。もし、政策が誤っていれば、その党が共産党と名づけられるものであろうとなんであろうと、きっと失敗するにちがいありません。いま、世界のかなりの共産党は修正主義者の指導者に支配されています。世界には百あまりの共産党がありますが、げんざい、二種類の共産党に分かれました。一つは修正主義の共産党、一つはマルクス・レーニン主義の共産党です。彼らは、われわれのことを教条主義といってののしっています。わたしから見れば、修正主義の共産党はみなさんにおよびません。みなさんは構造改革論に反対ですが、彼らは構造改革論に賛成です。われわれは彼らと話してもウマがあわないが、みなさんとならウマがあいます。

佐々木　お忙しいなかを、わたしたちにたいして有意義な話をして下さって、ありがとうございます。

（『社会主義の理論と実践』一九六四年九月号）

曽我祐次——社会党〝陰の書記長〟が演出の右旋回

（『月刊現代』一九八〇年一二月号）

自民党のなりふりかまわぬハシャギぶりにくらべて、国民からトンと忘れ去られたように低迷している社会党。路線を引き直そうとか、左右の〝派閥〟人事でも隠然とゆれ動いている。ところが、ここにきて左右論争の中で急浮上し、注目されているのが〝陰の書記長〟といわれる曽我祐次企画担当中執（五十四歳）。

曽我はノーバッジであるため、党外には目立った存在ではないが、党内事情を知りすぎるほど知っている男である。自ら社会党のフィクサー役を買って出、最近の社会党の動きは、曽我抜きでは語れないという意味では〝陰の書記長〟と呼ばれるにふさわしい実力者だ。

戦後、早大卒業後まもなく、社会党の東京都本部に入った。若くして書記長、委員長を長くつとめ、美濃部革新都政を誕生させた功績が高く評価されて、中央でも組織局長をやり、党内事情にはめっぽう詳しい。しかし、いわゆる書記局育ちの党官僚とも違い、革新陣営における〝闘士〟という見方が、党内でも強い。

〝六〇年安保〟ではデモの先頭に立ち、自衛隊出動のウワサが広がる中、機動隊に対抗して市民を守るという、学生を中心とした〝防衛隊〟を組織したりした。社会党の左右抗争の歴史の中では、一貫して「左」を代表する主流派の佐々木派（通称「社研」）に属し、民社党を結成した西尾末広一派の追い落とし以来、「左」の〝突撃隊長〟の異名で知られていた。

それが今では「右」の代表の一人とみられ、共産党や党内最左派の社会主義協会（向坂逸郎代表）からは目の仇にされ、その〝変節〟をなじられている。飛鳥田委員長はややもすると決断力にかけ、「左」の純粋性に固執するが、それを強引に「右」へ「右」へと引っ張っていく張本人と映るわけだ。

現に、連合政権構想を軸とする路線問題、安保・防衛など重要政策、共産党批判にいたるまで、ほとんどの活動方針や党の公式見解は、曽我の手によって起草されている。さらに重要な方針決定に関する委員長、書記長の演説草稿も、曽我の筆によることが多い。

先のダブル選挙の終盤で、飛鳥田委員長の中央委総会における「非武装中立タナ上げ」発言が、党内外に大きな波紋を投げた。演説の「原案」は難解そのもので、少なくともその時点では、出席していた中央委員の多くは「タナ上げ」とは受けとらなかったほどだ。「非武装中立」はあくまで党是であり、下部組織の活動家や熱心なシンパは「非武装中立こそ、最後まで守らなければならない党の生命」と信じきっていた。一方で、連合政権を目指す党としては、柔軟な路線への転換を広く国民に印象づける必要があったし、とくに公明党から、そうした姿勢の明示を迫られていた。難解なのはそのためであった。

このニュースを聞いた全国の組織、支持者から抗議の電話が殺到し、中央委員会も騒然となった。党本部は「誤報」と釈明し、多賀谷書記長が急ぎ記者会見して訂正を求めたが、記者クラブ側は、書記長の説明に納得しない。一つには書記長自身が、社公合意推進の現実路線派であるため、否定に迫力がなく、記者団の一人が「党幹部であり起草者が認めた」と、名前こそ出さないが、曽我の〝肯定〟をほのめかしたために、書記長は絶句するほかなかった。

これを聞いた飛鳥田は激怒し、曽我をひきつれて再度記者会見にのぞみ、「党の命運、私の政治生命にかかわる」と懇請したが、一社も訂正に応じなかった。当の曽我は、タナ上げを認めた〝人物〟に関する飛鳥田と記者団の禅問答のようなやりとりを「誰のことか？」という顔で聞いていた。

このようにキモっ玉がすわっていることでも、曽我は党内で一目も二目も置かれている。複雑な党内事情や党の歴史をふまえて、路線転換を巧妙に、難解に、しかも短時間でやりこなす能力は抜群だ。

さらに曽我にしてみれば、「右転落」と非難されようが、旧佐々木派はなお党内主流の中核であり、そのバックには、党の最大のスポンサーである総評の主流がひかえているだけに、路線転換は「党の大勢を代弁しているにすぎない」との自負がある。マルクス・レーニン主義の革命論―階級政党論を排して、価値観が混乱し、多様化した現実に即した社会主義的な〝政権政党〟への脱皮、再出発が、曽我ら「右」の基本戦略である。

かつての「左」の闘士は「たとえ前半生の否定になろうとも、最後の党へのご奉公のつもりだ」と、周囲にもらしているが、衰退の一途をたどる社会党の生き残る道は、これしかない、と思いつめている点では、きわめて強い愛党精神の持ち主だ。

胴長短足はご愛敬のうちとしても、いかにも〝悪役〟然とした怪異な風貌は〝汚れ役〟には似つかわしいが、ずいぶん損もしている。旧佐々木派というだけでなく、曽我自身が有力な親中国派であることが、最近の社会党の路線転換に色濃く反映していることも事実だ。

「良くも悪くも、曽我の軌跡は、戦後社会党の主要な断面を体現している」とは、クールな党官僚の評である。

曽我祐次──社会党を動かす男何処を目指すか「陰の独裁者」

(『選択』一九八一年二月号)

曽我祐次、といったところで世間ではほとんど無名である。たかが社会党のヒラ中執、しかもノーバッジ、知られていなくて当然だろう。

しかし社会党関係者で曽我を知らない人間はいない。それも、曽我天皇、曽我ユーゲント総統、蘇我入鹿、首切り屋祐次、実権派……といった彼のニックネームが示すように、陰の独裁者として有名である。「味方にして頼もしく、敵にして最も手強い」というのが定評だけに、蛇蝎のごとく嫌う人も多い。

この曽我は今、社会党の左右激突のまっただなかにいる。「社会党、右へ」の脚本を書き、演出から監督まで一人でこなす右陣営のエースが彼だ。社公だ社公民だと、同党右派議員は派手に動いているが、そのほとんどはこの男の振り付け通りに踊っているに過ぎない。ノンキな父サンこと飛鳥田一雄にひきいられた党執行部とて同じこと、曽我に鼻っ面を引きまわされている。

あまり買いかぶるな、という人もあろう。しかし、昨年春、社会・共産両党間のミゾを決定的にした書記長・多賀谷真稔の論文が、実は曽我の執筆によるものだったように、委員長、書記長の論文や演説を数多くこなしていること、昨今の社会党中執委は曽我と森永栄悦（組織局長）におぜんだてされ、ほとんど例外なくそのレールの上を走っておお開きになっていること、右派系の中執メンバーで、曽我に面と向かって文句のいえる者がいないこと――こんな例をあげていけば切りがないが、社会主義協会退治にしろ、共産絶縁・公明提携の路線にしろ、ブルドーザーのような曽我の行動で成しとげられたのである。

国会議員でもなく大手労組のボス出身でもない男で、ここまで社会党を牛耳った例はかつてない。いったい、その原動力はどこにあるのか。

戦前は「過激右翼」

曽我は一九二五年、東京・品川のすし屋の息子として生まれた。父親は、満州事変の演出家で右翼の大物・石原莞爾の大の心酔者だった。幼少のころを国家社会主義的雰囲気の中で育った少年曽我は旧制静岡高校に進学。思想的にはともかく、熱血漢としてはだれにも負けなかった曽我にとって、絶対に許せないことがここでおこった。当時の配属将校が小児マヒの学生に「なにがなんでもゲートルを巻け」と無理強いしたのである。曽我は抗議した。その報いは「放校」となって現れた。

曽我は当時川崎にあった日本製鉄の青年学校の教師になった。三百人の若者をあずかり、一緒に寝泊まりしながら「八紘一宇」を説いた。その熱心さを買われたのか、それとも青年学校にあった百丁の銃に目をつけられたのか、曽我は極右団体・尊攘同志会に接近され、オルグされた。本人によれば「会員というより、まあ客分だった」というが、そのころはもう敗戦寸前。尊攘同志会のモットーである一人一殺は、当時の若者たちをひきつけたものらしい。因みに敗戦の一九四五年八月、会員十人が東京・愛宕山で自決したのが尊攘同志会である。

戦後、曽我は早稲田大学へ。片山内閣発足直前に社会党入党。そのころの右翼青少年は一転して共産党へ走ったものだが、曽我は「あそこには民主主義のないのが最初からわかっていた」。同時に、曽我は天皇制廃止のハードルを超えられなかったのではないのか。曽我の言う「右翼体験」が、いろんな意味で社会党を選ぶ原因となったのであり、それは今に至っても消え失せていない。

以後、曽我は社会党品川支部の青年部長、組織部長、都本部書記長、委員長と、社会党東京都本部の出世街道をばく進する。議員歴なし、労組のコネなしの委員長はまず前例がなく、曽我のすご腕はそれだけで十分わかっていただけよう。

書記長、委員長としての曽我は、本人も認めるように独断専行の男だった。曽我天皇と呼ばれたのはそのころだし、紅衛兵ばりの若手オルグ団四十人（曽我ユーゲントと言われた）を使いこなしたのも、このときである。そのかわり、一九六五年の東京都議選挙では解散時三十一議席を四十五議席に躍進させて社会党を第一党とし、ひきつづいて美濃部革新都政を実現させた。東京社会党の黄金期であった。

しかし曽我は、おのれの目指す方向のためには、なにものも容赦しなかった。一九六八年参院選挙の東京地方区で現職の岡田宗司を公認からはずし、六九年総選挙で東京四区の現職・帆足計を公認しなかったのも曽我である。両人とも党の功労者を自認していただけに激怒し、帆足など「お前こそ現代の蘇我入鹿だ」と毒づいたりした。曽我とすれば、どんな功労者でも有権者に見放されれば交代が当然というのだろうが、周囲はそう見ず、都議や区議の離党が相次ぐなど、首切り屋祐次への風当たりは小さくなかった。

右も左も撫で斬り

だが、曽我は六九年の都議選敗北の責任をとって辞任する直前、党中央の組織局長に就任する。引責辞任の一方で、一段階あがる形で党中央入りする神経は並みのものでない。都本部委員長の肩書きだけでも、あんなにひっかき回わす男。そんなのが党中執委に入ってきたらどうなるんだ――江田、旧河上、勝間田、山本各派といった当時の右派の面々は徹底的に反抗したのだが、そのころの曽我が属していた佐々木派の勢力たるや抜群で、地方機関から初のストレート執行部入りという離れ技は成功した。

東京都時代の傍若無人の働きぶりを支えていたものは何か。第一に、東京社会党の実力である。党員数に比例した代議員がものを言う社会党だけに、党員も資金力も労組員動員力も一番だった東京社会党の力は、今では想像もつかないぐらい大きかった。国会議員のクビのすげかえぐらい朝めしまえだったのだ。第二に曽我が社会党派閥の最高の名門・社会主義研究会の主要メンバーだったことだ。社研をさかのぼると鈴木茂三郎にたどりつくが、鈴木はかつて「鈴木派こそが社会党であり、他派はすぺて派閥にすぎない」とのメイ文句をはいている。社会党の生命だった左翼バネの発生地は、すべてこの社研だったといってよかろう。

曽我はこの名門派閥の切り込み隊長として、党内右派を総なめにした。特に構造改革論議の際の江田三郎いじめは痛烈で、ケンカ祐次の名をほしいままにしたものである。そのころの曽我はコチコチの社会党左派で、民社党はもちろんのこと、右と名のつくものはすべて嫌いだった。ただ、曽我のすごいところは、暴走すると見せかけて実は水面下の手当てを十分にしておくところだ。当時の社会党の本部書記は並みの国会議員より威張っていたが、なかでも社研の書記は「くれない会」を結成、党の方針を事実上決定するほどの力を持っていた。のちに代議士になる広沢賢一、高沢寅男などが「くれない会」の歴代会長だ。しかし、ここでも真の実力者は曽我で、オブザーバーなのに黒幕的動きはだれからも注目されていた。

構改論議の時、社研は社会主義協会と握手する。当時の協会党本部班には、高沢、温井寛（現社会新報編集長）、高木郁朗（現山形大助教授）、それに今は反協会の先頭に立つ広沢、笠原昭男（現党総務局長）がいた。彼らを従えて曽我が闘う相手は、あくまで構改に固執する江田三郎であり森永栄悦（現党組織局長）であった。さらにこのあと、社研を去る山本幸一も標的になっていく。

しかし、曽我と協会の蜜月は長くは続かなかった。「俺は早くから佐々木更三に言ったんだ、一緒には行けんよ、と」と本人は語るが、協会幹部の一人は「本来、社研と協会は社会党左右統一のときから主張に違いがあり、しっくり行っていなかった。それが一緒に闘ったのは、構改＝江田という共通の敵があったからだ。曽我はそのために協会を利用しただけであり、当面の敵を退治してしまえば離れていく。曽我はそんな男だ」と解説する。

中ソ対立の激化は、社研―協会の抗争を決定的にする。曽我は協会をソ連ベッタリと呼び、協会は曽我を中国盲従派と言う。曽我の突貫主義はここでも十分に発揮され、中国は曽我を下にもおかぬ扱いで、これにこたえた。

曽我は組織局長を一期やっただけで、以後一九七七年、企画担当中央執行委員に返り咲くまで約八年間、本人によれば「冷や飯を食っていた」わけだが、特にその後半の曽我の中国傾斜は異常なほどだ。友好商社からのあがりが曽我の豊かな資金源、というのは風説にしても、杜研・曽我グループの機関誌『しんろ』が一時、日中友好盲従雑誌の観を呈したのは事実である。

企画担当中執になった曽我の初仕事は徹底した協会退治だった。協会側は山本政弘（現党機関紙局長）。二人の折衝は文字通り真剣勝負だったが、真面目一本の山本は海千山千の曽我の敵ではなかった。協会の内情を知り尽し、かつての協会の先鋭の笠原はもちろん、不倶戴天の敵だったはずの森永、山幸まで取りこんだ曽我にとって、協会を死の一歩手前まで持っていくことは、それほどの難事ではなかったに違いない。

あるいは社会党の救世主に!?

曽我を眺めていて思うことは、この男にとって敵とは何かということである。構改退治のために手をつないだ協会。その協会つぶしに握手した旧構政派。「曽我は都本部時代、革労協（社青同解放派）と結んだこともある。敵も味方もない。自己の目的のため使える者は使え、という主義なんだ。その意味で節操はない」という批判が出るゆえんだ。曽我にとっては、異常なまでの中国礼賛も、単なる政治的手段のひとつにすぎないのではないのか。

実権派・曽我はいま、伝統ある社研に絶望している。佐々木更三引退のあと、書記長ひとり出せないほど衰退した社研に、曽我は何の未練もない。「如何に幕を引くかでしょう」と言う曽我は、新しい夢を党内右派大結集の場である政権構想研究会に託している。鈴木茂三郎を出発点とした曽我は、さまざまな曲折のあと、党内最右翼の地点にたどりついたかに見える。それは同時に、社会党そのものの位相の変化でもある。

曽我は昨年八月、ペンネーム西村真次で『しんろ』に「保守・自民党の圧勝と社会党の進むべき道」を載せ、民社・同盟とはルーツが同じなのだから統合の対象になると言い切った。自民党との同一化をめざしているのではないか、とすら思える最近の民社党を見ていると、曽我もとうとうそこまで来たのかと言うことも出来る。しかし「昨日の敵は今日の友、今日の敵は明日の友」、をモットーとする曽我は、そう単純ではない。民社といえども「大臣病患者は今に落ちる。切り離せばいいんだ」と曽我は言う。自民への接近による民社党内の矛盾拡大、それによる新社民勢力の構築。

おひざ元の社会党に対しても戦術は同じこと。協会の中でもゴチゴチは落伍する。柔軟派は取り込む工夫をする。切り離せばいい。そういう大同団結を曽我は考えている。だから曽我は今なお協会の一部とパイプを持つ。「曽我はガリガリの反協会とは違う。首の皮一枚残して殺さない」とは某協会幹部の評だ。大胆な発想、抜群の政治性、社会党らしからぬマキャベリズム。あるいは、社会党はこの男によって蘇生するかもしれぬ。しかしそのとき、それは新・社会党と呼ばれる存在に変貌していることだろう。(敬称略)

近聞遠見　曽我祐次、85歳が語る

岩見隆夫

古い政党人に会うのは楽しい。政治の今昔を比べる機会にもなる。

曽我祐次、85歳、鎌倉市で健在。旧社会党時代、〈左派のブルドーザー〉と恐れられ、嫌われもしたが、縁の下でがっちり党を支えた。腕っぷしが強かった。

先日、やっと会うことができた。かつてのいかつい凄みこそ薄れているが、炎天下の鎌倉をスタスタ歩く。右手に包帯。

「ムカデにかまれてねえ。痛かったあ」

と呵々大笑する。

最初に中国のカリスマ、毛沢東(元国家主席)の話が出たのには驚いた。

「文革(文化大革命)2年前の64年、党の訪中団で行って、会った。僕は聞いたんだよ。『共産党内の派閥をどんなふうにしているのか』って。

毛さん、『私には言う資格がある』と身を乗り出し、20分ぐらいぶったね。いかにして、主導権を握ったか」

毛沢東、逝って35年。

「あの人、詩人で哲学者、戦略家だが、女に弱い。とにかく日本にないスケールだ。毛沢東に会った日本人でまだ生きてるのは、おれくらいかなあ」

根っからの親中派である。訪中歴約１００回。今も毎年、仲間を連れて出掛ける。

ところで、現政局――。

「ああ、美濃部（亮吉・67～79年東京都知事）のあと候補がいなくて困ってた時だな。社民連の菅君（直人・現首相）が僕のところにきて、『都知事選に出たい』と言うんだ。『結構、だが社民連をまとめてくれないとだめよ』と僕は言った。ところが、社民連の中で推す人がいない。楢崎（弥之助）なんか、『あんなのだめだよ』だ。菅を相手にしちゃあいかん」

東京・品川のすし屋の長男。敗戦間もない48年、早大在学中に社会党に入党。都本部書記長、委員長、党本部に移って、組織局長、企画担当非議員中執などを歴任した。菅から相談を受けたころは副書記長、

「政治を志すなら、社会党に入ったらどうか」

と誘ったこともあるが、菅からはいい返事がなかった。

当時の〈ヒギインチュウシツ〉という呼び方が懐かしい。議員でない幹部が、ヒラ議員よりはるかに発言力を持った。佐々木更三と江田三郎両リーダーの左右対立が続き、佐々木の後ろを曽我、江田を森永栄悦、貴島正道らの有能な非議員中執が固めていたからだ。

表舞台で踊る人と裏で支える人と、組織論のイロハであり、今の民主党評価にもつながる。

「雑巾がけをやり切れればねえ。民主党という党には、そういう場がない。鳩・菅・小のトロイカが崩れるときはもうだめ。終わりだ。終わらせた方がいい」

と曽我は、かつての雑巾がけ実力者らしい見立てをした。民主党はみんなが舞台中央で踊ろうとし、床が抜けかけている。

現役のころ、出馬の勧めもあったが、一切応じていない。竹下登、小沢一郎からも接触してきた。竹下には会ったが、小沢は断った。

「小選挙区制の問題だったかな。竹下が旧制高校生みたいなマントを着て、国会わきのうなぎ屋に現れた。『いいマントですね』と言ったら、すぐにマントを送ってきたのにはびっくりしたね。それから付き合いができた」

自・社時代の裏話は際限なくある。なれ合いと葛藤の中で、政治家も鍛えられた。今は鍛錬場所が乏しい。

人材薄く、曽我のような腕力派も目に入ってこない。誰かいますか。

「用心棒？　残念ながらいない」

とにかく、声が大きい。

（敬称略）

（二〇一一年七月二日　毎日新聞朝刊２面）

現実路線を阻んだ左派

（『昭和時代　三十年代』　読売新聞社）

「構造改革」論が台頭

浅沼がテロに倒れた後、社会党は、臨時党大会で書記長の江田を委員長代行に据えた。この時、江田が提案した方針案には、やがて党内で論争を巻き起こす構造改革論が盛り込まれていた。

「われわれの構造改革の中心目標は、国民諸階層の生活向上を達成することである。……この三つ（生活向上、反独占、中立政策）の体系化された要求は、現在の資本主義経済の枠内で実施されうる変革である」

ポイントは「資本主義の枠内」の変革だった。浅沼追悼一色に染まった党大会では、ほとんど議論がなされず、方針案は了承されている。

江田の構造改革論の背後には、社会党本部書記たちの存在があった。中心は衆院事務長の貴島正道、教文部長の加藤宣幸（労働運動家、元労相・加藤勘十の長男）、労働部長の森永栄悦の三人。彼らは「構革三羽がらす」と呼ばれるようになる。八十七歳の加藤が語る。

「我々は『労農派』の革命理論と実際の政治活動との乖離を感じていた。労農派の考えは、煎じ詰めれば、社会主義政権ができればすべて良くなる、戦争や恐慌がなければ革命はできない、それまでは学習しろという。しかし、政党である以上、日常的に国民生活を良くしていく仕事をすべきではないかと思った」

西尾離党の一年ほど前、江田と本部書記らは同志の盟約を結ぶ。場所は銀座の中華料理屋。江田は、「構造改革論の研鑽に努めること」「活動家の意見を尊重すること」などの項目が書かれた文書を前にして、座布団を外し、「かしこまりました」と両手をついたという。

安保反対闘争後の一九六〇（昭和三十五）年十一月衆院選で、社会党は、解散前より二三議席多い一四五議席を獲得した。善戦とはいえたが、五八年の前回選挙時に比べれば二一議席少なく、西尾派離党―民社党結党の傷は修復できなかった。

社会党の獲得議席は五八年の一六六が最多。二大政党と言われながら、自民党議席の半数を占めるだけの「一ヵ二分の一政党」のまま、長期の低落傾向に入る。

この時の総選挙では、党首同士で初のテレビ討論が行われている。その年の米大統領選での初のテレビ討論（ケネディ対ニクソン）をまねたものだ。江田にはタレント性があった。銀髪とソフトな語り口は、絶叫型の社会党指導者にはない新鮮なイメージを茶の間に与え、江田は一躍注目の政治家になった。

江田ビジョン実らず

しかし、構造改革論の命は短かった。総評議長の太田は、構造改革論への「七つの疑問」（『月刊総評』一九六一年一月号）をぶつけ、社会主義協会の向坂は「革命理論ではなくて、改良主義に門戸を開く理論」だとしてつぶしにかかった。

六二（昭和三十七）年一月の党大会では、最大派閥の鈴木派を継承した佐々木更三が書記長選挙に立候補し、「何か妙案に等しい新戦略が発明されたような錯覚」を与えていると批判した。

書記長選は江田が圧勝したが、運動方針案は「構造改革は戦略ではなく戦術」とする修正案が通った。構造改革は党の路線ではなくなった。

しかも、この大会で、社会主義理論委員会（鈴木茂三郎委員長）が設置され、二年後、綱領的文書「日本における社会主義への道」がまとめられる。この「道」は、党の現実路線への転換を阻み続ける。

六二年十一月の党大会で、江田はまたも批判された。米国の生活水準の高さ、ソ連の徹底した社会保障、英国の議会制民主主義、日本の平和憲法の四つを、「人類がこれまで到達した成果」として挙げた「江田ビジョン」が攻撃されたのだ。

佐々木は、江田ビジョンを「現資本主義体制の是認につながる現状保守主義」と非難。江田ビジョンを批判する決議案が可決され、江田はその場で書記長を辞任した。

社会党は、国民の「反戦平和意識」に寄りかかり、高度経済成長期にふさわしい路線転換の機会を失った。

江田はその後、確執のあった佐々木との間で委員長選を二度争うが、いずれも敗退。党内に見切りを付けた江田ほ、七七年三月、社会党を離党し、社会市民連合（のち社会民主連合）を旗揚げするが、二か月後、六十九歳で急死した。

●マルクス主義の呪縛

構造改革論が台頭した同時期、西ドイツの社会民主党は、マルクス主義からの訣別を告げるバート・ゴーデスベルク綱領を制定し（一九五九年）、現実路線に転換した。国民政党に脱皮し、外交・防衛政策でも冷戦下、西側の立場に立つことにしたのだった。

同綱領の草案を読んだ向坂は「革命という言葉を使わないで、改良という言葉を使っている。これはごまかしだな」との感想を漏らした。その後の社会党は、二大政党の一つとしてたびたび政権を担当する独社民党とは対照的な道を歩む。

社会党がマルクス主義と離れて社民主義的な理念を盛った「新宣言」を採択するのは八六（昭和六十一）年のことだった。

さらに安保政策では、非現実的な「非武装中立」論が力を持ち、社会党が日米安保条約を容認するのは、九四（平成六）年、村山富市委員長を首相とする自民党との連立内閣成立を待たねばならなかった。

構造改革論

統一的な理論や解釈はないが、高度に発達した資本主義の下では、生産関係に労働者が介入することによって社会主義に接近できるとする考え方などをいう。イタリア共産党書記長のトリアッティが提唱した。ソ連共産党第一書記フルシチョフによるスターリン批判（一九五六年）後、西側諸国の左翼政党は路線の見直しを模索するが、その先駆けになったのがトリアッティの構造改革論だった。

「日本における社会主義への道」

一九六四年の社会党大会で採択され、六六年に補強修正された文書で、党内での略称は「道」。左右社会党統一時に制定した「統一綱領」に準じる「綱領的文書」とされた。マルクス・レーニン主義の革命路線に基づき、社会党が平和革命ですべての権力を握るとした。日米安保条約廃棄と自衛隊の改編も盛り込んでいる。八六年に、マルクス・レーニン主義と訣別し社会民主主義路線を掲げた綱領的文書「新宣言」が採択されたことで、「道」は「歴史的文書」に位置づけられ、効力を失った。

◎元社会党副書記長で佐々木派だった曽我祐次さんの話

「構造改革論は理論的には階級論であって、党全体ではなく左派内部の論争だった。私が東京都本部の書記長の時、党大会で『代々木の党籍が残っている人間にモノを聞かないといけないような社会党に誰がしたんだ』と発言したら、騒然としちゃって、大会が止まった。共産党出身の構造改革論の理論家が『社会新報』に書いていたんだ。

論争は勉強にはなったかもしれないが、党の力にはならなかった。その後、『社会主義への道』を採択する際も路線問題ばかり議論され、『道』を棚上げして『新宣言』を作るまで二〇年かかった。全く無駄だった。世の中から一周遅れどころではなくなってしまった。ドイツ社民党が綱領を変えたことを、もう少し深く検討すべきだった」

曽我祐次元社会党副書記長に聞く「新宣言」の意味

（「社会主義」二〇〇四年八月号）

山崎　今日は曽我さんの「新宣言」への思いを伺いにご自宅まで押しかけましたがよろしくお願いいします。まずはその背景としての八〇年代の情勢、与野党、労使の関係をどう捉えていたかというところからお話ください。

新中間層の意義を汲んだ「新宣言」

曽我　七〇年代後半に高度成長が終わり構造的な変化がおきますが、それは八〇年代によりはっきりしてきます。「新中間層」の人々がひじょうに多くなり、中流意識をもってきた。言葉を変えれば市民意識が台頭し市民社会が形成されてきました。

政治勢力も変化しました。公明党が、この時期無党派層にも影響力を持つようになりました。民社党も復活の兆しが見えてきた。また新たに社会党から分裂した社民連も一定の力をもっていました。六〇年代までの保守（自民）対革新（社共）の形が大きく崩れてきました。

労働運動でも、鋭く対立していた総評と同盟が、民間を主軸にして戦線統一の方向に進んでいた。そのなかで社会党との関係が深かった公労協はじめ戦闘力のある組合が孤立していったわけです。とくに中曽根に狙われた国労は、苦境にたたされた。これが八〇年代までの大きな流れだと思います。

山崎　そういう情勢を読んで、社会党本部は連合政権を模索されたわけですね。

曽我　すでに成田・石橋執行部で、私自身は企画担当中執のときでしたが、「国民統一綱領はできたものの、その前段の政府として革新連合政権を考えたらどうか」となったわけです。

七七年の第四〇回大会の党改革八項目で「道の見直し」が決まったわけですが、八項目の中には「協会規制」もありました。「新宣言」決定までにはその後ずっと議論が続き、一〇年かかっています（一九八六年一月決定）。

最初は飛鳥田ドクトリン、飛鳥田さんのイメージに合わせてやや市民型、新中間層に見合うような政策運動提言を行ないました。その次に、日本、および世界の情勢について検討し、既存の社会主義の分析も行ないました。その二段階ですでに七年がかかっています。それで理論センターの任務を離れ、党の中執のなかに綱領改定の委員会をもって作業をつづけたわけです。

当時としてはかなり思い切った提案をしました。既存の社会主義国をモデルとするような方向は取らないとしていたわけですから、その後に来る冷戦構造崩壊を見通していたといえる。

「新宣言」ができる経過の中で、ダブル選挙が二度ありました。ダブル選挙は多数議員を抱える政党が優勢になる。八〇年のダブル選挙は田中角栄の指図によるものですが、選挙中に大平さんが亡くなり野党は敗れた。二回目が八六年のダブル選挙です。

「新宣言」が出来て、ニュー社会党の宣伝を大いにしてから選挙を迎えるつもりだったのが、中曽根の〝死んだ振り解散〟で、結果的に野党は議席を減らしたわけです。とくに公明、民社の後退が大きかった。

選挙の敗北によって、一度目は飛鳥田さん、二度目は石橋さんが引くということになってしまいました。「新宣言」をつくり、ニュー社会党として本格的な西欧型社民主義としてやっていこうとしていた方向が大きく揺らいでしまったわけです。今振り返って見るに、状況としてひじょうに残念なことであったと思います。

八〇年の社公合意は、政権を見通した党と党との政策協定として画期的なものだと自負しています。かつての片山内閣でも、最近の自社さの村山内閣でも党主導の政権協定は出来なかった。党と党との政権協議が公式に行なわれ、それに基づいて選挙が行なわれたというのは日本では初めてなんです。社公協定をもとに、公民協定も結ばれ、社公民の政権協議ができたわけです。当時共産党は社会党を非難しました。参院一名区八カ所の統一候補も決まっていました。

「新宣言」展開に多くの障害

山崎　「新宣言」ができて以降、社会党の運動はどう変化したのでしょうか。

曽我　八〇年代後半、消費税、リクルート汚職、首相の女性スキャンダルという情勢のなかで、新しく女性党首を押したてた社会党は、中間層も含めた国民的な人気を吸収して、参議院では自民党を過半数割れに追い込むことができ土井さんが首班指名されますが、衆議院は自民党が過半数を占めていたので、海部内閣につながったわけです（八九年）。

この時の選挙協力は部分的には行なったけれども、完全な四党政権協議は完了していなかったのです。政策審議会の段階ではかなり進んでいた。社、公、民、社民連と四党で協議したわけですが、社会党と民社党がぶつかる。すると、当時は社会主義インターのストックホルム宣言が制定されたところでしたから、伊藤政審会長は「宣言」にはどう書いてあるのかとひっぱりだしてきて、民社を説得した。そうやって進んではいたのですが、参議院選挙で社会党が伸びたことが「一人勝ち」と見られてしまったわけです。政権を目指す政党としては工作が不十分だったわけで、伸びなかった公明、民社にうらみをかったんです。

九〇年の総選挙では社会党にはまだ国民の支持が残っていましたが、参議院選のようにはいかなかった。これで、党主導の革新連合政府樹立という千載一遇のチャンスは潰えたわけです。

八〇年に失敗し、さらに体制を立て直して大きく前進したのに、八九年には政権協議のツメにさらに失敗してしまったというのは、ひじょうに残念です。

山崎　われわれの反対も含めて、党内の調整をすることが難しかったという面もありましたか。

曽我　それもあるだろうね。でも、だいたいは出来ていたんだから、残念だというのが私の気持ちです。

ついでに言うと、「新宣言」に至るまで、多くの学者の力を仰いだわけですが、できた後、それが生かされなかったことがあると思っています。

一つは八九年の選挙のあと、自民党は危機感から「社会党は綱領は変えたかもしれんが、規約には社会主義革命と書いてあるじゃないか」とつめたんです。社会党は慌てて翌年の大会で「社会民主主義を選択する」と変えた。その規約改正に伴って、「社会民主主義とは何ぞや」という定義を理論センターでだしてくれとなった。理論センターでは当然のことと受け止めて、議論し、まとめました。印刷して下ろされたのですが、中執でも議論されなければ、下部討論もされなかった。皆さんからの横槍はあったんでしょうが、そうした執行部の自信のなさは、協力した学者たちを党から離れさせてしまったと思います。

それから、「新宣言」を書いたときから見れば、さらに情勢は変化しているのだからと理論センター内に小委員会をつくり、「新たな冷戦構造崩壊の展望はどうなるのか」「『新宣言』をつくって連合政権を展望しているが、その具体的任務はどんなところにあるのか」「官僚システムにどうメスを入れるか」等々を研究した。私も森永君も本部からは退きましたが理論センターには残っていたので、一所懸命がんばったんですが、執行部はその成果を受け止めなかった。受け止めるだけの能力がなかったということかな。


「新宣言」を肉付ける組織、政策、運動の創造を図ったんだけど、出来ないうちに土井さんの「山が動いた」事態がきてしまった。このことで本格的な社会民主主義の党に変わるチャンスを失ってしまったと思います。しかも消費税反対で山が動いたわけですから、スウェーデン型の福祉を模範にしようとすると税制問題にぶつかり、それ以上議論できない。

また、安保、自衛隊、韓国、原発で意見が違っていた。山口書記長がまとめようとしたが、唐突な提起でもあり、議論百出してまとまらなかった。

悠長といえば悠長、一〇年かかって「道」から「新宣言」にたどり着いたので、私のエネルギーの半分はとられたな。率直に言って「命がけでとりくんだ」つもりです。（鎌倉にあるこの家にもほとんど帰らなかったよ。良かったことは、学者先生と一緒に全国を津々浦々歩いたことです。

北海道の旧五区に行ったとき、ある人がこう言ったんだ。「あなたは都議会で第一党を取ったりした経験もおありのようだが、この五区では五名中三名を常に取っています。それなのに、なぜ党の路線や政策をかえなくちゃいけないのか」。

「東京であったことは、いずれここもそうなるんです」と言って帰ったけれど、地方ではまだまだ中間層、中流意識というのは認識されていなかった。それから出てくるニーズというのがわからない。

山崎　当時の運動というのは、どちらも相手に力を出させないことに集中していたところがある。だからどちらも伸びなかった。多数決が多いのはいいとは限らないが、適度なところでどちらかに決めて、運動をやってみて、また考えればよかったんですが…。

曽我　知恵が働けばよかったんだけどね。私は六〇年代まではイデオロギーの時代、六〇年から七五年ぐらいまでは組織的な利害関係（インタレスト）が有効な時代だったと思う。そして、七五年以降今に至るまでは、あえて言うならば「生活者の時代」というか、そういう感覚が都市部では圧倒的に必要なんです。

七五年までの左派の役割というの認めた上で「新宣言」というのは出来ているんです。過去のことは否定せず「状況は変化した」と言っているんだよ。

山崎　高度成長が終わった後の捉え方について、積極的な見解を示せなかったことで、旧来の支持基盤がだんだん狭くなっていったわけですね。左派の側では落ちる者は独占資本・帝国主義の圧力と懐柔のもとで脱落していったと見ていましたね（笑い）。本格的に変わったのは、ソ連崩壊後ですね。

曽我　私はプラハの春あたりから、ソ連については？がついてきたね。アフガンのころは何をかいわんやだった。当時「民族民主革命を支援する」というのは、実は大国の介入ってやつだよ。

今ある運動をつなぐ役割を

山崎　最後に社会主義協会に言いたいことを話してください。

曽我　社会党との関係で理論研究をされてきたことには敬意を表しますが、ソ連崩壊後の今日、マルクスレーニン主義というものを抜本的に考え直してもらいたいということです。

今の社民党、そして私の社会民主主義の立場から言えば、オーウェンやサンシモンといった社会主義者、社会民主主義者といってもいいと思うのですが、彼らが提起したもののなかに再検討すべき政策なり運動があるのではないかと思うわけです。例えば協同組合運動は、これまでの協同組合運動はやや型にはまりすぎてしまった観がありますが、本来は、生産・流通・消費を共同化していくことがその主旨だと思うんです。日本の左翼では「空想的」と訳したからおかしいので「理想的」と見ればよいのではないか。

社会民主主義というのは、本来共同戦線党であって、イデオロギーで他を排するということはしないというのが大事なんです。弱点になる場合もあるけれど、粘り強くお互いに調和を取り合って補い合って進む（合意による統合）という観点に立てば、初期社会主義者が提起したことで今日十分生かしうるものがあると思います。例えば、環境派の考え方であるとか、食の安全で運動している人とか、無数のＮＰＯができているし、そこで活動している人たちと結びつく方法として、研究対象にしてもらいたいと思います。

二つ目は日本には創造的、批判的、生きたマルクス主義という受け入れ方があったのかどうかです。いたずらにマルクス主義内部で前衛の争いになったのではないか。平田清明氏は「人間の顔をした経済学」で「共同所有を経た後の個体的所有が本物だ」と言っています。「労働者がまっとうな市民になることは労働者の解放なんだ」というわけです。今日の市民運動とマルクス主義をつなぐものになるんではないかと思います。今あるもろもろの運動を結び付けていく形で運動を再構築してもらいたいと思います。

西欧の福祉国家が行き詰まって新たな道を求める中で第三の道、スウェーデン型、オランダ型、西ドイツ型、フランス型、英国型と言われますが、共通点もあるが相違もありという状況です。日本の場合も、短兵急にできるものではないが、窮乏化法則の立場からだけでなく、生活者の立場から視野を広げてやってもらえばいいなあと思っています。過剰な要求かもしれないが、私はそう思っています。

山崎　どうもありがとうございます。本日は入院前で体調に気をつけなければいけないときに、長時間お話してくださったことに厚く御礼を申し上げます。早く回復をされて、ご活躍を続けてください。

党改革への提言

社会民主主義フォーラム
代　表　藤田　高敏
副代表　上原　康助
野坂　浩賢
上田　哲
鈴木　和美
幹事長　清水　勇

一．選挙総括

統一自治体選挙は、党にとって決定的敗北であり、党はこの事実を深刻に受け止めて選挙総括を行わなければならない。

敗北の直接の要因は、東京都知事候補をめぐる決定的なもたつきである。それと同時に国際貢献策や消費税などの重要政策で、めりはりのきいた対応ができず、国民の期待に応えることができなかった。これは党の体質的欠陥に根ざしたものである。

従って、党の政治姿勢、戦略、政策、国会運営のあり方、運動、組織方針、選挙戦術等を含め、全面的かつ大胆な改革を推し進めなければならない。そのために党全国大会を可及的速やかに開催し、全党員の意思結集をはかるべきである。

二．改革への提言

政治姿勢の改革

西欧型の保守対社民勢力という二大政党政治をめざし、社会民主主義勢力の総結集をはかる。社民勢力の結集にむけて、国会内で統一会派づくりをすすめることも必要である。

選挙制度については、当面は「定数是正」で対応していくが、政治改革と政権党への展望をもち、小選挙区比例代表併用制の選択についても、研究課題として検討をすすめるべきである。

さらに、国際情勢の変化に機敏に対応できるようにするため、自衛隊、安保、日韓、エネルギー、農業政策などの基本政策についても、タブー視することなく、立ち入った論議を深めなければならない。焦点になっているＰＫＯについては、憲法と国連憲章との関わりあいをふまえ、非軍事面での積極的な協力を行なうべきである。

新宣言については、社会民主主義の政党としてのイメージが国民に鮮明に映るよう、内容の発展をはかる。

党運営の改革

① 衆参両院議員に意見表明の機会を確保し党運営に反映させるようなシステムをつくる。議会制民主主義の党として、党務と政務の分離をはかり、責任分担を明確にする。あわせて国会対策委員会の改革をはかる。国対委員長、政審会長は、国会議員が選出する。

② 政策決定における責任の所在を明確にする。

③ 中央執行委員会の運営・責任体制を明確にし、リーダーシップを発揮する。本部書記局の運営管理を抜本的に改革する。

④ 執行部や国会役員などの人事の若返りをはかる。

（一九九一年九月）

社会民主主義フォーラム（略称「社民フォーラム」）設立にあたって

世界の政治の流れは、「新保守主義」から「社会民主主義」（以下社民主義）へと大きく転換しています。マルタ会談を区切りとして「東欧市民革命」「大欧州統合」「国連重視」の動きが劇的に展開し、冷戦体制の崩壊が進むなかで、新たな世界システム形成の胎動が始まっています。

このような地球規模の構造変動に日本を適合させるために、私たちは新時代の社会民主主義の党を創造し、政権交代を成し遂げ、閉塞状況にある日本の政治、経済、社会の体制を改革することをめざして「社民フォーラム」を設立します。

《**歴史上の反省**》

社会党結党の原点は社会民主主義にあったにもかかわらず、「党社会主義理論センター」が指摘している経過に見られるように、『新宣言』の採択まで、常に動揺を繰り返してきました。そのために世界の大勢に遅れ、政権交代可能な党建設ができませんでした。私たちは厳しい反省の上に、新時代を担う社会民主主義の党づくりに貢献します。

《**二つの実践**》

社会主義者の政治は、人類の進歩をめざす社会改革のあらゆる思想潮流を包括し、それを理念的基礎にして実践されます。同時に改革の手法を民主的、漸進的に進めることから、当然のこととして社会の現実に実効ある政策を実現します。高い理想と現実政治を、そのプロセスとともに国民に提示すること。この作業は極めて困難ですが、私たちはチェック機能としての野党の任務を果たすとともに、政権政党と共通の土俵に立ち、対案を示しつつ総ての政治過程に介入し、政権党をめざします。

「参加と民主主義」は社民主義の基本路線です。私たちは、基本的人権と分権をかかげ、思い切って国民に開かれ、国民が参加しやすい党づくりをめざすとともに、その源泉である党内民主主義を最高度に発揚して、透明性、明朗性の確立を期します。

《**新時代の先見性を**》

社民主義の「公正と連帯」の理念は、それがもつ柔軟性、状況への適応によって、歴史の舞台に登場したエコロジーの危機に積極的に対応しなければなりません。それは「共生」の理念に導かれ、生態系を破壊に導くこれまでのハードな産業社会の批判の中から資源、エネルギーのリサイクル（循環）を確立するソフトな生活社会への変革をもたらすことになります。

今後の世界の平和と安全は、「国連が統括するグローバルな安全保障体制の強化」と「地域における集団的多角的信頼醸成措置」と安全保障体制の組み合わせによって確保され、より一層の軍備管理・軍縮がすすむでしょう。私たちは、ヨーロッパに学びつつ、アジアの平和と安全のための効果的なシステムを追求します。日本の自衛隊と日米安保条約の段階的縮小、機能修正はその進展に見合ってすすめていきます。わが党に対する国民の不安感や他党の危惧は、その中で解消するでありましょう。

私たちは、今後さらに学習と実践に励み、『新宣言』と社会民主主義の路線と政策をより豊かにし、それを徹底させ、一日も早く国民の期待に応える政権党を創り作り上げるために、この社民フォーラムは献身的な努力を結集します。

（一九九一年九月）

日本社会党と曽我祐次の足あと

	曽我祐次		社会党関係		出来事
1925/12/16	東京・品川に生まれる				
	荏原郡立三木小学校入学				
	正則学院中学入学				
	日本製鉄富士製鋼所青年学校補助教員				
	補助教員をしながら尊攘同志会にオブザーバー参加				
1945/8/12	召集、東部第64部隊に入隊			1945/8/15	終戦
	青年運動に取り組む	1945	日本社会党結党		
1946	早稲田大学第2高等学院（政経学部）入学				
1947/11/1	日本社会党品川支部入党			1947/4/25	第23回総選挙で社会党143議席。第1党に。片山内閣組閣
1948	品川支部青年部長			1948	片山内閣崩壊、芦田均が組閣
				1949/1/23	第24回総選挙　民自党264、民主党68、社会党49
				1950/6/25	朝鮮戦争勃発
1951/4/13	品川区議選に立候補、落選（全国最年少）			1950/9/8	サンフランシスコ講和条約調印
1951/10	党分裂に伴い、左派社会党品川支部青年部長、のちに書記長に 労働者同志会の事務手伝い	1951/10/21	講和・安保で社会党左右に分裂 左派委員長鈴木茂三郎、書記長野溝勝		

		1951/11/22	右派委員長に片山哲	1951/11	日本共産党が51年新綱領発表
1952/10	左派社会党本部書記局入局（労働、機関紙担当）	1952/8/29	右社委員長河上丈太郎受諾		
	くれない会結成	1954/1/21	左派大会、委員長に鈴木茂三郎、書記長に和田博雄		
		1954/1/23	左社綱領、清水試案提出、左社綱領を党大会で可決		
				1954/7/15	総評事務局長選挙、高野実が太田薫を破る
1955/3/29	都知事選、有田八郎をかつぐ	1955/4/23	都知事選安井当選 1,302,210　有田 1,185,277	1955/2/27	第27回総選挙　民主党185、自由党112、左社89、右社67
1955/5/2	有田選挙で違法文書発行で逮捕。高裁で法廷闘争			1955/5～	砂川闘争で測量強行 1956/10/13 重軽傷260余人
1955/10	統一日本社会党入局（機関誌「社会新報」担当）党東京都本部役員（組織部長）兼務	1955/10	左右社会党統一。鈴木茂三郎委員長、浅沼稲次郎書記長	1955/7/29	総評事務局長選挙で岩井章が高野実を破る
				1958/5/22	第28回総選挙　自民党287、社会党166
				1958/7/25	総評議長に太田薫選出
1959/4	都知事選、有田をかつぐも連敗	1959/4/23	都知事選　東竜太郎 1,613,038 有田八郎 1,449,896		
		1959/9	機構改革審議会が改革案答申（江田答申）		
		1959/10/5	社会党統制委員会、西尾末広を譴責処分に		

				1960/1/24	民主社会党発足
		1960/3/24	委員長に浅沼当選、書記長江田三郎		
				1960/5/19	警官を導入して安保条約を衆院委員会で強行採決
				1960/6/15	安保抗議デモで樺美智子死す
1960/7	党本部退職、党東京都本部役員に専念（組織局長）	1960/10/12	浅沼委員長刺殺事件	1960/11/20	第29回総選挙　自民党296、社会党145
1961/2	党東京都本部書記長に就任（委員長重盛寿治）。以後、重盛・曽我コンビ６選	1961/3/8	本部委員長に河上丈太郎。書記長に江田三郎再任	1961/3/25	新島へ試射場反対オルグ団
1962/11/16	都知事選、阪本勝かつぎだし	1962/8/6	第8回原水爆禁止世界大会で社会党系代表が退場		
		1963/4/17	都知事選　東竜太郎　1,856,333　阪本勝 1,323,858	1963/8	原水協と原水禁が分裂
1964/7	社会党活動家第1次訪中団で毛沢東と会見				
		1965/5/7	本部委員長に佐々木更三選出、成田和巳書記長		
1965/6/14	議長選挙をめぐる疑惑で都議会解散　社会都議45名で第一党に				
1966/9/3	社青同東京地本第7回大会で乱闘事件、分裂				
				1967/1/29	第31回総選挙。自民党277、社会党140
1967/2/19	美濃部亮吉、鎌倉で都知事選出馬内諾				

1967/6	党東京都本部委員長に就任	1967/4/15	都知事選美濃部当選 2,200,389 松下正寿 2,063,752 阿部憲一 601,527		美濃部知事誕生、以後３期連続当選
		1967/8/19	佐々木・成田執行部辞任。委員長に勝間田清一（～1968/10/4）		
		1968/10/4	成田委員長に就任（～1977/9/26）、書記長江田三郎		
1969	世論調査で社党支持率大幅下落。候補者調整、東京３区大浜おろし等発表			1969/1/17～18	東大紛争安田講堂陥落
1969/7	党東京都本部委員長辞任			1969/7	都議選で大敗
1969/8	党組織局長に就任			1969/12/27	第32回総選挙　自民党288、社会党90
1970/10	第5次成田訪中団で周恩来と会見				
1970/11	党組織局長に落選	1970/11	成田・江田の委員長決戦で成田当選、石橋書記長		
				1972/12/10	第33回総選挙　自民党271、社会党118
				1976/12/5	第34回総選挙　自民党257、社会党123
1977/2/10	党企画担当中執に復帰	1977	社会主義協会規制		
		1977/12	社会党委員長に飛鳥田一雄		
		1980/5/19	社公民路線提唱社公政策綱領結ぶ	1980/6/22	第36回総選挙　初のダブル選挙。社公民で闘うも敗北。自民党284、社会党107
		1980/6/12	大平首相死去		

1982/3	飛鳥田訪欧団でミッテラン仏大統領と会見				
1982/12	党本部副書記長に就任				
		1983/3/16	4原則で中国共産党と党間交流を結ぶ		
		1983/5	レフチェンコ証言（リーダースダイジェスト）		
		1983/8/2	社会党委員長に石橋政嗣（～1986/9/8）、書記長田辺誠		
1985/6	「新宣言」草案まとまる				
1986/1/22	「新宣言」採択			1986/7/6	中曽根死んだふり解散、衆参同日選挙で敗北。衆院は自民党300、社会党85
1986/9/8	党副書記長辞任、以後社会主義理論センター委員				
		1986/9/8	社会党委員長に土井たか子（～1991/7/31）、山口鶴男書記長		
				1989/7/23	参院選挙で社会党46議席を獲得。参院与野党勢力比が逆転し「山が半分動いた」といわれる
		1991/7/31	社会党委員長に田辺誠（～1993/1/19）		
		1993/1/19	社会党委員長に山花貞夫（～1993/9/25）	1993/8/9	細川非自民連立内閣発足
		1993/9/25	社会党委員長に村山富市（1996/1/19）	1994/6/30	村山自社さ連立内閣発足

あとがき

中村　英

旧ソ連の急激な崩壊、日本社会党の凋落については、なぜそうなってしまったのか私の問題意識の片隅にはありながら、久しく取り組むことのできない問題であった。

私は二〇一〇年に朝日新聞社を定年退職後、市井に埋もれた人の聞き書きをおこない、その記録を残すことを第二のライフワークのようにしてきた。今回、曽我祐次氏の聞き書きをまとめるチャンスを与えていただき、その疑問の何分の一かは解消したような気がする。

曽我さんの聴き取りの話は、私の東大三鷹寮時代の友人井上豊君の仲介で、樋口圭之介さんから要請を受けたことに始まる。そして下山保さんも加わり、ひとつ曽我さんにお願いしてみようかということになった。

実はこの企画をはじめたとき、当時東京大学先端研の御厨貴研究室による同様の詳細な聞き取り（オーラルヒストリー）が進行中であった。それとの兼ね合いもあり、曽我さんは、初めはどうしたらよいものか迷われていたようだった。

しかし曽我さんとともに活動した人たちの手による聞き書きは、学者のものとはまた違った切り方があるのではないかということで、全面的な聞き書きに応じていただけることになった。

聞き取りは樋口圭之介・美佐子、下山保がほぼ全回を通じて参加し、井上豊、松田健二、後から松木岩雄、安部幸雄、島田清作らが随時参加した。

従って複数の人間が質問しているわけだが、本書中では質問者の名前は入れず、すべて「――」で統一してある。

聞き書きを進めていくうちに、社会党がそれなりに革命路線から社会民主主義への脱皮を試みていたことがわかり、マスコミの末席を汚していた私としては、その変化に気がつかなかった自分を恥じたことも多々あった。

私が結論めいたことをいっては僭越だが、社会党の衰退の原因は、日本の高度成長が終わり社会構造が変化してきたのに対し、その変化を汲んで政権をとろう、そのためになにかしようと脱皮を試みた勢力と、従来のイデオロギーに安住し、多数はとれなくてもそれでよしとしてしまった勢力がほぼ拮抗して、大胆に何らかの行動に踏み切ることができなかったところにあるのではないか。

ほぼ半数近くの支持を得て安定している保守勢力に対し、反保守連合は小異を捨てて協力してこれに対抗しなければならないのだが、先の都知事選にみられたように、候補者が乱立し、一本化は容易ではない。

新しい野党結集が叫ばれている折り、本書がその一助にでもなれば幸いである。

（元朝日新聞記者）

収録写真　著者と「砂川を記録する会」の提供および『写真でみる日本社会党の40年』『写真集　社会党のあゆみ』（日本社会党刊）より転載。

曽我祐次（そが・ゆうじ）

1925年12月16日、東京・品川に生まれる。

1947年11月、早稲田大学在学中、日本社会党に入党。品川支部青年部長。

1951年、左右分裂後、左派社会党品川支部書記長に就任。翌年、左派社会党本部書記局入局（労働、機関紙担当）。

1955年、統一日本社会党入局、機関紙副部長、東京都本部組織部長を兼務。

1960年、党本部を退職、都本部に専念。翌年、都本部書記長に就任。1965年、議長選挙をめぐる疑惑で都議会解散、社会党45名当選で第1党に。

1967年、美濃部亮吉出馬で都知事選を戦い、初の革新都政を実現。同年、都本部委員長に就任。

1969年、都議選大敗の責任をとって、都本部委員長を辞任。党本部組織局長に就任。

1982年、飛鳥田訪欧団に参加。同年、党本部副書記長に就任。

1986年、中曽根ダブル選挙敗北の責任をとって、石橋執行部とともに辞任。社会主義理論センター政策委員になる。

2000年、中国に木を植える日中友好21の会を創立し、会長に就任。

多情仏心《たじょうぶっしん》 わが日本社会党興亡史

2014年5月17日　初版第1刷発行

著　者：曽我祐次
装　幀：吉永昌生
発行人：松田健二
発行所：株式会社 社会評論社
東京都文京区本郷2-3-10　☎ 03(3814)3861　FAX 03(3818)2808
http://www.shahyo.com/
製版・印刷・製本：株式会社 ミツワ